ARMv7 프로세서
프로그래밍

C와 NEON을 이용한 하드웨어 성능 최적화 기법

ARMv7 프로세서 프로그래밍

제임스 랭브리지 지음 | 이유찬 옮김

i!i
에이콘

나의 사랑하는 여자친구 앤 로르는 내가 이 책을 쓰는 주말 내내 PC에 매여 살았다
(주말 동안에 자신의 노트북으로 나를 격려하는 이메일을 계속 보내줬다).
그녀와 함께했어야 하는 시간 동안에 그렇게 못 한 나를 지원해준 그녀에게 고마움을 전한다.

또한 더 많이 놀아줬어야 함에도 불구하고 아빠의 일을 하게 해준 나의 멋진 딸, 엘레나에게 감사한다.
그동안 누누이 말했음에도 불구하고, 내가 너무 오랫동안 놀아주지 못하면 내 컴퓨터의 플러그를 뽑아준
것에 대해 진심으로 감사한다. 엘레나의 미소와 말은 늦은 밤 원고 마감에 쫓길 때
나에게 기운을 불어넣어 주었다.

지은이 소개

제임스 랭브리지^{James A. Langbridge}

다른 사람에게 자기 이야기를 하는 것을 그다지 좋아하진 않지만, 그래도 해야 할 때는 하려고 노력하는 편이다. 싱가폴에서 태어났고 부모님을 따라 프랑스 낭트에 정착하기 전까지 여러 나라에서 거주했다. 현재 프랑스 낭트에서 부모님을 모시고 딸과 함께 살고 있다.

임베디드 시스템 컨설턴트며 기업, 군대, 모바일 텔레폰, 항공 보안 회사에서 15년 이상 근무했다. 주로 어셈블리로 부트로더를 만들거나 최적화하는 등의 로우 레벨 개발을 했으며, 거의 대부분 작은 프로세서를 사용해왔다. 이 책과 관련한 계약을 하지 않았을 때는, 임베디드 시스템과 관련하여 엔지니어들을 교육하는 일을 하거나 파트너들을 당황케 하는 신기한 물건을 만들곤 했다.

여섯 살 때 첫 번째 컴퓨터 프로그램을 만들었으며 그 이후로 계속 프로그래밍을 하고 있다. BBC 마이크로^{Micro}와 아미가^{Amiga} 전에는 애플 II, ZX80, ZX81을, 그 이후로는 PC를 사용하고 있다.

기술 감수자 소개

크리스 쇼어^{Chris Shore}

영국의 캠브리지에 있는 ARM 사의 Training and Education Manager이다. 약 13년 동안 ARM 글로벌 고객들의 교육을 담당하고 있으며, 연간 200여 개의 교육 과정을 다루고 있다. 그 교육 과정들은 칩 설계부터 소프트웨어 최적화까지 거의 모든 것을 망라한다. 남극 대륙을 제외하고는 전 세계에서 교육을 했지만 항상 문제는 시간이었다. 또한 기업들이 참여하는 학회에서 주기적으로 발표도 한다.

캠브리지 대학에서 컴퓨터 과학을 전공했고, 1999년에 ARM으로 이직하기 전까지 약 15년 동안 소프트웨어 컨설턴트로 근무했으며, 주로 다뤘던 분야는 임베디드 실시간 시스템이었다. 또한 채터드 엔지니어^{Chartered Engineer}이자 IET^{Institute of Engineering and Technology}의 멤버로 퀸 메리 대학의 기업 어드바이저 위원에 취임했다. 자유 시간에는 벌을 키우거나 기타를 연주하고, 항상 새로운 나라를 방문하기 위한 방법을 찾고 있다.

장미셸 오브와^{Jean-Michel Hautbois}

프랑스에서 살고 있으며 전문적으로 소프트웨어를 개발하거나 취미로 소프트웨어를 개발한 지 15년이 넘었다. 현재 보달^{Vodalys}에서 임베디드 리눅스 컨설턴트로 근무하고 있고, ARM 기반 SoC를 개발하는 메인 비디오 제품의 아키텍트이기도 하다. 그는 새로운 제품을 만들어야 할 때, 그리고 성능이 중요해질 때 결정을 하는 인물 중 한 명이다. 자유 시간에는 여행하기를 좋아하며, 아내와 새로 태어난 아들과 함께 시간을 보내곤 한다.

감사의 글

이 프로젝트를 위해 나를 도와준 모든 사람에게 어떻게 감사를 전해야 할지 모르겠다. 이 프로젝트는 주니어 개발자들의 질문에서부터 시작했다. 그들의 질문에 답변이 됐기를 바랄 뿐이다. 링크드인^{LinkedIn} ARM 그룹은 정보를 얻을 수 있는 훌륭한 소스였으며, 질문뿐만 아니라 그에 대한 좋은 답변까지도 얻을 수 있었다. 나를 도와준 ARM에 있는 모든 이에게 감사한다. 특히 기술 감수자인 크리스 쇼어와 장미셸 오브와에게 감사한다. 그들의 도움이 없었다면 이 책은 결코 완성되지 못했을 것이다. 또한 아트멜^{Atmel}과 실리콘 랩^{Silicon Labs}에서 지원해준 필리프 랑송^{Philippe Lançon}을 비롯해, 나를 도와준 모든 친구와 가족에게도 감사를 전한다. 물론 내가 질문을 하거나 의구심에 빠졌을 때 항상 함께해준 와일리^{Wiley} 팀에게도 감사를 전한다. 크리스티나 하빌랜드, 메리 제임스, 샌 디 필립스와 그 외 나를 도와준 모든 사람에게 감사를 전한다.

옮긴이 소개

이유찬(yuchanlee81@naver.com)

중학교 때 처음 컴퓨터를 접하고 컴퓨터에 미쳐 살다가 대학에서 컴퓨터 공학을 전공하고 나서야 컴퓨터라는 학문이 얼마나 어려운지 뼈저리게 깨달은 전형적인 전산쟁이다.

대학 졸업 후 시스템 최적화 분야의 업무를 담당하고 있는 모바일 개발자로, 틈틈이 게임을 즐기며 새로운 프로그래밍 기법을 공부하는 늦깎이 프로그래머이기도 하다. 좋아하는 분야는 자바와 C#, C++ 같은 객체 지향 프로그래밍이며, 현재는 함수형 프로그래밍에 푹 빠져 있다.

옮긴이의 말

이 책은 애플의 아이폰과 삼성의 갤럭시 시리즈는 물론이고 현재 판매되고 있는 스마트폰의 90% 이상(아마 거의 99%에 해당될 것으로 생각된다)을 점유한 ARM 기반 프로세서를 이용하는 노하우를 기술한 책이다. ARM 기반 프로세서는 스마트폰뿐만 아니라 주변에서 쉽게 볼 수 있는 TV, 냉장고, 세탁기 등의 가전제품과 프린터/복사기, 네트워크 장비 등의 전문화된 전자 장비까지 PC를 제외하고는 거의 대부분의 전자 제품에 탑재되어 있다고 해도 과언이 아니다. 근래에는 자동차의 제어 장치나 전자 장치까지도 그 영역이 확대되고 있다.

이 책은 단순히 ARM의 역사와 아키텍처만 소개하는 데 그치지 않는다. ARM의 어셈블리 명령어와 Thumb 명령어의 자세한 내용은 물론이고, 기존 서적에서는 거의 다루지 않는 NEON 명령어의 사용 방법도 설명하고 있다. ARM을 이용해 프로그래밍을 하는 실제 개발자들 중에서도 NEON 명령어를 자유자재로 사용하는 개발자는 드물다. ARM 기반 프로세서가 장착된 스마트폰이든 ARM 프로세서를 사용하는 전문적인 장비이든 상관없이 자신이 개발하는 애플리케이션의 성능(여기서 성능은 실행 속도 혹은 연산 속도를 의미한다)을 폭발적으로 끌어올리고 싶은 개발자들은 반드시 NEON을 사용해야 한다. 또한 이 책에서는 NEON뿐만 아니라 C 언어를 사용할 때의 최적화 기법에 대해서도 설명한다. 여기서 언급한 최적화 기법들은 당장 실전에 도입하더라도 손색이 없을 만큼 강력한 기능들이다.

나 역시 종종 ARM 프로세서를 사용해 개발하는 개발자이기 때문에 이 책의 번역을 처음 의뢰받았을 때 기대 반 걱정 반으로 시작했다. 내가 경험해보지 못한 어떤 기능들을 접하게 될지 기대했고, 너무 하드웨어에 치중한 설명이나 예제로 인해 번역서를 접하는 독자들이 읽기에 어렵지는 않을지 걱정했다.

그러나 이 책의 번역을 모두 끝낸 지금, 시작할 때의 기대는 두 배가 됐고 시작할 때의 걱정은 기우였다. ARM의 역사를 소개하는 1장부터 최적화된 C 언어를 이용하는 프로그래밍을 소개하는 10장까지 흥미진진한 역사서를 읽는 기분이었고, '옮긴이의 말'을 작성하는 지금은 ARM에 대한 지식으로 배가 부른 포만감에 흐뭇하게 웃고 있다.

이 책이 나오기까지 제주도의 노인 복지를 위해 힘쓰는 김상인 사모님의 격려가 담긴 등짝 매질이 큰 기여를 했다. 그분의 촌철살인과도 같은 충고와 격려가 이 책의 완성도를 끌어올리는 담금질 역할을 했다고 해도 과언이 아니다. 또한 적지 않은 나이에 야구 선수로 활약하고 있는 이동현 선수와 이병완 선수에게 감사를 드린다.

이유찬

차례

들어가며

임베디드 시스템의 세계에서는 ARM CPU를 사용하지 않고는 일을 하기가 어렵다. ARM CPU는 저전력 기능에 최적화되어 있어 모바일 임베디드 시스템을 만드는 데는 최고의 CPU다. 2012년 이후로 거의 모든 PDA와 스마트폰에는 ARM CPU가 탑재됐으며, ARM은 모든 32비트 임베디드 시스템의 약 75%를 차지하게 됐고 임베디드 RISC 시스템의 약 90%를 점유하게 됐다. 2005년에 팔린 모바일 폰 10억 대 중 98%에 적어도 하나의 ARM 프로세서가 사용됐다. 모바일 폰, 태블릿, MP3 플레이어, 게임용 콘솔, 계산기, 심지어는 컴퓨터 부품인 블루투스 칩과 하드디스크 드라이버에서조차 ARM 프로세서를 볼 수 있다.

두 달마다 10억 대의 ARM 프로세서가 선적되지만 ARM이 직접 프로세서를 제작하지 않는다는 사실이 놀라울 따름이다. ARM은 코어를 설계하며 ARM 파트너들이 이 설계를 사용해 자신들의 프로세서를 제작한다. 그리고 외부 디바이스와 주변장치를 추가하거나 속도와 소비 전력의 이점을 부각시키기 위해 설계를 수정하기도 한다. 제조사와 밀접하게 일을 하면서 ARM은 거대한 에코시스템을 만들어왔다. 그 결과 프로세서의 놀라운 영역을 구축하게 됐으며, 모든 클래스의 디바이스에서 모든 타입에 적용하게 됐다. 또한 공통된 아키텍처를 사용해 실행하게 했으며 개발자들이 하나의 프로세서에서 다른 프로세서로 쉽게 옮겨갈 수 있도록 했다.

ARM 프로세서는 더 이상 성능 제약이 있는 작은 프로세서가 아니다. ARM 프로세서는 가장 작은 시스템에서 사용하는 마이크로컨트롤러부터 서버에서 사용되는 64비트 프로세서까지 그 영역을 확대해왔다.

이 책은 여러분에게 임베디드 ARM 시스템에 대해 소개한다. 시스템을 동작시키는 방법과 해당 플랫폼에서 개발하는 방법을 알아보고, 이 거대한 에코시스템에서 사용 가능한 디바이스로는 어떤 것들이 있는지도 소개한다.

❖ 이 책의 대상 독자

주로 임베디드 분야에서 처음 시작하는 개발자들을 대상으로 한다. C 언어에 대한 기본적인 이해가 있어야 이 책에 나오는 대부분의 예제 코드를 이해할 수 있지만 어셈블리 언어에 대한 지식은 굳이 필요하지 않다.

또한 이 책은 프로세서의 내부 지식에 대해 좀 더 공부하고 싶은 개발자와 코어 내부를 좀 더 깊게 이해하고 싶은 개발자를 위해 작성됐다.

❖ 이 책이 다루는 영역

이 책은 ARM 프로세서 기술의 발전에 대해 다루며, 더 최신에 발표된 ARMv7 아키텍처인 Cortex-A, Cortex-R, Cortex-M 디바이스를 중점적으로 다루고 있다. 여러분이 Cortex 계열의 프로세서를 사용한다면 이해하기 쉽겠지만, 과거의 ARM 코어를 사용한다면 아키텍처와 플랫폼 간의 차이점과 정보는 추가적으로 찾아봐야 한다.

❖ 이 책의 구성

이 책은 ARM 프로세서를 사용해본 경험이 없는 독자들에게 가능한 한 많은 정보를 주기 위한 목적으로 만들어졌다. ARM의 철학을 이해하려면, ARM이 어디서부터 왔으며 ARM 프로세서가 어떻게 탄생했는지를 이해해야 한다. 따라서 이 책은 임베디드 프로젝트의 모든 영역을 다룬다. 또한 프로세서와 그 확장 모델에 대한 이해, 어셈블러의 이해, 그리고 더 친숙한 C 언어를 사용한 첫 번째 프로그램의 작성과 디버깅 및 최적화 방법에 대해서도 설명한다.

1장, ARM의 역사에서는 ARM의 역사를 개괄적으로 다루는데, ARM이 어디서부터 왔고 왜 오늘날의 ARM이 되었는지에 대해 설명한다.

2장, ARM 임베디드 시스템에서는 임베디드 시스템이 무엇인지 알아보고, ARM 시스템의 강점을 살펴본다.

3장, ARM 아키텍처에서는 ARM 프로세서를 구성하는 여러 가지 항목을 설명하고, 이를 효과적으로 사용하는 방법을 배워본다.

4장, ARM 어셈블리 언어에서는 ARM 어셈블리 언어를 소개하고, 어셈블리 언어를 이해하는 일이 왜 중요한지 살펴본다.

5장, 첫발 내딛기에서는 프로그램을 작성하기 위한 시뮬레이터와 실시간 카드에 대해 소개한다. 이 두 가지를 사용해 ARM 프로세서를 시작할 수 있으며, 더 복잡한 프로그램을 만들기 위한 기본에 대해 설명한다. 또한 실제 시나리오 프로젝트에 대해서도 설명한다.

6장, Thumb 명령어 세트에서는 Thumb 모드와 Thumb-2 확장에 대해 설명한다. Cortex-M 프로세서에서는 Thumb 모드만 사용할 수 있지만, Thumb은 코드의 밀도 density가 필요한 모든 현대 프로세서에서 사용할 수 있다.

7장, 어셈블리 명령어에서는 ARM의 UAL^Unified Assembly Language에서 제공하는 어셈블리 명령어와 그 어셈블리 명령어를 사용해 쉽게 프로그램을 작성하는 방법을 배워본다.

8장, NEON에서는 ARM의 향상된 SIMD^Single Instruction Multiple Data 프로세서인 NEON에 대해 살펴보고, 이 NEON을 사용해 수학적으로 복잡한 루틴을 가속화하는 방법을 알아본다.

9장, 디버깅에서는 프로그램을 디버깅할 때 필요한 디버깅 방법에 대해 설명한다. 또한 실제 예제도 다룬다.

10장, 최적화된 C 언어 작성에서는 애플리케이션을 작성하는 마지막 단계인 최적화를 다룬다. 몇 가지 간단한 예제를 통해 최적화된 코드를 작성하는 방법과, 더 나은 최적화를 구현하기 위해 프로세서 내부에서 일어나는 일들을 이해할 수 있다.

부록 A, 용어에서는 임베디드 시스템에서 작업할 때 접하게 되는 용어들을 알아본다. 특별히 ARM 임베디드 시스템과 관련된 용어들을 살펴본다.

부록 B, ARM 아키텍처 버전에서는 각기 다른 ARM 아키텍처와 각 버전을 기술적 향상 측면에서 설명한다. 또한 어떤 프로세서가 어떤 아키텍처를 기반으로 설계됐는지에 대해서도 살펴본다.

부록 C, ARM 코어 버전에서는 ARM 코어에 대해 그리고 각 프로세서의 차이점에 대해 좀 더 자세히 알아본다. ARM6부터 각 프로세서에 대해서는 간략하게 설명하고, 현재의 Cortex 계열 프로세서에 대해서는 자세히 설명한다.

부록 D, NEON 인트린직과 명령어에서는 ARM NEON 엔진에서 사용 가능한 명령어들을 정리하고, C를 사용한 최적화된 방법에서 NEON 연산을 수행할 때 사용되는 인트린직에 대해 설명한다.

부록 E, 어셈블리 명령어에서는 UAL에서 사용되는 여러 가지 어셈블리 언어에 대해 각각 설명하며, 다른 Cortex-M 클래스 프로세서에서 사용되는 Thumb 명령어도 정리한다.

❖ 이 책이 필요한 이유

대부분의 사람들은 비싼 전자제품이나 소프트웨어 라이선스에 둘러싸인 임베디드 시스템을 생각하지만, 사실은 적은 투자만으로도 임베디드 개발을 시작할 수 있다. 시작하기 위해 개발 컴퓨터가 필요하다. 예제는 리눅스를 사용하지만 윈도우나 MacOS를 사용해도 상관없다. 로열티가 없는 컴파일러를 사용하고 공짜 ARM 시뮬레이터를 사용하면 첫 번째 프로그램을 만들어볼 수 있다. 물론 작은 ARM 시스템도 가능하다. 제조사로부터 평가 보드를 구입해서 사용하거나 비용을 그다지 들이지 않고 라즈베리 파이^{Raspberry Pi}나 아두이노 듀^{Arduino Due} 같은 소형 컴퓨터를 사용할 수도 있다.

이 책에 있는 예제를 실행해보기 위해서는 다음과 같은 것들이 필요하다.

* 리눅스 개발 컴퓨터
* 멘토 그래픽스^{Mentor Graphics}의 컴파일러 모음
* 아트멜^{Atmel} SAM D20 Xplained Pro 평가 보드
* 실리콘 랩^{Silicon Lab}의 STK3200과 STK3800 평가 보드
* 라즈베리 파이

❖ 편집 규약

이 책에서는 정보의 유형에 따라서 텍스트의 스타일이 바뀐다. 각 스타일은 다음과 같은 의미를 지닌다.

새로운 용어나 중요한 단어는 다음과 같이 고딕체로 표기한다

"ARM 프로세서에 의해 생성된 어드레스는 **가상 어드레스**라고 한다."

문장 속에서 코드는 다음과 같이 표기한다.

"`system_init()` 함수는 보드를 셋업한다."

코드 블록은 다음과 같이 표기한다.

```
int compare(int *m, int *n)
{
    return (*m > *n);
}
```

> **참고** 노트, 팁, 힌트, 트릭 그리고 현재 논의하는 부분과는 다소 동떨어진 내용은 이와 같이 나타낸다.

❖ 소스 코드

이 책에서 사용된 모든 소스 코드는 www.wrox.com/go/profembeddedarmdev에서 다운로드할 수 있다. 에이콘출판사 도서정보 페이지인 http://www.acornpub.co.kr/book/armv7-development에서도 다운로드할 수 있다.

❖ 정오표

내용을 정확하게 전달하려고 최선을 다했지만, 실수가 있을 수 있다. 책에서 텍스트나 코드상의 문제를 발견해서 알려준다면, 매우 감사하게 생각할 것이다. 그러한 참여를 통해 다른 독자에게 도움을 주고, 다음 버전에서 책을 더 완성도 있게 만들 수 있다.

이 책의 정오표는 www.wrox.com/go/profembeddedarmdev에서 Errata 링크를 클릭하면 확인할 수 있다.

이 페이지에는 독자들이 보내준 모든 오류에 대한 정오표가 게재되어 있다. 여러분이 찾은 오류가 Errata 페이지에 아직 게재되어 있지 않다면 www.wrox.com/contact/techsupport.shtml에 가서 오류 내용을 기입한 후에 전송해주기 바란다. 그 정보가 오류로 확인되면 책의 정오표 페이지에 등록하고 이 책의 다음 개정판에 반영할 것이다.

한국어판의 정오표는 에이콘출판사 도서정보 페이지인 http://www.acornpub.co.kr/book/armv7-development에서 확인할 수 있다.

❖ p2p.wrox.com

저자와 일대일 대화를 하고 싶다면 http://p2p.wrox.com을 방문해보자. 이 포럼은 웹 기반 시스템으로 여러분이 록스 책과 관련 있는 메시지나 관련 기술을 게재할 수 있으며, 이를 통해 다른 독자나 기술적인 분야에 종사하는 사용자와 연락할 수 있다. 포럼에서는 새로운 포스트가 올라올 때 여러분이 관심 있다고 선택한 주제에 대해서는 이메일을 보내는 기능도 제공한다. 록스 저자, 편집자, 기업체 전문가, 그리고 다양한 독자들이 이 포럼에 참여하고 있다.

http://p2p.wrox.com에는 여러분에게 도움을 줄 수 있는 여러 포럼들이 있다. 이 책과 관련된 내용뿐만 아니라 여러분이 직접 자신의 애플리케이션을 개발할 때 도움이 될 수 있다. 포럼에 가입하기 위해서는 다음의 과정만 따르면 된다.

1. http://p2p.wrox.com에 가서 Register 링크를 클릭한다.
2. 사용 규칙을 읽어보고 Agree를 클릭한다.
3. 참여에 필요한 정보를 모두 입력한다. 원하는 경우에는 옵션인 정보도 입력하고 Submit을 클릭한다.
4. 여러분의 계정을 확인하는 방법에 대해 이메일로 받게 되면 포럼 참여를 위한 모든 과정이 완료된다.

포럼에 참여한 후에 새로운 메시지를 게재하고, 다른 사용자의 포스트에 대해 여러분의 의견을 올려보자. 웹에서 언제든지 메시지를 읽을 수 있다. 이메일로 받은 특정 포럼에서 새로운 메시지를 읽어보고 싶다면, 포럼 리스트에서 원하는 포럼의 이름을 찾고 그 Forum 아이콘에 Subscribe를 클릭한다.

록스 P2P의 사용 방법에 관한 더 자세한 정보는 P2P FAQ를 읽어보자. 포럼 소프트웨어가 동작하는 방식에 대한 여러 질문에 대한 답변과, P2P 및 록스 책에 대한 공통된 질문의 답변을 볼 수 있다. FAQ를 읽어보려면 P2P 페이지에서 FAQ 링크를 클릭하자.

ARM 시스템과 개발

1
ARM의 역사

이 장에서 다루는 내용

▶ 아콘(Acorn)의 시작

▶ 아콘은 어떻게 ARM이 되었을까?

▶ ARM 명명 규칙

▶ ARM 프로세서 아키텍처

1970년대 후반, 컴퓨터 산업은 큰 변화의 시기를 거치면서 비약적으로 성장했다. 그 시절 컴퓨터의 크기는 방 하나만큼이나 거대했고 수십 명의 사람들이 달라붙어야 동작할 수 있었다. 에니악^{ENIAC}은 무게가 30톤이나 나갔으며, 그 부피는 1,800평방피트(167m²)였고, 컴퓨터를 동작시키는 데 필요한 에너지는 150kW에 달했다. 거대한 기술의 발전이 밀려오던 시기에 사람들은 무게가 2톤 이하인 컴퓨터를 만드는 가능성에 대해 이야기하곤 했다. 그러고 나서, 트랜지스터 혁명이 일어났다. 갑자기 전자^{electronics}(어떤 사람들은 전기^{electrics}라고 말할 것이다)로 가득 찬 방에서 동작하던 파워^{power}가 몇 제곱센티미터에 불과한 하나의 마이크로칩 안에 집적되었다. 기업들은 드디어 다양한 시스템을 구축할 수 있게 됐고, 학교는 연구와 교육을 위해 컴퓨터를 구입하게 됐으며, 심지어 일반 가정에서도 개인용 컴퓨터를 사용할 수 있게 됐다. 1970년대는 애플 컴퓨터$^{Apple Computer}$, 아타리^{Atari}, 코모도어^{Commodore}, 아콘^{Acorn} 같은 중요한 컴퓨터 회사들이 등장한 시기다. 이러한 회사들은 불과 몇 년 후에 아미가^{Amiga}, 아타리 ST, 코모도어 64 같은 역사에 길이 남을 컴퓨터를 발표했다.

❖ ARM의 기원

1978년 말, 헤르만 하우저$^{Hermann\ Hauser}$와 크리스 커리$^{Chris\ Curry}$는 영국 캠브리지에서 아콘 컴퓨터$^{Acorn\ Computers}$라는 회사를 설립했다. 초기 컨설팅 그룹의 역할을 담당하며, 하우저와 커리는 마이크로프로세서 기반의 시스템을 개발하는 계약을 에이스 코인 장비회사$^{Ace\ Coin\ Equipment}$로부터 따냈다. 초기 연구와 개발 단계에서 하우저와 커리는 MOS 테크놀로지 6502 프로세서를 선택했다. 6502는 1974년에 생산됐으며, 그 당시에 사용 가능한 프로세서 중에서는 가장 신뢰할 수 있는 프로세서 중 하나였다.

6502는 그 당시 가장 저렴한 8비트 마이크로프로세서였다. 6502 프로세서는 쉽게 프로그래밍이 가능했으며 전반적으로 속도가 빨랐다. 6502는 또한 인터럽트 지연시간$^{interrupt\ latency}$이 적은 것으로 알려져 있었으며, 이러한 장점으로 인해 인터럽트 기반 이벤트를 처리하기에 좋았다. 6502는 단순한 디자인을 채택했으며, 단지 3,510개의 트랜지스터만을 사용했다(인텔^{Intel}의 8085는 6,500개, 사일로그^{Zilog}의 Z80은 8,500개, 모토로라^{Motorola}의 6800은 4,100개의 트랜지스터를 사용했다). 또한 6502는 상대적으로 적은 수의 레지스터를 사용했기 때문에 빈번한 RAM 액세스가 필요했다.

6502는 컴퓨팅 역사상 가장 유명한 이름의 일부분으로의 역할을 했는데, 바로 애플 II 시리즈, 아타리 2600, 코모도어 VIC-20 등이다.

6502는 컴퓨팅 역사상 가장 유명한 컴퓨터들의 출현에 공헌을 했는데, 그 컴퓨터들은 바로 애플 II 시리즈, 아타리 2600, 코모도어 VIC-20 등이다.

아콘은 6502를 사용한 경험을 바탕으로 아콘 시스템$^{Acorn\ System}$ 1을 개발했다. 아콘 시스템 1은 소피 윌슨$^{Sophie\ Wilson}$이 6502를 기반으로 설계했다. 세미 프로페셔널 시장에 등장한 작은 시스템이었다. 96.43달러(65파운드)라는 가격이었지만, 실험실의 전문가들뿐만 아니라 일반인들 중에서도 관심 있는 사람들은 사용 가능했다. 이 시스템은 2개의 보드로 구성되어 있는데, 위에 있는 보드는 16진수 키패드와 리본^{ribbon} 케이블로 연결된

7세그먼트 LED로 구성되었으며, 아래에 있는 보드는 프로세서와 관련 회로들로 구성되었다. 간단한 ROM 모니터를 사용해 메모리 내용을 편집할 수 있으며, 카세트 테이프를 사용해 소프트웨어를 저장할 수 있었다. 대부분은 조립 키트로 판매되었다. 이 보드의 성공으로 인해 아콘은 1983년 시스템 5를 출시할 때까지 여전히 6502를 사용했지만, 랙 마운트^{rack-mounted}, 디스크 컨트롤러, 비디오 카드, RAM 어댑터를 포함하고 있었다.

그리고 나서 아콘은 아콘 아톰^{Atom}을 발표했는데, 이 아톰도 6502를 사용하는 개인용 컴퓨터였다. 현재까지 아콘은 6502에 대한 뛰어난 노하우를 축적해왔고, 6502 프로세서의 한계까지 사용했으며 때로는 그 한계조차 뛰어넘는 경우도 있었다. 6502를 사용했던 아콘의 경험은 컴퓨터 업계의 전설이 되었다. 그러나 6502는 노후한 프로세서가 되었으며, 기술적인 발전으로 인해 좀 더 빠른 프로세서가 등장했다.

이 시점에서 아콘은 지금까지의 전략을 다소 수정했다. 회사 내부에서 어떤 시장을 타깃으로 할지에 대한 논쟁이 벌어졌다. 커리는 일반 소비자를 타깃으로 하기를 원했고, 다른 사람들은 일반 소비자 시장보다는 좀 더 전문적인 시장, 즉 실험실 등을 타깃으로 하고 싶어 했다. 16비트 시스템의 가능성이 포함된 몇 개의 연구 프로젝트가 발표됐지만, 하우저는 더 많은 확장 기능을 갖춘 6502 기반 시스템을 개선할 것을 제안했다. 이 시스템이 프로톤^{Proton}이다.

그 당시 영국 방송 공사인 BBC는 마이크로컴퓨터 시장에 관심을 갖고 있었고, BBC 컴퓨터 문맹 퇴치 프로젝트를 시작했다. 마이크로일렉트로닉스와 관련된 TV 에피소드와 컴퓨터가 산업에 미치는 영향을 예측하는 방송들이 학생들용으로 계획되었지만, BBC는 그러한 컴퓨터 시스템을 설계할 시간이 없었다. BBC에서 방송하는 TV 시리즈에서 컴퓨터를 사용하고 싶어 했고, 그러한 컴퓨터를 찾고 있는 중이었다.

그래픽 기능, 소리와 음악, 텔레텍스트^{teletext}, 외부 I/O 및 네트워킹이 BBC의 요구사항이었다. 몇몇 회사가 이 계약을 따내기 위해 고군분투했고, 그중 프로톤 프로젝트는 가장 이상적인 후보였다. 프로톤이 가장 이상적인 후보이긴 했으나 한 가지 문제가 있었는데, 바로 프로톤이 실제로 존재하지 않는 시스템이라는 점이었다. 단지 디자인 단계에 있을 뿐 프로토타입조차 없는 시스템이었다. 아콘에게는 시간이 그리 많지 않았다.

겨우 4일밖에 없었는데, 불철주야 프로톤의 프로토타입을 만드는 데 매진해 결국 BBC에 보여줄 수 있었다. BBC와의 미팅 한 시간 전에야 비로소 프로톤이 준비됐다. 프로톤은 BBC의 사양을 충족시키는 기계일 뿐만 아니라 그 사양을 뛰어넘는 기계이기도 했다. 결국 아콘에서 BBC와의 계약을 따냈고, 프로젝트 이름이 변경됐다. 바로 BBC 마이크로^{Micro}가 탄생한 시점이었다.

BBC 마이크로는 엄청 잘 팔려서, 4,800달러(3,000파운드)를 약간 넘었던 아콘의 이익은 1983년 7월에는 1360만 달러(850만 파운드)를 넘을 정도가 됐다. 아콘은 BBC 마이크로의 총 판매 대수를 약 12,000대 정도 예상했지만, 12년 후에는 150만 대나 팔렸다. 1984년에 아콘은 영국 학교에서 사용하는 컴퓨터의 약 85%에 해당하는 대수의 컴퓨터를 판매했다고 발표했고, 이 판매 대수는 한 달에 약 4만 대 정도를 판매했음을 의미한다. BBC 마이크로는 사용성 측면에서 상당히 훌륭하게 설계됐다. 어린이도 쉽게 사용할 수 있도록 해주는 막강한 키보드와, 세심하게 설계된 인터페이스 그리고 원하는 시간에 정확하게 동작하는 기계였다.

아콘이 새로운 프로세서를 만들기로 결정한 이유

아콘은 큰 문제에 직면하게 됐다. 거의 모든 프로젝트에서 6502를 사용했고, 그로 인해 이 하드웨어에 대해 속속들이 알고 있었다. 그러나 구식의 6502를 대체할 새로운 프로세서를 찾을 때까지 다른 프로세서를 고려하지 않았다. 그래픽 시스템 환경이 출현했고, 이러한 그래픽 환경을 6502로 감당할 수 없다는 건 명백한 사실이었다. 모토로라 68000은 16/32비트이며 많은 가정용 및 비즈니스용 컴퓨터에 사용된 마이크로프로세서이지만, 느린 인터럽트 응답 시간으로 인해 6502가 문제없이 지원하던 통신 프로토콜을 대체할 수 없었다. 여러 프로세서들이 연구되고 제외됐다. 시장에 등장한 프로세서 하나하나를 조사하고 연구 및 분석했지만 모두 채택되지 못했다. 더는 조사할 프로세서가 없어지자 아콘 입장에서는 선택할 프로세서가 하나도 남지 않게 됐다. 결국 남은 방법은 직접 프로세서를 설계하는 것뿐이었다.

프로세서를 만드는 일이 반드시 무엇인가 새로운 것을 만든다는 뜻은 아니다. 그 당시는 다목적 CPU의 황금 시대였다. 몇몇 기업은 투명 필름과 펜만 사용해 CPU를 설계하기도 했다. 그러나 4000개의 트랜지스터로 구성된 새로운 CPU를 설계하는 것 이상으로 아콘은 멋진 일을 해냈는데, 바로 ARM이라는 32비트 프로세서를 만들기로 결정했다.

이 프로젝트는 1983년 10월에 소피 윌슨이 명령어 세트를 설계하고 스티브 퍼버[Steve Furber]가 BBC 마이크로를 사용해 하드웨어 모델과 칩을 개발하면서 시작됐다. 1985년 4월 26일, 마침내 최초의 아콘 RISC 머신 프로세서인 ARM1이 탄생했다. 또한 기본적인 기능들을 손으로 설계한 프로세서 중에서 완벽하게 동작하는 첫 번째 사례이기도 했다.

ARM1의 주요 애플리케이션은 BBC 마이크로의 코프로세서 역할을 했으며, 이로 인해 ARM2를 만들게 됐다. 그 이후의 칩은 전문적인 코프로세서로 판매되거나 또는 BBC 마스터에 연결되는 개발 보드로 판매됐다. 첫 번째 ARM 기반 컴퓨터인 아콘 아르키메데스[Archimedes]가 판매된 것은 1987년이었다.

아콘은 어떻게 ARM이 되었을까?

교육 시장에 대한 판매가 줄어들면서 아콘은 새로운 시장을 창출하고 프로세서 설계를 하는 데 우선순위를 뒀다. 아콘의 파트너인 VLSI는 ARM 프로세서를 위한 새로운 애플리케이션을 찾고 있었다. 하우저는 별도의 회사인 액티브 북[Active Book]을 운영하고 있었는데, ARM2 CPU 기반의 모바일 시스템을 개발하는 회사였다. 애플 컴퓨터의 첨단 기술 그룹[ATG, Advanced Technology Group]은 아콘과 접촉하고 ARM 프로세서를 연구하기 시작했다. 애플 ATG의 목적은 애플 II와 같은 컴퓨터를 만드는 것이지만, 이 프로젝트는 매킨토시 시스템에 너무 많은 혼란을 가져오는 것이 두려워 포기됐다. 그러나 최종 보고서에서는 ARM 프로세서가 초기 디자인과 전력 사용, 그리고 처리 능력의 모든 측면에서 매우 흥미롭다고 기술되었다.

이후 애플 컴퓨터는 다시 ARM 프로세서를 연구했다. 애플은 뉴턴[Newton] 프로젝트에 다음과 같은 엄격한 요구사항을 설정했다. 특정 소비 전력을 가져야 하며, 성능과 비용 측면에 대해서도 사양을 설정했다. 또한 시스템 클록이 멈추는 순간에 이 프로세서는 완전히 멈출 수 있어야 했다. 아콘의 설계는 애플의 요구사항에 가장 가까웠지만 모든 요구사항을 만족시키지는 못했다. 다수의 변화가 필요했지만, 이러한 변화를 하기에는 필요한 리소스^{resource}가 부족했다. 애플은 아콘이 만족시키지 못한 요구사항을 개발할 수 있게 도움을 주었으며, 결국 짧은 기간의 협력을 통해 새로운 회사를 설립하는 것이 가장 효율적이라는 결론을 내렸다. 1990년 11월, VLSI, 아콘, 애플의 투자를 통해 ARM 이 설립됐다.

ARM이 실제로 마이크로프로세서를 생산하지 않는 이유

ARM의 원래 임무는 프로세서를 만드는 것이 아니라 아키텍처를 만드는 것이다. 이 둘의 미묘한 차이는 특정 사양의 CPU를 고객에게 제공하는 전략이 아니라, 파트너가 되거나 고객 스스로가 자신의 칩을 만들 수 있도록 솔루션을 제공한다는 것이다.

전형적인 프로세서 설계자는 자체 프로세서를 제조하며, 다른 사람들은 그 프로세서와 외부 컴포넌트를 사용해 시스템을 설계한다. 몇몇 경우에 프로세서 설계자는 주변장치를 포함하기도 하고, 모든 프로세서들 사이에 사용 가능한 기능을 넣기도 한다.

ARM의 접근 방식은 다르다. ARM 프로세서는 전 세계적으로 가장 많이 팔린 프로세서 중 하나이지만, ARM은 실제로 자신의 칩을 만들지 않는다. ARM은 자신의 지적 재산권을 다른 회사에게 라이선싱할 뿐이다. 이 분야의 주요 제조 회사인 인텔^{Intel}, 엔비디아^{Nvidia}, ST마이크로일렉트로닉스^{STMicroelectronics}, 텍사스 인스트루먼츠^{Texas Instruments}, 삼성은 자신만의 ARM 칩을 제조한다. 바로 이 점이 ARM의 가장 큰 강점이다. 다양한 형태의 ARM 프로세서가 존재하며, 매우 다양한 그들만의 사용 및 운영 방식을 갖고 있다. 작은 ARM 프로세서는 옵션(적은 수의 I/O 포트, 작은 메모리 크기 등)이 제한적이며, 이러한 프로세서는 작은 시스템(이러한 ARM 프로세서는 예를 들어 블루투스 어댑터 등에서 공통적으로 사용되고 있다)에서 찾아볼 수 있다. 그리고 소형 컴퓨터에 필요한 거의 모든 것을 탑재한 프로세서도 존재한다. 예를 들어 프리스케일^{Freescale}의 i.MX6 프로세서는 DDR 컨트롤러, ATA 컨트롤러, 이더넷, 플래시 메모리, USB, 비디오 컨트롤러 등을 하나의 칩에 모두 담았고, 따라서 외부 부품에 대한 필요성을 감소시켰다.

또 다른 예는 애플 컴퓨터에서 찾을 수 있다. 애플은 아이폰과 아이패드를 동작시키기 위한 명확한 사양을 제시했다. 그러나 주어진 시간 안에 그러한 요구조건을 만족시킬 수 있을지는 확신할 수 없었다. 애플은 우수한 소비 전력 비율을 고려한다면 ARM 코어가 필요하다는 사실을 알고 있었지만, 기존의 솔루션은 너무 많은 주변장치를 갖고 있거나 또는 너무 적은 주변장치를 제공한다는 점이 문제였다. 애플의 완벽에 가까운 감각은 전설이라고 할 수 있으며 그것 때문에 다른 옵션, 즉 자신의 코어를 만들게 됐다. ARM의 라이선스를 얻어 자신의 코어를 만드는 툴이 필요했다. 단지 코어를 둘러싸고 있는 주변장치뿐만 아니라 속도와 절전에 최적화된 커스텀^{custom}(사용자 지정) 캐시 크기 등이 필요했다. 그 결과로 탄생한 것이 A4 프로세서와 그 시리즈다.

애플과 마찬가지로 여러분도 자신의 ARM 구동 칩을 만들 수 있다. ARM 기술은 두 가지 형태로 라이선싱될 수 있는데, 바로 합성^{synthesizable} 또는 하드 매크로^{hard macro}다. 하드 매크로 형태로는 셀^{cell}이 제공되고, 외부 컴포넌트는 기존 셀 주위에 추가될 수 있다. 합성 형태는 ARM에서 전자적으로 전달되는 IP이다. 이 IP는 다른 파라미터를 사용해 ASIC 칩에 집적될 수 있다. 사용되는 다른 파라미터는 캐시 크기, 최적화, 또는 디버그 옵션이다. 할 수 있는 일도 많지만, 또한 더 큰 창의성과 차별화가 있다.

오늘날, 칩 제조업체에서 제안(또는 사용)하는 ARM 구동 시스템의 양은 압도적이다. 주요 제조업체의 대부분은 ARM의 라이선스를 사용한다. 삼성은 CPU 라인으로 엑시노스^{Exynos}를 제조하며, 엔비디아는 테그라^{Tegra} 칩을 제조한다. 이 두 종류의 CPU를 사용하는 하이 엔드^{high-end} 태블릿을 쉽게 찾을 수 있을 뿐만 아니라, 엑시노스는 크롬북^{Chromebook}에서도 사용된다. NEC, 파나소닉^{Panasonic}, NXP, 프리스케일, ST마이크로일렉트로닉스에서도 ARM 코어를 라이선싱해서 사용한다. 현재 273개의 회사가 ARM9 코어를 라이선싱했으며, 100개 이상의 회사에서 최신 Cortex-A 기술에 대한 라이선싱을 하고 있다.

ARM의 전략은 프로세서를 생산하는 것이 아니라 IP를 판매하는 것이며, 이러한 전략은 ARM이 집중할 수 있는 게 무엇인지를 잘 보여준다. 바로 소비 전력이 매우 효율적인 고성능 프로세서의 개발이다. ARM은 프로세서 코어를 개발하는 데 대부분의 연구 개발 비용을 지불한다. 그러한 연구 개발 비용은 각 칩 제조업체들에게 분산되기 때문에, ARM 코어 라이선스 비용은 효율적이다. 엔지니어를 위한 최종 결과물은 뛰어난 호환성을 가진 저전력 프로세서 시장을 형성하는 것이다. 작은 리눅스 배포판을 실행할 수 있는 프로세서를 원하는가? 그렇다면 선택은 여러분의 몫이다. 수십 개의 프로세서와 시스템 온 칩^{SoC, System On a Chip} 프로세서가 존재하며, 따라서 가장 어려운 점은 각자의 프로젝트에 정확하게 맞는 프로세서를 찾는 일이다.

❖ ARM의 명명 규칙

ARM 프로세서는 초창기부터 비교적 일관된 명명 규칙을 사용했지만, 명명 규칙은 약간 혼동을 일으킬 수도 있다. 여러분은 프로세서와 아키텍처 간의 차이점을 이해하고 있어야 한다.

아키텍처^{architecture}는 디자인이다. 이는 기반 기술을 형성하는 오랜 연구의 조합이다. 아키텍처는 설계의 모든 측면을 다루는 프로그래머의 모델을 정의한다. 프로그래머의 모델은 이전 아키텍처에서 수정된 부분뿐만 아니라 실제로 레지스터, 어드레스, 메모리 아키텍처, 기본 동작 같은 프로세서의 거의 대부분의 기능을 정의하고 있다.

반면에 **프로세서**^{processor}는 디바이스^{device}다. 프로세서는 아키텍처에 의존적이며, 특정 아키텍처를 사용하는 모든 디바이스에 공통적으로 사용하지는 않는 기능이 추가될 수도 있다. 가장 일반적인 예는 프로세서의 파이프라인^{pipeline}이다. 같은 아키텍처 버전을 갖는 모든 프로세서는 같은 명령어를 사용한다(명령어는 아키텍처에 따라 정의되기 때문이다). 그러나 파이프라인은 각 프로세서에 따라 다를 수 있으며, 그 내용이 아키텍처 레퍼런스에 명시되어 있지는 않다.

하나의 아키텍처는 여러 개의 프로세서로 제조되며 그 프로세서 대부분은 거의 동일한 기본 기능을 이용하지만, 각 프로세서마다 구성이 다소 다르다. 아키텍처 레퍼런스에는 어떤 캐시 시스템을 사용하는지가 정의되어 있지만, 프로세서마다 캐시 크기나 구성이 각기 다를 수 있다. 모든 경우에 캐시나 일반적인 레이아웃의 사용, 그리고 이것들을 사용하기 위해 필요한 요소들은 아키텍처에 의해 정의된다. 프로세서를 공부하다 보면,

다음과 같은 두 가지 내용을 반드시 알아야 한다. 이 디바이스가 속하는 프로세서 제품 군이 무엇이며, 이 프로세서가 어떤 아키텍처를 기반으로 하고 있는가이다.

사용하는 프로세서의 이름에 대한 규칙

프로세서 이름은 다를 수 있지만 모든 ARM 코어는 일반적인 명명 규칙을 공유하며, 아 키텍처의 수명 동안 두 가지 명명 규칙이 있다. 클래식 ARM 코어는 ARM{x}{레이블} 형 식을 사용하며, 이후의 변형 형식은 ARM{x}{y}{z}{레이블}이다. 2004년부터 모든 ARM 코어는 Cortex 브랜드로 출시되며, Cortex-{x}{y} 형태의 이름을 갖고 있다.

고전적인 프로세서로 알려진 첫 번째 코어는 표 1-1에 나와 있는 명명 규칙을 사용 한다. 첫 번째 숫자 x는 코어 버전에 해당한다. 두 번째 숫자 y와 세 번째 숫자 z는 각각 캐시/MMU/MPU 정보와 캐시 크기를 의미한다.

표 1-1 ARM 프로세서 넘버링

x	y	z	설명	예
7			ARM7 코어 버전	ARM7
9			ARM9 코어 버전	ARM9
10			ARM10 코어 버전	ARM10
11			ARM11 코어 버전	ARM11
	1		캐시, 쓰기 버퍼, MMU	ARM710
	2		캐시, 쓰기 버퍼, MMU와 프로세스 ID 지원	ARM920
	3		물리적 매핑 캐시와 MMU	ARM1136
	4		캐시, 쓰기 버퍼, MPU	ARM940
	5		캐시, 쓰기 버퍼, MPU, 에러 보정 메모리	ARM1156
	6		캐시와 쓰기 버퍼가 없음	ARM966
	7		AXI 버스, 물리적 매핑 캐시와 MMU	ARM1176
		0	표준 캐시 크기	ARM920
		2	축소된 캐시	ARM1022
		6	밀접하게 연결된 메모리(Tightly Coupled Memory)	ARM1156

(이어짐)

x	y	z	설명	예
		8	ARM966 후속	ARM968

표 1-2에서 볼 수 있듯이 프로세서 이름 뒤의 문자는 레이블이라고 하며, 옵션으로 어떤 확장이 되었는지 표시된다.

표 1-2 ARM 레이블 속성

속성	설명
D	JTAG를 이용한 디버깅 지원. ARMv5 이상 버전에서는 자동으로 지원됨
E	강화된 DSP 명령어 지원. ARMv6 이상 버전에서는 자동으로 지원됨
F	VFP 코프로세서를 사용하는 하드웨어 부동소수점 지원
I	하드웨어 중단점(breakpoint)과 감시점(watchpoint) 지원. ARMv5 이상 버전에서는 자동으로 지원됨
J	제이젤(Jazelle) 자바 가속기 지원
M	긴 곱셈 명령어 지원. ARMv5 이상 버전에서는 자동으로 지원됨
T	Thumb 명령어 세트 지원. ARMv5 이상 버전에서는 자동으로 지원됨
–S	이 프로세서는 합성 가능한 하드웨어 디자인을 사용한다.

Cortex로 알려진 새로운 코어의 경우, 명명 규칙은 다를 수 있지만 따라 하기는 더 쉽다. Cortex-A, Cortex-R, Cortex-M이라는 세 가지 모델이 Cortex의 제품군 이다.

Cortex-A는 컴퓨터 관련 제품군이며, 애플리케이션 프로세서다. 이 제품은 완전한 기능을 갖춘 컴퓨터이며, 복잡한 운영체제가 실행될 수 있다. 이 제품이 사용되는 영역 은 모바일 폰, 태블릿, 랩탑 등이다.

Cortex-R 제품군은 빠른 응답 시간이 필요한 제품이며, 실시간 프로세서 시리즈다. 이 제품은 Cortex-A 시리즈보다 소비 전력이 더 적지만, 외부의 자극에 대해 더 빠른 응답 시간을 제공한다. 낮은 인터럽트 대기 시간과 더 제한적인 실시간 응답성이 필요 한 까다로운 상황에 적합하며, 데이터 해석이 필수적인 중요한 시스템에서 종종 사용된다. 이 제품이 사용되는 다비이스는 의료 기기, 자동차 시스템 및 하드 드라이브 같은 낮은 수준의 디바이스 컨트롤러에서 사용된다.

Cortex-M 제품군은 초 저전력이며 소형 폼팩터$^{form-factor}$ 제품군인 마이크로컨트롤러 시리즈다. 이 제품은 일반적으로 A나 R 시리즈보다 낮은 성능에서 동작하며, 100MHz의 경우에도 잘 실행된다. 보통 여러 입력 및 출력과 함께 마이크로컨트롤러에 내장되며, 디지털 입력 및 출력에 의존하는 작은 컴포넌트 시스템으로 설계된다. Cortex-M 제품은 로봇 시스템과 소형 가전제품에서 사용되며, 심지어 데이터 전송 케이블에도 사용된다. 또한 종종 더 큰 디바이스를 지원하는 프로세서로 사용되기도 한다. 예를 들어, 큰 애플리케이션 수준의 디바이스에서 Cortex-M 프로세서가 전력 관리용으로 사용되기도 한다.

ARM7TDMI와 ARM926EJ-S의 차이점

일반적으로 사용했던 명명 규칙은 해당 프로세서 코어가 어떤 목적으로 사용되는지 아는 데 유용하다. 예를 들어, ARM926EJ-S와 ARM7TDMI를 비교해보자. ARM926EJ-S는 가장 많이 사용된 코어 중 하나였다. 그러나 ARM7TDMI에는 어떤 변화가 생겼을까? ARM1136J-S와는 어떤 차이가 있을까?

앞서 살펴본 표들을 사용하면, 두 프로세서의 차이점을 이해하는 데 도움이 된다. ARM7TDMI는 ARM7 코어이며, {y} 또는 {z} 번호가 없으므로 캐시나 쓰기 버퍼가 없다는 뜻이다. 예를 들어, ARM710 코어가 캐시를 갖고 있다면 {y} 번호가 있어야 하기 때문이다.

또한 ARM7TDMI는 T, D, M, I라는 4개의 아키텍처 옵션을 갖고 있다. T는 Thumb 명령어 세트를 지원한다는 뜻이며, D는 이 코어가 JTAG 포트를 통해 향상된 디버깅을 할 수 있음을 나타낸다. M은 이 코어에서 긴 곱셈$^{long multiplication}$을 지원한다는 뜻이며, 마지막으로 I는 이 코어에서 중단점 및 감시점을 지원함을 의미한다.

또한 흥미롭게도, ARM7TDMI는 ARMv4T 아키텍처에 속한다.

요약하면, ARM7TDMI는 쉽게 디버깅을 할 수 있으며 몇 가지 고급 기능이 포함되어 있다고 말할 수 있다. 그러나 캐시 또는 버퍼링이 없어, 모든 애플리케이션은 아니더라도 일부 애플리케이션에서 문제가 될 수도 있다. 또한 MMU가 없다. ARM7TDMI는 대부분의 애플 아이팟 시리즈, 수십 종류의 모바일 폰(특히 노키아^{Nokia}), 게임 보이 어드밴스$^{Game\ Boy\ Advance}$, 대부분의 삼성 마이크로 SD 카드, 그리고 다수의 임베디드 제품에서 사용되고 있다.

ARM926EJ-S는 ARM7TDMI와 함께 가장 많이 사용된 ARM9 제품군의 클래식 코어 중 하나다. {y}는 2이고, {z}가 6이기 때문에 이 프로세서는 캐시와 MMU를 포함하고 있으며, 또한 밀접하게 연결된 메모리$^{Tightly\ Coupled\ Memory}$를 포함한다. 926EJ-S도 두 가지 옵션을 갖고 있는데, E는 이 코어가 향상된 DSP 명령어를 포함하고 있음을 의미하며, J는 제이젤^{Jazelle} 자바 가속기를 포함한다는 뜻이다. 프로세서 이름 끝의 -S는 VHDL 소스 코드로 제공된다는 의미로, 이 소스 코드는 라이선스가 있다면 컴파일 및 합성할 수 있다.

ARM926EJ-S는 ARMv5TE 아키텍처에 속한다. ARMv5TE가 Thumb 명령어 세트를 포함하기 때문에 이 프로세서는 Thumb을 포함한다. 프로세서 이름 끝에 확장을 지정할 필요는 없다. 그것은 ARMv5 아키텍처에 속하기 때문에, 자동적으로 JTAG 디버깅, 중단점, 긴 곱셈을 지원한다. 즉 ARM926EJ-S는 ARM7TDMI가 가진 모든 옵션을 지원한다. ARM926EJ-S는 모바일 폰, 가정 및 비즈니스 네트워크 디바이스, 일부 그래픽 기능을 제공하는 계산기에 사용됐다.

ARM7TDMI 시스템에서 업그레이드할 때 ARM926EJ-S는 훌륭한 선택이었다. 이 두 모델은 바이너리 레벨에서 호환되지만, ARM926EJ-S는 더 나은 에너지 효율과 훨씬 더 높은 성능을 제공한다. 하지만 이 둘을 비교해보면 일부 프로젝트에서는 작은 문제가 발생한다. ARM926EJ-S는 비활성화된 캐시와 동등한 클록 속도를 갖는 반면에, ARM9은 ARM7TDMI보다 눈에 띄게 느리다. ARM926EJ-S는 캐시를 포함하도록 설계됐고, 캐시 활성화를 통해 ARM926EJ-S를 실행하는 것은 매우 중요한 프로그래머의 모델이다.

ARM7과 ARMv7의 차이점

일반적으로 실수하는 질문은 ARM7과 ARMv7의 차이점에 대한 질문이다. 이 둘은 서로 비교가 가능한 대상이 아니다. ARM7은 코어이고 ARMv7은 아키텍처이기 때문이다.

ARM7은 프로세서로 설계된 결과물이며, ARM7을 포함하는 유명한 코어가 ARM7TDMI와 ARM7EJ이다. 숫자 7이 포함되어 있다는 사실이 일곱 번째 아키텍처에 기반해 설계되었음을 의미하진 않는다. 사실, 세 가지 프로세서가 각기 다른 아키텍처에 기반하고 있다. ARM7은 ARMv3 아키텍처에 속하며, ARM7TDMI는 ARMv4T에 속하고, 더 최근에 발표된 ARM7EJ는 ARMv5TE에 속한다.

ARM에서는 최근의 코어에 대한 명명 규칙으로 Cortex를 사용해 분류하기가 더 간단하다.

Cortex-M 및 Cortex-A의 차이점

ARM의 새로운 명명 규칙을 사용하면 이 코어가 어떤 목적으로 설계되었는지 더 쉽게 알 수 있다. Cortex-A, Cortex-R, Cortex-M이라는 3개의 Cortex 제품군이 있다.

애플리케이션을 위한 프로세서인 Cortex-A는 대용량의 메모리에 연결되고, 상대적으로 높은 클록 속도로 동작하도록 설계됐다. 또한 운영체제가 실행되면서 많은 개수의 애플리케이션을 처리할 수 있게 설계됐다. 이는 빠른 계산 능력과 적은 전력이 요구되는 모바일 디바이스에서 기본 프로세서로 사용될 수 있다. 여러분의 모바일 폰, 태블릿, 디지털 카메라, 커스텀 모바일 디바이스에서 Cortex-A를 찾을 수 있다.

한편 Cortex-M은 훨씬 적은 메모리를 가지고 느린 클록 속도로 실행되지만 훨씬 적은 에너지를 필요로 하는 마이크로컨트롤러를 위해 설계됐다. 하드웨어 디바이스를 제어하거나, 하드웨어와 여타 프로세서 간의 인터페이스를 제어하는 데 사용된다(대부분의 블루투스 USB 키는 내부에 Cortex-M 프로세서를 갖고 있다).

이러한 2개의 코어가 별도의 기능을 위해 사용되지만, 함께 사용되기도 한다. 좀 더 작은 Cortex-M은 디바이스 연결, 데이터 출력, 전원 레귤레이션 등을 처리해 Cortex-A의 일부 작업을 맡는 데 사용된다.

✦ 제조사 문서

사용하는 프로세서에 대해 다음 두 가지를 알아둬야 한다.

- 프로세서 제품군
- 아키텍처 버전

ARM에서는 두 종류의 문서를 제공하는데, 바로 기술 참조 매뉴얼$^{Technical\ Reference\ Manual}$이라는 프로세서 설명서와 아키텍처 참조 매뉴얼$^{Architecture\ Reference\ Manual}$이라는 아키텍처 관련 문서다.

아키텍처 참조 매뉴얼은 아키텍처 버전에 따른 공통적인 모든 기능을 나열하며, 그 안에는 어셈블리 명령어, 프로세서 모드, 메모리 관리 시스템과 기타 서브시스템을 포함한다. 기술 참조 매뉴얼은 현재 CPU에 대한 옵션과 자세한 내부 정보를 제공하지만, 아키텍처에 대해서는 자세한 설명을 하지 않는다.

칩 디바이스에서 시스템의 경우, 제조사는 일반적으로 광범위한 문서를 갖고 있다. SoC는 ARM 코어와 ARM 아키텍처를 기반으로 하기 때문에 ARM에 대한 설명서가 필요하다. 그러나 제조사는 모든 입력 및 출력에 대한 전기적 특성을 설명하는 문서를 만들며, 자신들의 제품에 포함된 커스텀 장치나 주변장치에 대한 정보를 기술한 문서도 만들어둬야 한다.

✦ 오늘날의 ARM 역할

여러분은 지금 모바일 혁명의 중간에 있다. 아직 일부이기는 하지만, 더는 모바일 기기를 충전하기 위해 케이블에 연결할 필요가 없다. 모바일 디바이스의 숫자는 폭발적으로 증가하고 있으며, 그와 함께 사용되는 프로세서의 숫자도 증가하고 있다. 현재 ARM

의 라이선스 숫자는 성능이 좋은 칩이 만들어질수록 증가하고 있다. 삼성 엑시노스 옥타$^{\text{Exynos Octa}}$는 이전에 들어본 적이 없는 디자인의 예다. 하나의 칩에 프로세서 클러스터 2개를 갖고 있으며, 그 클러스터는 수많은 주변장치와 함께 Cortex-A7 쿼드코어$^{\text{quad-core}}$와 Cortex-A15 쿼드코어로 된 총 8개의 코어를 갖고 있다.

ARM이 라이선싱하는 것이 CPU 기술만은 아니다. 6502에서부터 지금까지의 문제 중 하나는 좋은 그래픽을 제공하지 못한다는 점이다. 스크린이 없는 제품도 있지만, 대부분의 디바이스는 적어도 하나의 스크린을 갖고 있다. 오늘날의 태블릿이 좋은 예다. 태블릿 내부에 CPU와 함께 그래픽 칩이 존재한다. 그러나 속도가 빠른 CPU가 모든 것을 해결해주진 않는다. 웹 페이지를 제대로 표시하지 못하는 경우 그 시스템 자체가 쓸모없을 수도 있다. ARM이 개발하고 라이선싱한 Mali 그래픽 프로세서는 일부 데스크탑 기반 그래픽보다 더 많은 그래픽 성능을 보여주며, 저전력으로 동작한다.

ARM은 또한 새로운 아키텍처에 초점을 맞추고 있다. 바로 ARMv8이다. ARMv8은 32비트 지원을 유지하면서, ARM 에코시스템에 64비트 기능을 소개하고 있기 때문에 큰 혁신이다. ARMv8은 ARM을 위한 새로운 시장을 창조해낼 것이다. 저전력 Cortex-A57 프로세서가 모바일 폰이나 태블릿에 통합되어 사용될 수도 있지만, 서버로도 사용될 수 있으며 이미 여러 업체에서는 ARM 기술을 사용해 서버 솔루션을 제공하고 있다. 일반적인 서버 룸에 들어가는 비용은 IT 업체들이 부담해야 할 기업의 비용 중 가장 큰 몫을 차지한다. 서버에서 사용되는 전기량은 놀랍다. 서버 프로세서는 엄청난 전력을 소모하며, 어마어마하게 많은 열을 생성한다. 대략 사용되는 전기의 25%가 서버를 냉각하는 데 사용된다고 말할 수 있다. ARM 프로세서는 저전력이기 때문에 서버 시장에서는 가장 이상적인 후보다.

✦ 정리

1장에서는 아콘^{Acorn}이라는 회사의 시작과 아콘이라는 회사가 어떻게 ARM이라는 회사가 됐는지, 그리고 무엇이 ARM으로 하여금 새로운 프로세서를 개발하도록 했는지에 대해 설명했다. 수년간의 프로세서 개발을 통해 ARM은 두 가지 명명 규칙을 만들었는데,

바로 아키텍처 시스템에 대한 명명 규칙과 프로세서에 대한 명명 규칙이다. 프로세서들 간의 차이점과 각 프로세서의 특징을 알아두는 일도 중요하다. 다음 장에서는 ARM 임베디드 시스템이 무엇인지, 여타 시스템과 어떤 점이 다른지 좀 더 깊이 알아보자. 새로운 프로젝트를 시작하기 전에 알아둬야 할 사항들이 무엇인지도 배워보겠다.

2

ARM 임베디드 시스템

이 장에서 다루는 내용

▶ 임베디드 시스템의 개념

▶ 임베디드 시스템에서 ARM 프로세서가 사용되는 이유

▶ 업무에 따라 적합한 프로세서 선택하기

▶ 필요한 툴을 얻는 방법

▶ 임베디드 개발에 사용되는 다른 제품들

여러분이 회사의 중요한 전략 중 하나가 되는 큰 프로젝트를 맡았다고 상상해보자. 이제 막 프로젝트를 완료하고 나면, 긴장이 풀어져서 주말을 보내게 될 것이다. 집에서 쉬는 동안 근처 마켓에 들러 그동안 들어봤던 게임 중에서 가장 최신 게임을 하나 구입한다. 게임 박스에 적힌 시스템 요구사항(최적의 조건에서 게임을 하기 위해 필요한 사양과 가이드)을 보자. 집에 있는 컴퓨터 사양이 이 게임의 요구사항보다는 높은 사양이라 생각하고, 게임을 구입해서 집으로 돌아왔다. 박스에는 4기가의 메모리가 필요하다고 되어 있는데 8기가 메모리를 추천한다. 여러분 컴퓨터의 메모리는 4기가로, 게임을 하는 동안 플레이가 약간 느리다고 느낄 수 있다. 걱정하지 말자. 게임 스토어는 집에서 5분이면 갈 수 있는 가까운 거리에 있다. 얼른 달려가서 4기가 메모리를 구입했다. 컴퓨터를 열어 메모리를 설치하고 다시 컴퓨터를 부팅했다. 시스템이 부팅되면서 화면이 껌뻑거리고 몇 초가 지난 후 화면에 8기가의 메모리가 장착되어 있다는 메시지가 나타난다. 운

영체제가 동작하고 몇 초 후면 게임을 다시 실행해볼 수 있다. 역시 이전보다 훨씬 부드럽고 빠르게 게임이 실행된다.

이 과정에는 많은 일이 일어났다. 몇 달 전에 개발팀이 이 게임을 제작했고, 누군가가 어딘가에서 이 게임에 필요한 최소 요구사항을 결정해야 했다. 이 게임 회사에서는 아마도 이전 게임들로부터 얻은 통계 데이터를 기반으로 해서 사용자들이 사용하는 메모리의 용량을 알게 됐을 것이다. 아마도 대부분의 게임 플레이어가 어느 정도의 사양을 갖추고 있는지 조사했을 테고, 결국 '모든 사람은 x기가 정도의 용량을 갖고 있어야 한다'고 결정했을 것이다. 대부분의 시스템에서는 메모리가 부족하면 더 추가할 수 있기 때문에 이런 결정이 큰 문제가 되지는 않는다. 대부분의 CPU, 그래픽 카드, 하드디스크, 그리고 기타 필요한 것들이 일반적으로 시스템 요구사항으로 문서화되어 있다. 이 예에서는 여러분이 가진 메모리에 별도의 메모리를 추가 구입하기로 결정했다.

월요일 아침에 커피 한 잔을 들고 사무실에 출근해서 새로운 프로젝트에 대해 조사할 시간이 됐다. 새롭게 시작할 프로젝트는 항공 관련 프로젝트다. 대기업에서는 새로운 드론에 장착될 여러 센서 중 몇 개를 아웃소싱하려고 한다. 여러분의 상사는 여러분의 팀이 이 프로젝트에 가장 적합하다고 믿고 있다. 해야 할 작업은 기존의 드론에 장착되어 다른 센서로부터 수집한 공기의 질을 모니터링하고 기록하는 일이다. 공기 센서, 온도 센서, GPS로부터의 입력이 필요하고 샘플을 기록할 공간이 필요하다. 또한 이 프로젝트를 진행하는 동안 다른 것들이 필요할 수도 있다(등골이 서늘해지는 말이다). 여러분의 회사는 아직 계약을 하지 않았다. 현재는 단순히 리서치하는 단계일 뿐이다. 적어도 둘 이상의 다른 회사와 경쟁해야 한다. 어떻게 하면 이 계약을 성사시킬 수 있을까? 다음의 몇 가지 요소로 알아볼 수 있다.

- **시스템의 비용**: 보통은 가능한 한 저렴한 것을 찾는다. 비싼 컴포넌트를 사용하면 더 빠르고 멋있는 제품을 만들 수는 있지만 이 모든 것은 가격 상승의 원인이 된다. 문제는 '실제로 필요한 것이 무엇인가'이다.
- **최종 제품의 크기**: 이 제품은 단지 제한된 공간에서 동작하는 드론이 되어야 한다.
- **무게**: 드론은 일정 양의 무게만을 지탱할 수 있다.

- **전력 소모**: 덜 사용할수록 좋다. 드론은 전자제품이기 때문이다. 여러분이 최대한 허용할 수 있는 양의 전력을 사용하도록 시스템을 만들어야 한다.
- **속도**: 측정해야 한다. 측정하면 할수록 시스템은 더 좋아진다.

위의 항목을 염두에 두고 이 회사는 몇 가지 전략적 의사결정을 했다. 아마도 실제로 필요한 것이 무엇인지에 대해 미팅에서 큰 거래가 있었을 것이다. 여러분이 눈여겨봐야 할 요소는 무엇인가? 무엇이 필요하며, 여러분이 최대의 성과를 낼 수 있는 요소는 무엇인가? 대부분의 하드웨어는 프로젝트가 시작할 때 이미 결정된다는 사실을 기억하자. 개발자 입장에서는 시작할 때 어떤 작업을 해야 하는지 알고 있어야 한다. 몇 가지 변경되는 부분도 있겠지만(개발 중에 하드웨어의 변경이 없는 경우는 거의 없다), 여러분은 이미 어떤 부분이 변경될지에 대해서도 알고 있어야 한다.

사양은 간단하다. 하나의 ARM 프로세서, 2MB의 RAM, 2MB의 ROM, 16개의 디지털 입력 라인, 8개의 디지털 출력 라인이다. 또한 데이터 저장을 위해 SD 카드를 사용하지만, 여러분이 선택한 CPU에는 SD 컨트롤러가 존재하지 않는다. SD 컨트롤러가 탑재된 칩은 가격이 비싸기도 하고 크기도 더 크다. 이 작업을 위해 몇 개의 디지털 출력과 입력 라인을 사용할 수도 있다.

이제 여러분의 팀은 시작할 준비가 됐다. 이제는 어떻게 프로그래밍할지에 대해서만 주의하면 된다. 시스템은 2MB의 ROM과 2MB의 RAM을 갖고 있다. 이 점은 변하지 않는다. 메모리를 더 추가한다는 건 더 많은 칩을 추가한다는 의미이며, 그것은 크기, 무게, 비용, 전력 소모가 증가한다는 뜻이다. 걱정하지 말자. 이런 종류의 시스템에서는 2MB 정도면 원하는 기능을 충분히 구현할 수 있다. 입력과 출력 라인도 그 정도면 충분하다. 이론적으로는 절반 정도도 가능하지만 좀 더 여유 있게 갖고 있는 편이 좋다. 고객들이 이 프로젝트를 진행하는 중에 새로운 기능을 요구할 수도 있기 때문이다. 드론이 비행 중에 수집하는 데이터는 와이파이를 통해 수신 디바이스로 전송된다. 여러분과 경쟁하는 다른 회사 중 한 곳은 충분한 입력과 출력 라인을 갖추지 못했기 때문에 추가적인 하드웨어 작업 없이는 더 이상 이 프로젝트를 진행할 수 없게 됐다. 결국 프로젝트를 취소하는 편이 나은 지경에 이르렀다.

이상적인 프로세서는 존재하지 않는다. 만약 그런 프로세서가 존재했다면 모든 사람이 그 프로세서를 사용했을 것이다. 이상적인 프로세서는 천문학적인 계산 능력을 갖고 있으며, 한 번의 충전으로 한 달을 지속할 수 있고, 열도 거의 발생하지 않는 그런 프로세서를 의미한다. 불행하게도 단기간 내에는 이런 프로세서가 나타날 가능성이 거의 없다. 임베디드의 세계에서는 모든 것이 얻는 게 있으면 잃는 것도 있는 법이다. 한 가지 특성을 희생해야만 다른 것을 얻을 수 있다.

❖ARM 임베디드 시스템의 정의

임베디드 시스템에 대한 정의는 여러 가지가 있다. 어떤 사람은 작은 부품들로 구성된 시스템이라고 말하며, 어떤 사람은 딱 필요한 기능만으로 구성된 시스템이라고 말한다. 지능형 수도 계량기는 임베디드 시스템이다. 이 시스템은 경량이며 필요한 것들로만 구성되어 있다. 이 시스템으로 더 큰 시스템을 제어할 수 있다. 좀 더 자세하게 말하면, 이 시스템은 한 가지 일만 가능하며 잘 동작한다. 이 시점에서 이런 질문을 하게 된다. "모바일 전화기는 임베디드 시스템인가?" 이에 대한 엔지니어들의 생각은 저마다 다르다. 어떤 사람은 이 디바이스가 커스텀 설계로 제작됐기 때문에(메인보드에 같은 요소를 갖는 2개의 모바일 전화기는 없다) 임베디드 시스템이라고 말한다. 모바일 전화기는 특정한 작업, 즉 전화를 걸거나 받는 일을 한다. 어떤 사람은 이 디바이스는 거의 개인용 컴퓨터와 맞먹을 만큼 고성능이며, 운영체제가 동작하고, 그 디바이스 안에 소프트웨어를 설치할 수 있기 때문에 임베디드 시스템이 아니라 오히려 모바일 디바이스라고 말한다.

다행히도 개발자를 위한 정의는 간단하다. 표준 컴퓨터 애플리케이션에서 동작하는 것과 달리, 개발자들은 애플리케이션이 어떤 작업을 하는지 정확하게 알고 있다.

ARM 임베디드 시스템은 ARM 코어를 장착하고, 이미 정해져 있는 하드웨어 사양을 갖춘 전자 시스템이다. 프로세서는 ARM 프로세서만이 될 수도 있고 시스템 온 칩이 될 수도 있다. 두 가지 경우에 시스템은 사용되는 전자 부품과는 상관없이 하나의 태스크만을 실행하도록 설계됐다.

시스템 온 칩이란 무엇인가?

일부 임베디드 시스템은 가능한 한 작게 만들어져서 특정 애플리케이션을 위한 최소한의 컴포넌트만 포함되도록 제작된다. 이런 시스템의 장점은 제작 비용과 소비 전력을 최대한 줄이는 데 있다. 이와는 다른 접근으로 시스템 온 칩$^{SoC, system on a chip}$을 사용할 수 있다. 하나의 칩에 프로세서를 비롯한 전체 시스템을 구축하기 위해 필요한 거의 모든 컴포넌트 혹은 필요한 것보다 훨씬 많은 컴포넌트를 하나의 칩으로 포함한 칩을 의미한다. 위의 두 가지 형태 모두 사용 가능하며, 각각의 장점이 있다. 몇 년 전까지만 해도 SoC 시스템은 상당히 비싼 시스템이었지만, 근래에는 많은 종류의 프로세서가 등장했기 때문에 상대적으로 SoC의 가격이 낮아졌고, 때로는 프로세서와 필요한 컴포넌트들을 구성해서 시스템으로 만드는 것보다 더 저렴해진 경우도 있다. 프린트된 회로 보드에 필요한 하드웨어 컴포넌트들을 사용해 개발하는 방법은 하나의 칩(약간의 메모리와 함께)을 사용하는 방법으로 대체될 수 있다. 그러나 SoC 칩은 더 많은 트랜지스터가 필요하며, 더 많은 전력이 요구된다. 또한 대규모 반도체 회사들이 이 칩에 투자하는 추세이기 때문에 R&D 비용도 필요하다. 그러므로 소프트웨어를 구축하기 위한 투자도 필요하다. 대부분의 SoC 시스템은 운영체제가 동작할 수 있을 정도의 지원을 해야 한다. 실제 보드에 운영체제를 설치하기 위해서는 상당한 시간이 필요하다.

ARM의 첫 번째 SoC 시도는 ARMv2a 아키텍처에 기반을 둔 ARM250이었다. ARM250은 아르키메데스^{Archimedes} A3000과 A4000 컴퓨터에서 사용됐다. 이 칩은 캐시는 없었지만 보드에 바로 장착된 ARM 코어, 메모리 컨트롤러, 비디오 컨트롤러, I/O 컨트롤러를 포함하고 있었다. ARM250을 사용한 경우, 메인보드는 좀 덜 복잡했지만 SoC를 시뮬레이트하는 CPU가 탑재된 초창기 버전의 보드에 약간의 문제가 있었다.

오늘날 ARM은 여전히 라이선싱되고 있으며, 이를 통해 좋은 성능을 갖춘 SoC 시스템이 만들어지곤 한다. 그러한 SoC 시스템은 하나의 보드에 해당되는 것만큼의 하드웨어를 하나의 칩으로 만들었다. 프리스케일^{Freescale}의 iMX 6 시리즈 프로세서는 DDR 컨트롤러, 4개의 USB 2.0 포트, 기가비트 이더넷, PCI 익스프레스^{Express}, GPU, 쿼드코어 Cortex A9을 하나의 칩으로 만들었다. 중국의 제조 회사인 Hiapad는 Hi-802를 만들었는데 직접 TV나 모니터의 HDMI 포트에 연결되며, 키보드와 마우스가 연결될 수 있는 USB, 블루투스, SD 슬롯, 와이파이까지 갖춘 완벽한 시스템을 만들었다. 물론 더 저렴한 버전도 있다. U2라는 디바이스는 미화 20달러에 판매되는데 1.5GHz Cortex A8과 무선 네트워크 카드, HDMI 인터페이스, USB, SD 카드를 지원한다.

제조업체는 보통의 SoC 칩에 관한 철학이 각기 다르기 때문에 어떤 시스템을 사용할지 결정할 때 주의해야 한다. 프리스케일의 경우에는 에너지 효율적인 시스템을 만드는 것으로 알려져 있고, 상대적으로 성능은 조금 떨어진다. 엔비디아^{Nvidia}의 테그라^{Tegra} 시리즈는 항상 멀티미디어에 최우선순위를 둔다. 삼성은 엑시노스^{Exynos} 시리즈를 통해 가장 빠른 SoC 칩을 만든다고 알려져 있다. 각 제품마다 장점이 있고, 시간을 들여 가능한 한 최선의 선택을 할 수 있게 분석해야 한다.

약간 다른 용어인 SiP는 'System in Package'의 약어다. SiP는 여러 칩을 하나의 칩으로 만든 것을 의미하는데, 프로세서와 랜덤 액세스 메모리, 그리고 플래시 메모리를 포함한다.

특정 하드웨어가 필요하지만 시장에서 적당한 솔루션을 찾지 못했다면, 고려해봐도 좋은 또 다른 솔루션이 있다. FPGA SoC는 여러분이 원하는 설계를 할 수 있도록 ARM 코어와 충분한 로직 셀을 갖춘 칩이다. 이런 종류의 플랫폼을 사용할 때의 이점은 하나의 칩에 가능한 한 많은 로직을 갖출 수 있다는 점과 여러분이 원하는 솔루션에 최적화할 수 있다는 점이다.

임베디드 시스템과 시스템 프로그래밍의 차이점

앞에서 언급한 두 시스템 사이에는 큰 차이가 있다. PC 애플리케이션을 만들 때는 어떤 시스템을 사용할지에 대해 거의 알려진 것이 없다. 아마도 이것은 서버 애플리케이션일 테고, 클라이언트는 서버에 대해 모든 정보를 알고 있지만 사실상 그 어떤 것도 보장할 수는 없다. 책장에 꽂혀 있는 비디오 테이프처럼 데스크탑 애플리케이션일 수도 있다. 그러한 애플리케이션이 설치되는 시스템은 입문자용 노트북일 수도 있고 고성능 시스템일 수도 있다. 아마도 게임일 수도 있고 매우 빠른 성능이 요구되는 시스템일 수도 있다. 어떤 클라이언트는 해당 애플리케이션이 최적화되어 실행되는 데 필요한 설정을 하지 않을 수도 있다. 그렇다면 최소한으로 고려해야 할 사항은 무엇인가?

임베디드 시스템은 전혀 다르다. 임베디드 시스템은 미리 정의되어 있으며 변경되지도 않는다. 개발자들은 프로세서가 어떤 일에 사용될지, 그리고 어느 정도의 메모리가 사용되며 어떤 외부 시스템과 연결될지 정확하게 알고 있다. 메모리도 업그레이드되지 않으며 프로세서도 변경되지 않는다. 여러분이 갖고 있는 컴퓨터 시스템의 경우는 시간이 지나면 변경해야 하는 사양이 있다. 예를 들어 새로 나온 그래픽 카드가 설치될 수도 있고, 프로세서를 업그레이드할 수도 있다. 한편 모바일 폰은 모바일 폰 자체를 바꾸기 전까지는 항상 그 모습 그대로 유지할 것이다. 변경할 수 있는 건 오직 용량이 더 큰 플래시 카드를 꽂는 것뿐이다. 그러나 이것은 단지 외부 저장 용량을 변경할 뿐이지 시스템 자체를 변경하는 것은 아니다.

임베디드 시스템은 특별한 사용 목적을 갖고 설계된다. 그에 비해 시스템은 유연하고 더 다양한 목적을 가진 최종 사용자의 필요에 따라 설계된다. 개인용 컴퓨터를 설계할 때는 어떤 목적으로 이 컴퓨터가 사용될지 미리 정의하는 것은 불가능하며, 따라서 확장할 가능성을 염두에 두고 설계해야 한다. 시스템 프로그래밍은 작업이 정해져 있지 않으며 그에 대한 제약도 적다. 이와 달리 임베디드 시스템은 설계를 시작할 때 이미 모든 제약사항을 알고 있어야 한다.

최적화가 중요한 이유

임베디드 시스템에서 가장 유용한 설계 기준 중 하나는 가격이다. 여러분이 현재 필요로 하는 기능을 가능하게 하는 컴퓨터 시스템을 위해 수천 달러가 아닌 수백 달러를 사용할 수 있다고 하면, 몇 달 후에 필요한 기능을 위해서는 수천 달러를 소비할 수도 있다. 그러나 전자레인지처럼 작은 임베디드 컴퓨터는 가능한 한 적은 비용으로 설계돼야 한다. 이러한 목적을 달성하기 위해 필요한 최소한의 리소스가 어느 정도인지를 예측하는 조사를 해야 한다. 어쩌면 가장 빠른 프로세서가 필요 없을 수도 있으며, 빠른 메모리 그리고 대용량 메모리가 필요하지 않을 수도 있다.

면접을 보면서 면접 후보자들에게 약간의 트릭과도 같은 질문을 해봤다. 나를 혜성에 데려가서 안전하게 착륙할 수 있는 차량을 설계하고 싶다. 어떤 것을 제안할 수 있는가? 대부분은 중간 레벨부터 상위 레벨의 성능을 갖는 프로세서를 제안했고 상당한 양의 메모리를 제안했다. 공통적인 답은 500MHz에 512Mb였다. 주어진 컴퓨터 시스템이 512KB의 메모리를 갖고 있는 1메가헤르츠의 프로세서라면 혜성에 갈 수 있겠느냐고 물었다. 대부분의 후보들은 불편한 기색이 역력했고, 몇 명은 웃기까지 했다. "아니오, 불가능합니다. 시스템 사양이 너무 낮아요. 시스템은 너무 느리고 연산할 만한 메모리도 충분하지 않아요."라고 말했다.

아이러니하게도 내가 말한 사양은 IBM AP-101이며, B-52 폭격기와 나사[NASA]의 스페이스 셔틀 프로그램에서 사용된 항공용 컴퓨터였다. 오늘날 컴퓨터라는 단어를 들으면 큰 시스템과 여러 확장 카드와 서브시스템을 상상할 것이다. 그와는 반대로 임베디드 시스템은 가능한 간단하며 태스크를 수행하는 데 필요한 하드웨어만 포함되어 있을 뿐 그 이상은 없다. 또한 프로그램이 작아진다는 건 오류도 적어짐을 의미한다. 문제가 생겨 컴퓨터를 재부팅해야 할 때도 있는데, 비행 제어 컴퓨터에서 이런 일이 발생하면 안 된다. 무조건 맡은 작업을 수행해야 한다. 되도록 적은 문제로 더 많은 작업을 하려면, 주의 깊게 봐야 하고 최적화하는 데 공을 들여야 한다.

프로세스는 여러 가지 작업을 할 수 있는데, 입력을 읽고, 오디오를 디코딩하고, 비디오를 인코딩하며, 메모리로부터 데이터를 복사할 수 있다. 많은 수의 작업을 하게 된다. 학교에서 배웠던 것과는 달리 빠른 시스템을 원한다.

현대의 CPU는 많은 양의 숫자를 다룬다. 대부분 공통적인 것은 부호 없는 정수[unsigned integer]다. 정수에 부호가 있을 수도 있지만, 최댓값과 최솟값이 다르다.

부동소수점 수와 비슷한 그 밖의 포맷도 존재하지만, 어떤 프로세서는 부동소수점 수의 연산을 가속시키는 반면에 어떤 경우는 소프트웨어로 이러한 가속을 가능하게 한다. 여러분 스스로 이에 해당하는 라이브러리를 만들어서 사용할 수도 있고 기존의 라이브러리를 이용할 수도 있다.

임베디드 시스템에서는 어떤 형식 혹은 포맷의 숫자가 사용되는지, 사용 범위는 어느 정도인지를 정확하게 아는 것이 중요하다. 금융 거래를 처리하는 시스템에서는 10진수로 부동소수점 수를 사용할 가능성이 높으며, $12.46 같은 형태를 출력하기도 한다. 또한 신뢰할 수 있는 금융 거래에서 요구되는 정확도를 위해 부동소수점 수가 꼭 필요한 것은 아니다. 이런 경우에는 속도나 정확도 측면을 고려할 때 정수형을 사용하는 것이 좋다. 예를 들어, $12.46는 1246이 되며, 이와 같은 숫자로 처리한다는 사실을 변수의 이름에 반영해줘야 한다.

이런 경우는 종종 발생하는데, 많은 센서가 정수형을 리턴한다. 예를 들면 마이크에 녹음되는 소리의 최고치에 대한 디지털 표현 값이나, 공기 압력을 리턴하는 압력 센서 등이다. 두 경우에 이 디바이스들은 임의의 영역 사이의 데이터를 리턴하며, 그 리턴하는 값은 부동소수점 수 대신 정수형이다. 디바이스가 부동소수점 수(예: 밀리바^{millibar} 단위의 공기 압력)를 출력한다면 개발자는 센서 출력 값을 다시 변환해줘야 한다.

또한 필요한 크기도 고려해야 한다. 음수가 아닌 32비트 정수형의 최댓값은 4,294,967,295이다. 그러나 자동판매기를 만든다고 가정하면, 초콜릿바나 탄산음료의 가격을 표시하는 데 사용되기에는 4천만 달러라는 값은 너무 큰 값이다. 이런 경우에는 부호 없는 16비트 정수형을 사용해도 되며, 이 경우에는 최댓값이 65535이다. 혹은 부호 없는 8비트 정수형을 사용해도 되는데, 이 경우의 최댓값은 255이다. 그러나 이런 경우에는 다른 문제가 있다. 바로 액세스^{access}다. ARM은 ALU가 32비트이기 때문에 주로 32비트 액세스를 한다. 심지어 8비트 데이터를 읽는 경우에도 마스킹^{masking}과 시프트^{shift}를 사용하며, 이런 경우에는 계산 속도가 저하되기도 한다. 가능은 하지만, 작은 값인 경우에는 위와 같은 방식을 사용한다. 이런 방식을 사용할지 여부는 필요한 데이터의 종류와 어떤 기술적인 문제가 있는지에 달려 있다.

정수형 연산의 실행은 엄청나게 빠르다. 대부분의 경우 모든 연산은 하나의 사이클^{cycle}에 이루어진다. 그렇다고 정수형을 모든 경우에 사용할 수 있는 것은 아니며, 더 복잡한 수학 연산에서는 종종 부동소수점 수가 사용된다.

Y2K

1950년대에는 컴퓨터가 은행 업무나 통계 관련 업무에서 널리 사용됐다. 은행 업무는 단순히 날짜와 금액으로 구성된 트랜잭션 목록을 생성하는 작업이었다. 그 당시에는 메모리가 매우 비쌌기 때문에, 하나의 은행에서 소유한 데이터보다 훨씬 많은 양의 데이터를 저장할 수 있는 오늘날의 SD 카드 같은 건 상상할 수도 없었다. 한 국가에서 다루는 모든 데이터가 포함될 수도 있으며, 심지어 그렇게 저장해도 아마 여유 공간이 남을 것이다. 테라바이트^{terabyte}라는 저장 공간은 상상조차 할 수 없었고, 대부분의 회사는 표준 IBM 펀치 카드$^{punch\ cards}$를 사용했는데, 이 카드는 80개의 문자를 저장할 수 있었다. 카드에 더 많은 메모리를 장착할 수는 없었다. 그 이유는 IBM 펀치 카드가 표준이 되었으며 그 당시에는 이보다 더 큰 메모리가 필요 없었기 때문이다. 메모리 자체는 매우 고가였고, 그 메모리를 읽어오는 기계 중 하나인 IBM 1401은 2K RAM을 표준으로 장착해 1959년에 발표됐다. 16K 버전도 사용 가능했으며, 32K까지 업그레이드한 제품도 있었다. 이렇게 업그레이드한 제품은 특별한 목적으로만 가능했다. 1401의 가장 낮은 레벨은 1k 메모리를 탑재한 제품이었다.

메모리 효율성을 극대화하기 위해 반복적인 숫자는 생략됐다. 생략 가능한 첫 번째 데이터는 모든 날짜에 포함되어 있는 '19'라는 숫자다. 1960이라고 사용하는 대신에 오퍼레이터는 60이라고 사용했다. 이렇게 사용하는 것이 40년 후에 중요한 국제 문제를 야기할 것이라고 누가 상상이나 했을까?

1958년에 IBM에 근무했던 밥 비머$^{Bob\ Bemer}$는 몇몇 회사에게 이러한 프로그래밍 오류를 수정하라고 경고했던 사람 중 하나다. 그는 이 상황을 바꾸려고 20년이나 싸웠으나, 어느 누구도 귀담아 듣지 않았다. 1970년대에 들어서야 사람들은 미래의 문제에 대해 얘기하기 시작했지만, 실제로 이 문제를 논의한 시점은 1990년대 중반 경이다. 갑자기 몇 년 후에 벌어질 사태를 깨닫기 시작했고, 조만간 1900년대가 아닌 2000년대가 될 것이라는 생각이 들었다. 그 당시의 컴퓨터 중에서 심지어 첫 번째 두 문자인 19는 무조건 1900으로 되돌려질 수도 있는 상황이었다. 사람들은 경악했고 하늘을 비행 중이던 항공기가 추락할지도 모른다고 생각했다. 발전기는 꺼지고(아마 꺼지기 전에 폭발할 것이다) 우리가 알고 있던 삶은 멈출 것이다. 그러나 실제로는 아무런 일도 발생하지 않았다. "1900년 1월 1일에 들어온 것을 환영합니다!"라는 인터넷 유머 정도만 알려졌다. 운영체제에서 약간의 트릭을 쓰도록 했기 때문이다. 컴퓨터 회사들은 이전보다 더 많은 컴퓨터를 팔고 있고, 메모리에는 이전에 사용했던 메모리에 들어가는 비용의 일부 정도만 사용하고 있다. 전과 다른 시스템을 사용해 날짜를 계산하고 있다. 그러나 이러한 상황이 우리가 안전하다는 뜻은 아니다. 2038년에 비슷한 형태의 또 다른 문제에 직면하게 될 것이다. 그러나 같은 실수를 두 번 하지는 않는다. 시스템과 프로그램은 훨씬 이전에 수정될 것이다.

RISC 아키텍처의 장점

위의 제목은 가장 일반적인 논란거리 중 하나로, 주요 회사들이 각기 다른 방향을 주장하고 있다. 우리는 RISC^{Reduced Instruction Set Computing}와 CISC^{Complex Instruction Set Computing} 중에서 어떤 것을 사용해야 할까?

1960년대의 컴퓨터는 오늘날의 컴퓨터와는 달랐다. 학자와 학생들은 컴퓨터에 거의 접근하지 못했고, 군사용으로 사용됐으며 방 하나 크기의 컴퓨터를 동작시키고 유지했다. 학자들은 컴퓨터 오퍼레이터에게 펀치 카드를 전달하고 그 결과를 기다렸다. 때로는 몇 시간에서 며칠이 걸리기도 했다. 펀치 카드는 최대 80개의 문자를 포함할 수 있으며, 그 80개의 문자는 코드에서 하나의 라인과 같았다. 시스템 오퍼레이터는 펀치 카드를 컴퓨터에 집어넣고 결과를 기다렸다가 결과가 나오면 그 결과를 학자들에게 전달했다. 프로세서 속도는 카드를 모으고, 시스템에 입력하고, 결과를 얻어서 개발자에게 다시 전달해주는 시간에 비하면 중요한 요인이 아니었다. 실행 시간은 거의 의미가 없는 시간이었다.

펀치 카드가 플로피 디스크, 더 많은 메모리, 더 많은 하드 드라이브 등의 매체로 대체됐을 때, 컴퓨터는 연산 작업에 더 많은 시간을 소모하기 시작했다. 컴퓨터의 성능을 올리는 가장 쉬운 방법은 프로세서의 속도를 올리거나 연산하는 명령어의 양을 증가시키는 것이다. 다음과 같은 두 가지 철학이 서로 충돌했다. 하나는 더 많은 특별한 명령어를 추가해 명령어의 수를 증가시키자는 것이며, 다른 하나는 프로세서의 복잡도를 감소시켜 연산이 더 빠르게 실행되도록 하자는 것이었다.

'reduced instruction set computer'라는 용어를 보고는 프로세서가 더 작은 명령어 세트를 갖는다고 오해하곤 한다. 오늘날 몇몇 RISC 프로세서는 CISC 프로세서보다 더 많은 명령어 세트를 갖고 있다. 명령어들이 한 명령어를 완료하기 위해 수십 개의 데이터 메모리 사이클을 실행해야 하는 CISC CPU의 'complex instruction'에 비해, 'reduced'라는 용어는 하나의 명령어를 실행하는 작업량이 감소된다(일반적으로 사이클당 하나의 데이터 항목)는 뜻이다.

RISC 프로세서는 코어 로직과 관련한 적은 수의 트랜지스터를 갖고 있으며, 디자이너는 더 많은 공간을 통해 레지스터 세트의 크기를 키우고 내부 병렬화$^{internal\ parallelism}$를 증가시킨다. 1982년에 버클리^{Berkeley} RISC 프로젝트를 통해 첫 번째 RISC-I 프로세서가 개발됐다. 44,420개의 트랜지스터(비슷한 레벨의 CISC는 100,000개 이상이었다)와 32개의 명령어를 통해 그 당시의 싱글칩 디자인을 능가한 성능을 보였다.

이와 같은 추세가 계속되어 더욱더 특별한 명령어들이 프로세서에 추가됐다. 하나의 명령어가 극히 복잡한 연산을 처리할 수 있었다. 1990년대에 개인용 컴퓨터가 사용되기 시작했다. 이러한 시스템 중에서 가장 완벽한 시스템은 TV용 카드였다. 이 카드는 복잡한 오디오 생성 시스템, 3D 그래픽스, 전력 계산 등을 위해 팔려나갔다. 특별한 시스템은 소비자 시장, 비즈니스 시장 혹은 서버 시장을 노렸지만 사용되는 CPU는 거의 동일했다. 프로세서는 이런 상황에 적응되어야 했고 더 복잡한 명령어들이 추가됐다. 프로세서에 명령어를 추가한다는 건 트랜지스터들을 추가한다는 뜻이고, 이는 프로세서를 더욱 복잡하게 만들어 결국 가격을 올리는 요인이 된다. 원래의 인텔 8086 프로세서는 현대 PC의 시초가 됐다. 1978년에 출시됐을 때는 29,000개의 트랜지스터를 갖고 있었다. 10년 후인 1989년에 인텔은 80486을 릴리스했고, 전체 1,180,000개의 트랜지스터를 포함하고 있었다. 2000년대에 인텔이 펜티엄 4를 릴리스했을 때는 42,000,000개의 트랜지스터를 포함하고 있었다. 2011년 인텔의 6개 코어를 갖춘 Core i7 프로세서는 2,270,000,000개의 트랜지스터를 사용해 패키징됐다. 그러나 이보다 더 많은 트랜지스터를 사용하는 프로세서가 여러 개 등장했다. 2011년에 AMD의 타히티^{Tahiti} 그래픽 프로세서는 4,300,000,000개의 트랜지스터로 구성됐으며, 같은 해에 자일링스^{Xilinx}의 Virtex-7 FPGA는 6,800,000,000개의 트랜지스터를 포함했다. 프로세서를 제조하는 비용이 상당히 많이 감소되고는 있지만, 그러한 칩을 제작하는 데는 시간이 걸리며, 상당한 양의 실리콘이 필요하고, 모든 프로세서의 기능이 정상적으로 동작하는지 검증하는 데 상당한 시간이 필요하다. 이 모든 것이 비용과 직결된다. 같은 해에 싱글 Core i7 프로세서는 1960년대에 대부분 국가에서 사용했던 컴퓨팅 파워보다 더 많은 컴퓨팅 파워를 갖고 있었다.

ARM의 RISC^{Reduced Instruction Set Computing} 기술과 철학으로 되돌아 가자. RISC는 CISC에 비해 이전으로 약간 퇴보하는 것처럼 보였다. 그러나 오늘날에 이와 같은 비난은 들리지 않는다. 1960년대에 DEC는 12킬로바이트 메모리 모듈을 $4,600에 판매했고, 이 금액은 2012년 기준으로 보면 약 $35,000에 해당되는 금액이다. 같은 금액으로 오늘날에는 7테라바이트의 메모리를 구입할 수 있다. 그러나 7테라바이트를 지원하는 컴퓨터가 존재하는 경우에 해당된다.

ARM의 철학은 근본적으로 다르다. ARM은 더 적은 명령어를 사용하는 것이 더 효율적이라고 믿는다. 레고^{Lego}처럼 가장 간단한 블록을 사용해 놀라운 것들을 만들 수 있다. 따라서 특별한 명령어를 사용하는 대신, RISC 시스템은 소수의 명령어만을 갖고 있다. 칩에서 실리콘의 면적을 줄이면 비용이 줄어들지만 무엇보다 소비 전력이 줄어든다. 1960년대에 존재했던 문제점은 현재에는 존재하지 않는다. 그럼에도 불구하고 여전히 CISC가 사용되는 이유는 무엇일까? 그 이유 중의 하나는 하위 호환성 때문이다. 아무도 PC 아키텍처가 지금처럼 확장되리라고 예상했던 사람은 없었다. 오늘날의 최고 사양 Core i7 CPU는 오리지널 8086의 후손격이다. PC 컴퓨터에서 사용하는 모든 소프트웨어를 새로 재작성하는 일은 거의 발생하지 않으며, 그 모든 것을 새로운 아키텍처용으로 만들어야 하는 일도 발생하지 않는다. 물론 예외도 있다. 애플 컴퓨터는 PowerPC 아키텍처 기반의 머신이지만 x86으로 변경했다. 리눅스는 어떤 MMU 가능한 칩에 대해서든 동작 가능하도록 패키징되어 있다. 이 세상의 나머지는 여전히 x86 아키텍처에 종속적이며, 그 이유는 그 아키텍처에서 동작하는 데 전혀 문제가 없기 때문이다. x86 아키텍처는 ARM과 동일한 문제에 직면하지는 않았다. 전력 소비 측면에서 보면, 같은 문제에는 직면하지 않았다. 오늘날 울트라북의 배터리 지속 시간은 8시간으로, 대부분의 사용자 입장에서는 사용하기에 큰 불편함이 없는 시간이다. 14시간의 비행 시간 동안에 4시간 정도는 랩탑을 사용하지 못할 수도 있지만 그 시간 동안 영화를 보거나 잠시 잠을 잘 수도 있다. 동일한 항공편에 응급 위치 전송기[ELT, Emergency Locator Transmitter]가 있다. 비행 중에 어떤 일이 발생하면, ELT는 현재의 좌표를 포함한 메시지를 송출한다. 전력 소비는 애플리케이션의 종류에 따라 중요할 수도 있으며, 따라서 그와 관련된 확실한 테스트를 거쳐야 한다.

오늘날에는 RISC나 CISC가 모두 존재하며 계속 성장하고 있다. RISC는 임베디드 환경(특히 소비 전력이 중요한 항목인 분야)에 주로 사용되며, CISC는 데스크탑 환경에서 주로 사용된다. 그러나 추세는 계속 바뀌고 있다. 인텔은 모바일 폰 영역을 위한 x86 칩을 개발하고 있으며, 몇몇 OEM 제조회사에서는 ARM 기반 서버에 상당한 흥미를 보이고 있다.

❖ 적합한 프로세서의 선택

임베디드 시스템에서는 어느 정도의 프로세싱이 필요한지를 아는 일이 무척 중요하다. 모바일 시스템에서는 이런 요구사항을 알기가 매우 어렵다.

임베디드 시스템의 경우, 너무 많은 프로세싱 능력을 지원하는 것은 너무 적은 프로세싱 능력만큼이나 좋지 않다. 프로세서가 동작하기에 충분하지 않다면, 소프트웨어를 실행하기가 꽤 어렵다. 어쩌면 소프트웨어 최적화를 위해 많은 시간을 쏟아야 할지도 모른다. 최악의 경우에는 아예 소프트웨어가 실행되지 못할 수도 있다. 더 빠른 프로세서를 사용한다는 것은 더 많은 전력을 소비한다는 것이며, 더 많은 열과 그로 인한 더 많은 솔루션이 필요하다는 뜻이다.

모바일 디바이스를 위한 올바른 프로세서의 선택은 꽤나 어렵다. 어떤 사용자는 '기가헤르츠 신드롬'에 잡혀 있어서 무조건 가장 빠른 프로세서만을 원하는 사람도 있지만, 그런 경우는 그저 클록 스피드만으로 판단하는 경우에 해당된다. 대부분의 소비자는 속도가 다르다고 하더라도 그만큼의 이점을 얻을 만큼의 프로그램을 사용하지 못하면서도 1.4GHz 프로세서보다 1.6GHz 프로세서를 더 좋아한다.

오늘날 모바일 디바이스는 점점 더 대중화되고 있다. 얼마나 많은 사람이 모바일 폰 없이 하루를 살 수 있을까? 혹은 태블릿 없이 긴 시간 동안 비행기를 탈 수 있을까? 지난 40년 동안 CPU의 출현은 믿을 수 없을 만큼 발전했다. 1971년에 인텔 4004는 세계에서 첫 번째로 등장한 일반적인 목적의 프로세서였으며, 108kHz로 동작했고 약 0.06 MIPS 정도로 예상됐다. 2011년의 인텔 i7 3960X는 177,730 MIPS로 동작하며, 4004에 비해 약 3백만 배 이상 성능이 좋다. 물론 MIPS 자체만으로 프로세서를 결정할 수는 없지만, 얼마나 기술의 진보가 큰지를 보여주기에는 충분하다. 안타깝게도, 배터리 기술이 발전하고는 있지만 그렇다고 해서 프로세서의 발전 속도만큼은 아니다.

모바일 폰이 처음 등장했을 때는 상당히 크고 둔한 형태였다. 첫 번째 등장은 1973년이었고 1킬로그램도 넘는 무게와 30분 정도의 통화 시간, 그리고 10시간이 넘는 충전 시간이 필요했다. 그 당시에는 그 정도의 시간이면 충분했지만(사실 대부분의 모바일 폰은 자동차에 장착된 카폰이었다), 사용자가 필요로 하는 배터리 시간은 충족시켜주지 못했고 사용자는 더 가벼운 배터리를 원했다. 오늘날 소비자는 다양한 형태로 모바일 디바이스를 판단하며 그중에는 배터리 지속 시간도 포함되어 있다. 고성능 CPU가 장착되고 많은 용량의 RAM과 테라바이트의 저장 공간을 갖지만 배터리 용량이 불과 1시간인 모바일 폰을 구입하려는 사람은 없을 것이다. 더군다나 현대 시스템은 많은 양의 처리가 필요해서 전력 소모도 그만큼 많다. 75MHz로 동작하는 인텔 펜티엄은 8와트의 전력을 소모하고 2GHz로 동작하는 듀얼코어 프로세서인 인텔 Atom N550이 거의 비슷한 전력을 소모한다. 물론 Atom은 i7보다 전력 소모가 훨씬 적다. 따라서 이 프로세서는 특별히 저전력 디바이스를 목적으로 설계됐고 넷북 같은 제품에 적합하도록 제조됐다. 인텔은 전력 소비를 낮추기 위해 상당한 규모의 투자를 했는데, 모든 마이크로프로세서의 실리콘 웨이퍼wafer 두께를 줄이기도 하고 코어의 디자인을 변경하기도 했다. Atom은 그럼에도 불구하고 이전의 x86과 호환되며 소프트웨어의 수정은 필요하지 않다. 그러나 코어는 상당히 많이 변경됐다. 여타 x86 프로세서와 마찬가지로 Atom 프로세서는 실제로 x86 명령어를 효율적인 RISC 스타일의 명령어인 micro-ops로 변경한다.

시작부터 ARM 프로세서는 간단하도록 설계됐다. 간단하게 만들어졌고 하나의 CPU 에 들어가는 트랜지스터의 수도 다른 비슷한 종류의 CPU들에 비해 상당히 적었다. 트랜지스터를 적게 사용할수록 전력 소모도 적어진다. 또한 모바일 환경에 적합하도록 설계됐다. ARM6는 애플 뉴턴 메시지패드^{Apple Newton Messagepad}에서 사용됐다. 몇 년 후에 ARM은 와트당 MIPS를 극대화하고 열 발생을 최소화하도록 개선됐다.

시스템에서 전력 소모를 줄이는 방법은 몇 가지가 있다. 가장 많이 사용하는 방법 중 하나는 주파수 스케일링^{frequency scaling}이다. 프로세서가 100퍼센트로 활용되지 않을 때 주파수를 변환해 에너지를 덜 소모하게 만드는 것이다. 비슷한 개념으로 여러 디바이스 에서 프로세서의 클록을 낮추도록 설정하며, 실제 실행하도록 되어 있는 주파수보다 낮게 설정한다. ARM은 이보다 더 특별한 솔루션을 갖고 있는데, 바로 big.LITTLE 기술이 다. 이 솔루션은 2개의 분리된 프로세서를 포함하고 있으며, 이 2개의 프로세서는 서로 호환된다. 하나의 코어는 전력 측면에서는 효율적인데 두 번째 프로세서보다 느리며, 두 번째 프로세서는 더 복잡하고 전력 소비를 증가시키는 프로그램에 적합하도록 설계됐다.

❖ 어떤 것부터 시작해야 할까?

ARM 시스템 개발을 시작하는 데는 필요한 게 상대적으로 몇 가지 없으며, 모두 쉽게 얻을 수 있다.

하드웨어 측면에서 보면, 몇 가지 질문이 있다. 특별한 하드웨어가 필요한가? 원하는 시스템이 이미 존재하는가? 시장에는 올인원^{all-in-one} ARM 시스템이 여러 종류가 있으며, 그 각각의 시스템은 수십 메가헤르츠에서 동작하는 작은 시스템부터 기가헤르츠 이상 의 속도로 동작하며 완전한 OS가 실행될 수 있는 큰 시스템도 있다. 원하는 요구사항을 맞추지 못하거나 원하는 사양보다 너무 고사양이면, 프로세서가 장착된 자신만의 보드 를 만들거나 SoC를 선택해도 된다.

평가 보드^{evaluation board}는 프로젝트를 시작할 때 좋다. 크기나 원하는 요구사항에 맞는 수백 가지가 존재한다. ARM은 다양한 종류의 애플리케이션에 적합한 여러 보드를 제공한다. 초기 프로젝트를 시작할 때 사용하기보다는, 시스템을 이해하고 프로젝트를 위한 프로토타입을 만들기에 적합하다. 이러한 보드를 사용하면 막강한 디버깅 기능과 엄청난 양의 문서를 이용할 수 있게 된다. 준비가 되면 자신만의 시스템을 직접 만들어보거나 기존 시스템을 활용할 수 있는지 알아보자.

ARM은 여러 가지 평가 보드를 제공한다. ARM Versatile Express 보드는 Cortex-A 코어나 Cortex-M 코어를 연습하기에 좋은 보드다. Versatile에서 제공하는 영역은 기본의 클래식한 프로세서인 ARM7TDMI부터 ARM1176까지다. KEIL 시리즈는 마이크로컨트롤러 영역을 다루기에 적합하며, 몇몇 클래식한 코어들을 포함하고 있다.

ARM의 평가 보드와 마찬가지로 거의 대부분의 칩 제조회사는 자신만의 평가 보드를 제공한다. 프리스케일은 SoC의 iMX 라인에 해당하는 평가 보드를 제공하며, 이 평가보드는 거의 모든 타입의 커넥터connector와 연결된다. 인피니온Infineon은 모듈화되어 있는 시스템을 갖고 있으며, 텍사스 인스트루먼츠는 작은 폼팩터를 갖는 시스템에 적합하다.

평가 시스템이 유용하기는 하지만 이 보드를 계속 사용할 수는 없다. 이 평가 보드는 나중에는 사용하지 않는 여러 가지 출력을 제공하며, 이로 인해 여러분이 원하는 것보다 더 큰 공간을 차지한다. 평가 보드의 사용이 끝나면, 새로운 보드를 제작할지 아니면 기존 시스템을 활용할지 결정해야 한다. 평가 보드 형태로는 제공되지 않는 다양한 ARM 기반 시스템이 있다. Moxa는 여러 가지 완성도 높은 산업용 시스템을 제작하며, 이전 클라이언트 중 하나는 Moxa 7420 시스템을 사용해 자신의 소프트웨어를 개발했다. Moxa 7420은 533MHz로 동작하는 XScale 보드이며 8개의 시리얼 포트와 2개의 이더넷 포트, USB 커넥트, 콤팩트플래시CompactFlash 저장장치를 갖고 있다. 또한 128Mb의 RAM과 32Mb의 ROM을 갖고 있다. 이 시스템을 사용해 클라이언트는 시장에서 요구되는 소프트웨어를 빠르게 개발했고 그 소프트웨어가 제대로 동작할 수 있는 플랫폼을 갖춘 산업용 시스템을 위한 하드웨어 솔루션을 개발했다.

앞에서 설명한 것처럼 여러분이 하고자 하는 프로젝트에 대해 주의 깊게 생각해야 하며 어떤 요구사항이 있는지 꼼꼼히 살펴봐야 한다. 비디오 컨트롤러가 필요한가?

SATA 컨트롤러도 필요한가? 산업용 시스템에서는 이러한 기능이 필요 없지만 CAN 버스 같은 특별한 요구사항이 필요한지 체크해보자.

사용 가능한 보드

아마도 프로젝트에서 가장 중요한 부품은 보드일 것이다. 여러분이 어떤 프로젝트를 하느냐에 따라 여러 방법이 있다. 평가 보드는 특정 프로세서를 사용한다면 프로젝트를 시작할 때 좋은 방법이다. 그러나 그런 형태의 보드가 한 종류만 존재하는 것이 아니다. 이번 절에서는 사용 가능한 보드들을 살펴보겠다.

여기에 모든 보드를 나열한다는 건 불가능하지만, 그런 정보를 찾을 수 있는 곳들이 있다. ARM은 다양한 평가 보드를 제공하는데, 더 많은 정보는 다음 웹사이트에서 찾아볼 수 있다.

http://www.arm.com/products/tools/development-boards/index.php

ARM 툴 회사인 케일^{Keil} 역시 다양한 개발 보드를 제공하며 그에 맞는 개발 툴을 갖고 있다. 다음 웹사이트에서 확인해보자.

http://www.keil.com/boards/

아두이노 듀(Arduino Due)

아두이노 보드는 대부분 8비트 싱글 보드 컴퓨터로 알려져 있으며, 전자제품이나 임베디드 개발을 목적으로 한다면 좋은 선택이다. 아두이노 제품군은 I/O 포트부터 SD 카드 저장장치까지 거의 완벽한 기능을 제공한다. 아두이노는 수백 개의 프로젝트에서 사용돼왔으며, 수족관 제어부터 자동 잔디깎기 같은 로봇 제어까지 그 활용 영역이 다양하다.

아두이노가 8비트 PIC 마이크로컨트롤러 세대이기는 하지만, 아두이노 듀는 Cortex-M 마이크로컨트롤러를 사용한다. 이 아두이노 보드는 연산용으로 설계된 것이 아니며, ARM CPU가 84MHz로 동작하는 이 보드는 주로 I/O를 기반으로 하는 전자제품을 위한 프로젝트용으로 설계됐다. 54개의 디지털 I/O 포트를 갖고 있으며, 각 포트는 입력이나 출력으로 프로그래밍이 가능하다. 12개의 아날로그 입력과 2개의 아날로그 출력도 갖고 있다.

로보틱스나 센서 분야에서 많은 종류의 아두이노 프로젝트를 찾아볼 수 있다. 그 이유는 I/O 기반 프로젝트에서 일반적인 프로세서를 사용하기에는 그 프로세서가 너무 과사양이기 때문이다. Cortex-M 기반의 프로젝트도 상당히 많으며, 이런 프로젝트는 에너지 효율적이다. 배터리 소모를 줄이기 위해 아두이노 듀오를 많이 사용하기도 하며, 따라서 모바일 로보틱스나 리모트 컨트롤을 위한 오토 파일럿 시스템에서도 많이 사용된다.

라즈베리 파이(Raspberry Pi)

2012년, 라즈베리 파이 재단은 컴퓨터 교육 목적으로 신용카드 크기의 싱글 보드를 출시했다. 모델 A^Model-A와 모델 B^Model-B라는 두 가지 버전이 현재 존재한다. BBC 마이크로를 참조했다고 알려져 있으며, 이것은 ARM이 컴퓨터 관련 교육 목적으로 설계했다. 30년이 지난 후에 ARM 기반 시스템은 영국 학교들에게 공급되었고, 실제 여러 학교에서 컴퓨터의 기본 개념을 아이들에게 가르치는 목적으로 사용되고 있다.

혁신은 여기에서 멈추지 않았다. 라즈베리 파이는 초보자 교육용으로만 판매된 것이 아니다. 사람들은 일반적인 목적의 컴퓨터로 라즈베리 파이를 구매하기 시작했으며, 구입한 라즈베리 파이를 사용해 DIY NAS 박스를 조립하거나 여러 가지를 만들기 시작했다. I2C 버스를 사용해 홈 자동화 시스템을 만들기도 했고, 대중적인 XBMC를 사용하는 홈 미디어 플레이어를 만들기도 했다. 유명한 〈마인크래프트〉 게임을 라이베리 파이에 포팅하기도 했다.

라즈베리 파이는 기본적인 시스템에서 요구되는 거의 모든 기능을 제공하는 기본적인 컴퓨터다. 256Mb나 512Mb의 RAM을 갖고 있으며, 하나 혹은 2개의 USB 포트, RCA/HDMI/DSI를 통한 비디오 출력, 오디오 출력, 모델 B에는 10/100 이더넷, 파일 시스템을 위한 SD 슬롯도 제공한다. 보드 내에 저장 공간이 없기 때문에 운영체제는 SD 카드에 설치돼야 한다. 이러한 시스템은 오버클록킹^overclocking이 가능한 700MHz로 동작하는 ARM1176JZF-S를 기반으로 한다.

라즈베리 파이는 아두이노에 비해 I/O가 부족하지만 그렇다고 걱정할 필요는 없다. 라즈베리 파이는 리눅스 시스템을 부팅하기에 적합한 하드웨어를 갖고 있으며, 이 보드를 사용해 컴퓨터를 가르치기에 적당하다. 그러나 이 보드에 I/O가 전혀 없는 것은 아니다. GPIO 라인으로 사용 가능한 2개의 I/O 포트가 있다. 모든 GPIO 라인은 프로세서에서 액세스 가능하며, 3분의 1은 연결되어 있지 않고 몇 개는 SD 카드 리더용과 SPI 포트용으로 예약되어 있다. IO 라인을 사용하는 여러 가지 프로젝트가 존재하지만 대부분은 LED를 켜고 끄는 등의 교육용 보드로 사용된다.

비글보드(Beagleboard)

비글보드는 라즈베리 파이나 아두이노에 비해 규모가 큰 시스템이다. Cortex-A8을 기반으로 하며 라즈베리 파이보다 더 많은 시스템 기능을 제공한다. 완벽한 비디오 출력, 4개의 USB 포트, 이더넷, 마이크로 SD, 카메라 포트, 확장 포트도 존재한다. 다양한 소프트웨어 프로젝트에서 사용되지만 몇 개의 I/O 기능도 갖고 있다. 비글보드는 ARM 기반 개발 보드용 컴퓨터라고 할 수 있다. 연산 처리를 위한 시스템을 찾고 있다면 이 비글보드가 그런 목적으로 사용할 수 있는 시스템이다.

비글본(Beaglebone)

비글본은 비글보드의 경량화 버전이다. 비글보드의 전력 소모와 성능이 과사양이지만 좀 더 많은 I/O가 필요한 경우에 사용된다. 더 많은 출력 핀을 갖고 있는 대신 HDMI 커넥터는 없다.

아두이노와 마찬가지로 비글본은 I/O 기능을 확장하거나 시스템 기능을 추가할 수 있는 애드온add-on 카드를 갖고 있다. LCD 터치 스크린 보드, 배터리 보드, 무선과 확장 I/O 보드가 있다. 자, 이제 여러분은 어떤 보드를 사용하기를 원하는가?

사용 가능한 운영체제의 종류

CPU가 하드웨어 임베디드 시스템의 심장이라면 운영체제는 두뇌에 해당한다. 운영체제는 하드웨어의 자세한 사양을 추상화해 여러분이 프로그램 개발에만 집중할 수 있게 해준다. 하드웨어에 대한 제어는 운영체제에 맡겨두고 애플리케이션 개발에 집중할 수 있다. 메모리 설정, 네트워크, 주변 I/O 등은 운영체제가 직접 관리한다. 여러 가지 선택이 존재할 수 있으며 각각은 장단점이 있다.

리눅스(Linux)

리눅스는 기존의 MMU 가능 프로세서에 포팅돼왔고 수십 년간 ARM 기반 시스템에서 사용돼왔다. 리눅스를 쓰는 많은 사용자가 존재하며, 커널을 직접 수정해 컴파일을 할 수 있다는 것은 임베디드 시스템에서는 큰 장점이다. 필요하지 않은 하드웨어를 위한 커널 부분을 잘라낼 수도 있어서 가장 최소한으로 최적화가 가능하다. 새로운 하드웨어를 추가할 때는 많은 리소스가 필요하지만, 이미 그 하드웨어를 위한 드라이버를 개발한 오픈 소스 커뮤니티의 사용자들로부터 도움을 받을 수 있다.

VxWorks

VxWorks는 윈드 리버$^{Wind River}$에서 개발한 실시간 운영체제다. 멀티태스킹 커널과 멀티 프로세서를 지원한다. 실시간이 필요한 시스템에 많이 사용되며, 신뢰성^{reliability}이 중요한 기능이다. 에어버스^{Airbus} A400의 보드에서 동작하며, F/A-18 호넷^{Hornet}의 레이더 경고 시스템에서도 사용된다. VxWorks는 여러 우주 항공 프로젝트에서도 사용됐다. 그중 가장 유명한 것은 화성 큐리오시티^{Curiosity} 탐사선이다. VxWorks는 3억 5천 마일 떨어진 곳에서 탐사선을 동작시킬 수 있는 유일한 시스템으로 고려됐으며, 그런 환경에서는 하드웨어 업데이트가 불가능하다.

안드로이드(Android)

안드로이드는 리눅스 기반의 운영체제로, 안드로이사 사$^{Android Inc.}$에서 처음 설계됐고 그 이후에 구글^{Google}에 팔렸다. 대부분의 안드로이드 개발은 자바 런타임 환경에서 이루어지지만, 안드로이드 운영체제는 오픈 소스이고 누구나 비용 지불 없이 사용할 수 있다. 그러나 JVM에서 동작하는 애플리케이션 외에도 C로 작성된 많은 애플리케이션이 존재하며, 안드로이드가 리눅스 커널을 기반으로 한다 하더라도 로우 레벨 시스템에 필요한 여러 가지 작업을 해줘야 한다.

iOS

애플의 팬들은 다소 실망할 수도 있지만 iOS는 애플 제품, 즉 애플의 확장 기능을 갖고 있는 ARM 기반의 프로세서에서만 동작한다. 운영체제의 소유권을 누군가가 갖고 있다는 건, 여러분이 부트 타임^{boot-time}의 코드를 액세스할 수 없다는 뜻이기도 하다. 애플의 iOS 애플리케이션은 오브젝티브 C^{Objective-C}로 작성됐지만, iOS 애플리케이션을 어셈블리로 작성할 수도 있다. 인라인 코드 형태로 작성할 수도 있고 어셈블리 S 파일을 추가할 수도 있다. 이러한 경우는 몇몇 극단적인 최적화가 필요한 애플리케이션에 해당된다.

각자의 목적에 가장 부합하는 컴파일러는 무엇인가?

위의 질문에도 역시 여러 솔루션이 존재한다. GNU 컴파일러는 훌륭한 작업을 수행하며 거의 모든 플랫폼에서 사용 가능하다. ARM 역시 컴파일러를 제공한다. 물론 무료는 아니지만, ARM에서 제공하는 컴파일러를 사용하면 하나의 실행 파일을 생성할 때 ARM의 노하우를 얻을 수 있다는 장점이 있다. 또한 여러분이 원하는 작업을 최적화하기도 쉽다.

GNU 컴파일러 컬렉션

GNU 컴파일러는 엔트리 레벨의 C/C++ 컴파일러다. GCC는 원래 GNU C 컴파일러라는 이름의 C 컴파일러였고 1987년에 릴리스됐다. 그 이후에 GNU 컴파일러 컬렉션^{Compiler Collection}으로 이름이 변경됐는데, 그 이유는 여러 형태의 C(C++, 오브젝티브 C, 오브젝티브 C++)를 비롯한 다양한 언어를 지원하기 때문이다. 또한 기존 언어(Fortran, Ada, Go 등)도 지원한다. 오늘날 GCC는 리눅스, 윈도우, MacOS, 심지어 RiscOS에서도 사용 가능하다. 어떤 회사들은 GCC를 자신들의 플랫폼이 성공적이냐 아니냐를 결정하는 중요한 요소 중 하나로 고려하기도 한다.

GCC는 일반적인 ARM 아키텍처를 지원할 뿐만 아니라 필요 없는 기능을 빼거나 필요한 기능을 추가한 다른 아키텍처용으로도 컴파일할 수 있다. 일반적인 ARM용으로 컴파일하지 않고, 필요 없는 기능을 빼거나 필요한 기능을 추가한 다른 아키텍처용으로도 컴파일할 수 있다. 모든 ARM 클래식 시리즈와 Cortex 시리즈, 심지어 가장 최근에 등장한 64비트 Cortex-A53까지도 지원한다. 궁금하다면 작은 프로그램을 만들어서 ARM2용으로 어떻게 컴파일할 수 있는지 알아보자.

소서리 코드벤치(Sourcery CodeBench)

소서리 코드벤치는 IDE, 디버거, 라이브러리 및 서포트까지 제공하는 완벽한 개발 환경이다. 그러나 라이트 에디션^{Lite Edition}은 명령어 라인^{command-line} 툴만을 제공하며, 이 툴은 GCC의 커스텀 버전이다. 변경사항이 GCC로 리턴되기 전에 먼저 소서리 코드벤치에 생성된다.

소서리 코드벤치 라이트는 컴파일러, 링커, 디버거 그리고 C, C++와 어셈블리를 컴파일할 때 필요한 툴들을 포함하고 있는 완벽한 툴체인^{toolchain}이다.

ARM 컴파일러

아무도 현재의 ARM보다 더 나은 ARM 프로세서를 알지 못하며, ARM 또한 자신만의 컴파일러를 출시했다. 이 ARM 컴파일러에는 20년이 넘는 시간 동안 축적된 ARM의 노하우가 반영됐다. 이 컴파일러는 ARM 프로세서에 특화되어 있으며, 가장 진보적인 최적화 기술을 포함하고 있다. 프로페셔널 버전은 라이선스가 필요한데, 기존의 GCC보다 훨씬 뛰어난 최적화 기술을 포함하고 있다.

디버깅을 위한 준비

ARM 코어 또는 ARM 기반 칩을 위한 디버그 솔루션이 존재한다. ARM에서 참조할 만한 것 중 하나는 라우터바흐^{Lauterbach}에서 개발한 Trace32 솔루션이다. 다른 모듈들이 어셈블리 수준의 디버깅이 가능하도록 존재하며, 외부와 내부 주변장치를 보여주거나, 하드웨어 중단점, 그리고 트레이스하는 솔루션을 제공한다. 하나의 시리얼 라인만으로 디버깅이 가능하며, 여러분이 해야 하는 바로 그 작업을 하게 해준다. 그러나 프로페셔널 버전에서는 대역폭을 증가시키고 진보한 트레이스 기술을 추가해 한 번에 처리할 수 있는 디버깅 작업량을 높여준다.

라우터바흐의 Trace32

라우터바흐는 매우 좋은 하드웨어 디버거를 생산하는데, 특히 PowerDebug 및 PowerTrace 시리즈가 유명하다. 이 디바이스들은 어셈블리는 물론이고 C나 C++ 같은 언어로 작성된 프로그램을 효율적으로 디버깅할 수 있게 해준다. 인터페이스는 변수를 보거나 메모리의 내용을 디스플레이하고 트레이스하기 위한 뛰어난 기능을 제공한다. 완벽한 MMU를 지원하며, 엔트리나 레지스터의 모든 내용을 볼 수 있다. 모든 CPU 레지스터와 장착되어 있는 주변장치도 직접 제어가 가능하다. 임베디드 영역에서 가장 유명한 회사들은 라우터바흐 다바이스를 사용한다.

❖ 모든 게 갖춰진 개발 환경이 존재할까?

물론이다. IDE, 컴파일러 툴체인 및 디버그 도구를 하나의 패키지로 포함한 완벽한 솔루션이 있다.

ARM DS-5

ARM은 ARM Development Studio라는 완벽한 개발 환경을 갖고 있다. 이 책을 집필하는 시점의 최신 버전은 DS-5이다.

DS-5 환경은 이클립스 IDE 기반의 프로페셔널 솔루션이며, 모든 ARM 컴파일러와 호환되는 훌륭한 디버깅 툴이다. DSTREAM 하드웨어 디버거를 함께 사용하면 긴 실행 시간을 트레이스할 수 있게 하는 트레이스 버퍼를 가진 솔루션이 된다. 하드웨어를 아직 사용할 수 없다면, 소프트웨어 에뮬레이션이 특정 에뮬레이터로 동작할 수 있다.

ARM DS-5 솔루션은 디바이스의 전압과 전류 값을 읽어오는 전력 모니터링 기능도 옵션으로 갖고 있다. 디바이스의 전력 설정이 언제 그리고 왜 변경되는지를 알기 위해 데이터를 캡처하는 링크를 갖고 있다. 이 기능을 사용하면 코드의 어떤 부분에서 대부분의 배터리를 소모하는지 알 수 있다.

DS-5 솔루션은 코드 효율화를 위해 고군분투하는 엔지니어 팀들을 위해 만들어진 프로페셔널 솔루션이다. 이러한 품질의 솔루션 가격은 결코 싸지 않지만 ARM은 적절한 가격을 매겼다. 여러분이 개발하면서 필요한 모든 것이 하나의 패키지에 포함되어 있다.

자세한 내용은 http://www.arm.com/products/tools/software-tools/ds-5/index.php를 참고하자.

ARM DS-5 커뮤니티 에디션

프로페셔널 DS-5와 비교해서 이 커뮤니티 에디션 버전은 ARM에서 관리하는 버전이기는 하나 몇 가지 제약사항이 있고, 특히 ARM 컴파일러를 포함하고 있지 않다. 그러나 프로파일링profiling, 프로세스 트레이스process tracing, 제한된 성능 카운터performance counter 는 사용할 수 있다. 디버깅은 하드웨어 디버거를 지원하지 않기 때문에 소프트웨어로 할 수 있다. 사용하는 소프트웨어 디버거는 GDB로, 강력한 툴이며 DS-5 커뮤니티 에디션을 사용해보면 얼마나 강력한 툴인지 알 수 있다.

DS-5 CE는 ARM에 의해 관리되며 프로페셔널 버전과 품질이 동일하지만 오픈 소스 툴이고 기능이 약간 제한된다. DS-5 환경에 익숙한 상황이라면 유용한 플랫폼이다. 관련 질문과 답변을 비롯한 여러 정보를 ARM 포럼에서 얻을 수 있다.

알아둬야 할 그 밖의 사항들

라즈베리 파이 같은 일부 시스템은 작업 ARM을 얻는 데 필요한 모든 것을 함께 제공하기 때문에 바로 실행해볼 수 있다. 평가 보드를 비롯한 그 밖의 시스템은 더 많은 것을 요구할 수도 있으며, 일반적으로 특수 장비를 포함하는 실험실에 사용된다.

다소 필수적이라고 간주되는 2개의 디바이스가 있는데, 하나는 시리얼 포트이고 다른 하나는 디지털 전압계다.

현대 시스템은 거의 항상 이더넷 또는 USB와 연결되어 통신을 하지만, 임베디드 시스템에서는 대개 시리얼 포트를 통해 통신을 한다. 시리얼 포트를 사용하면 I2C나 CAN 같은 디바이스를 사용할 때보다 훨씬 쉽게 통신할 수 있다. 시리얼 디바이스를 사용하면 특정 레지스터에 바이트를 저장하게 된다. 이렇게 하는 이유는 시리얼 디바이스 기능을 제공하는 소프트웨어가 거의 없고, 대부분의 임베디드 시스템에서만 시리얼 터미널을 갖고 있기 때문이다.

디지털 전압계는 출력이 정상 레벨로 나오는지, 입력이 로직 레벨 1로 설정되어 있는지를 검증하기 위해 주로 사용한다. 분석이 아니라 디버깅할 때도 유용하다.

예산에 따라 다르겠지만, 오실로스코프^{oscilloscope}도 프로젝트를 진행할 때 많은 도움이 된다. 시그널을 보고 전압계로부터 나오는 출력을 읽지 못할 때 좀 더 나은 디버깅 방법을 제공한다. 전원 공급 장치 역시 유용하지만 대부분의 현대 보드는 USB 전원 공급을 사용하기 때문에 브레드 보드^{breadboard}에 회로를 추가하거나 개인적으로 디자인할 때만 주로 사용된다.

◆ 정리

2장에서는 임베디드 시스템을 소개하고, ARM 프로세서가 어떻게 가장 작은 프로젝트부터 엄청난 규모의 큰 프로젝트까지 다양한 프로젝트에서 사용될 수 있었는지를 살펴봤다. 예제 프로젝트에서는 미리 계획하고 올바른 프로세서를 선택하는 일이 얼마나 중요한지 설명했다. 임베디드 프로젝트에서 필요한 몇 개의 툴과 운영체제, 컴파일러, 디버거에 대해서도 설명했다. 또한 시장에서 구할 수 있는 ARM 기반 보드에 대해서도 알아봤다.

다음 장에서는 ARM 프로세서에 대해 좀 더 알아보겠다. 반드시 이해해야 하는 내부 시스템과, 다른 연산 모드^{operation mode}, 메모리 관리, ARM 프로세서의 시작 순서 등을 알아보자.

ARM 아키텍처

이 장에서 다루는 내용
- ▶ 기본 용어
- ▶ 프로세서에 대한 이해
- ▶ ARM 프로세서의 내부
- ▶ 프로그램의 플로우(flow)와 인터럽트
- ▶ 그 외의 기술

ARM 프로세서든 68k 또는 x86 프로세서든 어떤 프로세서에 대해 이야기하더라도 별 상관이 없다. 이 프로세서들은 공통된 서브시스템을 갖고 있기 때문이다. 약간의 차이는 있지만 거의 유사한 서브시스템을 갖고 있다. 그러나 어떤 아키텍처든 상관없이 모든 프로세서가 동일한 기본 규칙을 유지하는 것은 아니다. ARM 프로세서에 대한 구체적인 기술을 알아보기 전에, 현대의 모든 프로세서에서 발견되는 코어 기술에 대한 간략한 설명을 먼저 보자.

기본적인 이해

컴퓨터에서는 숫자, 텍스트, 이미지, 사운드가 처리되며, 이 모든 것이 숫자의 집합으로 작성된다. 컴퓨터에서 하는 작업은 데이터를 가져와서 그에 대한 연산^{operation}을 실행하는 것이다. 간단하게 말하면, 숫자들을 가져와서 수학 연산^{computation}을 하는 것이라고 볼 수 있다.

콜로서스^{Colossus}는 프로그래밍이 가능한 최초의 디지털 컴퓨터였다. 이 컴퓨터는 2차 대전 중에 영국에서 로렌츠^{Lorenz} 암호 코드를 해독하는 데 사용됐다. 이 암호 코드는 독일 최고 사령부가 각 부대와 통신하는 데 사용했던 코드다. 실제로는 콜로서스가 암호를 완벽하게 해독하지는 못했고, 특수한 코드를 사용해 로렌츠 키 설정을 중단시키곤 했다. 콜로서스는 속도와 신뢰성 측면에서 인간을 압도했고, 전쟁이 끝나는 시점까지 10대의 콜로서스 컴퓨터가 사용됐다.

콜로서스가 프로그래밍이 가능하긴 했지만, 그렇다고 해서 일반적인 목적으로 사용 가능한 컴퓨터는 아니었다. 특정 태스크를 위해 설계되어 그 외의 목적으로는 프로그래밍될 수 없었고, 오직 같은 암호문을 사용해 다른 연산을 하도록 프로그래밍됐다. 프로그래밍은 암호문을 읽기 전에 플러그와 스위치를 설정하면 됐다.

미국에서는 1946년에 에니악^{ENIAC}이 발표됐는데, 주로 탄도의 궤적을 연산하기 위해 사용됐으나 수소 폭탄 프로젝트의 계산기로도 사용됐다. 이 컴퓨터의 특징으로는 분기^{branching} 용량, 이전 결과에 의존적인 컴퓨터 코드의 실행 등이 있었다. 간단하게 두 수를 더하는 계산기 대신에 컴퓨터는 계속 실행이 가능해, 이 숫자를 가져와서 2를 곱할 수 있었다. 그리고 그 결과가 0보다 작은지를 체크한다. 0보다 작지 않으면 20을 빼고, 그렇지 않으면 10을 더한다. 탄도 계산을 위해 컴퓨터는 발사체의 속도, 거리 고도 등을 해당 발사체가 해수면 위의 고도를 유지하는 한 계속 계산해야 했다.

기능적인 측면에서 컴퓨터는 다음과 같은 것들이 필요하다.

- 프로세서: 모든 작업이 이루어지는 컴포넌트다.
- 메모리: 정보를 저장한다.
- 입력과 출력: 정보를 얻어오고 사용자에게 정보를 리턴한다(혹은 특정 조건에 따라 결과를 만들어낸다).

프로세서는 ARM 코어다. ARM11 같은 ARM 클래식 프로세서일 수도 있고, Cortex-A8 같은 Cortex일 수도 있다.

메모리는 좀 더 복잡하다. 임베디드 시스템에는 자주 사용하는 몇 가지 타입의 메모리가 존재한다. 대용량의 DDR 스토리지를 사용할 수도 있지만 DDR은 초기 시퀀스가 필요하다. 따라서 ARM 시스템은 작은 내부 메모리(시스템을 시작하고 외부 시스템을 초기화하는 목적으로는 충분하다)를 사용하거나, 운영체제를 읽어오기 위해 플래시 메모리를 사용하기도 한다.

입력과 출력은 SoC나 프로세서에 직접 연결되기도 하고, 외부 어드레스에 매핑된 특정한 컴포넌트에 연결되기도 한다.

레지스터

CPU 레지스터^{register}는 CPU에 직접 내장되어 있는 작은 용량의 빠른 메모리를 말하며, 데이터를 처리하는 데 사용된다. ARM CPU는 로드/저장^{load/store} 아키텍처이기 때문에 CPU에서 처리되는 모든 연산은 레지스터에서 직접 실행된다. 먼저, CPU는 연산을 하기 전에 메인 메모리에서 레지스터로 데이터를 읽어온다. 그리고 값을 메인 메모리에 쓴다. 그러나 값을 직접 메인 메모리에서 처리하는 명령어는 없다. 이런 점이 비효율적으로 보이기도 하지만 실제로는 그렇지 않다. 각 연산마다 메인 메모리에 작성하는 데 걸리는 시간과 전력을 절약한다는 장점이 있다. 또한 파이프라인 아키텍처를 간단하게 한다는 점에서도 중요한데, 이런 특징은 RISC 프로세서에서는 매우 중요하다.

하나의 시스템에 레지스터의 숫자가 작다는 점이 놀라울 수도 있다. 그러나 잘 살펴보면 대부분의 작업이 소수의 레지스터만을 사용해서 가능하다. ARM 프로세서는 실제로 약간 더 많은 레지스터를 갖고 있다.

스택

스택^{stack}은 필요할 때 저장하거나 추출할 수 있는 임시 데이터를 저장해두는 메모리 공간을 의미한다. 이 스택은 LIFO, 즉 후입선출^{Last In First Out}의 형태로 동작한다. 몇몇 카드 게임이 이러한 스택을 사용한다. 카드를 저장해둔 곳에서 특정한 순서로 카드를 빼낸다. 마지막으로 놓은 카드가 제일 먼저 빠진다. 특정 카드를 얻기 위해서는 해당 카드 위에 있는 카드를 모두 제거해야 한다. 스택은 이와 같은 방식으로 동작한다.

스택은 서브루틴을 실행할 때 주로 사용된다. 서브루틴에 진입했을 때 몇몇 레지스터는 초깃값을 유지하고 있음을 보장해야 하고, 그렇게 하기 위해 레지스터의 내용이 스택에 저장된다. 스택에 넣은 만큼의 항목을 다시 빼내면 같은 값이 항상 유지된다.

스택은 상황에 따라서 빠르게 채워지기도 한다. 복잡한 연산을 하는 동안 변수들은 새로운 데이터를 위한 공간을 만들기 위해 스택에 들어가게 된다. 복잡한 인수를 갖고 있는 서브루틴을 호출할 때 그 인수들이 종종 스택에 저장된다. 이것은 스택의 크기를 키우는 요인이 되고, 따라서 스택이 넘치지^{overflow} 않도록 주의해야 한다.

내부 RAM

모든 프로세서가 내부 RAM을 갖고 있는 것은 아니지만 대부분의 프로세서는 갖고 있다. 종종 시스템 메모리와 비교하기도 하는데 목적에 따라 다르다. 일반적인 시스템에서 외부 DDR 메모리는 512메가바이트 정도가 되지만 DDR 메모리는 초기화하는 데 시간이 필요하다. DDR 메모리를 실행하기 위해서는 많은 과정이 필요하며, 레지스터만으로는 원하는 작업을 할 수가 없다. 따라서 대부분의 ARM 프로세서는 최소한의 내부 RAM을 갖고 있으며, 프로그램을 내부 RAM에 전송하고 실행해 DDR 메모리로 스위칭하기 전에 중요한 시스템에 대한 셋업을 할 수 있게 된다. 또한 내부 RAM은 외부 RAM보다 훨씬 빠르다.

캐시

초창기 CPU들은 시스템 메모리에서 직접 명령어를 읽어왔지만, 프로세서의 사이클 타임과 비교해보면 시스템에서 데이터를 읽어오는 시간을 고려할 때 CPU의 시간 중 많은 부분을 데이터를 읽어오기까지 대기하는 시간으로 보낸다. 시스템 메모리에 데이터를 쓰는 데는 가장 많은 시간이 소모된다. 이런 문제점을 해결할 방법이 필요했으며, 따라서 캐시^{cache} 메모리가 개발됐다.

CPU 기술의 발전으로 인해 CPU의 처리 속도는 메인 메모리에 대한 액세스 속도와 비교했을 때 비교할 수 없을 정도로 빨라졌다. CPU에서 모든 명령어가 메모리 액세스를 필요로 한다면, CPU의 최대 속도는 시스템 메모리의 최대 속도가 될 것이다. 이 문제는 **메모리 병목**memory bottleneck으로 알려져 있다.

캐시 메모리는 SRAM이라는 특별한 종류의 메모리로 구성되어 있다. SRAM^Static RAM은 DRAM^Dynamic RAM보다 속도가 훨씬 낫다. DRAM과는 달리 SRAM은 리프레시refresh가 필요하지 않으며, 전원이 공급되는 한 제공된 데이터를 계속 유지한다. SRAM은 속도가 빠르지만 상당히 비싸기 때문에 작은 양의 SRAM만 사용 가능하다. 메인 메모리 중에서 SRAM을 사용하는 경우는 거의 없다.

캐시 메모리는 프로세서가 최근에 액세스한 정보를 저장하는 데 사용된다. 캐시에는 몇 가지 레이어layer가 구현되어 있다. 캐시(레벨 1)는 CPU와 가장 가깝게 위치하며 가장 빠르다. 상대적으로 작으며 4~64KB 정도다. L2 캐시(레벨 2)는 L1보다 약간 느리지만 용량은 훨씬 크다. L2 캐시는 모든 웨이way에 128KB이며, 전체 4MB에서 그 이상의 용량을 갖는다.

캐시에는 두 가지 캐시 아키텍처가 있다. 하나는 폰 노이만Von Neumann(혹은 통합된) 방식이고, 다른 하나는 하버드Harvard 방식이다. **통합 캐시**unified cache는 모든 메모리 존을 하나의 메모리 영역으로 사용하는 캐시다. **하버드 캐시**Harvard cache는 명령어 캐시와 데이터 캐시를 분리하는 방식이다. 분리된 캐시는 종종 D 캐시(데이터 캐시data cache)와 I 캐시(명령어 캐시instruction cache)라고 말한다. 하버드 아키텍처는 물리적으로 코드의 저장 공간과 데이터 메모리의 저장 공간을 분리하며, 폰 노이만 아키텍처는 코드와 데이터를 위한 시그널과 메모리를 공유한다.

부팅하면 캐시는 비활성화되지만 무효화invalidate가 필요하지는 않다. 특별히 셋업과 설정하는 기능을 해야 한다.

캐시 읽기 정책

캐시 메모리는 읽기나 쓰기를 할 때 줄줄이 읽거나 쓰는 것을 피하도록 설계됐다. 맨 먼저 사용한 캐시에 저장되어 있는 메모리의 섹션을 읽고 나중에도 캐시에서 읽도록 설계됐다. 프로세서가 데이터를 요청하면, 우선 캐시를 체크한다. 요청한 데이터가 캐시에 있으면 이를 **캐시 히트**^{cache hit}라고 하고, 외부 RAM에서 데이터를 읽어올 필요 없이 즉시 데이터를 사용할 수 있다. 캐시에서 요청한 데이터를 찾지 못하면 이를 **캐시 미스**^{cache miss}라고 하고, 관련 데이터는 시스템 메모리에서 캐시로 읽어와야 한다. 하나의 값을 읽어오는 대신에 캐시 라인^{cache line}을 읽어야 한다.

이런 점은 시스템 메모리 측면에서는 유리하지만, 모든 처리를 캐시가 하지 않았으면 하는 경우도 생긴다. 예를 들어, 시리얼 포트를 캐싱하는 것은 위험하다. 시리얼 레지스터에서 읽어오는 대신에 항상 캐시에서 읽게 되며, 결국 더 이상 사용할 데이터가 없는 것으로 간주된다. 이런 문제점으로 인해 메모리 관리자가 탄생하게 됐다. 여러분은 특정 메모리 영역을 캐시 가능 영역 혹은 캐시 불가능 영역으로 설정할 수 있다.

메모리 관리는 메모리 관리 유닛^{MMU, Memory Management Unit}에 의해 동작하며, 어떤 시스템에서는 메모리 보호 유닛^{MPU, Memory Protection Unit}이라고도 한다. 몇몇 Cortex-M 시스템은 MMU도 MPU도 없으며, 캐시 가능 속성 혹은 메모리 영역은 고정된 아키텍처 맵의 부분으로 되어 있다.

물론 이런 정책을 사용하면 즉시 문제에 직면하게 된다. 캐시 미스가 발생했는데 캐시가 가득 차 있는 경우에는 어떤 일이 발생할까? 이 경우 캐시 엔트리 중 하나가 방출되어 새로운 엔트리를 위한 공간을 남겨둬야 한다. 그런데 어떤 엔트리를 방출할 것인가? 이것은 최적화 주제 중 하나다. 방법은 어떤 캐시 엔트리가 미래에도 사용될 수 있을지를 아는 것이다. 어떤 것이 사용되고 어떤 것이 사용되지 않을지를 알기란 극단적으로 어렵기 때문에, 캐시 방출 정책 중 하나로 LRU^{Least-Recently Used}를 사용한다. 이 기술을 사용하면, 대부분 최근에 액세스한 캐시는 남아 있고 오래된 엔트리가 삭제된다. 메모리의 어떤 섹션을 캐시 가능하게 할지 어떤 섹션을 가능하지 않게 할지를 결정하는 것은 시스템을 최적화하는 데 도움이 된다.

캐시 쓰기 정책

캐시 쓰기 정책은 캐시 읽기 정책과 비슷하지만, 약간 다른 점이 있다. 캐시에 쓰면 연산 속도를 효과적으로 높일 수 있지만, 조만간 외부 메모리를 업데이트해야 하기 때문에 이를 어떻게 할지 먼저 생각해야 한다. 가능한 정책이 두 가지 있는데, 바로 라이트 쓰루

write-through와 라이트 백write-back이다.

　　라이트 쓰루 정책으로 데이터를 쓸 때는 데이터가 캐시에 써지는 동시에 시스템 메모리에도 써진다. 이후에 읽을 때는 캐시에서 읽어온다. 라이트 백 캐시는 라이트 쓰루와는 약간 다르다. 초기의 쓰기 작업은 캐시에서 이루어지고, 외부 메모리에 대한 쓰기는 캐시 블록이 새로운 내용으로 대체되거나 업데이트될 때까지 연기된다. 수정된 캐시 라인은 더티dirty로 마크된다. 라이트 백은 속도 면에서 이점이 있지만, 구현하기가 더 복잡하고 단점도 존재한다. 라이트 백 캐시에서 읽기 미스(데이터 읽기에 의해 대체되기 위해 블록을 요청할 때) 시에는 종종 두 번의 메모리 액세스가 필요하다. 하나는 시스템 데이터에 더티 캐시 라인을 쓰는 것이고, 두 번째는 새로운 캐시 라인에서 시스템 데이터를 읽어오는 것이다.

❖다른 ARM 서브시스템 알아보기

기본 사항을 알아본 후에 ARM 프로세서의 서브시스템에 대해 알아보자. 여기서 다룰 내용은 ARM 프로세서를 구성하는 컴포넌트들이며, ARM 코어의 기본 컴포넌트들이다.

프로세서 레지스터의 표현

ARM 코어는 12개의 32비트 레지스터를 갖고 있으며, 이름은 r0부터 r15로 표기한다. 그러나 실제로는 특정 모드에서 동작하는 몇 개의 레지스터가 더 존재한다. 그 레지스터는 뱅크 레지스터banked register라고 알려져 있다. 레지스터 r0부터 r7까지는 모든 CPU 모드에서 존재하는 레지스터이지만, 뱅크 레지스터는 아니다. 레지스터 r8부터 r12까지는 모든 CPU 모드에 존재하지만, FIQ는 아니다. r13, r14, r15는 각각의 모드에서 동작하는 레지스터이며 저장될 필요는 없다.

　　그림 3-1에서 볼 수 있듯이, 사용자 모드User Mode에서 패스트 인터럽트 모드Fast Interrupt Mode로 변경할 때, 같은 레지스터 r0부터 r7을 갖는다. 이것은 r0부터 r7까지에 저장된 값이 계속 유지되며 패스트 인터럽트에서 복귀하면 인터럽트 이전 위치로 돌아오게 되고 원래 실행 중이던 코드는 이전에 사용했던 값을 그대로 사용한다는 의미가 된다. 그

러나 r8부터 r14는 '뱅크'다. 즉 이 레지스터는 현재 동작 모드에서만 사용되는 레지스터라는 뜻이다. 원래의 r8에서 r14의 값이 계속 유지되고 패스트 인터럽트를 빠져나오면 그 값들이 보인다. 이렇게 사용할 때의 이점은 속도다. 리턴할 때 레지스터는 원래의 값으로 다시 설정돼야 하기 때문이다.

사용자 모드	슈퍼바이저 모드	취소 모드	정의되지 않은 모드	IRQ	FIQ
r0	r0	r0	r0	r0	r0
r1	r1	r1	r1	r1	r1
r2	r2	r2	r2	r2	r2
r3	r3	r3	r3	r3	r3
r4	r4	r4	r4	r4	r4
r5	r5	r5	r5	r5	r5
r6	r6	r6	r6	r6	r6
r7	r7	r7	r7	r7	r7
r8	r8	r8	r8	r8	r8 FIQ
r9	r9	r9	r9	r9	r9 FIQ
r10	r10	r10	r10	r10	r10 FIQ
r11	r11	r11	r11	r11	r11 FIQ
r12	r12	r12	r12	r12	r12 FIQ
r13	r13 SCV	r13 abt	r13 und	r13 IRQ	r13 FIQ
r14	r14 SCV	r14 abt	r14 und	r14 IRQ	r14 FIQ
r15	r15	r15	r15	r15	r15

그림 3-1 다른 모드에서의 ARM 레지스터

정상적인 프로그래밍에서 사용자는 레지스터 r0에서 r12, r13, r14 그리고 특별한 목적으로 예약되어 있는 r15에 값을 쓸 수 있으며 액세스할 수 있다. ARM 코딩 규칙(AAPCS, Procedure Call Standard for the ARM Architecture)에서는 서브루틴을 호출할 때, 인수는 처음 4개의 레지스터(r0부터 r3까지)에서 전달되고 또한 리턴 값도 r0부터 r3에서 전달된다고 설명하고 있다. 서브루틴은 r4~r11까지의 내용을 보존하고 있어야 한다. 레지스터를 스택에 푸시하는 것이 필요한지 여부는 서브루틴에 따라 다르다. 또한 처음 4개의 레지스터에서 요청받은 연산을 할 가능성이 있는지도 서브루틴에 따라 다르다. 어떤 결정을 하든지 리턴할 때 호출하는 함수는 그 결과를 r1에 갖고 있어야만 하며, r4부터 r12까지의 내용은 보존돼야 한다.

r0~r3

일반적으로, 처음 4개의 레지스터인 r0부터 r3까지는 함수에 인수를 전달하는 데 사용된다. 이 4개의 레지스터가 사용된 이후에 인수가 더 필요한 경우에는 스택에 저장해야 한다. 이러한 작업은 컴파일러 옵션으로 설정할 수 있다. r0은 함수의 리턴 값으로 사용된다. 리턴 값이 32비트보다 크면 r1도 사용된다. 프로그램은 함수를 호출하면 r0부터 r3까지의 레지스터의 내용을 덮어 쓰게 된다.

r4~r11

r4부터 r11은 일반적인 목적으로 사용하는 레지스터이며, 일반적인 연산에서 사용된다. 그러나 그 값이 변경된다면 함수에 의해 보존돼야 한다.

r12

r12는 IP 레지스터로도 알려져 있으며, 인터프로세스 스크래치 레지스터interprocess scratch register로 사용된다. 정확한 사용은 시스템에서 어떻게 사용되느냐에 따라 다르며, 몇몇 경우에는 일반적인 목적의 레지스터로 사용된다. 운영체제를 사용하는 경우라면 r12에 대한 사용은 운영체제 가이드를 참고하자. 새로 시스템을 구축하는 경우에는 원하는 목적으로 r12를 사용할 수 있다.

AAPCS에는 r12가 함수 호출에 의해 그 내부 값이 덮어 써진다고 되어 있기 때문에 프로그래머는 함수 호출 과정에서 그 내부 값이 보존되지 않을 수도 있다는 점을 염두에 둬야 한다.

r13: 스택 포인터

스택 포인터Stack Pointer는 중요한 레지스터다. r13은 스택 포인터라는 특별한 목적으로 사용된다. 여타 레지스터와 마찬가지로 이 레지스터에도 읽고 쓰기가 가능하지만, 대부분은 스택 포인터를 저장하고 변경하는 목적으로 사용한다. 올바른 어드레스를 사용해 이 레지스터를 셋업해야 한다. 그러나 한 번만 셋업하고 나면 이 레지스터를 직접 변경할 필요는 더 이상 없다. Thumb은 덧셈이나 뺄셈을 제외하고는 스택 포인터에 대한 변경을 금지한다.

함수에 진입할 때 r4부터 r11은 함수에서 빠져나오기 전에 초깃값을 리턴할 필요가 있다. 이런 작업을 하기 위해 PUSH와 POP 명령어를 사용하는데, 이 둘 모두 SP를 수정하는 명령어다. 자동적으로 모든 레지스터를 PUSH 하거나 POP 하는 것은 비효율적이다. 따라서 컴파일러는 어떤 작업을 끝냈는지 체크해 저장할 필요가 있는 레지스터만 그에 대한 연산을 한다.

```
subroutine    PUSH {r0-r3,r12,lr} ; 작업 레지스터와 링크 레지스터를 푸시한다.
              BL my_function
              ; my_function은 여기에서 리턴한다.
              POP {r0-r3,r12,pc} ; 작업 레지스터인 r12와 PC를 팝한다.
```

r14: 링크 레지스터

r14는 링크 레지스터^{Link Register}의 값을 갖고 있으며, 이 링크 레지스터는 서브루틴이 완료되면 실행될 명령어의 메모리 어드레스다. 효과적으로 태스크를 종료한 후에 리턴할 메모리 어드레스를 포함하고 있다. 프로세서가 링크 명령어를 갖고 있는 분기인 BL을 만나면, r14는 다음 명령어의 어드레스를 로드한다. 루틴이 끝났을 때, BX를 실행해 프로그램이 있던 위치로 되돌아간다.

다음은 이에 대한 예제다.

```
AREA    subrout, CODE, READONLY   ; 이 코드 블록의 이름
ENTRY                             ; 실행하기 위해 첫 번째 명령어를 마크한다.
start   MOV    r0, #10            ; 파라미터를 셋업한다.
        MOV    r1, #3
        BL     doadd              ; 서브루틴을 호출한다.
```

```
[ ... ]

doadd    ADD r0, r0, r1 ; 서브루틴 코드
         BX lr; 서브루틴에서 리턴한다.
         END ; 파일의 끝을 마크한다.
```

r15: 프로그램 카운터

r15는 프로그램 카운터^{Program Counter}의 값을 갖고 있으며, 이 프로그램 카운터는 메모리로부터 페치^{fetch}되는 다음 명령어의 메모리 어드레스다. 이 레지스터는 읽기/쓰기 레지스터로, 분기 명령어로부터 리턴되는 경우에 써지며 실행될 다음 명령어의 어드레스를 수정할 때 써진다.

그러나 약간의 트릭이 있다. 일반적으로 PC가 로드될 다음 명령어의 어드레스를 갖고 있다고 하더라도, 실제는 파이프라인에서 로드될 다음 명령어의 위치를 갖고 있다. 이 위치는 2개의 명령어에 현재 실행하는 명령어의 어드레스를 더한 값이다. ARM 상태에서는 8바이트이며, Thumb 상태에서는 4바이트다. 대부분의 디버거는 이러한 내용을 숨기며, 현재 실행되는 명령어의 어드레스로서 PC 값을 보여준다. 그러나 그 내용을 볼수도 있다. 디버깅 세션에서 PC는 관련되어 있지 않아 보이는 무엇인가를 가리키고 있다. PC가 나타내고 있는 값에 대해서는 문서를 체크해보자.

CPSR

CPSR은 레지스터이기는 하지만, r0~r15 레지스터와는 다르다. CPSR은 'Current Program Status Register'의 약어로, 현재 실행되는 프로그램의 상태를 담고 있는 중요한 레지스터이며 계속 업데이트된다. 이 레지스터에는 조건 코드^{condition code} 플래그가 포함되어 있는데, 이 플래그는 ALU 연산이 발생할 때 업데이트된다. 비교 명령어는 자동적으로 CPSR을 업데이트한다. 대부분의 다른 명령어는 CPSR을 자동적으로 업데이트하지 않지만, 명령어 후에 S 디렉티브^{directive}를 추가하면 강제로 자동 업데이트를 할 수도 있다.

ARM 코어는 내부 연산을 모니터링하고 제어하기 위해 CPSR을 사용한다. CPSR은 다음 값들을 갖고 있다.

- 현재 프로세서 모드
- 인터럽트 비활성화 플래그
- 현재 프로세서 상태(ARM, Thumb, Jazelle 등)
- 데이터 메모리 엔디안^{endian}(ARMv6 이상 버전)
- 조건 플래그

CPSR의 사양은 ARM이 새로운 기능을 구현함에 따라 아키텍처마다 약간씩 다를 수 있다.

CPSR이 Current PSR이라면, SPSR은 Saved PSR이다. ARM 프로세서가 예외를 발생시키는 이벤트에 응답할 때, CPSR은 SPSR에 저장된다. 각 모드는 자신만의 CPSR을 갖고 있으며, 예외가 처리되면 SPSR은 CPSR로 복원되며 프로그램의 실행은 계속된다. 이러한 동작은 프로세서가 정확히 이전 상태로 돌아가게 하는 이점이 있다.

조건 플래그의 이해

ALU는 CPSR에 직접 연결되어 있고 연산(혹은 비교) 결과에 따라 CPSR 레지스터를 직접 업데이트한다.

- $N^{Negative}$: 이 비트는 데이터 처리 명령어의 결과가 음수^{negative}일 때 설정된다.
- Z^{Zero}: 이 비트는 결과가 0인 경우에 설정된다.
- C^{Carry}: 연산의 결과가 32비트를 초과할 때 이 비트가 설정된다.
- $V^{Overflow}$: 이 비트는 연산의 결과가 31비트를 초과할 때 설정되며, 부호 있는 숫자의 부호 비트가 덮어쓰일 수 있음을 알려준다.

2의 보수 표현에서 가장 큰 부호 있는 32비트 숫자의 레지스터는 0x7fffffff라는 값을 갖고 있다. 따라서 0x7fffffff와 0x7fffffff를 더하면 그 결과가 부호 있는 32비트 숫자보다 크기 때문에 오버플로가 발생한다. 부호 없는 32비트 숫자는 오버플로되지 않기 때문에 캐리(C) 비트가 설정되지는 않는다.

인터럽트 마스크

인터럽트 마스크^{interrupt mask}는 프로세서에 대한 인터럽트에서 특정 인터럽트의 요청을 중지(혹은 허용)하기 위해 사용된다. 특정 태스크를 다시 시작하기 전에 특정 태스크에 대한 인터럽트를 비활성화하는 데 주로 사용된다. 빠른 인터럽트 처리를 위해 FIQ와 IRQ가 비활성화되며, 중요한 코드는 인터럽트가 걸리지 않는다. 인터럽트 처리가 끝나면, SPSR이 복원되고 프로세서는 이전 상태(인터럽트가 걸리기 직전 상태)로 리턴된다.

어떤 코어에서는 비활성화가 불가능한 NMI^{Non-maskable Interrupt} 같은 특별한 인터럽트도 존재한다.

연산 유닛

연산 유닛^{calculation unit}은 그림 3-2와 같이 ARM 프로세서의 핵심이다.

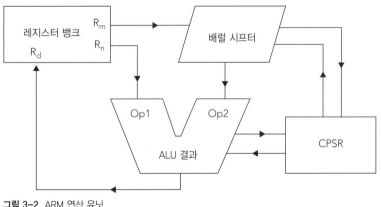

그림 3-2 ARM 연산 유닛

산술 논리 장치^{ALU, Arithmetic Logic Unit}는 2개의 32비트 입력을 갖는다. 첫 번째는 레지스터로부터 직접 받고, 두 번째는 시프터^{shifter}로부터 받는다. ALU는 CPSR과 연결되어 있으며 CPSR 내용에 따라 연산 결과를 만들어내고, 연산 결과에 따라 CPSR의 내용을 업데이트한다. 예를 들어, 수학 연산이 오버플로가 되면 ALU는 CPSR을 직접 업데이트한다.

여타 프로세서들과는 달리, ARM 모드의 ARM 코어가 실제로는 시프트 명령어가 필요하지 않다는 사실을 이해해야 한다. 대신에 배럴 시프터$^{barrel\ shifter}$가 명령어 안에 있는 두 번째 연산자에서 시프트를 설정해 명령어를 실행하는 동안 시프트를 실행하게 된다. Thumb 모드에서는 명령어가 간단하며, 시프트 명령어도 존재한다.

파이프라인

파이프라인^{pipeline}은 ARM 프로세서(혹은 그 밖의 프로세서) 설계에서 명령어의 처리량을 증가시키도록 사용되는 기술이다. 단계별로 명령어를 페치하고 디코딩하며 그 명령어를 실행하는 대신에, 하나의 명령어는 아니지만 이 세 단계를 한 번에 실행한다.

공장을 상상해보자. 공장 내부에서 일하는 근로자들은 패밀리 컴퓨터를 만들고 있다. 먼저 메인보드를 가져와서 케이스 안에 메인보드를 넣는다. 그러고 나서 프로세서를 가져와서 메인보드에 장착한다. RAM을 설치하고, 마지막으로 그래픽 카드를 설치한다. 한 명의 작업자가 전체 컴퓨터를 만들 수 있다. 한 사람이 모든 과정에 책임을 지는 것이다. 컴퓨터 제조 회사에 조립 라인이 있다고 하면, 컴퓨터를 제조하는 방식이 달라진다. 한 사람이 메인보드를 케이스에 장착하고 나서 다음 작업을 하기 전에 메인보드를 케이스에 장착하는 작업만을 계속 반복한다. 조립 라인의 다음 작업자는 첫 번째 사람의 일을 받아서 메인보드에 프로세서를 장착하는 일을 한다. 이 작업을 계속 반복한다. 다음 작업은 다른 사람에 의해 수행된다. 이러한 방식의 이점은 각 태스크가 간단하며 전체 과정이 빨라질 수 있다는 점이다. 각 태스크가 간단하고 쉽게 반복 작업이 가능하기 때문에 몇 개의 시리얼 라인과 병렬화 단계로 만들 수 있고 조립 속도를 두 배 이상 빠르게 할 수 있다.

데스크탑 PC를 조립하는 것과 같이 간단하지는 않지만, 노트북, 평면 TV, 자동차 등의 복잡도를 상상해보자. 전체 제품과 비교해볼 때 각 태스크가 간단해 보이겠지만 여전히 복잡한 작업이다.

CPU 파이프라인은 같은 방식으로 동작한다. 예를 들어 프로세서의 한 부분은 다음 명령어를 계속 페치하며, 다른 부분은 페치된 명령어를 '디코딩'하며, 마지막으로 다른 부분은 해당 명령어를 실행한다. CPU는 클록을 사용해 동작한다. 각 클록 주기에 맞춰 작업을 하기 때문에 CPU의 처리량을 증가시킬 수 있다. 각 연산을 간단하게 만들수록 클록의 속도를 증가시키기도 쉽고, 그에 따른 처리량도 증가한다.

물론 이와 같은 기능의 장점은 속도다. 그러나 파이프라인 시스템의 단점도 있는데, 대표적인 것이 멈춤^{stall}이다. 파이프라인이 정상적으로 작업을 계속하지 못할 때 멈춤이 발생한다. 예를 들어, 그림 3-3은 일반적인 6단계의 파이프라인을 보여준다.

페치 분기, 페치 예측	이슈 디코딩	디코딩 레지스터 읽기, 디코딩	실행 시프트, 곱셈	메모리 메모리	쓰기 레지스터 쓰기

그림 3-3 ARM의 6단계 파이프라인

3단계는 레지스터 뱅크에서 요구될 수 있는 모든 피연산자를 액세스한다. 연산이 완료되면 6단계에서 그 결과를 다시 레지스터 뱅크에 쓴다. 다음과 같은 코드가 있다고 가정해보자.

```
MOV r5, #20
MOV r8, [r9]
ADD r0, r1, r2
SUB r0, r0, r3
MOV r4, r6
MVN r7, r10
```

각 명령은 순차적으로 실행된다. 첫 번째 MOV 명령어는 R5에 값 20을 넣는다. 두 번째 MOV 명령어는 메모리로부터 페치를 요청하며, 이 데이터가 캐시에 있지 않다고 가정하면 약간의 시간이 걸린다. 그러나 데이터가 r8에 써지고 그 이전 명령어는 r8을 요청하지 않으면, 위 프로그램은 멈추고, 결과를 요청하지 않고 끝내기 위해 명령어를 기다린다.

멈춤을 피하기 위한 몇 가지 기술이 있다. 멈춤이 발생하는 주된 이유 중 하나는 분기^{branch} 때문이다. 분기가 발생하면 파이프라인은 새로운 명령어들로 채워져야 하고, 따라서 다른 메모리 위치가 될 가능성이 높다. 프로세서는 새로운 메모리 위치를 페치하고 첫 번째 명령어를 파이프라인의 시작 위치에 둔다. 그리고 나서 그 명령어로 작업하기 시작한다. 한편 '실행' 단계는 도착할 명령어를 기다린다. 이런 현상을 피하기 위해 몇몇 ARM 프로세서는 분기 예측 하드웨어를 갖고 있으며, 조건 점프의 결과를 효과적으로 '예측'한다. 분기 예측기는 파이프라인을 예측한 결과로 채운다. 그 예측대로 실행되면, 명령어들이 이미 파이프라인에 존재하기 때문에 멈춤은 피할 수 있다. 어떤 분기 예측기는 정확도가 95%라고 알려져 있다. 더 근래의 분기 예측기는 2개의 가능한 실행 경로를 모두 페치해 실제 분기 결과를 알게 되면 2개의 실행 가능 경로 중에서 하나를 버리는 기능으로 인해 100%의 정확도를 보인다.

명령어들의 순서가 멈춤을 일으키는 경우도 있다. 이전 예제에서 메모리 페치의 결과는 필요 없다. 그러나 명령어가 즉시 그 이후의 결과를 필요로 하면 어떤 일이 발생할까? 파이프라인 최적화는 멈춤을 막을 수는 없으며 파이프라인은 상당한 시간 동안 멈출 수 있다. 이에 대한 답은 '명령어 스케줄링'으로, 멈춤을 피하기 위해 명령어의 순서를 재배열하는 것이다. 메모리 페치가 파이프라인을 멈추게 할 때, 컴파일러는 명령어들을 좀 더 일찍 배치해 파이프라인이 멈추는 시간을 감소시킨다.

몇몇 프로세서에서 사용되는 또 다른 기술은 비순차 실행$^{out-of-order execution}$이라고 알려져 있는데, 컴파일러가 명령어를 재배열하는 대신에 ARM 코어가 명령어 자체를 재배열한다.

밀접하게 연결된 메모리

캐시는 속도를 증가시키지만 몇 가지 문제점도 발생시킨다. 때때로 어떤 상태에서 캐시가 되지 않는 데이터를 메모리에 저장할 필요가 있다. 또한 데이터가 '항상 사용 가능'하도록 캐시에 저장해둘 필요도 있다. 데이터를 읽어올 때 캐시 히트면 데이터는 즉시 사용 가능하지만, 캐시 미스면 그 데이터는 시스템 메모리에서 읽어와야 하는데 이는 시스템 자체의 성능을 꽤 심각할 정도로 떨어뜨린다. 중요한 인터럽트 핸들러 코드가 '항상 사용 가능'하기를 원하며, 연산이 많은 양의 로^{raw} 데이터를 원하면, 인터럽트 스택이나 수학적 데이터 등도 사용 가능하기를 원할 것이다.

밀접하게 연결된 메모리^{TCM, Tightly Coupled Memory}는 몇몇 프로세서에서는 사용 가능하다. 사용 가능할 때 TCM은 L1 캐시와 병렬로 존재하며 지극히 빠르다(일반적으로 하나 혹은 2개의 사이클 액세스 타임이 걸린다). TCM은 결과적으로 캐시가 되지는 않지만 캐시가 다른 명령어나 데이터를 위해 사용될 수 있게 해준다.

TCM은 내부 RAM과 비슷하며 설정 가능하다. CP15에서 레지스터를 설정해서, 명령어 측과 데이터 측 메모리를 분리하도록 선택할 수 있다. 또한 명령어 혹은 데이터 측 메모리를 설정할 수도 있고 완전히 TCM을 비활성화할 수도 있다. 적절하게 정렬될 수 있다면 어드레스 맵 어디에 배치해도 상관없다.

코프로세서

ARM 프로세서는 명령어 세트를 확장하기 위한 멋진 방법을 갖고 있다. ARM 프로세서는 코프로세서^{coprocessor}를 지원한다. 두 번째 유닛은 프로세서가 작업하는 동안에 명령어들을 처리할 수 있다.

코프로세서 공간은 16개의 코프로세서들로 나뉘어 있으며 0부터 15까지 번호가 매겨져 있다. 코프로세서 15(CP15)는 컨트롤 기능으로 예약되어 있는데, 주로 캐시나 MMU를 설정하기 위해 사용된다. CP14는 디버그용이며, CP10과 CP11은 NEON과 VFP로 예약되어 있다.

클래식 프로세서에서는 프로세서가 알지 못하는 명령어를 만나게 되면, 어떤 프로세서에 존재하는 명령어인지를 알려준다. 각 코프로세서는 명령어를 처리할 수 있다면 해당 명령어를 디코딩하고 프로세서에게 다시 시그널을 보낸다. 코프로세서가 명령어를 받아들이면, 해당 명령어를 가지고 자신의 레지스터를 사용해 실행한다. 그 명령어를 처리할 코프로세서가 없으면, 프로세서는 정의되지 않은 명령어 예외를 발생시킨다. 이러한 방식은 소프트웨어로 하여금 '소프트' 코프로세서 역할을 하게 하기 때문에 좋은 솔루션이다. 코프로세서가 존재하지 않으면, 명령어는 예외가 발생할 때 소프트웨어로 실행된다. 코프로세서가 있는 경우보다는 결과가 느리겠지만, 특정 코프로세서가 사용 가능한지 여부와 상관없이 같은 코드를 실행할 수 있다는 의미가 된다.

이러한 시스템은 더 이상 존재하지 않는다. Cortex 프로세서는 코프로세서 인터페이스를 갖고 있지 않으며, 대신에 명령어들이 코어 파이프라인에 구현되어 있다. 코프로세서 명령어는 여전히 존재하며, 문서에서도 CP15나 코프로세서에 대해 기술하고 있다. 그러나 코어를 간단하게 하기 위해, 구형 코프로세서 구조는 제거돼왔지만 명령어는 여전히 ARM 명령어로 남아 있게 됐다. 코프로세서 인터페이스 버스는 224 시그널이며, 코프로세서 디자인을 간단하게 하는 것은 프로세서를 좀 더 간단하고 빠르게 만드는 데 중요한 과정이다.

CP15: 시스템 코프로세서

CP15는 ARM이 개발한 코프로세서 인터페이스이며, Cortex-M 계열을 제외하고는 거의 모든 프로세서에 존재한다.

CP15의 역할은 시스템 설정을 처리하는 것이다. 시스템 설정이란 데이터 캐시, 밀접하게 연결된 메모리, MMU/MPU, 시스템 성능 모니터링 등이다. 이러한 설정은 MRC/MCR 명령어를 사용하면 되고 오직 권한 모드에서만 액세스가 가능하다. 레지스터는 프로세서에 따라 다르며, 자세한 내용은 매뉴얼을 참조하자.

CP14: 디버그 코프로세서

CP14는 디버그 시스템의 상태, 디버그 시스템의 특정 기능의 설정, 벡터 캐칭, 중단점과 감시점의 구성 등이 해당된다.

❖ 그 밖의 개념 이해

ARM 프로세서를 사용하기 전에 몇 가지 개념을 알고 있어야 한다. 이러한 개념은 ARM 시스템의 기본이 되며, 몇 개는 임베디드 시스템의 세계와도 관련이 있다. 그 밖의 것들은 오로지 ARM과 관련이 있는 내용이다.

예외란 무엇인가?

마이크로프로세서는 컨텍스트 스위치$^{context switch}$가 발생하는 비동기 이벤트에 응답할 수 있다. 통상적으로, 외부 하드웨어 디바이스는 특정 입력 라인을 활성화한다. 시리얼 드라이버는 데이터가 읽어올 준비가 됐다는 사실을 CPU에게 알려주기 위해 혹은 주기적으로 시그널을 보내는 타이머를 위해 인터럽트를 발생시킬 수도 있다. 하드웨어 방식으로는 '해야 할 뭔가가 있다'라고 말할 수 있다. 이것은 프로세서가 **컨텍스트 스위치**$^{context switch}$라고 하는 뭔가를 하게 해준다. 프로세서는 작업을 하는 동안 중지하고 인터럽트에 응답한다. 여러분이 책상에서 작업하는 동안 전화가 왔다고 상상해보자. 이제 다음으로 뭘 해야 할지 선택할 수 있다. 전화를 받고 이전에 했던 작업을 기다릴 수도 있다. 다른 사람에게 전화를 걸 수도 있고 걸려온 전화를 무시할 수도 있다. 무엇을 선택하든지, 이전 태스크로 돌아가게 된다. 프로세서도 같다. 인터럽트가 도착하면, 컨텍스트 스위치를 시작한다. 레지스터가 변경되고, 현재 상태가 업데이트되고 현재 메모리 어드레스가 저장되어 나중에 되돌아올 수 있다.

이에 대한 라이프 사이클$^{life cycle}$ 동안, 프로세서는 프로그램을 실행한다. **예외**^{exception}라고 하는 연산이 호출되면 하던 일을 중지하게 된다. 소프트웨어 혹은 하드웨어 인터럽트, 데이터 취소, 올바르지 않은 명령어 등은 프로세서의 정상적인 실행을 변경하고 이 모든 것이 예외가 된다. 리셋 역시 예외라고 한다. 예외가 발생하면 PC는 발생한 예외에 해당되는 엔트리에 있는 벡터 테이블을 참조하고, 프로세서가 하고 있는 작업으로 리턴하기 전에 명령어들을 실행할 준비를 끝낸다(리셋 예외 제외). 몇 개의 예외는 우선순위가 각기 다르다.

리셋

리셋^{Reset} 예외는 우선순위가 가장 높으며, 이것은 프로세서를 리셋 상태로 만드는 외부 액션이다. CPU에 전원이 들어가면 리셋 상태가 된다. 여기서부터 모든 하드웨어를 초기화해야 한다. 리셋 상태가 시작될 때, 코어는 슈퍼바이저 모드$^{Supervisor mode}$가 되고 모든 인터럽트는 비활성화된다.

데이터 취소

데이터 취소Data Abort는 데이터 메모리 읽기 혹은 쓰기가 실패했을 때 발생한다. 이 예외가 발생하는 이유로는 몇 가지가 있지만, 대부분은 유효하지 않은 어드레스에서 읽기를 하거나 쓰기를 할 때 발생한다. 데이터 취소가 생기면, CPU는 취소Abort 모드가 되고, IRQ가 비활성화되며, FIQ는 변경되지 않는 상태가 유지되고, r14는 취소 명령어의 어드레스에 8을 더한 값을 갖게 된다.

IRQ 인터럽트

IRQ 인터럽트는 외부 주변장치가 IRQ 핀을 설정할 때 발생한다. 주변장치가 서비스를 대기하고 CPU로 하여금 어떤 작업을 해야 한다고 알릴 때 사용하는 인터럽트다. 몇몇 예를 보면 사용자가 데이터를 입력했거나 데이터가 도착했음을 알려주는 네트워크 컨트롤러, 혹은 데이터를 기다리고 있는 중임을 알려주는 통신 디바이스에서 사용된다. IRQ는 주로 타이머timer에서 사용되며, 주기적으로 수 밀리초 혹은 마이크로초마다 인터럽트를 전송한다. 이것을 **틱**tick이라고 한다.

FIQ 인터럽트

FIQ는 극히 빠르게 실행되도록 설계된 특별한 타입의 인터럽트다. 주로 실시간 루틴에서 사용되며, 빠르게 처리될 필요가 있는 경우에 사용된다. 이것은 IRQ보다 우선순위가 더 높다. FIQ 모드에 들어갈 때 프로세서는 IRQ와 FIQ를 비활성화하고 사용자가 수동으로 인터럽트에 반응할 때까지 코드를 인터럽트가 불가능(데이터 취소와 리셋 이벤트는 여기서 제외된다)하게 만든다. 또한 FIQ는 벡터 테이블의 맨 끝에 위치해서, 분기를 하지 않고 루틴을 바로 시작할 수 있기 때문에 몇 개의 명령어는 절약할 수 있다.

프리페치 취소

프리페치 취소Prefetch Abort 예외는 프로세서가 올바르지 않은 메모리 어드레스에서 코드를 실행하려고 할 때 발생한다. 이것은 몇 가지 이유로 인해 발생하는데, 메모리 위치는 보호받기 때문에 메모리 관리가 특별히 이러한 메모리에 대한 액세스를 거절하거나 메모리 자체가 매핑되지 않을 때 발생한다(그 어드레스에서 사용 가능한 주변장치가 없는 경우라면).

SVC

슈퍼바이저 호출^{SVC, Supervisor Call}은 예외를 생성하는 특별한 소프트웨어 명령어다. 운영체제 안에서 실행되는 프로그램이 보호되고 있는 데이터에 대한 액세스 요청을 할 때 주로 사용된다. 권한이 없는 애플리케이션은 권한 연산을 요청하거나 특정 시스템 리소스를 액세스한다. SVC는 내부에 내장되어 있으며, SVC 핸들러는 코어에 따라 2개의 메소드 중 하나를 통해 넘버를 가져온다. 대부분의 프로세서는 SVC 넘버를 명령어 내부에 내장하고 있고, 몇몇 Cortex-M 프로세서는 SVC 넘버를 스택에 저장한다.

정의되지 않은 명령어

정의되지 않은 명령어^{Undefined Instruction}는 ARM 코어가 메모리로부터 명령어를 읽어온 후에 그 데이터가 ARM 코어가 실행할 수 있는 명령어와 대응되지 못한 경우에 발생한다. 메모리 읽기를 했지만 명령어가 포함되어 있지 않거나 실제로 ARM 코어에서 처리하지 못하는 명령어인 경우가 이에 해당된다. 몇몇 클래식한 프로세서는 부동소수점 명령어에 이 기능을 사용하기도 한다. 프로세서가 명령어를 처리할 수 있다면 하드웨어 가속 유닛을 사용하지만 프로세서가 하드웨어 부동소수점을 지원하지 못한다면, 예외가 발생하고 프로세서는 소프트웨어 부동소수점 기능을 사용하게 된다.

각기 다른 예외 처리

예외는 프로세서에게 경고를 보낼 뿐만 아니라 다른 액션을 실행하기도 한다. 인터럽트 예외를 처리할 때는 메인 애플리케이션으로 리턴하기 전에 해야 할 일들이 있다. 그러나 데이터 취소를 처리할 때는 모든 것이 삭제된다고 생각해야 한다. 이러한 경우가 항상 동일한 상황에서 발생하는 것은 아니다. 예외는 실제로 실행 중인 작업이 중지되는 것을 막기 위해 존재한다. 모든 리눅스 개발자는 무시무시한 **세그먼테이션 폴트**^{Segmentation Fault}를 자주 접한다. 세그먼테이션 폴트는 일반적으로 프로그램이 액세스 권한이 없는 메모리 어드레스에 액세스하거나 CPU가 물리적으로 액세스할 수 없는 메모리를 액세스하려고 시도할 때 발생한다. 예외는 '트랩trap'이다. 운영체제는 시스템을 제어하고 안정화한다. 이것은 문제를 일으키는 프로그램이 종료되지만 그 프로그램이 더 많은 리소스가 필요하다는 것을 운영체제에게 알리는 프로그램만의 방식이다. 애플리케이션은 스택 오버플로를 할 수도 있고, 그런 경우에 운영체제는 더 많은 메모리를 할당하려고 하거나 애플리케이션이 현재 코드 페이지 끝에서 실행 중이라면 다음 페이지를 로드하고 매핑하게 된다.

운영체제가 예외 처리를 끝내면, 애플리케이션에게 제어를 돌려주고 시스템은 계속 실행된다.

예외가 발생하면, 코어는 CPSR을 SPSR_<mode>에 복사하고 적절한 CPSR 비트를 설정한다. 이러한 작업이 적절하면 인터럽트 플래그를 비활성화하고 '복귀 어드레스'를 LR_<mode>에 저장한다. CPU가 Thumb 모드라면, ARM 상태로 리턴될 것이다. 대부분의 클래식 프로세서는 ARM 상태에서만 예외를 처리하지만, ARM1156과 Cortex 프로세서는 ARM이나 Thumb 상태에서도 예외 처리를 할 수 있게 설정할 수 있다.

예외에서 리턴하면, 예외 처리 핸들러는 먼저 SPSR_<mode>로부터 CPSR을 복원하고 LR_<mode>로부터 PC를 복원한다.

연산 모드

ARM 코어는 최대 8개의 연산 모드를 갖고 있다. 대부분의 애플리케이션은 사용자 모드User mode에서 실행되며, 애플리케이션은 모드를 변경하지 못하고 예외가 발생해야 모드가 변경된다. 사용자 모드가 아닌 그 밖의 모드는 **권한 모드**privileged mode라고 한다. 이 모드는 시스템 리소스에 대한 전체 액세스 권한을 갖고 있으며 자유롭게 모드를 변경할 수 있다. 그 권한 모드 중 5개는 **예외 모드**exception mode라고 알려져 있으며, 특정 예외가 발생할 때 진입한다. 각각은 추가적인 레지스터를 갖고 있어서 예외가 발생할 때 사용자 모드 상태가 파괴되는 것을 막는다. 그 5개의 모드는 FIQ 모드, IRQ 모드, 슈퍼바이저 모드Supervisor mode, 취소 모드Abort mode, 정의되지 않은 모드Undefined mode다. 어떤 코어들은 추가로 모니터 모드^{Monitor mode} 같은 추가 모드를 제공하기도 하는데, 이 모드는 코어를 완전히 중지하지 않고도 시스템을 디버깅할 수 있게 해준다.

사용자 모드

대부분의 프로그램이 사용자 모드^{User mode}에서 동작한다. 이 모드에서는 메모리가 보호된다(CPU가 MMU나 MPU를 갖고 있다면). 이 모드는 애플리케이션의 표준 모드이며, 대부분의 애플리케이션은 사용자 모드에서 동작한다. 프로그램이 실행되는 사용자 모드에서 직접 모드를 변경할 수 있는 유일한 방법은 SVC를 사용하는 것이다. 외부 이벤트(인터럽트 같은) 역시 모드를 변경할 수 있다.

시스템 모드

시스템 모드^{System mode}는 CPSR의 모드 비트를 쓸 수 있는 명령어를 통해서만 진입할 수 있는 모드다. 시스템 모드는 사용자 모드 레지스터를 사용하고, 메모리와 코프로세서에 대한 권한 액세스를 요청하는 태스크를 실행할 때 주로 사용된다. 태스크 실행 중에 어떤 예외가 발생할지에 대해서는 전혀 알 수가 없다. 종종 중첩된 예외를 처리하기 위해서도 사용되며, 운영체제에서도 중첩된 SVC 호출을 사용해 문제를 회피한다.

슈퍼바이저 모드

슈퍼바이저 모드^{Supervisor mode}는 CPU가 리셋될 때마다 혹은 SVC 명령어가 실행될 때 진입하는 권한 모드다. 권한을 요청하지 않는 애플리케이션을 실행하기 전에 커널은 슈퍼바이저 모드에서 실행되며, 권한 상태^{priviledged state}를 요청하는 디바이스를 설정하기도 한다. 몇몇 사용자가 직접 개발한 시스템은 슈퍼바이저 모드에서 모든 것이 실행된다.

취소 모드

취소 모드^{Abort mode}는 프리페치 취소^{Prefetch Abort}나 데이터 취소^{Data Abort} 예외가 발생할 때마다 들어가는 권한 모드다. 이 모드는 프로세서가 어떤 이유든 간에 메모리를 액세스할 수 없음을 의미한다.

정의되지 않은 모드

정의되지 않은 모드^{Undefined mode}는 정의되지 않은 명령어 예외가 발생할 때마다 들어가는 권한 모드다. 이 모드는 ARM 코어가 잘못된 위치(PC가 손상됨)에서 명령어를 찾을 때 발생하거나 메모리 자체가 손상됐을 때 발생한다. ARM 코어가 특정 명령어를 지원하지 않는 경우에 발생하기도 한다. 예를 들어, VFP를 사용할 수 없는 코어에서 VFP 명령어를 실행할 때 발생한다. 정의되지 않은 명령어는 트랩^{trap}되고, VFP를 에뮬레이팅하는 소프트웨어에서 실행된다.

정의되지 않은 모드는 코프로세서 실패를 일으키기도 한다. 코프로세서는 존재하지만 활성화되어 있지 않다. 또한 권한 액세스를 위해 설정되기도 하는데, 액세스는 사용자 모드에서 시도된다. 또는 정의되지 않은 모드에서는 명령어를 거부할 수도 있다.

IRQ 모드

IRQ 모드는 프로세서가 IRQ 인터럽트를 받아들일 때마다 진입하는 권한 모드다.

FIQ 모드

FIQ 모드는 프로세서가 FIQ 인터럽트를 처리할 때마다 진입하는 권한 모드다. 이 모드에서는 레지스터 r8부터 r12까지가 뱅크되며, 이것은 각 레지스터의 내용을 저장할 필요 없이 사용 가능함을 의미한다. 권한 모드로 리턴되면 뱅크 레지스터들은 원래의 상태로 복원된다.

프라이빗 레지스터^{private register}를 갖게 되면 레지스터를 저장할 필요가 줄어들고 컨텍스트 스위칭에 대한 오버헤드를 최소화할 수 있다.

Hyp 모드

Hyp 모드는 Cortex-A15 프로세서(그리고 그 이후에 발표된 프로세서)용으로 ARMv7-A에서 소개된 하이퍼바이저^{hypervisor} 모드이며, 하드웨어 가상화 지원을 제공한다.

모니터 모드

모니터 모드^{Monitor mode}는 디버깅할 때 사용하는 특별한 모드인데, 디버깅할 때 코어를 중단하지 않는다는 장점이 있다. 이 모드의 주요 장점은 다른 모드에서 호출될 수 있다는 점이다. 모니터 모드에서 코어는 디버거에 의해 동작하게 되지만, 여전히 중요한 인터럽트 루틴에 대해 반응한다.

벡터 테이블

벡터 테이블^{vector table}은 프로세서가 특정 모드에 진입할 때 필요한 정보를 찾기 위한 예약된 메모리의 한 부분이다. 클래식 모델은 Cortex 칩 이전에 사용됐으며, 현재 Cortex-A/R 칩에서 사용된다. 벡터 테이블 0에 있는 메모리는 몇 개의 예외 처리 핸들러를 포함하고 있다. 일반적인 벡터 테이블은 다음과 같다.

```
00000000    LDR    PC, =Reset
00000004    LDR    PC, =Undef
00000008    LDR    PC, =SVC
0000000C    LDR    PC, =PrefAbort
00000010    LDR    PC, =DataAbort
00000014    NOP
00000018    LDR    PC, =IRQ
0000001C    LDR    PC, =FIQ
```

예외에 진입하면 그에 대응하는 명령어가 실행된다. 일반적으로 코드에서 이와 관련된 부분에는 점프^{jump} 명령어가 있으며, FIQ 예외로 가능한 예외가 존재한다. FIQ는 테이블의 끝에 있기 때문에 여기에 명령어를 삽입할 수 있으며, 따라서 점프 명령어를 넣지 않아도 되고 실행 속도 역시 향상할 수 있다.

또한 **하이 벡터**^{high vector}라고 하는 옵션도 있다. ARM720T부터 모든 ARM 프로세서에서 사용 가능하며, 이 옵션을 사용하면 벡터 테이블을 0xffff0000에 위치하게 하고 소프트웨어 제어를 통해 언제든 테이블을 재배치하도록 설정할 수 있다.

테이블은 보통 벡터 테이블이라고 말하지만 항상 그런 것은 아니다. 벡터 테이블은 엔트리당 하나의 ARM 명령어를 포함하고 있으며 그 명령어는 보통 점프 명령어다. 그러나 하나의 32비트 Thumb 명령어를 포함하거나 2개의 16비트 Thumb 명령어를 포함하기도 한다.

Cortex-M 칩은 약간 다르다. 벡터 테이블은 항상 벡터를 포함하고는 있지만 명령어를 포함하는 것은 아니다. Cortex-M의 일반적인 벡터 테이블에서 첫 번째 엔트리는 다음과 같다.

```
__Vectors    DCD    __initial_sp        ; 스택의 탑
             DCD    Reset_Handler       ; 리셋 핸들러
             DCD    NMI_Handler         ; NMI 핸들러
             DCD    HardFault_Handler   ; 하드 폴트 핸들러
             DCD    MemManage_Handler   ; MPU 폴트 핸들러
             DCD    BusFault_Handler    ; 버스 폴트 핸들러
             DCD    UsageFault_Handler  ; 사용량 폴트 핸들러
```

이것은 Cortex-M이 전체 메모리 공간을 액세스하며 분기 명령어에 의해 메모리 공간을 제약받지 않는다는 뜻이다.

메모리 관리

메모리 관리는 메모리 관리 유닛^{MMU, Memory Management Unit}에 의해 작업이 이루어지며 MMU는 가상-물리 메모리 어드레스 매핑을 가능하게 하고, 프로세서가 시스템 메모리의 서로 다른 부분이라도 투명하게 액세스하도록 해준다. ARM 프로세서에 의해 생성된 어드레스는 **가상 어드레스**^{virtual address}라고 한다. MMU는 이 어드레스를 물리 어드레스로 매핑하고, 프로세서가 메모리를 액세스할 수 있게 해준다. 메모리는 '평평하게^{flat}' 매핑되며 가상 어드레스는 물리 어드레스와 동일하게 취급된다.

MMU의 또 다른 기능은 메모리 액세스 권한을 정의하고 제어하는 것이다. 이 제어는 프로그램이 특정 메모리 영역을 액세스하는지 여부를 설정할 수 있으며, 또한 해당 영역이 읽기 전용인지 읽기와 쓰기가 모두 되는지를 제어할 수 있다. 메모리 영역에 대한 액세스가 허용되지 않았을 때 메모리 취소^{memory abort}가 프로세서에 의해 수행된다. 이것은 권한을 갖는 애플리케이션이 시스템 메모리를 읽지 못하게 하거나 그 메모리의 내용을 수정하지 못하게 해야 하기 때문에 코드를 보호하는 필수적인 기능이다. 이에 대해

서는 부연 설명이 필요하다.

운영체제는 각각의 실행되는 애플리케이션에 따라 필요한 만큼의 프로세서 시간을 할당한다. 애플리케이션을 스위칭하기 전에, 운영체제는 특정 애플리케이션을 위해 MMU를 셋업한다. 애플리케이션은 운영체제에 의해 인터럽트가 발생할 때까지 실행되며, 그 시간 동안 해당 애플리케이션이 특정 메모리 위치에서 실행되고 있다고 믿는다. 그러나 가상 어드레스와 물리 어드레스에 대한 매핑을 통해 프로그램이 실행된다. 예를 들어, 프로그램은 0x4000에서 실행하고 있다고 생각될 때 운영체제는 그 프로그램을 0x8000이라는 물리 어드레스에 할당했다. 운영체제가 애플리케이션이 프로세서 타임을 다른 애플리케이션에게 주도록 인터럽트를 생성할 때, 다시 MMU를 재조정한다. 다른 프로그램이 실행되면 그 프로그램이 0x4000에서 실행된다고 생각하지만 운영체제는 그 프로그램을 0x9000에 할당했을 수도 있다. 하나의 애플리케이션이 다른 애플리케이션의 메모리 위치를 액세스할 수 없음을 의미하기도 한다.

이러한 방식은 컴퓨터 역사를 통해 많이 사용됐던 방식이다. 시스템 커널을 재배치하는 것은 대부분의 운영체제에서 하는 일이다. 또한 사용 가능한 물리적 메모리보다 더 많은 메모리를 액세스할 수도 있다. 메모리를 스위칭하거나, 메모리를 디스크나 플래시 혹은 다른 대용량 저장 장치에 저장하는 방식을 사용한다.

ARM 시스템은 또한 약간 다른 메모리 관리 기능을 갖고 있다. ARM CPU는 메모리 위치 0x00000000(혹은 하이 벡터가 활성화되어 있다면 0xffff0000)에서 부팅된다. 그러나 이것은 문제를 일으킨다. 0x00000000은 처음 부팅될 때 ROM이 위치하는 어드레스이며, 항상 그렇지는 않지만 벡터 테이블을 변경하는 데 사용된다. 이것은 RAM에 위치해야 한다는 것을 의미한다. 이 경우에 MMU를 사용해 메모리를 재매핑한다. 메모리의 다른 위치로 부트 ROM을 위치시키고 벡터 테이블의 위치를 빠르게 액세스할 수 있는 메모리 위치로 이동한다. 그림 3-4를 참고하자.

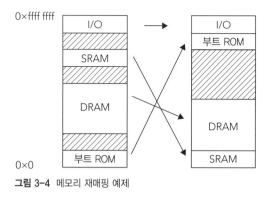

그림 3-4 메모리 재매핑 예제

가상 메모리란 무엇인가?

프로세서에 의해 생성된 모든 어드레스는 가상 어드레스다. MMU가 비활성화되어 있을 때, 리셋 상태이거나 설정되지 않았다면 메모리는 가상과 물리 어드레스 사이에 평평하게 매핑된다. MMU가 설정되고 활성화되면, 프로세서 요청은 프로세서 입장에서 보면 수정됐다는 사실을 모른 상태로 MMU에 의해 '번역'된다. CPU는 0x2080f080의 위치에서 DDR2 칩으로부터 메모리를 추출하지만, MMU는 0x9080f080에 대한 요청을 변경했을지도 모른다.

MMU의 동작 방식

MMU는 다른 번역에 대한 정보가 필요하며, 이를 위해 변환 테이블^{translation}이 필요하다. 이것은 다른 크기로 분리되어 번역에 대한 정보를 포함하고 있는 메모리의 영역이다.

ARM MMU는 1MB 섹션, 64KB의 큰 페이지, 4KB의 작은 페이지, 혹은 1KB의 아주 작은 페이지를 표현할 수 있는 변환 테이블에 있는 엔트리를 지원한다.

테이블의 첫 번째 파트는 첫 번째 레벨 테이블로 알려져 있다. 전체 4GB 어드레스 공간을 4096개의 1MB 섹션으로 분할한다. 더 큰 크기도 사용 가능하다. MMU 페이지 테이블은 4096개의 섹션 디스크립터^{descriptor}를 포함해야 한다.

각 엔트리는 첫 번째 레벨 디스크립터라고 하며, 다음 네 가지 항목 중 하나가 될 수 있다.

- 1MB 섹션 변환 엔트리, 1MB 영역부터 1MB 물리적 영역까지 매핑한다.
- 더 정밀하게 하기 위한 두 번째 레벨 테이블에 대한 엔트리
- 16Mb 슈퍼섹션의 부분
- 읽지 않은 데이터의 1MB 섹션에 대한 결함 엔트리

4096개의 엔트리 각각은 1MB 섹션의 메모리 액세스에 대해 기술하고 있다. 물론 어떤 경우에는 더 작은 영역이 필요하다. 예를 들어, 스택의 끝에 1KB의 영역을 확보하면 스택의 크기가 너무 커지는 경우에 코드나 데이터를 덮어쓰는 대신에 예외를 발생시키게 된다. 이것은 첫 번째 레벨의 디스크립터가 두 번째 레벨의 테이블을 포함한 다른 메모리 위치를 가리키는 이유다.

이러한 데이터 모두 시스템 메모리에 저장되지만 MMU는 변환 참조 버퍼$^{\text{TLB, Translation Lookaside Buffer}}$를 갖고 있다. MMU가 메모리 요청을 받으면, 먼저 TLB를 살펴보고 만약 TLB에서 요청받은 메모리를 찾을 수 없다면 메인 메모리에 있는 테이블로부터 디스크립터를 읽어서 복원한다. 메인 메모리로부터 읽는 것은 종종 성능에 영향을 준다. 어떤 변환에 대해 빠르게 액세스하는 것은 성능에 중요한 문제다. 실시간 시스템에서는 특정 영역에 있는 데이터를 빠르게 액세스해야 할 수도 있다. 일반적인 경우, TLB 엔트리가 사용되지 않을 때는 자주 사용되는 다른 라인으로 교체된다. 가능한 한 빠르게 반응하기 위해 어떤 TBL 엔트리는 잠금^{lock}이 걸려 있는데, 이것은 항상 존재하며 결코 다른 것으로 변경되지 않음을 의미한다.

❖ 다른 기술

기술^{technology}이라는 용어는 시간이 지남에 따라 통합된 기술적 진보를 나타낸다. 예를 들어, ARM이 Thumb 기술을 발표했을 때 ARM7 프로세서(ARM7TDMI에서 사용된)에서는 옵션이었다. Thumb은 현재 ARMv5T 아키텍처와 그 이후 버전에는 기본적으로 포함된다.

JTAG 디버그(Debug, D)

조인트 테스트 액션 그룹JTAG, Joint Test Action Group은 1985년에 설립된 산업계 그룹으로, 이들의 목적은 제조 이후에 회로 보드를 테스트하는 방법을 개발하는 것이다. 당시에는 다층 기판 보드가 일반적이었고, 그에 대한 테스트는 프로브probe로 모든 경로를 전부 테스트할 수 없었기 때문에 테스트 자체가 무척 어려웠다. JTAG는 오류가 있는 커넥션을 검출하기 위해 회로 보드를 테스트하는 방법을 제안했다.

1990년대에 인텔은 80486을 발표했는데, 여기에는 JTAG 지원도 통합되어 있었다. 따라서 이와 같은 기술이 빠르게 산업계에 적용될 수 있었다. JTAG는 원래 테스트를 위해 설계됐지만, 새로운 사용 방법이 고안되었는데 특히 디버깅용으로 많이 사용된다. JTAG는 메모리를 액세스할 수 있으며 종종 플래시 펌웨어firmware로 사용되기도 한다. EmbeddedICE 디버깅 속성을 함께 사용하면 강력한 인터페이스를 제공할 수 있다.

강화된 DSP(Enhanced DSP, E)

ARM 기반 디바이스는 점점 더 디지털 미디어 애플리케이션에 사용됐으며, 따라서 SIMD 명령어 같은 DSP 명령어를 추가해 ARM 명령어 세트를 좀 더 강화할 필요가 생겼다.

디지털 시그널 프로세싱DSP, digital signal processing은 데이터에 대한 수학적인 연산을 여러 가지 방법으로 수정하거나 향상하는 방법이다. DSP는 주로 실시간 아날로그 시그널을 측정하거나 필터링하고, 혹은 압축이나 압축해제를 하는 데 사용된다. 예를 들어 DSP는 음악 플레이어에서 사용되며, 압축된 디지털 파일을 아날로그 뮤직으로 변환해줄 뿐만 아니라 스튜디오에서 녹음한 아날로그 사운드를 디지털 포맷으로 녹음하는 데 사용되기도 한다. 일반적인 애플리케이션은 오디오 압축, 디지털 이미지 프로세싱, 스피치 프로세싱 혹은 일반적인 디지털 통신 등이다. SIMD 명령어의 사용은 성능을 최대 75%까지 향상할 수 있다.

DSP는 거의 모든 프로세서에서 사용 가능하지만, 보통은 극히 반복적이거나 시간 소모적인 작업에 주로 사용된다. 특별한 명령어를 추가하면 더 많은 연산을 더 적은 전력 소비만으로도 가능하게 해준다. 초창기 mp3 플레이어는 ARM7EJ-S를 사용했는데, 이 프로세서는 강화된 DSP 명령어를 포함하고 있었다. DSP 명령어는 적은 배터리를 사용해 낮은 속도로 mp3 디코딩을 가능하게 했다. 따라서 모바일 디바이스에 적합했다. ARM은 최적화된 mp3 소프트웨어 라이브러리를 발표했지만 강화된 DSP는 거의 모든 디지털 정보 시그널에 사용되고 있다. DIGIC 프로세서는 디지털 카메라 라인에 사용되는 캐논^{Canon}의 프로세서다. 캐논 EOS 5D Mark III는 전문가용 22메가픽셀 카메라로, DIGIC 5를 사용하고 1초에 6장의 사진을 찍을 수 있다. 또한 노이즈 감쇄 기능을 적용해 로 출력$^{raw\ output}$으로 각 이미지를 저장할 수 있으며, 이 이미지를 JPEG으로 변환할 수도 있다. 이 카메라는 카메라 기능을 실행하는 동안 충분히 프로세서가 작업을 할 수 있으며, 63포인트의 분석에 기반한 자동 포커스 기능도 제공한다.

Cortex-A 클래스 프로세서에서는 NEON을 강화했고 현재 Cortex-A 프로세서의 옵션으로 제공된다.

벡터 부동소수점(Vector Floating Point, F)

벡터 부동소수점은 하프^{half}, 싱글^{single} 혹은 더블^{double} 정확도를 가진 부동소수점을 지원하는 하드웨어를 위해 도입됐다. 벡터 부동소수점이라고 불린 이유는 주로 모션 컨트롤 시스템이나 자동차 제어 애플리케이션에서 사용하는 벡터 연산을 위해 개발됐기 때문이다.

처음에는 VFPv1으로 개발됐고 그 이후에 바로 ARMv5TE, ARMv5TEJ, ARMv6 아키텍처에서 사용하는 VFPv2로 교체됐다. VFPv3는 ARMv7-A와 ARMv7-R 아키텍처에서 사용 가능하며, ARM 명령어 세트나 Thumb 그리고 ThumbEE를 사용한다. 합성 버전인 VFP9-S도 사용 가능한데, ARM9E 패밀리의 소프트 코프로세서로 제작됐다.

EmbeddedICE(I)

EmbeddedICE는 강력한 디버깅 환경이며, EmbeddedICE 기술을 지원하는 코어들은 강화된 디버깅을 위해 ARM 코어 안에 매크로셀^{macrocell}을 갖고 있다.

EmbeddedICE 매크로셀은 코어에서 명령어 실행을 중지시킬 수 있는 2개의 실시간 감시점^{watchpoint} 유닛을 포함한다. 감시점 유닛은 특정 조건에서 중지되도록 프로그램이 가능하다. 그러한 특정 조건은 값이 어드레스 버스, 데이터 버스 혹은 다양한 시그널과 매칭되는 경우다. 감시점 유닛은 또한 데이터 액세스(감시점) 혹은 명령어 페치(중단점^{breakpoint})에서 활성화되도록 프로그래밍이 가능하다.

제이젤(Jazelle, J)

제이젤 DBX^{Direct Bytecode eXecution}는 자바의 바이트코드를 ARM 프로세서에서 직접 실행하게 해주는 기술이다. 프로세서 기술이 진보하면서 더 이상 특정 자바 바이트코드 가속이 필요 없어져서 현재는 이 기술이 사용되지 않는다.

이 기술이 처음 구현된 것은 ARMv5TEJ 아키텍처에서이고 첫 번째 프로세서는 ARM926EJ-S였다. 그 당시에 ARM 프로세서는 모바일 폰에 특화되어 있었고 현재도 그러한 분위기는 비슷하다. 모바일 폰은 점점 더 발전했고 사용자들은 더 많은 기능을 원했다. 새로운 프로그램과 게임이 모바일 폰에 설치되고 사용자 경험도 더 강화됐다. 이런 애플리케이션은 주로 자바 ME로 작성됐으며, 이 자바 ME는 임베디드 시스템용으로 설계된 자바의 특별한 형태다.

롱 멀티플라이(Long Multiply, M)

ARM 코어의 M 계열은 확장된 곱셈 하드웨어를 포함하고 있다. 이것은 이전 메소드에 대해 강화된 기능 세 가지를 제공한다.

- 8비트 부스^{Booth} 알고리즘이 사용되는데, 이것은 곱셈이 더 빨리 캐리아웃^{carry out} 된다는 의미이며 최대 5사이클이 걸린다.
- 초기 종료 메소드는 몇몇 곱셈 연산에서 특정한 조건이 맞으면 더 빠르게 종료할 수 있도록 향상됐다.
- 2개의 32비트 피연산자로부터 64비트 곱셈은 한 쌍의 레지스터에 결과를 넣음으로써 가능하다.

이러한 기술은 ARMv4와 그 이상의 아키텍처에서 사용하는 ARM 코어의 표준이며, ARM9에서는 더 빠른 2사이클 곱셈기^{multiplier}를 제공한다.

Thumb(T)

Thumb은 16비트 포맷으로 ARM 명령어 세트의 서브셋^{subset}을 다시 인코딩하여 생성되는 두 번째 명령어 세트다. ARM의 확장이기 때문에 Thumb이라고 부르는 게 논리적으로 맞다.

Thumb은 16비트 코드이며 따라서 코드를 축약한다. 어떤 시스템에서는 메모리가 16비트이기 때문에 16비트 명령어를 사용하는 것이 맞다. 16비트로 명령어를 줄이는 데는 약간의 희생이 따르기도 하며, 따라서 오직 분기 명령어만 조건문으로 사용되고 대부분의 명령어는 오직 레지스터 r0~r7만을 사용한다. Thumb을 포함한 첫 번째 프로세서는 ARM7TDMI였다. 이 칩은 애플의 아이팟, 닌텐도 게임 보이 어드밴스, 그리고 대부분의 노키아 모바일 단말에도 사용됐다. 모든 ARM9 프로세서와 그 이후의 프로세서에는 Thumb이 기본적으로 포함된다.

Thumb-2 기술이 ARM1156T2-S 코어에서 소개됐고, 제한된 16비트 명령어 세트를 32비트 명령어를 추가함으로써 확장했다. Thumb-2를 포함한 Thumb은 '완벽한' 명령어 세트이며, 예외 처리 등을 ARM 명령어 세트를 사용하지 않고도 처리할 수 있을 만큼 모든 기능을 사용할 수 있게 됐다.

합성 가능(Synthesizable, S)

ARM은 자신의 IP를 라이선싱하며, 일반적으로 하드매크로$^{hard-macro}$ 포맷으로 되어 있다. 몇몇은 합성 가능한^{synthesizable} 코어이며 소스 코드 포맷으로 고객에게 전달된다. 합성 가능한 코어는 FPGA 컴포넌트로 변환되며, 사용자들은 해당 제품을 제작하고 테스트하기 전에 ARM 코어에 주변장치를 추가할 수 있다. 이러한 방식은 프로토타입을 제작하거나 작은 종류의 프로세서를 생성하는 데 유용하다. 그 이유는 몇몇 제조사는 내장된 ARM 코어와 함께 FPGA 칩을 제공하며 주변장치를 추가하기 위한 프로그래머블 로직이 충분하기 때문이다. 수정한 내용을 테스트하고 로직 개발이 완료되면, FPGA 칩은 마지막 설정으로 플래시된다. ARM 라이선스를 구입할 필요가 없는 커스텀 디자인이다.

소프트코어^{soft-core}는 더욱 유연하지만 속도 측면을 고려해봐야 한다. 소프트코어는 일반적으로 하드코어^{hard-core}보다는 속도 면에서 느리지만 중요한 이점이 있다.

오늘날 ASIC은 전체 프로세서, RAM, ROM 그리고 여러 주변장치를 하나의 칩에 통합하는 것을 말한다. ARM 합성 가능한 코어는 회사들이 각 회사의 설계 목적에 따라 최적화된 ARM 코어를 제작할 수 있게 해준다. 코어들은 소비 전력, 성능, 캐시 크기 등 거의 모든 프로세서 파라미터에 대해 커스터마이즈될 수 있다. 이러한 솔루션이 제공하는 유용성은 거대한 에코시스템을 만들었으며, 많은 제품이 각기 다른 특성을 갖고 존재한다. 물론 이 모든 것의 기반은 ARM 코어다.

합성 가능한 코어는 ARM7TDMI-S에서 시작되어 ARM9, ARM10, ARM11, 그리고 Cortex 코어에 존재한다. 오늘날 거의 모든 ARM 코어는 합성 가능한 형태로 ARM 라이선스를 제공한다.

트러스트존(TrustZone)

트러스트존은 ARM이 ARM1176JZ-S에서 제공하는 보안 기술로, 현재는 모든 Cortex-A 클래스 프로세서에 통합되어 있다.

트러스트존은 운영체제로부터 보호되는 두 번째 환경을 생성해 보안성을 제공하는 방식이다. 모바일 애플리케이션을 설계할 때 트러스터존을 사용하면 사용자가 안전하지 않은 코드를 실행하더라도 코어의 기능을 보호할 수 있게 해준다.

예를 들어, 모바일 폰 제조회사에서는 이러한 기능을 요구한다. 모바일 폰에서는 2개의 운영체제가 동시에 실행될 수 있다. 그 운영체제 중 하나는 '메인' 운영체제로, 해당 시스템은 화면에 존재하며 인터넷을 통해 프로그램을 다운로드하고 설치할 수가 있다. 이런 환경은 보안성이 높지 않다. 아무리 주의를 기울여도 악성 코드가 다운로드될 가능성이 있다. 두 번째 운영체제는 실시간 OS로, 폰의 하드웨어 쪽인 모뎀을 관장한다. 두 시스템은 몇 가지 이유로 인해 분리되어 있다. 우선, 운영체제 때문이다(예를 들어, 안드로이드는 시장에 있는 모든 모뎀을 사용할 수 있도록 컴파일될 수가 없다). 두 번째로 보안 측면에서 보면, 운영체제가 코어 시스템을 액세스할 필요는 없다. 모바일 폰 제조사는 운영체제의 새 버전을 플래시하거나 공장 초기화 설정을 액세스할 때를 제외하고는 코어 시스템을 액세스할 필요가 없다. 이런 이유로 인해 트러스트존이 유용하게 쓰인다.

NEON

NEON은 ARM에서 제공하는 SIMD^{Single Instruction Multiple Data} 명령어 세트다. 역사적으로 컴퓨터는 항상 한 번에 하나의 태스크만 실행했다. 애플리케이션은 수백만 번의 연산을 해야 하며, 각 연산은 한 번에 하나씩만 할 수가 있다. 일반적인 환경에서는 이와 같은 방식이 올바른 방식이다. 멀티미디어 파일을 처리하는 경우에는 이와 같은 방법을 사용하면 성능이 느려지기 때문에 몇 가지 최적화 방법이 필요하다. 예를 들어, 그래픽 이미지를 흑백 이미지로 변환하기를 원하는 경우를 생각해보자. 각 픽셀을 보고 레드^{red}, 그린^{green}, 블루^{blue} 컴포넌트에 대해 가중 평균^{weighted average}을 구하고 그 값을 데이터에 저장한다. 320×256픽셀 이미지의 경우라면 이러한 작업을 81,920번 해야 한다. 이 정도가 그리 나쁜 것은 아니다. 풀^{Full} HD 이미지인 경우라면 1920×1080픽셀 이미지가 되며, 2백만 번의 계산을 해야 한다는 뜻이다. 이것은 상당히 큰 값으로, 이 정도의 연산량이라면 상당히 느려진다. NEON 명령어를 사용하면, 한 번의 사이클에 연산이 여러 데이터를 레지스터에서 작업하게 되므로 높은 성능을 얻을 수 있다.

big.LITTLE

ARM의 big.LITTLE 프로세싱은 ARM의 모바일 디바이스에 대한 에너지 소비 문제의 해결책 중 하나다. 오늘날 모바일 디바이스에 필요한 소비 전력을 예측하는 일은 어렵다. 어떤 경우에는 적은 소비 전력이 필요하지만, 상당히 큰 소비 전력이 필요할 때도 있다. 8시간 배터리 사용이 가능한 태블릿을 예로 들어보자. 스탠바이 상태에서는 스크린이 꺼져 있다고 하더라도 디바이스가 백그라운드에서 작업 중인데, 와이파이를 통해 이메일을 가져오거나 몇몇 프로그램은 여전히 백그라운드에서 실행되고 있다. 특히 10

분에 울리도록 설정한 알람이 있다면 백그라운드에서 계속 시간을 계산하는 중일 것이다. 스크린이 켜지고, 알람이 울리면 디바이스는 바로 사용할 준비가 된 것이다. 지금까지는 CPU 사용이 많은 작업은 없었다. 저전력 CPU를 사용해도 이와 같은 작업을 하기에는 충분하다. 한 시간 후에 여름 휴가를 가기 위해 비행기에 탑승했다. 이제 무엇인가를 하면서 시간을 보내야 한다. 게임을 시작했다. 이제부터는 상황이 바뀐다. CPU는 CPU 연산이 많은 상태가 되며 전력 소비가 증가한다. 프로세서는 클록을 높여서 원하는 속도를 맞추고, 여러분이 갖고 있는 태블릿의 최고 성능을 얻게 된다. 한 시간 정도 지나고 나서 아직 게임을 끝내지 못했지만 승무원이 음료 서비스를 시작한다. 이제 태블릿을 내려놓는다. 운영체제는 여러분이 더 이상 이전에 사용했던 것만큼의 연산 파워가 필요 없다는 사실을 알아채고 주파수를 내린다. 결국 전력을 덜 소비하게 된다. 여기서의 문제는 간단하다. 클록의 주파수와 상관없이 더 강력한 프로세서는 더 많은 에너지가 필요하다는 점이다. 심지어 아무 일도 안 하더라도 많은 전력이 소비되며 클록 사이클이 증가하고 에너지는 소비된다. Cortex-A7에서 애플리케이션을 실행하면 Cortex-A15보다는 에너지를 덜 소비한다. 이것은 배터리 수명이 더 오래가게 해주지만, Cortex-A15가 Cortex-A7보다 더 강력하며 이는 Cortex-A15에서 더 많은 애플리케이션을 실행할 수 있음을 의미한다. 이상적인 해결책은 Cortex-A7 정도의 전력 소비로 Cortex-A15만큼의 성능을 내는 것이다. 그러나 이것은 불가능하므로, 대신 Cortex-A15와 Cortex-A7을 같은 칩에 넣을 수는 있다. 이것이 ARM의 big.LITTLE 기술이다.

ARM의 big.LITTLE 기술은 두 프로세서가 아키텍처적으로 봤을 때는 동일하다는 원칙하에 작동한다. 두 프로세서가 같은 아키텍처를 사용하기 때문에 같은 애플리케이션이 실행될 수 있고, 필요한 경우 두 프로세서 간에 스위칭하면서 실행도 가능하다. 백그라운드에서 애플리케이션이 실행될 때 애플리케이션은 저전력 CPU에서 실행되며, 시스템에 로드가 걸릴 때는 프로세스들이 좀 더 빠른 CPU에서 실행된다. ARM은 이 기술을 사용해 에너지 절약 효과를 얻었다. ARM에서 테스트해본 바로는 웹 브라우징을 할 때 50% 정도의 소비 전력을 사용하며 백그라운드 태스크, 예를 들면 mp3 플레이 같은 태스크들이 약 70%의 에너지를 소비한다고 한다. 이것은 애플리케이션마다 다르며 운영체제의 커널 스케줄러에 따라 소프트웨어적으로 대응이 가능하다. 소프트웨어는 big.LITTLE이 가능한 프로세서에서 소프트웨어가 실행되는지 여부를 알 필요조차 없다.

❖ 정리

3장에서는 ARM 프로세서의 다른 서브시스템에 대해 설명했다. 그리고 몇 개의 프로세서에서 사용 가능한 여러 옵션에 대해서도 설명했다. 프로세서가 어떻게 시작하는지, 벡터 테이블이 무엇인지 예외 처리를 어떻게 해야 하는지에 대해서도 알아봤다. 또한 여러 레지스터의 차이점과 어떤 레지스터가 예약되어 있는지, 어떤 서비스 레지스터가 존재하는지도 알아봤다. 마지막으로, 기본적인 메모리 관리에 대해 설명했다.

다음 장에서는 어셈블리 언어를 간단히 소개한다. 어셈블리를 어떻게 사용하는지, 임베디드 시스템에서 어셈블리를 사용하기 위해 알아둘 점들이 무엇인지도 살펴보자. 어셈블리 예제를 통해 설명할 텐데, 어셈블리가 생각만큼 그리 어렵지 않으며 오히려 해보면 재미있다고 느끼게 될 것이다.

ARM 어셈블리 언어

이 장에서 다루는 내용

▶ ARM 어셈블리 소개

▶ 어셈블리의 사용

▶ 조건 코드의 이해

▶ 어드레싱 모드의 이해

▶ 첫 번째 ARM 어셈블리 프로그램의 이해

어셈블리 언어는 어떤 프로세서에서도 사용할 수 있는 가장 기본적인 프로그래밍 언어다. 프로세서가 실행할 수 있는 명령어들의 집합으로 되어 있다. 프로그램은 컴퓨터가 해야 할 일을 지시하는 특정 순서로 된 명령어의 리스트다. 계산기처럼 프로세서에게 숫자를 입력받아 2를 곱하고 그 결과를 출력할 수 있다. 그러나 몇 가지 정보를 제공해야 한다. 프로세서가 어디서 숫자를 가져오는지 알려줘야 하고, 그 숫자를 사용해 어떤 일을 해야 하는지 알려줘야 한다.

어셈블리 언어의 소개

프로세서는 머신 코드^{machine code}를 실행하고 머신 코드는 프로세서마다 다르다. 6502용으로 작성된 머신 코드는 68000에서는 실행할 수 없다. 머신 코드는 인간이 이해할 수 없는 숫자들의 리스트다. 프로그래머의 고통스러운 삶을 줄여주기 위해, 어셈블리 언어가 발명됐다. 어셈블리 언어는 단어와 숫자의 조합으로 되어 있으며, 비록 영어의 형태이지만 이해하기는 쉽지 않다. 그럼에도 불구하고 숫자나 펀치 카드^{punch card}로 되어 있는 것보다는 이해하기가 수월하다.

어셈블리 언어는 프로그래머가 컴퓨터 프로그램을 작성할 수 있게 해주며 프로세서가 정확히 어떤 일을 해야 하는지 알려준다.

컴퓨터와의 대화

컴퓨터와 대화하는 일은 생각만큼 쉽지 않다. 할리우드 영화를 보면 컴퓨터가 상당한 지능을 가진 것처럼 묘사되곤 하지만 실제로는 그렇지 않다. 컴퓨터는 어떻게 작성됐든 상관없이 그 명령어들을 실행할 뿐이다. 명령어를 잘 작성하려면 컴퓨터가 어떻게 동작하는지 정확하게 알아야 한다. 메모리와 입력 그리고 출력에 대해 배웠지만 프로세서나 프로세서에 포함되어 있는 것들에 대해서는 거의 배우지 못했다.

모든 프로세서는 레지스터와 특정 목적으로 사용하는 내부 메모리를 갖고 있다. ARM 프로세서는 r0부터 r15까지 이름 붙여진 16개의 레지스터를 갖고 있다. 정확하게 레지스터란 무엇일까?

레지스터는 간단하게 하나의 숫자를 포함하고 있는 메모리의 위치를 말한다. 학창 시절에 여러분이 봤던 시험을 떠올려보자. "5 곱하기 3은 얼마일까?" 지금에서야 본능적으로 15라는 것을 알고 있다. 여러 해를 걸쳐 몸에 배인 습관으로 인해 위의 문제가 실제로 어떻게 동작하는지를 잊고 있었다. 그러나 아이였을 때의 개념으로 생각해보자. 이 문장은 아이들이 즉시 답할 수 없는 연산이다. 따라서 아이들은 단계별로 접근해야 한다. 먼저 5를 가져오고 그것을 여러분의 메모리, 즉 기억 속에 집어 넣는다. 그러고 나서 다음 숫자인 3을 가져와서 역시 메모리에 집어 넣는다. 그런 다음 연산을 실행한다. 이제 여러분은 답을 구할 수 있고 그 답을 종이에 적어낼 수 있다. 이런 과정을 그림 4-1에서 묘사했다.

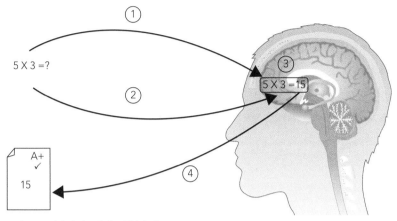

그림 4-1 뇌에서 이루어지는 연산의 예

프로세서도 같은 일을 한다. ARM 프로세서는 메모리에서 직접 수학적 연산을 할 수 없고 레지스터에서만 할 수 있다. 위의 예제에서 5를 가져와서 레지스터에 5를 로드하고 그 레지스터를 r0이라고 한다. 이제 3을 가져와서 r1에 로드한다. 명령어를 이슈^{issue}해서 r1에 저장되어 있는 값을 r0에 저장되어 있는 값과 곱셈한 후에 그 결과를 r2에 저장한다. 마지막으로, r2에 저장된 값을 시스템 메모리에 저장한다. 이 과정을 그림 4-2에서 묘사했다.

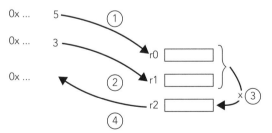

그림 4-2 ARM 프로세서에서의 연산

아직 질문은 그대로 남아 있다. 레지스터가 왜 필요할까? 메모리에서 직접 연산을 할 수는 없을까? 이유는 간단하다. 프로세서에서 이 기능을 설계할 때 프로세서를 좀 더 간단하게 만들고 또한 전체 트랜지스터의 양을 줄여야 하기 때문에 이와 같이 설계했다. 이것이 RISC^{Reduced Instruction Set Computer} 프로세서의 중요한 개념 중 하나다.

어셈블리를 배워야 하는 이유

어셈블리는 프로세서의 시작이라고 말할 수 있다. 프로세서가 사용 가능한 가장 낮은 레벨의 명령어 세트이며 각 프로세서는 자신만의 명령어 세트를 갖고 있다. 초기에는 모든 사람이 컴퓨터 프로그램을 어셈블리로 작성해야 했다. 오늘날에는 100개도 넘는 프로그래밍 언어를 사용할 수 있으며 그 언어들 각각 장단점이 존재한다. 오늘날 사용하는 대부분의 저수준 개발은 C 언어를 사용한다. 이 언어는 하나의 프로세서에서 다른 프로세서로 쉽게 포팅이 가능하다. 어셈블리보다는 이해하기가 쉬우며 어셈블리에 비해 많은 장점이 있다. 또 다른 장점으로 호환성^{portability}을 들 수 있다. 앞에서 본 것처럼, 하나의 프로세서 타입용으로 작성된 어셈블리 프로그램은 다른 타입의 프로세서에서는 동작할 수 없다. 모든 프로세서가 같은 명령어를 사용하지 않거나 데이터를 동일한 방법으로 처리하지 않는다. C 컴파일러는 C 파일을 올바른 프로세서용 머신 코드로 변경해준다. 이와 같은 작업이 중요하게 보이시는 않은데, 그 이유는 여러분은 사용하고 있는 프로세서를 이미 알고 있기 때문이다. 그러나 C 컴파일러는 프로세서에 옵션으로 제공되는 기능 중 몇 가지를 사용해 최적화된 프로그램을 생성하게 된다. 또한 외부 라이브러리는 한 종류의 프로세서가 아니라 다양한 프로세서에서 사용 가능하도록 설계될 것이다.

그렇다면 모든 사람이 어셈블리 언어를 배울 필요가 있을까? C 같은 언어들이 많은 장점을 제공한다 하더라도, 여러분이 보는 것만으로 그것들을 모두 얻을 수는 없다. C, 파이썬, 자바 등 어떤 언어를 사용하더라도 사실상 상관은 없다. 결국 프로세서가 사용할 수 있는 유일한 언어는 어셈블리이기 때문이다. C로 프로그램을 작성할 때 코드는 결국 어셈블리 언어로 컴파일된다. 대부분의 프로그래머가 어셈블리에 별다른 관심이 없다고 하더라도, 임베디드 엔지니어는 어셈블리 코드로 작성된 여러 코드를 다뤄야만 한다.

임베디드 시스템은 대규모 컴퓨터 시스템에는 존재하지 않는 두 가지 어려움이 있다. 하나는 속도^{speed}이며, 다른 하나는 용량^{size}이다. 임베디드 시스템은 가능한 한 속도가 빨라야 하며 보통은 메모리 제약이 상당하다.

속도

에어버스^{Airbus} A320은 항공 운항 제어를 위해 68000을 사용한다. 1979년에 처음 등장한 68000은 '오래된' 프로세서라고 생각될 수도 있으나, 여전히 가장 신뢰도가 높은 프로세서 중 하나다. 이와 같은 이유로 인해 미션 크리티컬$^{mission-critical}$ 시스템에 주로 사용된다. 이 프로세서는 가장 빠른 프로세서는 아니며, 따라서 모든 명령어는 주의 깊게 작성해야 하고 칩이 가능한 한 빠르게 실행될 수 있도록 최적화되어야 한다.

여기서 한 가지 질문이 생긴다. 컴파일러가 항상 가장 최적화된 코드를 생성하는 것은 아닌가? 답은 '그렇지 않다'이다. 컴파일러는 일반적으로 최적화된 코드를 생성하기는 하지만 경우에 따라서는 여러분이 무엇을 원하는지 컴파일러 입장에서는 전혀 이해하지 못할 수도 있다. 여러분이 직접 작성한 것보다 못한 코드를 생성할 수도 있다. 쇼핑 리스트를 상상해보자. 여러분이 친구를 방문할 때 친구를 위해 요리를 해서 가져간다고 상상해보자. 그 요리가 찜닭이라고 가정하자. 먼저 리스트를 작성해야 한다. 토마토, 닭(혹은 6개 정도의 닭 가슴살), 고추 4개, 양파 3개, 그리고 화이트 와인, 약간의 조미료와 쌀도 필요하다. 그리고 요리법에 따라 쇼핑 리스트를 작성한다. 그 리스트에는 여러분이 원하는 모든 것이 포함되어 있다(물론 몇 가지 재료를 추가할 수도 있다). 재료들이 적힌 리스트를 들고 먼저 토마토부터 장바구니에 담고, 그 다음은 닭, 그리고 다시 토마토 칸으로 돌아와서 고추를 바구니에 담는다. 슈퍼마켓 크기에 따라 다르겠지만, 여기서 많은 시간을 소비할 것이다. 원래 계획은 모든 것을 한꺼번에 그룹으로 구매하는 것이었다. 한 번에 같은 장소에서 토마토, 고추, 양파를 구입할 수 있었다. 왜냐하면 야채들이 보통 한 장소에 모여 있기 때문이다. 근처에 있는 것들을 구입하면 굳이 다시 되돌아올 필요도 없다. 이것이 최적화다. 결과는 정확히 같지만 속도가 빠르다. 다른 것을 더할 수는 없을까? 물론 가능하다. 슈퍼마켓에는 2개의 출입구가 있다. 좀 더 현명하게 생각해보면 토마토부터 시작하는 것은 그 토마토가 남쪽 문 근처에 있기 때문이다. 몇 걸음 앞에서 고추를 찾을 수 있고, 그리고 나서 닭을 구입할 수 있다. 오른쪽으로 돌아보면 2개의 매장이 있는데 그곳에서 화이트 와인을 구입할 수 있다. 그리고 나서 북쪽 출입문으로 가는 동안 눈에 보이는 순서대로 재료들을 계속 장바구니에 담으면 된다. 리스트가 좀 더 길어질 수는 있겠지만 이것은 최적의 리스트이며 여러분이 가능한 시간 중 가장 짧은 시간이 걸리는 경로다. 쇼핑 리스트에 있는 대로 물품을 구입하면 얼마나 많은 시간이 걸릴까? 최적화된 경로를 사용하면 얼마나 많은 시간을 절약할 수 있을까? 그것은 경우에 따라 다르다. 단지 8분 정도의 시간을 절약한다면 리스트를 만드는 데 한 시간 정도의 시간을 들일 필요가 없다. 5분 정도 절약한다면 재료들을 그룹으로 묶어 구입하는 데 2분 정도 걸릴 것이다. 아는 친구들이 많고 매주 그 친구들을 방문해야 한다면 어떤 일이 발생할까? 친구들이 모두 찜닭을 먹는다고 가정하면 이론적으로는 한 번에 8분씩 절약할 수 있고 1년이면 50번 정도 친구들을 방문하게 된다. 2시간의 쇼핑 리스트는 슈퍼마켓에서 전체 6시간을 절약할 수 있게 해준다.

이 예가 조금 웃기게 보이겠지만 알아둬야 할 포인트가 있다. 임베디드 시스템에서 수천 번을 실행하는 프로그램 부분이 있다. 이곳저곳에서 수 밀리초를 줄이면 나중에는 많은 시간을 줄이게 된다. 또한 이것은 20MHz를 사용할 때 최적화하면 가능한 작업들이기 때문에 굳이 40MHz의 비용을 지불할 필요가 없어서 더 싼 가격의 칩을 사용하게 된다.

C와 C++의 코드는 머신 언어로 컴파일되며, 컴파일러가 제대로 동작한다고 하더라도 여러분 스스로가 직접 어셈블리로 최적화된 루틴을 작성해줘야 한다. 혹은 컴파일러가 잘못 최적화한 부분을 고쳐야 한다. 또한 어떤 시작 루틴은 메모리 컨트롤러나 캐시 시스템을 활성화하기 위해 C로 작성되지 않는 경우도 있다. 이런 경우는 어셈블리 코드로 작성해야 한다.

해군 제독이었던 그레이스 호퍼^{Grace Hopper}는 1944년에 설치된 전기 기계 컴퓨터인 하버드 마크 I^{Harvard Mark I} 컴퓨터의 첫 번째 프로그래머였다. 그녀는 잘 작성된 코드에 집착했고 종종 그에 관한 주제를 공부했다. 그녀는 빛이 주어진 시간 동안 도달할 수 있는 최대 거리에 해당하는 와이어의 길이를 마이크로초 및 나노초로 표현해 유명해졌다. 나노초에 대해 얘기할 때 11.8인치 길이(29.97cm)의 와이어를 만들어냈다. 빛이 1마이크로초 동안 도달할 수 있는 최대 길이에 해당하는 와이어도 만들었다. 총 984피트(약 300미터) 정도였다. 그러고 나서 그녀는 "이것이 나노초다. 984피트다. 이 와이어를 모든 프로그래머의 책상이나 목에 걸어둬야 한다고 종종 생각했다. 그래야 그들이 나노초 동안 딴 생각을 하는 것이 이런 것을 버리는 일이란 사실을 깨닫기 때문이다."라고 말했다.

용량

과거에 나는 모바일 폰의 부트로더^{bootloader}를 작업한 적이 있었다. 부트로더는 임베디드 시스템에서 실행되는 첫 번째 코드 부분이다. 그 당시 작업은 프로그램이 폰에 존재하는지 알 수 있도록 테스트하는 것이었다. 그러한 프로그램이 존재하면 그 프로그램이 공식 프로그램임을 확실하게 해두기 위해 암호화했다. 테스트가 실패하거나 그런 프로그램이 존재하지 않으면 스페셜 모드로 들어가서 USB를 통해 새로운 펌웨어^{firmware}를 내려받을 수 있게 했다. 이 작업을 하기 위해 DDR 메모리를 초기화하고 CPU(이 경우는 ARM926EJ-S)에서 사용 가능한 다른 캐시를 활성화하고, MMU를 활성화했다. 또한 부트로더를 보호해야만 했다. 그 작업은 새로운 펌웨어를 플래시하지만 보호되는 시스템(베이스밴드^{baseband}, 혹은 보안화되어 있는 개인 정보)은 액세스하지 못하게 했다. 이러한 모든 작업을 16Kb의 NAND 플래시 메모리에서 작업해야만 했다. 물론 처음에는 상당히 어려운 작업이었다. 로고를 추가하고, 메뉴 인터페이스를 만들고, 진단 체크 등을 추가했다. 리스트가 죽죽 길어졌다. 초기 바이너리를 릴리스했을 때, 제한 용량의 4배나 큰 크기가 됐다. 약간의 최적화로 제한 용량의 3배로 줄였다. 화려한 이미지와 메뉴를 제거하자 32Kb가 됐다. C 코드를 최적화하기 시작했고 곳곳에서 여러 개의 함수를 삭제한 후에 17Kb까지 줄였다. 몇몇 사람들이 C 코드를 수정해보려고 했지만, 16Kb 이하로는 줄이지 못했다. 점점 깊게 파고 들어가기 시작했고 결국 어셈블리 코드를 만나게 됐다.

곧 무엇을 해야 하는지 알아차렸지만 고작 몇 바이트 정도를 줄일 수 있을 뿐이었다.

프로그램이 다른 함수로 점프하는 방법을 수정하고, 몇몇 루프를 수정하고, 프로세스를 반복해서 16Kb까지 줄일 수 있었다. 결국 16Kb까지 줄일 수 있었지만 몇 개의 루틴을 추가한 덕분에 코드를 더 줄여야 했다.

코드 컴파일러는 뛰어난 역할을 하지만 완벽하진 않다. 때때로 개발자 스스로가 해야 하는 경우도 있다.

재미!

어셈블리 코드를 작성하는 일은 재미있다. 1984년에 〈코어 전쟁^{Core War}〉이라는 새로운 게임이 개발됐다. 작은 컴퓨터 내부를 시뮬레이트한 게임이었다. 두 프로그램이 가상 메모리의 무작위 위치에 상비되고, 각 프로그램이 하나의 명령어를 실행한다. 게임의 목적은 다른 프로그램을 덮어써서 머신을 제어하는 것이다.

〈코어 전쟁〉에서는 레드코드^{Redcode}라는 특별한 언어가 사용됐다. 그러나 ARM 기반 시스템을 비롯한 여타 시스템에 빠르게 '포팅'됐다. 매일 밤 자신들이 작성한 코드를 테스트하면서 전의를 불태웠다. 하지만 간단한 작업이 아니었다. 코드가 너무 크지는 않았다. 그렇지 않으면, 코드는 공격자에 의해 손상될 수 있다. 다른 전략이 개발됐는데, 곧 여러 '클래스'가 알려졌고, 어떤 것들은 또 다른 특정 클래스를 물리치도록 매우 전문화되곤 했다. 이는 코드가 잘못 기록된 경우 무슨 일이 일어날지 사람들을 가르치는 훌륭한 방법이었다.

컴파일러는 완벽하지 않다

시간이 지나면 지날수록, 여러분이 만든 제품이 원하는 대로 기능하지 않는 상황에 직면하게 된다. 그러나 코드는 완벽해 보인다.

한 가지 예를 들면, 나는 임베디드 시스템에서 문제에 봉착했었다. 센서에서 숫자를 읽어와서 계산을 한 후에 차트를 출력하는 것이었다. 정보를 액세스하는 세 가지 방법이 있었지만 그중 한 가지는 동작하지 않았다. 완전히 엉뚱한 값이 날아왔다. 다행히도 나머지 2개는 정상적으로 동작했다. 센서는 정상적으로 동작한다는 사실을 알았지만, 이 두 가지 방법은 우리가 작성한 코드의 모든 곳에서 사용할 수는 없었다. 특정 위치에서는 세 번째 방법을 사용할 수밖에 없었다. Trace32 같은 디버거를 오래 사용할수도 없었다. 한 단계씩 접근해서 즉시 문제를 해결해야만 했지만 오히려 더 혼란스러웠다. 코드는 완벽했고 모든 것이 정상적으로 보였지만 특정 명령어에서 출력은 쓰레기값을 쏟아냈다. 더 깊게 볼 수밖에 없었고 결국 어셈블리 코드를 보게 됐다. 이것이 정렬alignment 문제라는 사실을 알아차리기까지 그리 긴 시간이 걸리지 않았다. 메모리에서 하나의 32비트 정수를 읽어오는 대신에 프로세서는 4바이트씩 읽었고 4바이트를 계산해서 32비트 정수를 생성했지만, 컴파일러는 이와 같은 과정을 정상적으로 컴파일하지 못하고 결국 깨진 값을 출력했다. 데이터를 다시 정렬해 이 문제를 즉시 수정했다.

또 다른 경우는 기본적인 루틴이 우리가 원하는 대로 동작하지 않는 경우다. 16번 루프를 반복하고 각 반복 때마다 연산을 한다. 몇 가지 이유가 있는데 우리가 관리할 수는 없다. 코드는 간단하다.

```
for (i = 0; i < 16; i++)
    DoAction();
```

의도한 대로 동작하지 않는다. i가 정수인지 체크하고, 정상적으로 정의되어 있는지도 체크한다. 코드의 실행 전후로 제대로 동작하는지 체크한다. 어셈블리 리스트를 보면, 실제 루프에서 동작하는 것을 알 수 있다. 그러나 변수가 결코 초기화되지 않는다 (i의 값이 0으로 설정되지 않는다). 이와 같은 작업을 하기 위해서는 코드의 시작 전에 i를 0으로 설정해야 한다. 그리고 해당 라인을 절대 삭제하지 말아야 한다는 주석이 필요하다.

어셈블리를 통해 컴퓨터 과학 이해하기

컴퓨터는 많은 사람에게 신비로운 존재이며 임베디드 시스템은 더욱 그러하다. 엔지니어들과 얘기하다 보면, 대부분의 사람들은 시스템을 이해하고, 어떤 사람들은 여러 레이어 중 낮은 레이어에서 어떤 일이 일어나는지 알고 있다. 그러나 메인보드 안 깊숙한 곳에서 실제로 일어나는 일을 이해하고 있는 사람은 상대적으로 드물다. CPU 깊숙한 곳에서 일어나는 일을 아는 좋은 방법은 어셈블리를 공부하는 것이다. 어셈블리 언어를 사용하면 가장 낮은 레벨에 도달할 수 있고 프로그램을 실행할 때 어떤 일이 일어나는지 알 수 있다.

직접 어셈블리로 작성하면 안 될까?

많은 사람이 이렇게 말하곤 한다. "바로 어셈블리로 작성하면 안 되나? 어셈블리로 작성하면 속도도 빠르고 훨씬 경량화할 수 있다." 맞다. 그러나 아주 소수의 프로젝트만 어셈블리로 작성된다. 여러분의 시간이 가치 있다고 느낀다면 절대 어셈블리로 프로그램을 작성하지는 마라. C를 사용해 작성하는 편이 훨씬 빠르며, 컴파일러가 여러분이 원하는 작업을 충실하게 대신 해준다. 컴파일러가 제대로 하지 못하거나 고도로 최적화할 필요가 있다면 C로 작성한 코드를 컴파일러가 어떻게 변환하는지 살펴보자. 이것이 시간을 절약하는 방법이다. 그 결과가 원하는 만큼을 100% 만족시키지는 못하더라도 컴파일러는 원하는 모든 구조화 작업을 할 것이다.

어셈블리로 작성한다고 해서 자동으로 속도가 빨라지고 코드가 우아해지는 것은 아니다. 오히려 그 반대다. 어떤 언어를 사용하든 여러분이 작성하는 프로그램의 수준에 따라 다르다. 어셈블리로 작성한 코드가 C 언어로 작성한 코드보다 느리게 동작할 수도 있다. 어셈블리는 알면 유용하다. 프로젝트를 할 때 어셈블리를 여러 번 마주하게 될 수도 있지만, 수년간의 개발을 하다 보면 더 레벨이 높은 언어를 사용하는 편이 더 효율적이라는 생각이 든다.

대부분의 전문가는 이에 동의한다. 프로그램을 최적화하기 전에 프로젝트를 컴파일한 결과부터 시작한다. 여러 가지 툴을 사용해 코드를 분석할 수 있다. 어떤 부분이 호출됐는지, 어떤 부분이 실행 시간을 많이 소모하는지 알 수 있다. 항상 코드 자체를 살펴보고 최적화하려고 노력해야 한다. 그러나 시작부터 최고의 수준으로 최적화하는 코드를 작성하는 것은 끔찍한 일이다. CPU가 대부분의 시간을 어느 부분에서 소모하는지 알면 그 부분을 어셈블리로 변경할 수 있다.

✤ 어셈블리의 사용

극소수의 프로젝트만이 전체 코드를 어셈블리로 작성한다. C 같은 고급 레벨의 언어로 작성하는 경우가 일반적이다. 이러한 언어를 사용하면 더 빠르게 개발할 수 있고 유지 보수도 더 용이하다. 그리고 컴파일러를 사용하면 C 코드를 어셈블리 코드로 쉽게 변경할 수 있다. 그렇다면 정확하게 언제 어셈블리를 사용해야 할까?

어셈블리가 사용되는 데는 몇 가지 이유가 있다. 프로젝트의 첫 번째 단계인 부트로드부터 프로젝트의 거의 끝마무리에 해당하는 디버깅까지 다양하다.

부트로더의 작성

아마도 여러분은 대부분의 프로그램을 C로 작성했을 것이다. 그러나 부트로더의 첫 번째 명령어는 일반적으로 어셈블리로 작성되어 있다. 또한 벡터 테이블 셋업을 비롯해 캐시, 인터럽트 핸들러 같은 몇몇 기능은 C로 작성하기가 쉽지 않다. 또한 몇몇 부트로더는 특별한 코드를 사용하며 용량이나 속도에 민감하기 때문에 어셈블리로 작성해야 한다.

프로세서의 로우 레벨 설정 대부분은 C로는 할 수가 없다. 코프로세서에 있는 레지스터를 변경하기 위해서는 어셈블리를 사용해야 한다. 또한 메모리에 작성하는 것도 불가능하다. 리눅스 커널의 첫 번째 명령어도 이런 이유로 인해 어셈블리로 작성되어 있다.

리버스 엔지니어링

리버스 엔지니어링은 컴퓨터 초창기 시절부터 좋은 목적으로든 나쁜 목적으로든 사용돼왔다. 때론 주변장치가 어떻게 초기화되는지 알고 싶을 때가 있고 이런 경우에는 어셈블리만이 사용 가능하다. 많은 드라이버는 이러한 방법으로 작성되며, 개발 회사가 더 이상 존재하지 않는 디바이스나 소스 코드가 없는 디바이스는 이런 방식으로 지원한다.

게임 회사

컴퓨터가 점차 소형화되자 게임이 등장하기 시작했다. 사람들은 항상 컴퓨터 게임을 좋아해왔으며 오늘날에는 게임 산업이 가장 큰 산업 중 하나가 됐다. 게임에서 사용한 첫 번째 미디어는 카세트 테이프로, 요즘 세대는 알지 못하는 아날로그 미디어였다. 표준 테이프 플레이어를 컴퓨터에 연결해 프로그램을 직접 로드했다. 스크린에 몇 개의 컬러 표시가 지나가면 이제 게임을 시작할 수 있다. 게임이 처음 등장한 이후로 소프트웨어의 불법적인 복사는 존재해왔다.

테이프를 복사하는 일은 우스울 정도로 쉽다. 하이 엔드high-end 테이프 플레이어는 하나의 테이프에서 다른 테이프로 오디오를 쉽게 복사할 수 있지만 약간의 품질 저하가 나타난다. 그럼에도 불구하고 누구나 복사한 게임을 즐길 수 있다.

게임 개발자는 이 문제를 해결하기 위해 고민했고 새로운 시스템을 개발했다. 게임을 하는 중에 질문을 던지는 것이다. 어떤 도시의 출입문에 도달하면 문지기가 질문을 한다. "당신이 갖고 있는 게임 매뉴얼의 20페이지 세 번째 문장에서 두 번째 단어는 무엇인가?" 틀린 답을 하면 그 도시에 들어갈 수가 없다. 따라서 게임을 할 수 없도록 효과적으로 막을 수 있다. 물론 매뉴얼 자체를 복사할 수도 있지만 이런 일은 소프트웨어를 복사하는 것보다는 더 어렵다고 느껴지며 실제로 이와 같은 방법을 사용했더니 여러 사람들이 게임을 구입하기 시작했다.

디스크 보호 기술도 추가됐다. 디스크 표면에서 데이터를 직접 수정함으로써 디스크가 원본인지를 쉽게 검출할 수 있다. 운영체제에서 제공하는 디스크 복사 프로그램을 사용하면 섹터를 복사하지 못하고 결국 오류가 발생한다. 다시 말해, 시스템에서 디스크 복사를 할 수는 있지만 대부분의 경우 복사가 중단된다.

하드웨어 동글dongle이 '궁극적인' 보호 방법으로 고려됐다. 애플리케이션이 컴퓨터의 하드웨어를 체크할 텐데, 이 하드웨어는 대부분 시리얼 포트에 연결되며 그 하드웨어에 질문을 하게 된다. 동글은 그에 대한 답변을 하며 그 답변이 맞으면 프로그램이 효과적으로 인식된 것이다. 동글을 복사하는 것은 매우 복잡하다. 대부분의 경우 커스터마이징된 하드웨어 칩이 사용됐으며, 복사본을 만드는 데 드는 비용이 소프트웨어 라이선스를 구입하는 비용보다 훨씬 더 들었다.

소프트웨어 불법 복제자들은 전략을 바꿨다. 복사하는 하드웨어를 사용하는 대신 소프트웨어를 사용하기 시작했다. 애플리케이션 내부에 특별한 코드 라인을 추가하는 것이다. 코드의 어떤 부분은 애플리케이션 입장에서는 특별한 정보가 있는 부분이다. 즉, 답변을 받으면 답변을 비교하고 답변이 맞았다면 계속 진행한다. 답변이 틀리면 프로그램을 중단한다. 이것은 프로그램이 어떤 언어로 작성됐느냐와는 상관없다. 이에 대한 부분은 전부 어셈블리어로 보인다. 어셈블리 코드를 읽고 프로그램이 특별한 정보를 찾는 위치를 알아내고 항상 올바른 답변을 하도록 불법적인 조치를 취하거나 질문 자체를 피하게 할 수 있다. 이런 작업이 쉽다고 생각될 수도 있지만 프로그램은 수백만 라인의 코드로 구성되어 있으며 적어도 10라인 정도의 복사 방지 부분을 체크해야 한다. 또한 본래의 코드는 개발자들이 어떤 작업을 했는지 어떤 변수를 사용했는지에 대해 주석과 의미 있는 변수 이름으로 되어 있다. 이런 부분은 어셈블리가 아니다. 불법 복제를 도와주는 어떤 기술이 있다. 시리얼 포트는 대부분은 같은 어드레스를 사용한다. 따라서 특정 어드레스를 찾는 코드를 분석하기 위해 사용되며 그 결과의 어떤 부분이 복사 방지 부분과 유사한지 알 수 있다.

소프트웨어 개발자들은 복사 방지를 위해 코드에 몇 가지를 추가했는데, 이는 리버스 엔지니어링을 더욱 어렵게 만들었다. 첫 번째 루틴이 변경되지 않았는지 두 번째 루틴이 체크한다. 잘못된 복사 방지 루틴을 미끼로 추가한다. 기술이 더욱 복잡해질수록 복사 방지 기능을 무력화하는 기술들이 등장하기 시작했다. 몇몇은 인터넷에 본인의 이름을 널리 알리고자, 몇몇은 그저 최신 게임을 하기 위해, 그리고 몇몇은 도전 정신이 투철해서 이와 같은 복사 방지 기능을 무력화하는 방법을 계속 연구하고 있다.

최적화

대부분의 컴파일러는 C 파일을 가져와서 어셈블리 명령어로 변환하는 작업을 한다. 몇 개의 명령어 라인 옵션을 사용하면 컴파일러는 속도나 용량(혹은 이 두 가지 모두)에 대해 최적화를 한다고 말할 수 있다. 그러나 컴파일러가 올바르게 작업을 하지 못하거나 제대로 최적화하지 못하는 일이 발생하기도 한다.

ARM의 최약점은 나눗셈이다. 대부분의 최신 Cortex-A 코어는 정수 나눗셈 기능을 제공하지만, 이전 코어들은 소프트웨어로 나눗셈 기능을 해야 했다. 이와 같은 경우에는 상당히 많은 사이클이 필요했다. 함수가 하나의 나눗셈을 할 때 항상 최적화가 필요한 것은 아니지만 함수가 연산을 반복할 때, 예를 들어 수천 번을 반복할 때는 최적화를 하는 편이 더 효율적이다. 예를 들어, 10으로 나누는 연산을 하면 새로운 함수가 생성되고 가능한 한 빠르게 이러한 작업을 하도록 어셈블리 명령어가 사용된다.

❖ ARM 어셈블리 언어

ARM 어셈블리 언어는 잘 설계된 언어이며 실제로도 이해하기 쉽게 되어 있다. 다음의 예와 같이 사람이 읽고서 쉽게 이해할 수 있는 코드로 설계됐다.

```
ADD r0, r1, r2
```

이 명령어를 처음 보면 약간 놀랄 수 있지만 이해하기는 쉽다. ADD는 수학 덧셈addition의 축약형이다. 3개의 레지스터가 연산에 사용되는데, 사용 순서는 어떻게 될까? 사람이 위의 레지스터를 사용해 작성한다면 r0 = r1 + r2라고 작성하게 되며, 이와 같은 순서가 정확하게 위의 코드에서 적용된다. ADD는 result = value 1 + value 2이다. 프로세서는 r1 안에 있는 값과 r2 안에 있는 값을 더해서 r0에 그 결과를 저장한다.

레이아웃

어셈블리 프로그램 소스 파일은 텍스트 파일로, 문장들로 구성되어 있으며 한 라인에 한 문장씩이다. 각 문장은 다음과 같은 포맷으로 되어 있다.

```
label: instruction ; comment
```

각 컴포넌트는 옵션이다.

- **레이블**[label]: 메모리 위치를 참조하는 일반적인 방법이다. 레이블은 분기 명령어에서 사용된다. 이름은 알파벳 문자, 언더스코어, 달러 사인으로 구성된다.
- **주석**[comment]: ; 이후에 나오는 모든 문자는 주석으로 간주하며, 소스 코드를 쉽게 이해하도록 도움을 준다.
- **명령어**[instruction]: ARM 명령어 혹은 어셈블러 디렉티브[assembler directive]다.

```
     .text
start:
     MOV r1, #20 ; 20이라는 값을 레지스터 r1에 넣는다.
     MOV r2, #22 ; 22라는 값을 레지스터 r2에 넣는다.
     ADD r0, r1, r2 ; r1과 r2를 더하면 r0에는 42라는 값이 들어가게 된다.
     b end ; 무한 루프이며 항상 'end'로 점프한다.
```

명령어 포맷

다음은 ARM 어셈블리를 사용하는 일반적인 레이아웃이다.

```
<op>{cond}{flags} Rd, Rn, Operand2
```

예를 들어, 다음과 같은 코드는 2개의 레지스터를 더하기 위해 사용된 코드다.

```
ADD R0, R1, R2
```

- <op>: 3개의 문자로 구성되며 피연산자를 호출한다.
- {cond}: 2개의 문자로 구성된 조건 코드이며 옵션이다.
- {flags}: 추가적인 플래그이며 옵션이다.
- Rd: 목표 레지스터
- Rn: 첫 번째 레지스터
- Operand2: 두 번째 레지스터 혹은 두 번째 피연산자

조건 코드

명령어로 된 문자열 뒤에 2개의 문자로 된 조건 코드를 추가할 수 있는데, 이 코드는 특정 조건에서 실행되는 명령어를 위한 코드다. 예를 들어, 결과가 0과 같으면 다른 코드로 점프하고 그렇지 않으면 계속 진행하는 경우다. 같은 방법으로 오버플로가 발생하면 새로운 코드를 실행하도록 분기할 수 있다. 이 방법은 분기문을 사용할 때 주로 사용되지만, 때로는 다른 명령어에서도 사용된다. 예를 들어, 특정 조건을 만족하는 특별한 값을 갖고 있는 레지스터를 로드하게 할 수 있다. MOV 명령어를 사용하면 레지스터의 값을 변경할 수 있다. 레지스터가 변경되도록 설정하려면 MOV 명령어를 사용한다. 그러나 캐리 비트가 설정됐을 때만 레지스터를 변경하고 싶은 경우에는 MOVCS를 사용하거나, 이전 값과 같거나 작은지를 비교하는 경우에는 MOVLS를 사용한다.

조건 코드는 N, Z, C, 그리고 CPSR(CPSR은 3장에서 다뤘다)의 V 플래그 형태로 나타난다. 이 플래그들은 산술/논리 연산으로 업데이트된다.

AL(Always)

이 접미어를 가진 명령어는 항상 실행된다. 명령어들 대부분은 조건이 없는 경우가 대부분이며, 따라서 AL이 굳이 필요하지는 않기 때문에 생략해서 사용할 수 있다(실제로는 생략해야 한다). 예를 들어, ADD와 ADDAL은 동일하다. 두 명령어 모두 조건 없이 실행된다.

NV(Never)

AL과 반대로 NV를 포함하는 명령어는 절대 실행되지 않는다. 이 조건을 포함하는 명령어는 무시된다. 이 코드는 현재는 삭제되어 사용되지 않는다. 원래 AL 조건 코드와 비슷한 목적으로 제공됐지만, 현재는 거의 사용되지 않는다.

EQ(Equal)

결과 플래그 Z가 설정되면 해당 명령어가 실행된다. Z 플래그가 클리어되면 이 명령어는 무시된다.

```
MOV r0, #42 ; 레지스터 r0에 42라는 값을 쓴다.
MOV r1, #41 ; 레지스터 r1에 41이라는 값을 쓴다.
CMP r0, r1 ; 레지스터 r0과 r1을 비교해서 CPSR 레지스터를 업데이트한다.
BEQ label ; 이 명령어는 Z=0이기 때문에 실행되지 않는다.
MOV r1, #42 ; 레지스터 r1에 42라는 값을 쓴다.
CMP r0, r1 ; 레지스터 r0과 r1을 비교해서 CPSR 레지스터를 업데이트한다.
BEQ label ; 이 명령어는 Z=1이기 때문에 실행된다.
```

NE(Not Equal)

EQ와는 반대이며, Z 플래그가 클리어되면 실행된다. Z 플래그가 설정되면 이 명령어는 무시된다.

```
MOV r0, #42 ; 레지스터 r0에 42라는 값을 쓴다.
MOV r1, #42 ; 레지스터 r1에 42라는 값을 쓴다.
CMP r0, r1 ; 레지스터 r0과 r1을 비교해서 CPSR 레지스터를 업데이트한다.
BNE label ; 이 명령어는 Z=1이기 때문에 실행되지 않는다.
MOV r1, #41 ; 레지스터 r1에 41이라는 값을 쓴다.
CMP r0, r1 ; 레지스터 r0과 r1을 비교해서 CPSR 레지스터를 업데이트한다.
BNE label ; 이 명령어는 Z=0이기 때문에 실행된다.
```

VS(Overflow Set)

이 조건은 $V^{overflow}$ 비트가 설정되면 참이 된다. 부호 있는 공간보다 더 큰 수가 존재할 경우가 생길 수 있는 수학 연산의 결과로 이 비트가 설정된다(예를 들어, 부호 있는 32비트 숫자 2개를 더한 경우 그 결과는 부호 있는 33비트 숫자가 된다).

VC(Overflow Clear)

이 조건은 $V^{overflow}$ 비트가 클리어됐을 때 참이 된다. VS와는 반대이며, 수학 연산의 결과가 저장될 공간의 용량에 비해 충분할 만큼 작은 경우에만 트리거된다(예를 들어, 부호 있는 32비트 숫자 2개를 더하여 부호 있는 32비트 공간에 데이터 손실 없이 저장할 수 있다).

MI(minus)

이 조건은 $N^{negative}$ 비트가 설정되면 참이 된다.

```
MOV r0, #40
MOV r1, #42
SUBS r2, r0, r1 ; 40 - 42, 결과는 음수다.
BMI destination
; 코드에서 이 부분은 절대 실행되지 않는다.
```

PL(Plus)

이 조건은 $N^{negative}$ 비트가 클리어됐을 때 참이 된다. 수학 연산의 결과가 양수일 때 발생하지만, 결과가 0일 때도 발생한다(0은 양수로 간주된다).

CS(Carry Set)

이 캐리 설정$^{Carry\,Set}$ 플래그는 부호 없는 32비트에 대한 연산이 32비트 범위를 오버플로할 때 발생한다.

CC(Carry Clear)

이 명령어는 C^{carry} 플래그가 클리어될 때 실행된다.

HI(Higher)

이 명령어는 C^{carry} 플래그 비트가 설정되고 결과가 Z^{zero}가 아닌 경우에 실행된다.

LS(Lower or Same)

C^{carry} 플래그 비트가 클리어되고 결과가 Z^{zero}인 경우에 실행된다.

GE(Greater Than or Equal)

'~보다 크거나 같은' 경우는 부호 있는 숫자에 대해 동작하며, $N^{negative}$ 비트가 $V^{overflow}$ 비트와 같은 경우에 실행된다.

LT(Less Than)

'~보다 작은' 경우는 부호 있는 숫자에 대해 $N^{negative}$ 비트가 $V^{overflow}$ 비트와 다른 경우에 실행된다.

GT(Greater Than)

'~보다 큰' 경우는 부호 있는 숫자에 대해 동작하며 GE$^{Greater\ Than\ or\ Equal}$와 동일하다. N^{negative} 비트가 V^{overflow} 비트와 동일한 경우에 실행되지만, Z^{zero} 플래그는 설정되어 있지 않은 경우에 동작한다.

LE(Less Than or Equal)

LT$^{Less\ Than}$와 마찬가지로 이 조건은 N^{negative} 비트가 V^{overflow} 비트와 다른 경우에 실행되거나 Z^{zero} 플래그가 설정될 때 실행된다.

다른 조건의 비교

표 4-1은 다른 조건 코드의 리스트이며 어떤 조건 플래그가 사용되는지를 보여준다.

표 4-1 조건 코드

코드	의미	플래그
EQ	같거나 0인 경우	Z
NE	같지 않은 경우	!Z
VS	오버플로	V
VC	오버플로가 아닌 경우	!V
MI	마이너스, 음수	N
PL	플러스, 양수 혹은 0	!N
CS	캐리 설정, 부호 없는 높은 경우거나 같은 경우	C
CC	캐리 클리어, 부호 없는 낮은 경우	!C
HI	부호 없이 높은 경우	C와 !Z
LS	부호 없이 낮거나 같은 경우	!C 혹은 Z
GE	부호가 있고 크거나 같은 경우	N == V
LT	부호가 있고 작은 경우	N != V
GT	부호가 있고 큰 경우	!Z 그리고 (N == V)
LE	부호가 있고 작거나 같은 경우	Z 혹은 (N != V)
AL	항상(디폴트)	상관없음

조건 플래그 업데이트

기본적으로 데이터를 처리하는 명령어들은 조건 플래그를 업데이트하지 않는다. 명령어는 S 플래그가 설정될 때(ADDS, SBCS 등) 조건 플래그를 업데이트한다. 이 규칙에 대한 예외는 비교 연산이다. 이 연산은 S에 대한 설정 없이 조건 플래그를 자동으로 업데이트한다.

다음의 코드를 보자.

```
MOV r0, #0x8000000F
MOV r1, r0, LSL #1
```

첫 번째 명령어에서 0x8000000F를 레지스터 r0에 넣는다. 두 번째 명령어에서 그 값을 r1로 이동한다. 단, 1비트를 왼쪽으로 시프트한 후에 이동한다. 이 연산에 대한 동작은 그림 4-3에 표시했다.

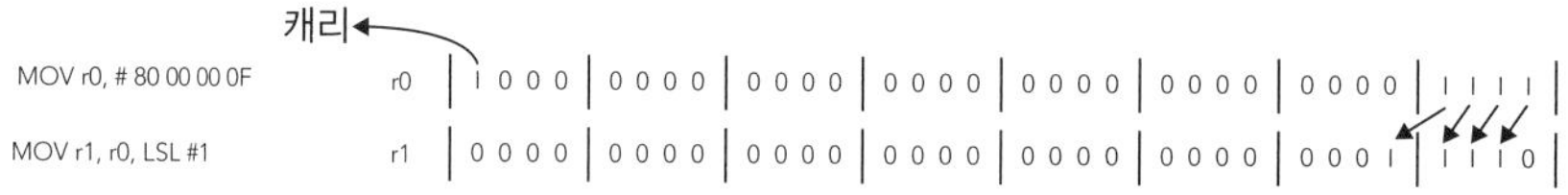

그림 4-3 배럴 시프트의 결과

왼쪽으로 시프트하고 r0에 있는 값을 읽어보면 그 값은 배럴 시프터barrel shifter에 의해 0x1E로 변경되어 있다. 31번째 비트가 왼쪽으로 시프트되고, 따라서 32비트 숫자의 영역을 넘게 되어 그 넘은 비트는 무시된다. 4, 3, 2, 1의 비트는 5, 4, 3, 2로 시프트되며, LSL 명령어에 의해 새로운 비트 1이 추가되거나 0으로 '패딩padding'된다. 여러분 스스로 업데이트할 필요는 없다. CPSR에 있는 조건 플래그는 변경되지 않은 채로 유지된다. 이제 S 플래그를 설정했을 때 어떤 일이 일어나는지 살펴보자.

```
MOV r0, 0x8000000F
MOVS r1, r0, LSL #1
```

앞에서 본 것과 같이, 0x8000000F를 r0에 삽입한 후에 배럴 시프터를 사용한다. 앞에서 본 것과 같이 31번째 비트는 32비트 영역을 넘는다. 현재는 부호 없는 32비트 숫자를 다루고 있기 때문에 결과는 캐리Carry로 고려된다. CPSR의 C 플래그가 업데이트된다.

수동으로 CPSR 조건 플래그를 업데이트하면, 조건 명령어를 이제 실행할 수 있다. CPSR을 다시 수정하지 않는다면 여러 개의 조건 명령어를 실행해도 된다. 예를 들어, 이 연산 후에 몇 개의 요소에 의존적인 분기 명령어를 실행할 수 있다. 값이 0인가? 이 것은 BEQ와 같다. 결과는 0이 아니면 분기할 수 없다. 아마 빠른 연산 후에 S 플래그를 설정하지 않는 한(혹은 비교 연산을 실행하지 않는 한) CPSR 조건 플래그는 변경되지 않은 상태로 유지된다. 그러나 다음 라인에서 BCS$^{\text{Branch if Carry Set}}$를 실행할 수 있으며 이 경우 분기된다. CPSR이 MOVS에 의해 수정되지 않았기 때문에 다른 코드에서 그 결과를 계속 사용할 수 있다. 이것은 ARM의 강점 중 하나다. 한 번의 연산으로 여러 번 테스트할 수 있다.

이제 더 복잡한 연산의 예제를 보자.

```
MVN r0, #0
MOV r1, #1
ADDS r2, r0, r1
```

첫 번째 명령어 MVN은 부정 숫자$^{\text{negated number}}$를 특정 레지스터에 저장할 때 사용하는 명령어다. 0의 반대 값^{inverse}을 저장하려고 하면, 레지스터에 0xFFFFFFFF를 쓰게 된다. 그 이유는 뒤에서 설명하겠다. 여기서는 명령어 자체에 대해서는 걱정하지 말고 r0 레 지스터에 0xFFFFFFFF가 저장되어 있다는 점만 기억해두자.

두 번째 명령어는 1이라는 값을 r1에 저장한다.

마지막 명령어는 ADD 명령어다. 간단하게 r0의 값과 r1의 값을 더한 후에 그 결과를 r2에 저장한다. 명령어에 S가 붙어 있으므로 CPSR 조건 플래그를 업데이트하기 위해 설정할 수 있다. 0xFFFFFFFF와 0x1을 더하면 그 결과는 0x100000000이다. 32비트 공간 에는 이 숫자를 저장하지 못한다. 덧셈 결과는 r2에 저장되고 그 값은 0x0이다.

결과가 0이고 이는 양수로 간주되므로, N^{negative} 비트가 0으로 설정된다. 정확하게 결 과가 0이므로 Z^{zero} 비트도 설정된다. 이제 C와 V 비트를 통해 올바른 값을 설정해야 하 며, 이렇게 하기 위해서는 약간의 트릭이 필요하다.

부호 없는 32비트 숫자를 다룬다면, 현재의 결과는 32비트가 넘기 때문에 데이터가 손실된다. 따라서 C^{carry} 비트가 설정된다.

부호 있는 32비트 숫자를 다룬다면, -1 + 1 연산이므로 그 결과는 0이다. 정답이 32 비트 범위를 넘는다고 하더라도 그 답은 오버플로가 아니다(이는 부호 있는 32비트 값을 넘지 않음을 의미한다). 따라서 $V^{overflow}$ 플래그는 설정되지 않는다.

결과가 여러분이 원하는 대로 정확하게 연산됐는지 판단하는 것이 중요하다. 캐리나 오버플로의 경우 결과만으로 판단하기는 어려우며 여러분이 설정한 조건 코드를 사용해 좀 더 정확하게 판단할 필요가 있다.

어드레싱 모드

ARM 어셈블리에서는 항상 임의의 장소에서 데이터를 페치^{fetch}하고 다른 곳에 데이터를 집어넣는 작업이 필요하다. 여러분이 갖고 있는 시스템은 미리 정의된 숫자들을 가지고 그 숫자들에 대한 연산을 할 수 있지만 심각한 제약이 있다. 특정 시스템은 메모리로부터 항상 데이터를 페치하거나 외부 컴포넌트(압력 센서, 키보드, 터치 스크린 등)로부터 데이터를 페치한다.

어셈블리에서는 원하는 데이터를 가져오려고 할 때 그 위치를 설정하는 몇 가지 방법이 있다. 실제 명령어에 대해서는 아직 배우지 않았으므로 너무 걱정하지는 말자. 이에 대해서는 7장 '어셈블리 명령어'에서 자세하게 다룬다. 현재는 2개의 명령어에만 집중하자. MOV는 하나의 레지스터에서 데이터를 다른 곳으로 이동시키며, LDR은 메모리의 특정 위치에서 데이터를 레지스터로 로드한다.

가장 공통적으로 사용하는 것 중 하나는 값을 레지스터에 집어넣는 일이다. 실제 값을 사용할 수 있다. 실제 값은 정수형 같은 특정 타입 중 하나가 된다. 이 예에서는 간단한 값을 사용했다. 실제 값을 설정하려면, 숫자 앞에 다음과 같이 해시 표시를 해주면 된다.

```
MOV r1, #42
```

이 경우에는 프로세서가 42라는 값을 r1에 집어넣는다.

어떤 경우에는 하나의 레지스터에서 다른 레지스터로 값을 이동시킬 수도 있다. 그런 경우는 다음과 같이 간단하게 표시할 수 있다.

```
MOV r1, r0
```

이 명령어는 r0의 내용을 r1로 '이동시킨다move'. C 언어로 표현하면 r1 = (int)r0과 같다. 위의 명령어는 복사를 할 뿐이지 이동하는 것은 아니다. 그 이유는 소스source에 값이 그대로 보존되기 때문이다. 2개의 레지스터를 설정해 한 곳에서 다른 곳으로 값을 복사할 수 있다. 그러나 어떤 경우에는 시프트shift라고 하는 것을 사용하는 경우도 있다. 시프트 연산은 배럴 시프터에 의해 동작된다. 이에 대한 더 자세한 정보는 7장 '어셈블리 명령어'에서 설명하겠다. 시프트는 바이너리 숫자를 가져와서 비트를 왼쪽 혹은 오른쪽으로 '시프트한다'.

시프트는 2의 거듭제곱을 사용해 곱셈이나 나눗셈을 하는 빠른 방법 중 하나이며, 때로는 숫자의 일부분을 읽는 경우에도 사용된다. 바이너리 값을 가져와서 그 숫자를 왼쪽이나 오른쪽으로 '밀어서' 2의 거듭제곱으로 증가시키거나 감소시키는 기능을 하게 할 수 있다. 이에 대해서는 그림 4-4에서 설명한다. 이 그림을 보면 바이너리 0100(10진수로 4)을 왼쪽으로 시프트하여 바이너리 1000(10진수로 8)이라는 값을 얻게 됐다.

그림 4-4 왼쪽으로 바이너리 시프트

시프트를 한 후에 레지스터를 MOV 하는 데는 LSL이나 LSR 피연산자를 사용한다.

```
MOV r1, r0, lsl #2
```

이전 명령어와 같이 위의 명령어는 r0에 있는 값을 r1에 집어넣는다. 그러나 이 작업을 하기 전에 2비트만큼 왼쪽으로 시프트한다. C 언어의 경우는 r1 = (int)(r1 << 2)와 같다. 오른쪽으로 시프트하는 것도 가능하다.

```
MOV r1, r0, lsr #4
```

이 기능은 ARM 어셈블리의 장점으로, ARM 시스템이 강력한 이유 중 하나다. 이제 어떤 일이 일어났는지 좀 더 자세히 알아보자. 레지스터에서 값을 읽어와서 시프트를 실행하고 그 결과를 다른 레지스터에 집어넣는다. 이것이 하나의 명령어로 해결된다.

LSL과 LSR은 명령어가 아니다. 7장의 '배럴 시프터' 절에서 이에 대해 자세하게 다룬다.

얼마나 시프트를 해야 하는지 정확하게 모른다면 어떤 일이 일어날까? ARM 어셈블리는 그에 대한 해결책을 갖고 있다. 시프트를 어느 정도 해야 하는지에 대한 값을 레지스터에 저장해둘 수 있다.

```
MOV r1, r0, lsr r2
```

시프트에 대해 레지스터에 설정해두면 r0은 r2에 있는 값만큼 시프트하게 된다.

이제 레지스터를 어떻게 설정하는지, 일반적인 값을 레지스터에 어떻게 집어넣는지 알게 됐다. 그러나 여기서 멈출 수 없다. MOV는 값을 단지 레지스터에서 읽어오거나 실제 값에서 읽어와서 레지스터에 집어넣는다. 이제 다른 명령어인 LDR에 대해서도 알아보자. LDR은 시스템 메모리에서 데이터를 읽어서 그 결과를 레지스터에 집어넣는다.

```
LDR r1, [r0]
```

각괄호 사이에 r0을 두면 컴파일러는 r0에 저장되어 있는 메모리 어드레스에서 값을 가져온다고 간주하게 된다. 예를 들어 r0이 0x101E4000이라는 값을 갖고 있다면 이 값은 ARM Versatile 보드에서 GPIO1 인터페이스다. 이 명령어를 실행하면 프로세서는 r0이 가리키는 메모리에서 값을 읽어서 r1에 집어넣게 된다. 이에 대한 내용은 그림 4-5에서 설명한다.

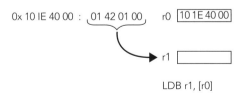

그림 4-5 포인터에서 레지스터를 로드

r0의 어드레스에 저장된 메모리에서 오프셋^{offset}을 사용해 그 내용을 읽어오려면 다음과 같이 숫자를 추가하면 된다.

```
LDR r1, [r0, #4]
```

위의 코드는 이전 예제와 같으며, 단지 프로세서가 메모리의 위치 r0 + 4에서 페치한다는 점만 다르다. 이에 대한 코드를 C 언어로 바꿔보면 r1 = *(r0 + 4)가 되며 32비트를 읽어온다. 이에 대해서는 그림 4-6에서 설명한다.

```
0x 10 IE 40 00  :  01 42 01 00      r0  10 1E 40 00
0x 10 IE 40 04  :  00 00 01 54

                                 r1
```

LDB r1, [r0,4]

그림 4-6 오프셋을 갖는 포인터에서 레지스터를 로드

물론 앞에서 본 내용과 마찬가지로 오프셋을 실제 값으로 설정하는 것뿐만 아니라 레지스터로도 설정할 수 있다.

```
LDR r1, [r0, r2]
```

위 명령어는 r0 안에 저장되어 있는 메모리 위치에 오프셋 r2를 더한 메모리 위치에서 값을 가져온다. 시프트 역시 이 명령어에서 직접 사용 가능하다.

```
LDR r1, [r0, r2, lsl #2]
```

r0의 메모리 위치에 있는 값을 r2의 값과 더하여 그 값을 2로 나눈 위치에서 데이터를 읽어온다. 이 코드를 C 언어로 바꾸면 r1 = *(r0 + ((r2 << 2) / 4))가 된다. 이 경우는 메모리에서 문자열을 읽어오는 경우에 사용된다. r0을 베이스 어드레스로 사용하고 r2를 오프셋으로 사용한 경우다. 물론 이 작업 후에 오프셋 레지스터를 증가시켜야 하지만 이것마저도 자동으로 할 수 있다.

```
LDR r1, [r0], #4
```

앞에서 본 예제와 같이, 이 명령어는 r0이 가리키는 메모리 위치에 있는 데이터를 가져다가 r1이 가리키는 곳에 집어넣는다. 그러나 실제 값 4를 r0과 더한다. 다음의 예제를 보자.

```
MOV r0, #200    ; 200을 r0에 집어넣는다.
LDR r1, [r0], #4   ; 메모리 위치 200에서 데이터를 읽어온다. r0 = 204가 된다.
LDR r1, [r0], #4   ; 메모리 위치 204에서 데이터를 읽어온다. r0 = 208이 된다.
```

위의 예제는 포스트 인덱스^{post-index} 어드레스로 알려져 있다. 그 이유는 인덱스를 사용하기 전에 그 값을 증가시키기 때문이다. 프리 인덱스^{pre-index} 어드레스도 같은 방식인데, 느낌표를 사용한다.

```
LDR r1, [r0, #4]!
```

메모리에서 페치하기 전에 4만큼 r0을 증가시킨다. 또 다른 예제를 보자.

```
MOV r0, #200    ; r0에 200을 집어넣는다.
LDR r1, [r0, #4]!   ; r0 = 204이고, 메모리에서 데이터를 읽어온다.
LDR r1, [r0, #4]!   ; r0 = 208이고, 메모리에서 데이터를 읽어온다.
```

ARM 어셈블리 프라이머

여타 프로그래밍 언어와 마찬가지로 어셈블리도 처음 시작할 때는 약간 혼란스럽다. 여러 언어들이 그렇듯이 어셈블리도 같은 기능을 다양한 방법으로 작성할 수 있다. 현재 표준은 UAL^{Unified Assembler Language}이라고 알려져 있고, ARM과 Thumb 모두에 공통적으로 사용하는 문법이다(7장 '어셈블리 명령어'에서 다루기로 하자).

로드와 저장

어떤 연산이든 데이터는 사용되기 전에 먼저 로드되어야 한다. ARM 코어는 로드/저장 명령어를 사용하며, 이것은 프로세서가 직접 메모리에 있는 데이터를 변경할 수는 없음을 의미한다. 피연산자의 모든 값은 메모리에서 읽어와야 하며, 명령어를 이용해 처리하기 전에 레지스터에 존재해야 한다.

로드와 저장과 관련된 연산자는 단지 2개만이 존재하는데, LDR은 레지스터에 로드하고 STR은 레지스터를 저장한다.

값에 대한 설정

특정 값으로 레지스터를 업데이트할 필요가 있다. 이 방법은 데이터를 비교할 때 유용하다. 레지스터 r0이 42와 같은가? 특정 데이터를 디바이스 레지스터에 작성할 때도 사용할 수 있다. 예를 들어, 시스템 메모리를 활성화하기 위해 0x27F39320을 DDR-II 제어 레지스터에 넣는다.

분기

분기^{branching}는 프로세서의 강력한 기능 중 하나다. 프로세서가 실행하고 있는 명령어들의 순차적인 흐름을 깨는 방법이다.

사용 가능한 분기는 두 가지로, 하나는 상대적 분기이고 다른 하나는 절대적 분기다. 상대적 분기는 PC의 값에 기반해 목적지를 계산한다. 상대적 분기는 ARM의 경우 +/-32M(24비트 × 4바이트)의 영역을 가지며, Thumb의 경우는 +/-4M의 영역이다. 분기 명령어는 PC에 상대적이기 때문에 생성된 코드는 재할당^{relocatable}으로 알려져 있다. 어느 어드레스에든 삽입되어 실행 가능하다.

절대적 분기는 좀 다르게 동작한다. 절대적 분기는 항상 특정 어드레스로 점프하기 때문에 +/-32M에 대한 제약이 없다. 32비트 레지스터를 사용한다면 이 값 자체를 점프할 어드레스로 사용할 수 있으며 그에 대한 사이클이 들어간다. 그러나 32비트 전체 어드레스 영역을 모두 액세스할 수 있다는 이점이 있다.

조건 분기는 모든 시스템의 기본이다. 컴퓨터는 한 가지만 실행한다고 볼 수 있으며, 이전 결과에 의존적으로 실행한다. 분기에 대한 이해는 상당히 중요하다.

분기는 링크에 의해 이루어지기 때문에 다음 명령어에 대한 어드레스를 저장할 수 있으며, 프로그램은 서브루틴의 실행 후에 정확히 같은 장소로 리턴할 수 있다. 분기는 또한 링크 레지스터에 대한 저장 없이도 가능하며, 이 경우는 루프 명령어를 실행하는 중에 주로 사용된다.

모든 프로세서는 분기가 가능하지만 ARM 시스템은 좀 더 다양한 분기 기능을 제공한다. ARM 코어는 ARM 어셈블리 명령어나 Thumb 명령어를 실행할 수 있으며, 이 두 가지 명령어 사이에서 스위칭하는 것은 분기를 이슈하거나 명령어를 바꾸면 쉽게 가능하다.

점프 명령어에 대해서는 7장 '어셈블리 명령어'에서 자세하게 다루기로 하자.

수학 연산

프로세서에 저장되어 있는 모든 값은 숫자이기 때문에 숫자로 하는 모든 작업은 어느 정도는 수학 연산이라고 볼 수 있다. 그래픽 사용자 인터페이스는 선과 사각형으로 구성되어 있고, 창의 크기를 변경하는 데는 숫자 처리 작업이 포함되어 있다. 디지털 음악을 듣는 데에도 복잡하고 반복적인 수학 연산이 포함된다. ARM 코어는 어떠한 연산에 대해서도 처리 가능한 완전한 명령어 세트를 갖고 있다. 이러한 연산들은 복잡한 애플리케이션 프로세서의 기능이 필요한 로우 엔드low-end 마이크로컨트롤러들에 유용하다.

어셈블리 명령어는 이해하기 쉽다. MUL은 곱셈multiplication의 축약형이고 SUB는 뺄셈subtract, SBC는 캐리가 있는 뺄셈subtract with carry이다. 모든 변수는 인간이 이해하기 쉬운 포맷으로 되어 있다.

예제 프로그램의 이해

이제 예제 프로그램을 살펴보자. 이 예제 프로그램에는 사용 가능한 모든 명령어가 포함되어 있다. 보기에는 신기한 루틴이지만 하나의 파라미터 r0을 받아서 처리한다고 이해하면 된다.

```
sum
    MOV r1,#0
sum_loop
    ADD r1,r1,r0
    SUBS r0,r0,#1
```

```
    BNE sum_loop
sum_rtn
    MOV r0,r1
    MOV pc,lr
```

얼핏 보면 위의 코드는 쉬운 루틴이지만 이해하기는 쉽지 않다. 몇 개의 섹션으로 나누어 이해해보자.

```
sum
    MOV r1,#0
```

이 부분은 0이라는 값을 r1로 '이동'하라는 뜻이다. 아마도 연산에서 r1을 사용할 것이기 때문에 위의 코드는 파라미터를 설정하는 코드라고 보면 된다. C 코드로 변환해보면, int x = 0과 동일하다.

```
sum_loop
    ADD r1,r1,r0 ; sum = sum+n
    SUBS r0,r0,#1 ; n = n-1
    BNE sum_loop
```

첫 번째 명령어는 r1과 r2에 있는 값을 더하여 그 결과를 r0에 집어넣는 것이다. 두 번째 라인은 뺄셈 명령어 SUB를 사용하지만 S가 명령어의 끝에 있으므로 CPSR의 조건 플래그를 업데이트한다. 명령어는 r0에 있는 값에서 1을 빼서 그 결과를 r0에 저장한다. 따라서 r0 = r0 - 1이라는 뜻이며, C 언어의 경우에는 r0--와 같다. 세 번째 명령어는 분기 연산이고 특정 어드레스로 '점프'를 실행하지만 NE 조건이 만족하는 경우에만 분기한다. 따라서 이 명령어는 r0이 0이 아닌 경우에 코드의 처음 부분으로 점프한다.

r0은 값을 갖고 있고, r1은 r0의 값에 r1의 값을 더한 것과 같다. 따라서 r0에서 1을 빼고 r0이 1이 아닌 동안 반복한다. 5부터 시작했다면 위 연산은 5 + 4 + 3 + 2 + 1이 된다. 다시 말해, 위 루틴은 숫자 n을 가져와서 1 + 2 + 3 + ⋯ + n의 결과를 리턴한다.

```
sum_rtn
    MOV r0,r1
    MOV pc,lr
```

여기서는 어떤 일이 일어날까? 첫 번째 명령어는 레지스터 r1을 r0으로 '이동'한다. 두 번째 명령어는 링크 레지스터$^{Link Register}$를 프로그램 카운터$^{Program Counter}$로 '이동'한다. 왜 그럴까? ARM의 함수는 r0의 결과를 리턴하기 때문에 r1을 임시 레지스터로 사용한다. 따라서 r0에 그 값을 복사해둔다. 그렇지 않으면 결과를 잃어버릴 수 있다. 링크 레지스터는 링크 명령어를 갖고 있는 분기$^{Branch with Link}$로부터 리턴하는 방법이다. 이 방법은 서브루틴을 호출하는 특별한 방법 중 하나다. 이 프로그램은 서브루틴이며 태스크를 종료한 후에 메인 프로그램으로 리턴한다.

축하한다! 이제 첫 번째 ARM 어셈블리 프로그램을 완성해봤다.

❖ 정리

4장에서는 ARM 어셈블리의 간략한 개요를 알아봤고, 그 사용법과 애플리케이션에 대해 소개했다. 간단한 소개를 통해 ARM 어셈블리에만 존재하는 특별한 명령어와 옵션에 대해서도 알게 됐다. 대부분의 ARM 명령어를 조건 기능이 있게 만드는 각기 다른 조건 코드에 대해서도 알아봤고 이런 기능이 얼마나 강력한지도 설명했다. 또한 어셈블리로 되어 있는 간단한 예세 프로그램을 살펴봤고, ㄱ 어셈블리를 이해하기가 그리 어렵지 않다는 사실도 알게 됐을 것이다.

다음 장에서는 가장 간단한 에뮬레이트 프로그램을 비롯해 평가 보드에서 사용하는 2개의 실제 프로그램까지, 몇 가지 예제 애플리케이션을 작성해보겠다.

첫발 내딛기

wrox.com 코드 다운로드

이 장의 wrox.com 코드는 www.wrox.com/go/profembeddedarmdev의 Download Code 탭에서 내려받을 수 있다. 이 장에서 사용한 코드는 다음의 두 가지 예제로 나뉘어 있다.

▶ hw-code.zip

▶ hw2-code.zip

이제 작업을 시작할 시간이다. 첫 번째 태스크는 ARM 프로세서에서 컴파일할 때 필요한 모든 것을 설치하는 작업으로 구성되어 있다. 기본적으로 개발 컴퓨터는 그 자체를 사용해 컴파일한다. Core i7 PC는 x86 리눅스 시스템에서 실행되는 코드를 컴파일한다. 크로스 컴파일러 같은 것들이 필요할 수도 있다. 크로스 컴파일러는 컴파일러가 실행되는 코드와는 다른 플랫폼을 위한 코드를 실행 파일로 만들 수 있는 컴파일러다. 내 경우 개발 환경이 i7이므로, ARM 시스템에서 실행되는 코드를 컴파일하려면 크로스 컴파일러를 설치해야 한다.

소서리 코드벤치 라이트^{Sourcery CodeBench Lite}는 무료 크로스 컴파일러다. EABI^{Embedded Application Binary Interface} 버전으로 내려받아 개발 PC에 설치하자. 라이트 버전은 http://www.mentor.com/embedded-software/sourcery-tools/sourcery-codebench/evaluations/에서 구할 수 있다.

소서리 코드벤치 라이트에는 여러 가지 프로그램이 포함되어 있는데, 대부분 arm-eabi로 시작한다. 이 프로그램 전부를 알아야 된다고 두려워할 필요는 없다. 이 중 몇 가지만 사용하면 된다. 해당 툴의 사용법에 대해서는 문서를 참고하자.

첫 번째 과정으로 ARM926EJ-S를 위한 코드를 컴파일하게 되며, 이 코드는 임베디드 ARM 플랫폼의 레퍼런스로 사용된다. 물론 여러 가지 ARM 코어를 사용할 수 있지만, ARM9 코어는 사용 가능한 툴들을 비교해봐도 그렇고 Versatile이라고 하는 완벽한 보드를 Qemu가 지원한다는 점에서도 그렇고 좋은 선택이다. 새로운 프로젝트는 반드시 클래식 ARM 프로세서를 사용할 필요는 없다. 더 새로운 Cortex 프로세서를 사용하면 된다. 그러나 Versatile 보드는 학습을 하기에는 훌륭한 리소스다. 이전 Versatile 보드는 새로운 Versatile Express 보드로 대체됐다.

이제 다른 프로세서들을 위해 예제들을 컴파일해보자.

❖ Hello, World!

전통적으로 새로운 프로그래밍 언어나 새로운 컴퓨터에서 사람들이 작성하는 첫 번째 프로그램은 Hello, World!다. 이 프로그램은 디스플레이 디바이스에 "Hello, World"라는 출력을 내보낸다. 대부분의 프로그래밍 언어에서 사용 가능한 가장 간단한 프로그램 중 하나이기 때문에, 초보자에게 프로그래밍 언어의 기본 문법을 설명하거나 언어나 시스템이 올바르게 동작하는지 체크하기 위해 주로 사용된다. 임베디드 시스템에서는 이 프로그램을 사용하는 것이 때때로 어려울 수 있는데 그 이유는 디스플레이가 없거나 있어도 다른 용도로 사용되고 있기 때문이다. 텍스트를 시리얼 포트로 전송하면 될 수 있지만 시스템이 처음 시작할 때는 어떤 드라이버도 갖고 있지 않다는 점을 기억하자. 이에 대한 내용은 이 책의 범위 밖이다.

이 예제는 최소화된 기능만을 사용한 베어본^{barebones} 시스템을 생성한다. 이 시스템은 어떤 인터럽트 핸들러나 캐시 관리자도 필요 없으며 이후에도 사용하지 않는다. 나중에 추가할 수는 있는 기본 프로그램이다. 기본 C 루틴은 다음과 같으며 hw-entry.c라고 한다(코드 파일: hw-code.zip).

```
int entry(void)
{
    return 0;
}
```

이 루틴에는 'main'에서부터 호출되는 부분은 표시되어 있지 않다. 그 이유는 'main'을 사용해 프로그램을 작성할 때는 대부분의 하드웨어가 이미 초기화됐다고 가정하므로 위의 경우와는 맞지 않기 때문이다. 어떤 하드웨어는 어셈블리로 초기화되지만 다른 컴포넌트는 C 언어로 초기화될 수도 있다. 이것은 entry 함수의 유일한 사용 방법이며, 어셈블리에서 C 언어로 진입하는 엔트리 포인트로서의 역할이다.

이제 위 코드를 C 루틴과 함께 컴파일해보자. 먼저 프로그램을 보통 사용하던 툴을 이용해 크로스 컴파일해야 한다. 현재 개발 플랫폼인 x86에서 실행 가능한 바이너리로 빌드한다. 그러고 나서 ARM 프로세서, 특히 ARM926EJ-S에서 실행 가능한 루틴으로 컴파일하자.

```
arm-none-eabi-gcc -c -mcpu=arm926ej-s entry.c -o entry.o
```

이 명령어는 entry.c를 ARM 명령어를 사용해 entry.o로 컴파일한다. 여기서 모든 것을 다 할 수는 없다. 앞에서 설명했듯이 이 프로그램은 운영체제 안에서 실행되는 프로그램은 아니지만, 다른 실행 작업 없이 프로세서에서 직접 실행할 수 있는 프로그램이다. 이러한 형태를 베어 메탈 애플리케이션^{bare metal application}이라고 하며, 어셈블리로 모든 셋업을 해야 함을 의미한다.

물론 C 루틴은 어셈블리에서 호출되며 여러분의 루틴을 실행하기 전에 벡터 테이블 같은 몇 가지는 셋업해야 한다. 이에 필요한 어셈블리 파일 hw-startup.s(코드 파일: hw-code.zip)는 다음과 같다.

```
.section INTERRUPT_VECTOR, "x"
.global _Reset
_Reset:
  B Reset_Handler /* 리셋 */
  B . /* 정의되지 않음 */
  B . /* SWI */
  B . /* 프리페치 취소 */
  B . /* 데이터 취소 */
  B . /* 예약 */
  B . /* IRQ */
  B . /* FIQ */

Reset_Handler:
  LDR sp, =stack_top
  BL entry
  B .
```

INTERRUPT_VECTOR라고 하는 섹션이며 실행 코드를 포함하고 있다. 벡터 테이블은 _Reset에서 호출된다(원하는 곳에서 정확하게 설정할 수 있도록 나중에 필요하다). 벡터 테이블을 0x0 위치에 두어야 하기 때문에, 이 위치는 나중에 설정할 수 있다.

벡터 테이블은 점프 명령어를 포함하고 있는데, 이 경우에는 한 가지 점프 명령어를 갖고 있다. 함수 Reset_Handler는 리셋Reset 예외가 발생할 때마다 호출된다. 그 밖의 모든 예외 벡터는 자신을 가리키지만, 아직은 그런 것들까지는 필요 없다. 이러한 것들을 사용하지는 않는다고 하더라도 전체 테이블을 작성하는 연습은 항상 필요하다. 리셋 핸들러는 스택 포인터만을 셋업하고 C 루틴을 호출한다. C 루틴이 리턴할 때 마지막 분기 명령어가 자신으로 분기하며 그때 프로세서는 불확실성의 상태가 된다.

이제 어셈블리 파일을 어셈블해보자.

```
arm-none-eabi-as -mcpu=arm926ej-s hw-startup.s -o hw-startup.o
```

다시 말하지만, 아직 모든 작업이 끝난 것이 아니다. 이제 여러분의 프로그램 중 일부만 컴파일했을 뿐이며, 베어 메탈 프로그램을 생성할 때 설정해야 할 몇 가지가 더 있다. 모든 것이 메모리에 올라가는 링커linker를 호출해야 한다. 물론 벡터 테이블은 특정 메모리 어드레스에 올라가게 되지만 LD 파일을 생성해야 한다. LD 파일 혹은 링커 파일은 메모리 아키텍처를 포함하고 있는 텍스트 파일이다. 어떤 코드의 어떤 부분이 놓일지 설정할 수 있다. 공간을 예약하고 나서 다른 메모리 위치를 설정할 수도 있다. 필요한 것은 정확한 위치를 설정하는 것이다. 리셋 벡터는 0x0에 위치하며 .data 섹션, .bss 섹션 그리고 스택을 위해 4킬로바이트의 메모리를 예약한다. 마지막으로 스택 포인터를 초기화한다. 이에 대한 내용이 hw-boot.ld 파일에 들어 있다.

```
ENTRY(_Reset)
SECTIONS
{
 . = 0x0;
 .text : {
 hw-startup.o (INTERRUPT_VECTOR)
 *(.text)
 }
 .data : { *(.data) }
 .bss : { *(.bss COMMON) }
 . = ALIGN(8);
 . = . + 0x1000; /* 스택 메모리의 4kB */
 stack_top = .;
}
```

이제 파일을 생성했고, 링커를 호출해 이 파일들을 하나로 합쳐보자.

```
arm-none-eabi-ld -T hw-boot.ld hw-entry.o hw-startup.o -o hw-boot.elf
```

이제 ELF 파일이 생성됐다. 그러나 아직 모두 끝난 것이 아니다. 다음 절에서 ELF에 대해 좀 더 알아보겠지만, ELF는 단순한 바이너리가 아니라 많은 정보(메모리 위치, 디버그 이름, 섹션 정보)를 포함하고 있다. 리눅스 바이너리를 실행할 때 실제로는 ELF를 RAM

에 로드하는 것이다. 이 ELF의 헤더는 바이너리를 어떻게 로드해야 하는지, 어디에 위치해야 할지, 얼마나 많은 메모리가 필요한지 등에 관한 중요한 정보를 포함하고 있다. 베어 메탈 시스템은 그러한 요구사항을 갖고 있지 않으며, 따라서 모든 것을 설정해줘야 한다. 또한 아직 이에 대한 정보를 파싱하는 운영체제를 갖고 있지 않다. 따라서 리얼 바이너리가 필요하다. ELF 파일에서 리얼 바이너리를 얻으려면 objcopy를 사용해야 한다. 바이너리를 출력하는 데는 -O 옵션을 사용한다. 이 명령어는 모든 ELF 정보를 제거하고 시스템에서 필요한 기본적인 최소한의 정보만 남겨둔다.

```
arm-none-eabi-objcopy -O binary hw-boot.elf hw-boot.bin
```

이제 boot.bin 파일을 생성했다. 이것이 첫 번째 ARM 실행 파일이다. 이 프로그램은 벡터 테이블과 엔트리 포인트를 정상적으로 셋업한다. 이 프로그램은 ARM의 모든 임베디드 애플리케이션의 기본이 된다. 다음 과정에서는 하드웨어를 초기화하거나 애플리케이션을 실행하는 작업에 대해 알아본다. 어떤 일이 발생하는지 정확하게 알아보자.

각 소스 파일은 '컴파일'됐고, 오브젝트 파일로 변환됐다. 링커는 하나 혹은 그 이상의 오브젝트 파일을 하나의 실행 파일로 생성했다. 옵션에 따라서는 메모리 위치가 정의된 파일을 읽어볼 수도 있다. 마지막으로 objcopy는 ELF 헤더에서 필요한 정보를 '추려내고', 프로그램을 프로세서에서 직접 실행될 수 있는 바이너리 파일 형태로 변환한다. 이에 대한 그림이 그림 5-1이다.

이 모든 소스 파일은 hw-code.zip이라는 압축 파일에 포함되어 있다.

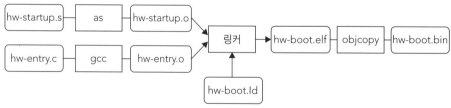

그림 5-1 컴파일과 링크

✦ 좀 더 자세하게 살펴보기

지금까지 한 작업이 무엇일까? 컴파일러와 링커의 기능을 사용해 파일을 생성했지만 정확하게 무엇을 했는지 알기는 어렵다. 실제로 한 일은 ELF 파일을 생성한 것이다. ELF 파일은 'Executable and Linkable Format'의 약어로, 베어 메탈 프로그램보다 더 많은 정보를 포함하고 있는 파일이다. 또한 디버깅 정보를 포함하고 있으며, 이 디버깅 정보를 통해 ELF의 내부를 염탐할 수도 있다.

어떤 것들이 빌드됐는지 체크해보자. ELF 파일에 포함되어 있는 정보를 '덤프^{dump}' 받아보면 어떤 작업들을 했는지 확인할 수 있다. readelf 애플리게이션은 대부분의 개발 시스템에서 사용 가능한 프로그램이며, 여러분의 시스템에서 사용할 수 있는 버전이 없다면 CodeSourcery에서 제공한다. ARM은 또한 여러 가지 훌륭한 도구를 제공하며 이 버전은 fromelf라고 한다.

-A 옵션을 사용하면 사용하는 아키텍처에 대한 자세한 정보를 출력할 수 있다.

```
readelf -A hw-boot.elf
Attribute Section: aeabi
File Attributes
  Tag_CPU_name: "ARM926EJ-S"
  Tag_CPU_arch: v5TEJ
  Tag_ARM_ISA_use: Yes
  Tag_THUMB_ISA_use: Thumb-1
  Tag_ABI_PCS_wchar_t: 4
  Tag_ABI_FP_denormal: Needed
  Tag_ABI_FP_exceptions: Needed
  Tag_ABI_FP_number_model: IEEE 754
  Tag_ABI_align_needed: 8-byte
  Tag_ABI_enum_size: small
```

Tag_CPU_name 필드는 이 ELF 파일이 ARM926EJ-S 프로세서용으로 컴파일됐음을 알려준다. 그리고 이어지는 정보는 프로세서를 설정하는 일이 왜 중요한지를 알려준다. 위의 정보를 보면 일반적인 ARM용으로 컴파일된 것이 아님을 알 수 있다. 이런 정보는 최적화 측면에서 중요하다. 컴파일러는 여러분이 작성한 모든 것이 이 프로세서에서 지원되는지 체크한다. Tag_CPU_arch는 v5TEJ이다. 이것은 타깃 프로세서가 v5 아키텍처임을 의미한다. 'T'는 이 프로세서가 Thumb 명령어 세트를 지원한다는 뜻이며, 'E'는 이 프로세서가 Enhanced DSP 명령어를 포함하고 있다는 뜻이다. 'J'는 프로세서가 또한 Jazelle DBX를 지원함을 의미한다. 더 자세한 정보는 1장의 'ARM의 명명 규칙' 절을 참고하라.

벡터 테이블은 0x0 어드레스에 있어야 하므로, 생성된 바이너리를 살펴보자. ELF 파일을 '덤프'해보면 파일을 디어셈블할 수 있고 디어셈블된 파일을 자세히 살펴보자. 이와 같은 작업은 objdump를 사용하면 된다. CodeSourcery의 명령어는 arm-none-eabi-objdump이다. -d 옵션을 사용해 디어셈블할 것을 선택한다.

다음과 같은 결과를 확인할 수 있다.

```
hw-  boot.elf:      file format elf32-littlearm

Disassembly of section .text:

00000000 <_Reset>:
   0:   ea000006    b       20 <Reset_Handler>
   4:   eafffffe    b       4 <_Reset+0x4>
   8:   eafffffe    b       8 <_Reset+0x8>
   c:   eafffffe    b       c <_Reset+0xc>
  10:   eafffffe    b       10 <_Reset+0x10>
  14:   eafffffe    b       14 <_Reset+0x14>
  18:   eafffffe    b       18 <_Reset+0x18>
  1c:   eafffffe    b       1c <_Reset+0x1c>

00000020 <Reset_Handler>:
  20:   e59fd004    ldr     sp, [pc, #4]    ; 2c <Reset_Handler+0xc>
  24:   eb000001    bl      30 <entry>
  28:   eafffffe    b       28 <Reset_Handler+0x8>
  2c:   00001050    .word   0x00001050
```

```
00000030 <entry>:
  30:   e52db004        push    {fp}                ; (str fp, [sp, #-4]!)
  34:   e28db000        add     fp, sp, #0
  38:   e3a03000        mov     r3, #0
  3c:   e1a00003        mov     r0, r3
  40:   e28bd000        add     sp, fp, #0
  44:   e8bd0800        ldmfd   sp!, {fp}
  48:   e12fff1e        bx      lr
```

위의 예에서 벡터 테이블이 0x00000000, 즉 _Reset이라고 되어 있는 부분에 있음을
알 수 있다. 이제 첫 번째 라인을 살펴보자.

```
   0:   ea000006        b       20 <Reset_Handler>
```

이것은 0x0 어드레스에 있는 명령어이며, ea000006은 헥사 덤프^{hex dump}다. 메모리의
헥사 덤프를 가지고서 원하는 것을 찾아볼 수 있다. 다행히도 직접 손으로 디코딩할 필
요는 없다. 디어셈블러가 그 작업을 해준다. 명령어는 B, 즉 분기다. 이 명령어는 0x20 어
드레스로 분기하며(이에 대해서는 나중에 살펴보자), 이 어드레스가 Reset_Handler다. 여
러분의 작업을 도와주기 위해 디어셈블러는 어드레스의 이름 혹은 오프셋을 사용할 때
가능한 이름을 사용한다. 다음 명령어는 정의되지 않은 명령어^{Undefined Instruction} 벡터이며
분기 어드레스는 Reset_Handler + 0x4이다.

테이블이 셋업됐지만 한 가지 문제가 있다. 시스템에 이것들을 어떻게 집어넣을까?
전원을 껐다가 다시 켜면 어떤 일이 발생할까? TV를 켜거나 전화기를 켤 때마다 디바이
스를 수동으로 리플래시해야 하는 극히 복잡한 일들이 일어나지만 이것들 모두 ARM 프
로세서를 사용한다. 따라서 같은 부트 순서를 적용할 수 있다. 이 모든 것은 여러분이 사
용하는 시스템에 따라 다르다.

일반적으로 메모리의 처음 수 킬로바이트 정도는 읽기 전용 메모리, 즉 ROM의 영
역으로 할당된다. 때때로 프로그래밍 가능한 ROM이 사용되기도 한다. 어떤 것이 사용
되는지도 모두 여러분이 사용하는 시스템에 따라 다르다. 시스템이 시작할 때 ROM으
로부터 벡터 테이블을 읽어와서 ROM에 있는 코드를 실행한다. 이러한 작업은 부트로

더로 알려져 있으며, 이 작업은 메인 애플리케이션(혹은 시스템)이 부팅하게 하는 작업이다. 애플리케이션 혹은 펌웨어는 ROM의 또 다른 형태가 되기도 하며, 심지어는 외부 SD 카드에 저장되어 있을 수도 있다. 부트로더는 코드가 실행되기 전에 메모리에 있는 코드를 로드할 때 필요한 모든 작업을 한다.

부트로더는 종종 두 번째 기능을 갖고 있기도 하다. 그것은 복구^{recovery} 기능이다. 잘못된 소프트웨어 업데이트의 경우에 부트로더는 오류가 있는 펌웨어를 찾아내거나 적어도 펌웨어를 특정 모드로 강제로 리플래시할 수도 있다. 이러한 경우는 주로 모바일 폰에서 발생하며, 잘못된 업그레이드로 인해 모바일 폰이 더 이상 부팅되지 않을 수도 있다. 특별한(혹은 숨겨져 있는) 키를 순차적으로 눌러서 펌웨어가 시리얼 연결을 오픈하고 새로운 펌웨어에 대한 다운로드를 기다린다.

◈ Hello World, 실제로 적용해보자!

ARM 시스템을 이미 갖고 있지 않다면, 이전 예제를 사용하기는 어렵다. 다행히도 대안이 있다. 그러나 대안을 사용했을 때의 문제점도 있다. Qemu는 여러 시스템을 에뮬레이트해주는 훌륭한 시스템이며 다양한 ARM 시스템도 포함되어 있다. 그러나 주로 커널을 실행하는 데 사용되며, 전체 시스템을 실행하는 목적으로는 사용하지 않는다. Qemu를 -kernel 옵션으로 실행하면 바이너리를 로드하지만 0x0 위치가 아닌 0x10000 위치에 올려놓는다. 벡터 테이블도 여전히 존재하기는 하지만 바이너리 이미지를 0x0에 로드할 수는 없다.

일반적인 컴퓨터 시스템에서 커널은 상당히 '늦게' 로드된다. 데스크탑이나 랩탑 컴퓨터 시스템은 처음 전원을 켜면 BIOS가 실행된다. BIOS는 시스템 메모리와 여러 타이머 같은 기본적인 설정을 체크하고 PCI 익스프레스^{express} 디바이스를 초기화한다. 해야 할 작업들의 리스트는 너무 길다. 이러한 작업이 완료되면 적절한 부트 미디어를 검색한다. 그것은 하드 드라이브, USB 디스크, CD-ROM, 혹은 그 외의 어떤 이름일 수도 있다. 올바른 코드를 찾으면 그 코드를 실행하기 전에 메모리에 로드한다. 이 코드를 부트로더라고 부르며, 커널을 실행하기 전에 로우 레벨 체크를 하거나 초기화를 담당한다.

PC 시스템에서는 GRUB2와 LILO가 부트로더의 예다. 임베디드 시스템에서는 U-Boot 가 잘 알려져 있다.

Qemu는 자신만의 부트로더를 갖고 있으며 여러분은 변경할 수 없다. 이 부트로더 는 대부분의 하드웨어에 대한 초기화를 수행하며 여러분이 제공하는 커널을 0x10000에 로드한다. 여기서 두 가지 옵션이 있다. 하나는 벡터 테이블을 무시하고 바로 바이너리 를 0x10000에 로드하는 것이다. 다른 하나는 벡터 테이블을 보관하고 0x10000에 로드하 는 것이다. 벡터 테이블의 첫 번째 엔트리는 점프 명령어다.

Qemu는 여러 시스템을 에뮬레이트하며, 해당 시스템에는 Versatile Platform Baseboard도 포함되어 있다. Versatile/PB는 ARM926EJ-S 코어와 4개의 UART 포트 를 가진 완벽한 시스템이다. 바이너리를 테스트할 목적으로 이러한 기능들을 사용하게 되며, 결국 Hello, world!를 출력할 수 있게 된다.

Versatile/PB 문서를 보면 UART0 어드레스가 0x101f1000임을 알 수 있다. Qemu는 터미널로서 UART0에 직접 출력을 보여주기 위한 옵션으로 실행된다. Versatile/PB 시 스템의 Qemu에 대한 구현은 시리얼 포트를 포함해 자동적으로 몇몇 하드웨어를 초기 화한다. 그러나 모든 시스템에서 이와 같이 동작하는 것은 아니며, 이와 같은 방식을 사 용하기 전에 하드웨어를 완벽하게 초기화할 수 있도록 연습해둬야 한다. 여러분의 코드 는 최소화되어 있지만 이 시스템에서만 최소화되어 있을 수 있다. 실제 임베디드 시스 템에서는 보 레이트^{baud rate}를 초기화하거나 레지스터를 설정하기 위한 코드가 좀 더 필 요할 수도 있으며, 출력 버퍼가 꽉 차 있는 것은 아닌지 체크하는 코드가 필요하기도 하 다. 간략화된 시스템에서는 이런 일을 할 필요가 없으므로 그로 인한 이점이 있다.

hw2-entry.c 파일은 다음과 같다(코드 파일: hw2-code.zip).

```c
volatile unsigned char * const UART0_PTR = (unsigned char *)0x101f1000;

void print_uart0(const char *string)
{
    while (*string != '\0')
    {
```

```
        *UART0_PTR = *string;
        string++;
    }
}


int entry(void)
{
    print_uart0("Hello, world!\n");
    return 0;
}
```

여기서 두 가지를 추가한다. 첫 번째는 데이터를 전송하는 데 사용할 시리얼 포트 레지스터의 어드레스다. 두 번째는 문자열을 시리얼 디바이스에 문자별로 출력할 루틴이다. UART 디바이스는 물론 동일하다. 이러한 특징은 UART가 디버깅 목적으로 주로 사용되는 이유이기도 하다. 근래의 PC는 시리얼 포트와 같은 '레거시^{legacy}' 컴포넌트를 삭제하는 추세이지만, 임베디드 시스템에서는 여전히 그 컴포넌트들을 사용한다.

이제 C 파일을 컴파일해보자. GCC의 ARM 버전을 사용하자.

```
arm-none-eabi-gcc -g -c -mcpu=arm926ej-s hw2-entry.c -o hw2-entry.o
```

ARM GCC 컴파일러를 사용해 C 프로그램을 ARM 어셈블리 코드로 컴파일할 수 있다.

또한 시작 어드레스가 0x10000이기 때문에 그리고 바이너리를 직접 벡터 테이블에 넣는 것이 아니기 때문에 벡터 테이블을 사용하지 않는다. 어셈블리 파일을 수정해 C 루틴을 직접 호출하게 한다. 이에 대해서는 나중에 추가해야 하며 벡터 테이블을 수정해야 한다. 여기서 질문이 있다. 벡터 테이블이 필요하지 않은데 왜 메모리 맵을 생성하는 노력을 들여야 할까? 왜 파일을 그냥 컴파일해서 로드하지 않을까? 여기에는 몇 가지 이유가 있다. 운영체제에서 실행되는 프로그램을 작성할 때, 예를 들어 리눅스, 윈도우, MacOS용으로 개발할 때는 애플리케이션의 메모리 위치를 설정할 필요가 없다. 이것은 컴파일러가 특정 함수, main을 찾아서 특정 위치에서 시작할 수 있도록 자동으로 프로그램을 컴파일하기 때문이다. 운영체제는 가상 메모리, 메모리 공간의 클리어 등을 포함한 모든 태스크를 처리한다. 그리고 새로운 프로그램에 제어권을 넘기기 전에 특정 어드레스에 프로그램을 로드한다. 그러나 베어 메탈 시스템에서는 이와 같은 작업을 맡을 운영체제가 없다. 따라서 여러분이 직접 해야 한다. Qemu는 0x10000에 있는 바이너리 파일이 필요하기 때문에 그 어드레스에서 시작하도록 프로그램을 설정해야 한다.

여기에는 또 다른 이유도 있다. 프로세서가 점프 명령어를 실행할 때 프로세서는 PC를 특정 어드레스로 변경한다. 상대적인 어드레스를 사용할 수도 있지만 특정 메모리 위치를 설정하는 편이 더 쉽다. 다른 메모리 어드레스를 위해 프로그램을 컴파일한다면 첫 번째 점프에서 PC는 올바르지 않은 값을 갖게 되고 프로그램의 나머지 부분도 예상치 못한 결과를 초래할 수 있다.

이제 기본적인 파일부터 시작해보자. qemuboot.ld 파일은 다음과 같다.

```
ENTRY(_MyApp)
SECTIONS
{
 . = 0x10000;
 .startup . : { startup.o(.text) }
 .text : { *(.text) }
 .data : { *(.data) }
 .bss : { *(.bss COMMON) }
 . = ALIGN(8);
 . = . + 0x1000; /*스택 메모리의 4kB  */
 stack_top = .;
}
```

이 파일을 사용해 0x10000 메모리 위치에 startup.o의 내용을 올려둔다. Qemu는 이 어드레스에 바이너리 파일이 로드될 때까지 기다린다. 프로그램을 로드한 다음에는 .data 섹션, .bss 섹션, 그리고 스택 공간에 대해 할당을 해야 한다.

startup.s 파일은 다음과 같다.

```
.global _MyApp
_MyApp:
```

```
LDR sp, =stack_top
BL entry
B .
```

ARM 어셈블리를 사용해 이 파일을 다음과 같이 어셈블한다.

```
arm-none-eabi-as -g -mcpu=arm926ej-s startup.s -o startup.o
```

이제 코드를 어셈블했고, 2개의 파일을 메모리 맵을 사용해 링크해야 한다.

```
arm-none-eabi-ld -T qemuboot.ld entry.o startup.o -o qemuboot.elf
```

ELF 파일이 생성됐지만 ELF의 내용 중 일부분을 제거해야 한다.

```
arm-none-eabi-objcopy -O binary qemuboot.elf qemuboot.bin
```

마지막 과정으로 베어 메탈 프로그램을 컴파일했고, 이제 Qemu에서 실행할 수 있다. Qemu를 Versatile 보드로 설정하고 그래픽은 무시한다. 다음과 같이 작업한다.

```
qemu-system-arm -M versatilepb -nographic -kernel qemuboot.bin
```

무시해도 크게 상관없는 약간의 하드웨어 문제에 대한 경고가 나타날 수도 있다. Qemu는 간단한 ARM 보드만을 에뮬레이터하지는 않는다. 전체 운영체제를 실행할 수도 있고 사운드와 비디오까지도 사용 가능하다. 시스템에 따라 사운드 시스템을 초기화하는 데 약간의 경고가 나타날 수도 있다. 여기서는 무시해도 좋다.

이제 모든 작업이 끝나면 Qemu를 통해 스크린에 "Hello, world!"가 나타날 것이다.

소프트웨어 구현

ARM 코어에 따라 특정 기능을 하드웨어 유닛으로 구현할 수도 있고, 어떤 것들은 소프트웨어로 구현하기도 한다. 예를 들어, 나눗셈 기능이 그런 기능이다. 임의의 프로젝트에서 나눗셈을 해야 하는 코드가 있다고 가정하자. 문제는 이전 ARM 코어에서는 하드웨어 나눗셈을 실행할 수 없다는 점이다.

다음과 같은 간단한 헬퍼helper 루틴을 고려하자.

```
int mydiv(int a, int b)
{
  return a/b;
}
```

이것은 극히 간단한 루틴이지만, 정상적으로 코딩된 것은 아니며 예제를 위한 코드다. 컴파일러는 a와 b가 무엇인지 전혀 알 수가 없으며, 따라서 부호 있는 정수를 나눗셈하는 루틴을 생성해야 한다. 이 코드를 컴파일하기 위해서는 다음과 같이 하면 된다.

```
arm-none-eabi-gcc -c -mcpu=arm926ej-s ./div.c
arm-none-eabi-objdump -S div.o
```

내가 개발하고 있는 컴퓨터에서는 다음과 같은 출력이 나타난다.

```
Disassembly of section .text:

00000000 <intdiv>:
    0:   e92d4800        push    {fp, lr}
    4:   e28db004        add     fp, sp, #4
    8:   e24dd008        sub     sp, sp, #8
    c:   e50b0008        str     r0, [fp, #-8]
   10:   e50b100c        str     r1, [fp, #-12]
   14:   e51b0008        ldr     r0, [fp, #-8]
   18:   e51b100c        ldr     r1, [fp, #-12]
   1c:   ebfffffe        bl      0 <__aeabi_idiv>
   20:   e1a03000        mov     r3, r0
   24:   e1a00003        mov     r0, r3
   28:   e24bd004        sub     sp, fp, #4
   2c:   e8bd8800        pop     {fp, pc}
```

컴파일러는 실제로 위의 코드를 컴파일했지만 그 결과가 기대했던 것과는 다르다. __aeabi_idiv는 무엇일까? 이것은 프로젝트에 존재하지 않고 GNU 컴파일러 컬렉션에서 제공하는 헬퍼 클래스다. 또한 ARM에서 ARM 컴파일러 사용자를 위해 직접 제공하는 것이다. 이 코드가 완벽한 프로젝트는 아니더라도 경고를 출력하기도 하고 거의 대부분은 컴파일도 된다.

```
arm-none-eabi-ld div.o -o div.elf
arm-none-eabi-ld: warning: cannot find entry symbol _start; defaulting to
00008000
div.o: In function 'intdiv':
div.c:(.text+0x1c): undefined reference to '__aeabi_idiv'
```

첫 번째 경고는 정상이다. 위의 코드는 프로젝트가 아니다. 따라서 엔트리 포인트가 없다. 컴파일러는 최대한 개발자가 기대하는 대로 작업을 하지만 모든 것을 할 수는 없다. 두 번째 경고는 약간 고민을 해야 한다. 컴파일러가 '__aeabi_idiv'라는 함수를 찾지 못했기 때문에 계속 진행할 수 없다는 뜻이다. 문제는 '__aeabi_idiv'라는 함수를 원하지 않았고 그저 간단한 나눗셈 정도만 원했을 뿐이다. 간단하게 답변하자면, 그렇게는 할 수 없다. 이 특별한 ARM 코어는 하드웨어 나눗셈을 지원하지 않는다.

따라서 여기서는 라이브러리가 필요하다. 이 코어는 본질적으로 나눗셈이 불가능하기 때문에 소프트웨어 라이브러리를 사용해야 하는 것이다. 좀 더 최근 코어들은 하드웨어 나눗셈을 지원하고 라이브러리 호출은 간단한 SDIV 어셈블리 명령어로 대체할 수 있다. 예를 들어, 위의 코드를 Cortex-A15용으로 컴파일하면 다음과 같다.

```
arm-none-eabi-gcc -c -mcpu=cortex-a15 ./div.c
arm-none-eabi-objdump -S div.o
00000000 <intdiv>:
   0:   e52db004    push    {fp}            ; (str fp, [sp, #-4]!)
   4:   e28db000    add     fp, sp, #0
   8:   e24dd00c    sub     sp, sp, #12
   c:   e50b0008    str     r0, [fp, #-8]
  10:   e50b100c    str     r1, [fp, #-12]
  14:   e51b2008    ldr     r2, [fp, #-8]
  18:   e51b300c    ldr     r3, [fp, #-12]
  1c:   e713f312    sdiv    r3, r2, r3
  20:   e1a00003    mov     r0, r3
  24:   e28bd000    add     sp, fp, #0
```

```
28:   e8bd0800        ldmfd   sp!, {fp}
2c:   e12fff1e        bx      lr
```

❖ 메모리 매핑

RESET에 의해 ARM 코어는 자동으로 MMU를 비활성화한다. 물론 MMU가 있어야 한다. 메모리 페치는 메모리의 일부분을 직접 페치한다. 이 말이 약간 이상하게 들릴지도 모른다.

더 혁신적인 프로세서들은 특정 부트로더를 제공하며 작은 애플리케이션 형태로 되어 있는 이 부트로더는 RESET에 의해 동작한다. 부트로더는 제조사에서 직접 제공하는 것이 일반적이며, 수정하거나 비활성화하는 것은 불가능하다. 부트로더의 역할은 플래시 오류가 있을 때 새로운 바이너리를 업로드하거나 바이너리를 실행하기 전에 정상적인 바이너리인지를 체크하는 보안 체크 등의 태스크를 실행한다.

예를 들어, 리셋 벡터는 RAM이 아닌 ROM에 위치한다. 또한 하드웨어 입장에서 보면, RAM은 항상 같은 위치에 있는 것이 아니다. 시스템은 DDR2 컨트롤러를 0x90000000에 위치하도록 하겠지만 여러분의 소프트웨어는 0x20000000에서 시작하도록 메모리를 원할 수도 있다. 어떤 시스템에서는 2개의 DDR2 칩을 사용하기도 하며 이 메모리의 위치는 연속되어 있지 않을 수도 있다. 이 작업을 간단하게 하기 위해서는 MMU를 설정해야 한다.

메모리 관리 유닛MMU, Memory Management Unit은 ARM 코어에 내장되어 있는 경우도 있으며, 이 MMU의 주요 작업은 가상 메모리를 물리 메모리로 변환하는 것이다. 물리 메모리는 실제 물리적으로 메모리의 버스에 위치하는 장소를 말하며, 가상 메모리는 프로세서 입장에서 바라보는 메모리의 위치를 말한다. 메모리를 액세스할 때 프로세서는 특정 메모리 액세스를 요구한다. 이 액세스는 MMU에 전송되어 올바른 액세스 요청인지 분석된다. 프로세서는 0x2000F080 어드레스에 있는 메모리 요청을 받으며 DDR 메모리를 사용하는 것인지를 고민하지만 실제로 원하는 것은 0x9000F080 어드레스에 있는 메모리다. 프로세서는 이와 같은 변경에 대해 특별한 고민을 하지 않고 0x2000F080 어드레스에서 메모리를 페치한다. 그림 5-2는 ARM 시스템에서의 MMU를 보여준다. ARM 프로세서는 메모리 어드레스에 대한 요청을 생성하며, MMU는 그 요청을 수신한 후에 변환 테이블$^{Translation\ Table}$을 살펴보고 필요하다면 메모리 어드레스를 변환한다. 결과는 프로세서에게 전달된다.

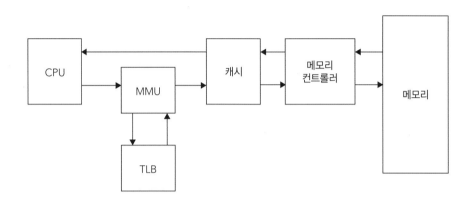

그림 5-2 MMU와 메모리 요청

MMU는 메모리만 매핑하는 것은 아니며 액세스 권한에 대한 정책을 수행한다. MMU는 특정 메모리 위치의 액세스를 거절하도록 프로그래밍될 수 있으며, 메모리의 어떤 부분이 캐시되는지도 설정할 수 있다.

가상 메모리의 다른 사용 예에 대해 너무 자세히 알 필요는 없으며, 가장 공통적인 기능 중 하나는 플랫 맵$^{flat\ map}$이다. 플랫 맵은 가상 어드레스가 물리 어드레스와 동일한 어드레스를 갖는 경우다. 이러한 정책은 처음 시작할 때는 좋은 방법이며, 메모리 액세스 권한과 캐시를 셋업할 수 있다.

가장 먼저, 변환 테이블이 어디에 있는지 알아야 한다. 변환 테이블은 다른 변환을 포함하고 있는 물리 어드레스에 존재하는 지역이다. 변환 테이블은 변환 엔트리를 포함하며, 이 예의 경우 사용될 유일한 엔트리는 L1 엔트리다.

어드레스를 로드하기 위해서는 CP15를 프로그래밍해야 한다.

```
LDR r0, tlb_l1_base
MCR p15, 0, r0, c2, c0, 0
```

변수 `tlb_l1_base`는 다음과 같이 정의된다.

```
tlb_l1_base:
    .word 0x00008000
```

위와 같이 작성하면 `tlb_l1_base`를 32비트 값으로 정의한다. `mcr` 명령어는 ARM 레지스터^{Register}에서 코프로세서^{Coprocessor}로 이동^{Move}하는 명령어다. 코프로세서 명령어는 변수나 고정된 값을 사용할 수 있으며, 단지 ARM 레지스터에서 전송받기만 할 수 있다.

첫 번째 부분이 완성됐다. MMU는 이제 페이지 데이터가 어디에 저장되어 있는지 알게 됐지만, 아직 페이지 데이터를 갖고 오는 부분은 완성되지 않았다. 다음으로 해야 할 작업이 그 작업이다.

변환 테이블은 변환 엔트리 전체를 갖고 있으며 간단하게 사용하자면 L1 테이블만을 사용할 것이다. 매핑은 플랫이고, 따라서 '가상 메모리 = 물리 메모리'가 된다. L1 엔트리는 1메가바이트의 메모리를 정의하고 있기 때문에 그리고 ARM 프로세서는 4096메가바이트의 메모리를 액세스할 수 있기 때문에 4096 섹션 엔트리가 필요하다. 표 5-1은 섹션 엔트리를 정의하고 있다.

표 5-1 섹션 엔트리 레이아웃

비트	설명
31:20	섹션 베이스 어드레스(section base address)
11:10	액세스 퍼미션(access permission)
8:5	도메인(domain)
3:2	캐시 가능 / 버퍼 가능
1:0	섹션 페이지 테이블 엔트리의 0b10

정의되지 않은 비트는 0으로 남겨둔다. 눈여겨봐야 하는 부분은 섹션 베이스 어드레스다. 플랫 매핑에서는 0x000xxxxx가 0x000xxxxx로 매핑된다고 정의한다. 따라서 0xfffxxxxx에 매핑되는 것은 0xfffxxxxx가 된다. 이것이 루프가 하는 작업이다. 다른 비트에 대해 알아보면 액세스 퍼미션은 0x11이며, 이것은 슈퍼바이저와 사용자 코드가 메모리를 액세스할 수 있음을 의미한다.

```
        LDR r0,=tlb_l1_base
        MOVT r1, #0x0000
        MOVW r1, #0x0C02 ; 전체 액세스, 도메인 0, 캐시 없음, 페이지 테이블 엔트리
        MOV r2, #4095 ; 해야 할 엔트리 수, 1을 감소시킴
mmuloop:
        STR r1, [r0] ; r1의 내용을 변환 테이블에 저장
        ADD r0, #4 ; 다음 엔트리
        ADD r1, #0x00100000 ; 다음 페이지
        SUBS r2, #1
        BNE mmuloop
done:
```

위의 프로그램은 변환 테이블의 어드레스를 r0에 로드하는 것으로 시작한다. 첫 번째 페이지 테이블 엔트리는 r1에 로드되고 유지된다. 이것은 모든 페이지가 현재와 같은 파라미터를 사용하기 때문에 가능하다. r2는 4096 값으로 로드되거나 변환 테이블에 로드할 엔트리의 양을 로드한다.

mmuloop 섹션은 이해하기가 쉽다. 먼저 r1에 있는 값을 r0의 값(첫 번째 테이블 엔트리)이 가리키는 메모리 위치로 저장한다. 그리고 나서 r0 레지스터는 섹션 엔트리가 32비트 길이이기 때문에 4만큼 증가된다. 이제 테이블에는 다음 어드레스가 존재하게 된다. 그런 다음 레지스터 r1은 0x00100000만큼 혹은 섹션의 크기만큼 증가된다. 마지막으로, r2는 1만큼 감소된다. 그리고 r2의 값이 0이 아니라면 루프를 실행한다. 그 값이 0이면 프로그램은 계속된다.

MMU는 베이스 어드레스에 대해 알게 됐고 테이블에 값을 로드했다. 그럼에도 불구하고 해야 할 작업이 아직 남아 있다. MMU를 활성화하는 것이다. 다음 코드를 보자.

```
MRC p15, 0, r0, c1, c0, 0
ORR r0, r0, #0x1
MCR p15, 0, r0, c1, c0, 0
```

이전의 코프로세서 예제와 마찬가지로 이 작은 부분은 코드가 MMU 레지스터를 업데이트한다. 그러나 먼저 코프로세서에서 읽어와야 한다. MRC는 코프로세서 레지스터를 ARM 레지스터로 읽어들인다. 다음으로 논리 OR을 실행해서 첫 번째 비트를 0으로 설정한다. 업데이트된 레지스터는 다시 코프로세서로 저장된다.

이제 MMU가 활성화됐다.

❖ 실제 예제

앞에서 배운 이론적인 내용은 흥미로웠지만, 진짜 재미는 실제 시스템에서 애플리케이션을 만들어보는 데 있다. ARM 시스템을 구입해야 한다는 사실에 반감을 갖는 사람들도 있는데 그 이유는 대부분 비용 때문이다. 실제로 몇몇 하이 엔드 평가 보드는 무척 고가이지만, 그런 보드는 특정 태스크용으로 사용된다. 예를 들어, 차세대 스마트폰이나 멀티코어 테스트 환경을 위한 것들이다. 프로젝트를 시작할 때 필요한 툴을 포함하더라도 50불 이하의 가격으로 완벽한 ARM 시스템을 구입할 수 있다는 사실을 모르는 사람들이 대부분이다.

이번 절에서는 3개의 평가 보드를 소개할 텐데, 실리콘 랩$^{Silicon Labs}$의 STK3800, STK3200과 아트멜^{Atmel}의 SAM D20 Xplained Pro이다.

실리콘 랩의 STK3800

ARM 코어라고 해서 다 같은 것이 아니다. ARM 라이선스에 따라 다르고, 고객이 어느 정도의 자유도를 갖는지에 따라 그리고 ARM 에코시스템의 여부에 따라 따르다. 대부분의 고객은 캐시를 비롯한 더 빠른 컴포넌트를 추가하기 위해 코어를 수정한다. 실리콘 랩은 저전력 디바이스에 특화된 제품을 제조하며, 시장에서 가장 에너지 효율이 좋은 Cortex-M을 만든다.

Cortex-M 시리즈는 극단적인 저전력 사용을 위한 프로세서로 잘 알려져 있지만, Cortex-M이 기대보다 많은 전력을 소비하는 경우가 있다. 특히 고온 환경에서 그러하다. 실리콘 랩은 오랜 시간 동안 완벽한 에너지 절약을 위한 설계를 해왔고 그 결과물로 게코Gecko 시리즈를 출시했다.

실리콘 랩의 게코 칩은 잘 설계된 평가 보드이며, 일반 사용자가 자유롭게 사용할 수 있도록 다양한 센서를 탑재하고 있다. 외부 컴포넌트를 연결해야 하는 작업이 필요한 경우에는 사용자가 자신의 입력과 출력을 연동해 사용할 수 있게 외부 연결 핀을 제공한다. 또한 이 보드는 내장된 하드웨어 디버거를 갖고 있기 때문에 코드를 디버깅하고 플래시하며 프로파일링할 수 있게 해준다.

원더 게코Wonder Gecko STK3800 보드는 Cortex-M4와 FPUFloating Point Unit를 통합했으며 2개의 사용자 버튼, 하나의 라이트 센서light sensor, 하나의 메탈 디텍터metal detector, 그리고 다양한 정보의 디스플레이를 위해 풀 사이즈의 LCD 스크린을 제공한다. 보드에서 제공하지 않는 것은 터치 센서다. 이 모든 것을 사용하기 위해 2개의 USB 포트(하나는 디버거용이며 다른 하나는 I/O용이다)를 제공하고, 테스트 프로그램을 플래시하도록 흥미로운 애플리케이션을 담은 CD를 제공하며, 실시간 전력 소비도 볼 수 있다. 그림 5-3은 이 보드를 보여준다.

그림 5-3 실리콘 랩의 STK3800 평가 보드

이 보드의 기능을 알아보기 위해 탁상 시계를 만들어보자. STK3800 보드는 배터리 커넥터로 연결되며, 하나의 CR2032 배터리로 동작한다. 그러므로 이 보드는 모바일 형태로 사용 가능하며 배터리는 생각한 것보다 오래 지속된다. 배터리가 방전되면 EFM32는 다른 방식을 사용한다. STK3800은 슈퍼 커패시터^{capacitor}를 갖고 있으며, 이 커패시터는 프로세서의 중요 섹션에 전력을 유지할 수 있게 해준다. 또한 이 보드는 RTC 타이머도 갖고 있다. 애플리케이션에서 최대 8시간까지 시간을 유지할 수 있다.

클록은 이벤트 구동형^{event-driven}이며, 이러한 특성은 원더 게코가 대부분의 시간을 슬리핑^{sleeping}에 소모하기 때문에 결국 에너지를 절약하게 된다. 원더 게코는 인터럽트에 의해 깨어나고 반응하지만 정확히 어떤 인터럽트인지를 어떻게 알 수 있을까? 이제 시간과 분을 보여주는 프로그램을 만들어서 분당 한 번의 인터럽트를 처리할 수 있게 해보자. 화면 애니메이션은 어떻게 할까? LCD 디스플레이는 위젯 방식으로 사용자가 시스템이 계속 동작하고 있음을 알 수 있게 해준다. 원더 게코 시리즈는 또 다른 트릭을 사용하는데, LCD 컨트롤러가 MCU의 도움 없이 기본적인 애니메이션을 실행하게 된다.

전체 프로그램은 몇 개의 단계로 분할되어 있다. 먼저 기본 시스템 초기화다. 디버깅을 위해 애플리케이션은 트레이스^{trace} 출력을 초기화한다. 이 작업은 나중에 제품 단계에서는 삭제된다.

기본적인 셋업 후에 애플리케이션은 좀 더 세밀한 설정이 필요하다. 코어 주파수, LCD 컨트롤러, 실시간 클록 등을 셋업해야 한다. 이 작업이 끝난 후에 GPIO를 인터럽트용으로 설정한다.

초기화와 설정이 모두 완료된 후에 실제 코드인 클록을 실행해보자.

초기화

초기화는 많은 사람을 짜증 나게 하는 작업이다. 이론적으로는 캐시 셋업, 애플리케이션 시작 전에 시스템 디바이스의 준비 등과 같은 로우 레벨 시스템 설정을 의미한다. Cortex-M 칩이 아키텍처 측면이나 개발자 측면에서 봤을 때도 '간단하도록' 설계됐다는 점을 기억하자. Cortex-M 프로그램은 완전히 C로 설계되지만 실리콘 랩은 좀 더 쉽게 만들었다. 먼저 프로세서를 초기화한다.

```
/* 칩 초기화 */
CHIP_Init();
```

칩들 간의 차이점으로 인해 실리콘 랩은 `CHIP_Init()` 함수를 사용해 모든 레지스터를 최신 버전의 문서에 기재되어 있는 대로 설정한다. 이러한 작업은 꼭 필요하며 간단하게 할 수 있다. 이제 칩 자체를 초기화했으며, 전력과 코드 프로파일러는 옵션으로 활성화할 수 있다.

```
/* 프로파일러 활성화 */
BSP_TraceProfilerSetup();
```

이제 각각의 값들은 디버그 포트에서 읽을 수 있으며, 그 값은 전력 사용량, 어떤 인터럽트가 상태를 변경하는지, 그 시간은 얼마나 걸리는지에 대한 리스트 등이다. 다음으로 코어 주파수를 업데이트해야 한다.

```
/* 코어 주파수가 업데이트되는지 확인한다. */
SystemCoreClockUpdate();
```

클록 애플리케이션에서는 LCD 디스플레이를 초기화해야 한다.

```
/* 전압 변경 없이 LCD 디스플레이를 초기화한다. */
SegmentLCD_Init(false);
```

4개의 간단한 C 코드를 사용해 EFM32를 셋업하고 나면 이제 시작할 준비가 됐다.

설정

가능한 한 에너지를 절약하는 것이 좋다. 프로세서는 대부분의 시간을 저전력 상태에 있어야 한다. 계속 루프를 실행하는 것 대신에, 분마다 LCD 스크린을 업데이트하기 위해 프로세서를 깨우도록 RTC를 프로그래밍할 것이다. 프로세서가 깨어나면, 몇 개의 변수를 업데이트하고 다시 슬립sleep 상태가 된다. 먼저 RTC를 설정해야 한다.

```
1 void rtc_setup(void)
2 {
```

```
3    RTC_Init_TypeDef rtcInit = RTC_INIT_DEFAULT;
4    CMU_ClockEnable(cmuClock_CORELE, true);
5    CMU_ClockSelectSet(cmuClock_LFA, cmuSelect_LFXO);
6    CMU_ClockDivSet(cmuClock_RTC, cmuClkDiv_32);
7    CMU_ClockEnable(cmuClock_RTC, true);
8    rtcInit.enable = false;
9    rtcInit.debugRun = false;
10   rtcInit.comp0top = true;
11   RTC_Init(&rtcInit);
12   /* 매분 인터럽트를 스케줄링한다. */
13   RTC_CompareSet(0, ((RTC_FREQ / 32 ) * 60 ) - 1;
14   /* 인터럽트를 활성화한다. */
15   NVIC_EnableIRQ(RTC_IRQn);
16   RTC_IntEnable(RTC_IEN_COMP0);
17   /* RTC를 활성화한다. */
18   RTC_Enable(true);
19 }
```

위의 코드는 약간의 설명이 필요하다. 먼저 라인 3에서 디폴트 RTC 구조체를 생성한다. 그런 다음 CMU$^{Clock Management Unit}$는 클록을 32로 나눈 값을 사용하도록 설정한다. 이렇게 하면 CMU를 활성화하기 전에 소비 전력이 절약된다.

이제 RTC를 설정할 준비가 됐다. 기본적으로는 활성화되어 있지 않으므로 RTC를 설정하고 디버거를 잠시 중지한다. 이와 같은 방식을 사용하면, 애플리케이션을 단계별로 실행할 필요가 있는 경우 이를 더욱 쉽게 할 수 있다.

라인 13에 있는 `RTC_CompareSet` 명령어는 비교 레지스터를 셋업하는 부분이다. 정확하게 60초로 설정해야 분마다 인터럽트가 트리거되며, 이와 같은 작업은 다음 라인에서 설정된다. 모든 것을 셋업한 후에 RTC를 활성화한다.

몇몇 코드는 RTC와 CMU를 설정하는 작업이고, 이 과정이 완료되면 애플리케이션은 실행할 준비가 거의 된 것이다. 인터럽트가 트리거될 때 `RTC_IRQHandler`라는 함수를 호출한다. 이에 대한 소스는 다음과 같다.

```
1 void RTC_IRQHandler(void)
2 {
3     RTC_IntClear(RTC_IFC_COMP0); /* 인터럽트 소스를 클리어한다. */
4     minutes++; /* minutes를 1 증가시킨다. */
5     if (minutes > 59)
6     {
7         minutes = 0;
8         hours++;
9         if (hours > 23)
10        {
11            hours = 0;
12        }
13    }
14 }
```

인터럽트가 발생할 때 먼저 인터럽트 소스를 클리어해야 한다. 그러고 나서 minutes 변수가 증가되며, 필요하다면 hours도 증가시킨다.

메인 애플리케이션

메인 애플리케이션은 상당히 간단하다. while(1) 구조 안에서 작은 루프를 실행하면서 LCD 스크린을 업데이트하고 슬립 모드로 리턴한다.

```
while(1)
{
    SegmentLCD_Number(hours * 100 + minutes);
    EMU_EnterEM2(true);
}
```

SegmentLCD_Number 루틴은 간단하게 요청받은 숫자대로 LCD 스크린을 업데이트한다. 이 경우에는 시간이다. 프로세서는 에너지 모드Energy Mode 2에 들어가게 된다.

EFM32 칩은 0부터 4까지의 다섯 가지 에너지 모드를 갖고 있다. 모드 2에서 ARM 코어는 전원이 꺼지지만 LCD 디스플레이와 RTC 같은 특정 저전력 디바이스는 계속 전력이 공급된다. 에너지 모드 3과 4는 좀 더 많은 에너지를 소비하지만 RTC는 비활성화되며, 이러한 경우는 외부에서 지원해야 한다. 에너지 모드 0은 일반적인 연산이며, 이 경우는 인터럽트가 발생할 때 프로세서가 리턴하는 상태가 된다.

프로세서는 LCD가 업데이트되자마자 바로 슬립 모드로 들어가며 LCD 업데이트 루틴은 분당 한 번씩만 실행된다. 이것은 프로세서가 거의 대부분의 시간을 슬립에서 소모한다는 뜻으로, 결국 에너지가 절약된다.

결과가 에너지 효율적이라고 한다면 얼마나 오래 지속할 수 있을까? 실리콘 랩에서는 그에 대한 대답을 갖고 있다. 다른 상태에서 데이터를 입력받는 애플리케이션을 제공한다. EM2에서 거의 1분을 소비하게 할 수 있으며, EM0에서는 1밀리초를 소비한다고 말할 수 있다. 실제로 소수의 루틴이 훨씬 빠르게 동작하지만 항상 최악의 시나리오를 고려해야 한다. 고객이 배터리를 2주마다 교체한다면, 여러분의 제품을 좋아할 리가 없다. 이 애플리케이션을 실리콘 랩의 energyAware Battery 소프트웨어에서 실행하면 문제는 실제로 반대라고 알려준다. 배터리 교체를 더욱 쉽게 만드는 게 나은 방법이다. 단지 몇 주 동안 지속할 수 있기 때문이 아니라 CR2032 배터리를 사용하면 1년 이상 지속할 수 있기 때문이다. 시뮬레이터에 따르면 내 셋업으로 한 경우 거의 8년 이상을 사용할 수 있으며, 아마도 여러분의 고객들은 배터리에 대한 걱정은 하지 않을 것이다.

새로운 점

실리콘 랩은 이 클록에 대한 더 완전한 버전을 예제 프로그램으로 제공한다. 내 버전은 현재 시간을 설정할 방법이 없지만, 평가 보드에 있는 2개의 푸시 버튼을 사용하면 쉽게 할 수 있다. 같은 기법을 사용해 GPIO에서 인터럽트를 수신하면 프로세서는 시간과 분을 증가시킬 수 있다.

클록 애플리케이션은 기본적인 애플리케이션이며 많은 기능이 추가될 수 있다. 예를 들어, LCD는 꺼지지 않으며 STK3800은 광학 센서를 갖고 있다. 광량이 특정 레벨 이하로 떨어질 때 LCD 스크린을 끄는 기능을 넣을 수 있다. 아마 알람 클록 기능을 넣을 수도 있을 것이다. 간단한 버저buzzer를 보드에 추가하는 것은 그리 어려운 일이 아니지만, 약간의 머리를 써야 한다. 보드를 셋업해서 커피 머신을 켜는 것도 또 다른 GPIO를 활성화하면 가능하다.

실리콘 랩의 STK3200

원더 게코는 FPU를 갖고 있는 Cortex-M4이지만, 클록 애플리케이션에서 사용하기에
는 너무 고사양이다. 원더 게코가 상당히 에너지 효율적이기는 하지만 더 좋은 솔루션
이 있다. Cortex-M0+는 ARM에서 가장 에너지 효율적인 마이크로컨트롤러이며, 실리
콘 랩은 Cortex-M0+ 기반의 제로 게코Zero Gecko를 개발했다.

STK3200 평가 보드는 앞에서 설명한 STK3800 보드와 비슷하지만, 가장 다른 점
은 이 보드는 세그먼트 LCD를 갖고 있지 않다는 점이다. 대신에 메모리 LCD 스크린
을 갖고 있으며 이 스크린을 사용하면 에너지 효율을 유지하면서 그래픽 작업을 할 수
있다. 128×128 디스플레이는 매우 빠르게 동작하며 작은 시계에는 최적의 선택이다.
STK3200은 그림 5-4와 같다.

그림 5-4 실리콘 랩의 STK3200 평가 보드

물론 이 보드도 입력 디바이스를 갖고 있으며, 2개의 푸시 버튼과 2개의 터치 버
튼 그리고 STK3800 같은 확장 헤더를 갖고 있다. 디버깅용으로 USB 입력을 사용하며
CR2032 배터리 슬롯도 있다.

이 애플리케이션에서 다시 클록을 만들어보자. STK3200은 128×128 메모리 LCD
를 갖고 있기 때문에 아날로그 시계를 디스플레이하기 위해 이 스크린을 사용한다. 시

침, 분침, 초침을 사용하자. 가능한 한 배터리 전력을 오랫동안 유지하기 위해 애플리케이션이 실행되는 동안 제로 게코에서 사용 가능한 절전 모드를 사용할 것이다.

초기화

제로 게코를 초기화하는 것은 원더 게코와 완전히 동일하다. 1개의 함수에서 모든 로우 레벨 초기화를 하게 된다.

```
CHIP_Init();
```

이 함수는 클록을 셋업하고 몇 가지 로우 레벨 드라이버를 설정한다. 예를 들면, 레지스터를 스테이블^{stable} 상태로 셋업하는 작업이다. 초기화 상태가 완료되면 설정 단계로 넘어간다.

설정

다음으로 GPIO를 설정해야 한다. STK3800에는 4개의 버튼이 있는데, 2개의 푸시 버튼과 2개의 터치 패드다. 이 애플리케이션의 경우 푸시 버튼만을 사용하게 된다. PB1은 시간을 1분씩 앞으로 가게 설정하고, PB0은 시간을 1시간씩 앞으로 가게 설정한다. 2개의 버튼은 GPIO로 연결되며, 설정해줘야 한다. 이전 클록 애플리케이션과 마찬가지로 CPU는 대부분의 시간을 슬리핑으로 소모하기 때문에 버튼은 인터럽트를 생성하도록 설정해야 한다.

문서에 보면 STK3200 보드에는 PB0이 PC8과 연결되어 있고 PB1은 PC9와 연결되어 있다. 이 입력을 설정하기 전에 GPIO 클록을 설정해야 하며, 그래야 GPIO가 입력에 따라 반응하게 된다. 각 핀은 입력으로 설정하며 트리거될 때 인터럽트가 이슈되게 한다. 마지막으로 IRQ를 활성화한다.

```
1 static void GpioSetup(void)
2 {
3     /* GPIO 클록을 활성화한다. */
4     CMU_ClockEnable(cmuClock_GPIO, true);
5
```

```
6      /* 입력으로 PC8을 설정하고 인터럽트를 활성화한다. */
7      GPIO_PinModeSet(gpioPortC, 8, gpioModeInputPull, 1);
8      GPIO_IntConfig(gpioPortC, 8, false, true, true);
9
10     NVIC_ClearPendingIRQ(GPIO_EVEN_IRQn);
11     NVIC_EnableIRQ(GPIO_EVEN_IRQn);
12
13     /* 입력으로 PC9를 설정하고 인터럽트를 활성화한다. */
14     GPIO_PinModeSet(gpioPortC, 9, gpioModeInputPull, 1);
15     GPIO_IntConfig(gpioPortC, 9, false, true, true);
16
17     NVIC_ClearPendingIRQ(GPIO_ODD_IRQn);
18     NVIC_EnableIRQ(GPIO_ODD_IRQn);
19  }
```

STK3200은 세그먼트 LCD 디스플레이를 갖고 있지 않지만, 그 대신 메모리 LCD를 갖고 있다. 설정은 방식이 다르지만 한 번만 하면 되며 소프트웨어에서 쉽게 할 수 있다. 특정 디바이스를 설정하는 것이 아니라 디스플레이 드라이버를 초기화한다. 다음과 같이 마이크로컨트롤러에 장착되어 있는 디바이스를 올바르게 설정한다.

```
DISPLAY_Init();
```

여기서는 기호들과 텍스트를 직접 디스플레이에 작성할 수 있는 명령어를 사용한다.

시작하기 전에 필요한 것이 하나 더 있다. 이전 예제에서 시스템은 대부분의 시간을 저전력 모드에서 소비했다. 시간을 리프레시하기 위해서는 RTC를 사용해 분마다 디바이스를 깨워야 했다. 이 애플리케이션은 더욱 간단하며, 이 평가 보드가 메모리 LCD 스크린을 갖고 있기 때문에 아날로그 시계처럼 보이도록 애플리케이션을 작성하게 된다. 따라서 RTC는 분마다 시스템을 깨우기 위해 동작하는 대신에 시간을 나타내도록 설정해야 한다. RTC는 초마다 시스템을 깨우도록 프로그래밍된다. STK3800은 세그먼트 LCD 컨트롤러를 갖고 있기 때문에 간단한 애니메이션이 가능했지만, 메모리 LCD에서는 불가능하다. 대신에 스크린은 그래픽적으로 초침을 매초 업데이트한다.

먼저 해야 할 작업은 RTC를 프로그래밍하는 것이다. RTC 설정은 STK3800에서 한 설정과 거의 동일하며, 한 가지 차이점은 인터럽트 설정과 나눗셈 연산뿐이다. RTC는 상대적으로 작은 시간을 카운팅하기 때문에 나눗셈 연산이 필요 없다. 코드는 다음과 같다.

```
1 void RtcInit(void)
2 {
3     RTC_Init_TypeDef rtcInit = RTC_INIT_DEFAULT;
4     /* LE 도메인 레지스터를 활성화한다. */
5     CMU_ClockEnable(cmuClock_CORELE, true);
6     /* CMU에 있는 LFACLK로서 LFXO를 활성화한다. 이것은 LFXO를 시작한다. */
7     CMU_ClockSelectSet(cmuClock_LFA, cmuSelect_LFXO);
8     /* RTC 클록을 활성화한다. */
9     CMU_ClockEnable(cmuClock_RTC, true);
10    /* RTC를 초기화한다. */
11    rtcInit.enable = false;    /* 초기화 후에 RTC를 시작하지 않는다. */
12    rtcInit.debugRun = false; /* 디버깅할 때는 RTC를 중지시킨다. */
13    rtcInit.comp0Top = true;   /* COMP0을 래핑한다. */
14    RTC_Init(&rtcInit);
15    /* 특정 주기로 인터럽트가 발생하게 한다. */
16    RTC_CompareSet(0, (CMU_ClockFreqGet(cmuClock_RTC)/RTC_FREQUENCY) - 1);
17    /* 인터럽트를 활성화한다. */
18    NVIC_EnableIRQ(RTC_IRQn);
19    RTC_IntEnable(RTC_IEN_COMP0);
20    /* 카운터를 시작한다. */
21    RTC_Enable(true);
22 }
```

라인 3에서 RTC 구조체를 생성하고, 라인 11~13에서 구조체 안에 데이터를 채워넣는다. 마지막으로 RTC는 라인 14에서 초기화되지만 활성화되지는 않는다(라인 11). 라인 16에서 인터럽트가 초마다 설정되고, 라인 18과 19에서 인터럽트는 활성화된다. 마지막으로, RTC가 활성화되고 함수가 리턴한다.

메인 애플리케이션

우선 애플리케이션은 현재 시간을 알아야 한다. 메인 함수에서 다음과 같은 구조체를 사용하면 구할 수 있다.

```
struct tm *time = localtime((time_t const*)&curTime);
```

루틴은 백그라운드의 그래픽을 설정하고 백그라운드 이미지를 출력하도록 생성되어야 한다. 공간과 시간을 절약하기 위해, 전체 백그라운드 이미지를 플래시로 생성한다. 이 플래시는 128×128 비트로 되어 있는 상수 테이블이다. 이 테이블을 프레임버퍼에 복사하기 위해 간단한 명령어를 사용한다.

```
status = GLIB_drawBitmap(&glibContext,
                         0, 0, BACKGROUND_WIDTH, BACKGROUND_HEIGHT,
                         (uint8_t*)background);
```

이 루틴은 (0, 0)에서 시작하며 반대 위치인 (BACKGROUND_WIDTH, BACKGROUND_HEIGHT)에서 종료한다. background에서 찾은 테이블로 이미지를 채운다. 이 예제에서 백그라운드의 너비와 높이는 메모리 LCD의 해상도로 설정한다.

```
#define BACKGROUND_WIDTH (128)
#define BACKGROUND_HEIGHT (128)
```

메모리 LCD에서 재미있는 부분은 업데이트해야 하는 픽셀만 실제로 업데이트된다는 점이다. 각 픽셀은 각각의 1비트 메모리를 갖고 있으며 매우 적은 전류만을 사용해 이미지를 보이게 한다. 메모리 LCD 스크린은 애니메이션을 디스플레이할 정도로 빠르고 Cortex-M0+는 애니메이션 기능을 하는 데 필요한 것보다 더 빠른 I/O 처리 능력을 갖고 있다. 따라서 백그라운드 디스플레이를 하는 것은 적합한 솔루션이다. 마지막 스크린 리프레시가 업데이트되면 그에 따른 픽셀이 변경된다. 따라서 스크린이 깜빡이는 것 같은 현상은 나타나지 않는다.

백그라운드가 메모리 LCD 메모리로 전송되면 약간의 수학 연산이 필요해진다. '시계 바늘(시침, 분침, 초침)'은 화면의 중앙에서 원의 가장 외곽으로 뻗어진 그래픽 라인이며 시간에 따라 반응한다. 이제 삼각법을 해야 할 차례다. 현재 시간에 대한 사인^{sine}과 코사인^{cosine}을 계산해 라인을 그려보자. 여기서 질문이 생긴다. 이 프로세서는 사인과 코사인을 계산할 수 있을까? FPU를 내장한 Cortex-M4가 더 나은 선택이 아니었을까? 답은 '그렇지 않다'이다. FPU를 내장한 Cortex-M4가 더 빠르고 정확도가 더 나은 것은 사실이지만 Cortex-M0+가 더 많은 기능을 제공한다. 첫째로, 삼각함수를 계산한다고 하더라도 정확도가 높을 필요는 없다. 연산의 결과는 선을 그리는 데 사용되며 따라서 그다지 높은 정확도가 필요 없다. 최악의 경우에도 정확도가 낮다는 것은 초침 같은 시계바늘의 한 픽셀 정도만 이상하게 보일 정도다. 일반 사용자가 알 수 있는 정도가 아니다. 따라서 애플리케이션은 높은 정확도가 필요하지 않다. 두 번째로 애플리케이션에서 필요로 하는 것은 저전력 프로세서다. Cortex-M4F는 위와 같은 연산에서 약간 빠르지만 프로세서가 저전력 모드로 리턴하기 전에 초당 적은 양의 사인과 코사인 연산을 할 뿐이다. Cortex-M0+가 이러한 상황에서는 최선의 후보다.

먼저 분침을 그려보자. 분침은 라인 형태로 되어 있고 시계의 중앙에서 시작하며 길이는 45픽셀이다. 원의 중앙이 메모리 LCD의 중앙이며 원의 반지름은 45픽셀인 원을 상상해보라. 분침은 이 원의 중앙에서 시작하는 라인이 된다. 시작하기 전에 몇 개의 변수를 정의하자.

```
#define BACKGROUND_WIDTH (128)
#define BACKGROUND_HEIGHT (128)
#define CENTER_X (BACKGROUND_WIDTH/2)
#define CENTER_Y (BACKGROUND_HEIGHT/2)
#define MIN_START 0
#define MIN_END 45
```

이제 라인의 시작점과 끝점을 계산하는 함수를 만들어야 한다. 분침의 경우 라인은 중앙에서 시작하기 때문에 간단하게 알 수 있으며 끝점만 계산하면 된다.

```
void MinuteHandDraw(int minute)
{
  double a = (double)minute / 30.0 * PI;
```

```
GLIB_drawLine(&glibContext,
              CENTER_X, /* 시작점 x */
              CENTER_Y, /* 시작점 y */
              CENTER_X + (int)(MIN_END * sin(a)),  /* 끝점 x */
              CENTER_Y - (int)(MIN_END * cos(a))); /* 끝점 y */
}
```

이 함수는 끝점을 계산한 다음, `GLIB_drawLine` 함수를 사용해 그림을 그린다. 이제 시침을 만들어보자. 시침은 분침과 약간 다르다. 각도가 시간과 분의 조합으로 계산돼야 한다. 시침은 약간 짧기 때문에 30픽셀 길이로 한다.

```
#define HOUR_START 0
#define HOUR_END 30
```

이제 HourHandDraw 함수를 만들어보자.

```
void HourHandDraw(int hour, int minute)
{
    int position = hour * 5 + minute / 12;
    double a = (double)position / 30.0 * PI;

    GLIB_drawLine(&glibContext,
                  CENTER_X, /* 시작점 x */
                  CENTER_Y, /* 시작점 y */
                  CENTER_X + (int)(HOUR_END * sin(a)),  /* 끝점 x */
                  CENTER_Y - (int)(HOUR_END * cos(a))); /* 끝점 y */
}
```

이 코드는 현재 시간에 대한 약간의 조정이 있다는 점만 빼고는 앞에서 봤던 함수와 거의 동일하다. 일반 시계와 마찬가지로 분침이 12를 향해 움직일 때 시침도 다음 시간으로 조금씩 움직여야 한다.

저전력 연산이 필요하다면 여기에서 멈추고 분마다 인터럽트를 생성하기 위해 RTC를 프로그래밍하자. 스크린은 분마다 마이크로컨트롤러에 의해 업데이트된다. 그러나 이 애플리케이션에서는 초침이 필요하며, RTC는 이미 초마다 인터럽트가 걸리도록 프로그래밍되어 있다.

초침의 길이는 상당히 짧으며 반지름이 10픽셀이다.

```
#define SEC_START 10
#define SEC_END 35
```

스크린의 중앙에서 시작하는 것이 아니기 때문에 시작점과 끝점을 계산해야 한다.

```
void SecondHandDraw(int second)
{
    double a = (double)second / 30.0 * PI;

    GLIB_drawLine(&glibContext,
                CENTER_X + (int)(SEC_START * sin(a)), /* 시작점 x */
                CENTER_Y - (int)(SEC_START * cos(a)), /* 시작점 y */
                CENTER_X + (int)(SEC_END * sin(a)),   /* 끝점 x */
                CENTER_Y - (int)(SEC_END * cos(a)));  /* 끝점 y */
}
```

이제 백그라운드 이미지를 디스플레이하고 시계바늘 3개를 나타내보자. 남아 있는 작업은 메인 루프를 생성하는 것뿐이다.

```
void main(void)
{
    while(1)
    {
        time = localtime((time_t const*)&curTime);
        GLIB_drawBitmap(&glibContext,
                    0, 0, BACKGROUND_WIDTH, BACKGROUND_HEIGHT,
                    (uint8_t*)background);
        HourHandDraw(time->tm_hour % 12, t->tm_min);
        MinuteHandDraw(time->tm_min);
        SecondHandDraw(time->tm_sec);
```

```
        /* 저전력 모드로 진입 */
        EMU_EnterEM2(false);
    }
}
```

메인 루프는 백그라운드 이미지를 업데이트하기 전에 현재 시간을 얻어오고 시계바늘 3개를 화면에 디스플레이한다. 마지막으로, 마이크로컨트롤러는 저전력 모드로 진입하고 프로그램의 실행을 중지하지만 현재 RAM은 유지한다. 마이크로컨트롤러는 인터럽트를 받을 때까지 그 상태를 유지하며, 인터럽트가 발생하면 프로그램 실행을 계속한다.

새로운 점

실리콘 랩은 평가 키트 안에 이 애플리케이션의 완전한 버전을 제공하고 있다. 간단하게 몇 가지 함수만 보였지만 완벽한 버전이 지원되며, 아날로그 시계뿐만 아니라 디지털 인터페이스와 시간을 설정하는 함수도 제공한다.

같은 방식을 사용해 손목 시계에서 흔히 볼 수 있는 스톱워치stopwatch나 그 밖의 기능을 만들 수도 있다. 예를 들면, 현재 날짜를 출력할 수 있다. 다시 말해 STK3200은 훌륭한 I/O 기능을 제공하며 이 카드는 시간에 따라 GPIO를 활성화하도록 프로그래밍이 가능하다. 예를 들어, 버저나 알람 시계 같은 기능을 만들 때 유용하다.

아트멜 D20 Xplained Pro

1984년에 설립된 아트멜Atmel은 그 이후로 차세대 로직 회로의 세계적인 공급 업체가 됐으며, 취미로 회로를 설계하거나 회로를 제작하는 회사들이 선호하는 업체 중 하나가 됐다.

1995년에 아트멜은 기존에 없던 것을 제작했는데, 통합된 플래시 메모리를 갖고 있는 프로세서를 개발한 것이다. 이름하여 플래시 마이크로Flash Micro다. 이것은 인텔 8051을 기반으로 제작됐으며, 간단한 프로그래밍만으로 사용이 가능해 큰 성공을 거두었다. 프로세서 자체가 프로그래밍이 가능했기 때문에 더 이상 외부 ROM이 필요 없어졌다.

1996년에 아트멜은 플래시 마이크로인 8비트 RISC 마이크로컨트롤러 AVR을 만들었다. 이 시대에 다른 모든 마이크로컨트롤러는 PROM이나 EEPROM을 사용해야 했다. 이런 제품은 수정이 어려웠으며 어떤 경우에는 아예 불가능했다. 통합 플래시 메모리가 인텔 8051의 아트멜 버전과 호환된다고 하더라도, 설계 자체는 완전히 다르다. AVR은 C 같은 상위 레벨 프로그래밍 언어를 사용할 수 있게 설계됐으며 효율적인 RISC 코어다.

AVR 라인은 상당한 성공을 거두었고 전 세계의 전자 업체들과 개발자들에게 사랑을 받았다. 몇몇 놀라운 프로젝트가 만들어졌지만 여전히 8비트 마이크로컨트롤러였다. 최근에 아트멜에서는 32비트 코어 기반의 AVR 마이크로컨트롤러를 개발했다. 이 제품은 ARM Cortex-M 코어를 사용하고 전력 효율적이며 호환성이 높고 성능이 좋았다. 그러나 아트멜에서는 ARM 코어를 그대로 사용하지 않았다. Peripheral Event System은 AVR 마니아들에게 열광적인 사랑을 받아왔는데, 그 이유는 주변기기를 사용해 CPU 리소스를 사용하지 않고 서로 연결하게 했기 때문이다. 이 기술은 아직도 아트멜의 AVR 제품군에 포함되어 있으며, 8비트 버전과 32비트 버전 모두 존재한다. 또한 ARM 기반의 제품과 유사한 것들도 만들었다.

아트멜 D20 마이크로컨트롤러는 Cortex-M0+ 코어를 기반으로 하며, 그에 대한 평가 보드는 SAM D20 Xplained Pro(그림 5-5 참조)이다. 다른 보드는 여러 가지 센서와 LCD 스크린을 갖고 있지만, D20 Xplained Pro는 하나의 사용자 버튼과 하나의 LED만을 갖고 있다. LCD 스크린도 없고 광학 센서도 없지만 3개의 확장 헤더를 갖고 있다. 이 3개의 확장 헤더는 전기적으로는 동일하다.

그림 5-5 아트멜 SAM D20 평가 보드

Xplained Pro 시리즈는 SAM D20을 기반으로 하지는 않는다(그 밖의 프로세서는 같은 인터페이스를 사용한다). 따라서 아트멜에서는 외부 주변장치의 라인을 만들었으며 그것을 아트멜에서는 '윙^{wing}'이라고 부른다. I/O1 보드는 1개의 광학 센서, 온도 센서, 그리고 마이크로 SD 리더를 제공한다. OLED1 보드는 128×32 OLED 디스플레이를 제공하며 3개의 버튼과 3개의 LED를 제공한다. QT1 보드는 아트멜의 Peripheral Touch Controller를 가진 터치 센서를 포함하고 있다. 이 보드들 모두 여러분이 필요로 하는 것을 만족시키지 못한다면, PROTO1 보드는 여러분이 직접 자신의 컴포넌트를 사용할 수 있도록 브레드 보드를 제공한다. 이 모든 보드는 공통의 커넥터인 Xplained Pro 헤더를 사용한다.

아트멜 스튜디오$^{Atmel\ Studio}$는 수천 개의 프로젝트 예제와 코드를 얻을 수 있는 대규모 라이브러리인 ASF$^{Atmel\ Software\ Framework}$를 통합하고 있다.

이 모든 보드는 아트멜의 SDK에서 지원하며, ASF는 각기 다른 컴포넌트들에 대해 완성도 높은 예제를 제공한다. 이 디바이스를 사용할 때 자신만의 드라이버를 만들기 위해 시간을 소비할 필요가 없다. 아트멜 스튜디오는 원하는 모듈을 애플리케이션에 직접 임포트할 수 있게 해준다.

테스트 애플리케이션

SAM D20 Xplained Pro 보드는 다른 보드에는 있는 몇 가지 주변장치를 갖고 있지 않다. 예를 들면, 세그먼트 LCD 같은 컴포넌트가 없다. 그렇다고 해서 간단한 애플리케이션을 테스트할 수 없는 것은 아니다. 사용자 LED와 사용자 버튼을 갖고 있는데, 이 2개의 디바이스를 이용해 쉽게 테스트 애플리케이션을 만들 수 있다. 몇 라인의 코드를 사용해 버튼이 눌렸을 때 LED를 켜는 애플리케이션을 만들 수 있다. 다음 코드를 보자.

```
int main(void)
{
    system_init();

    while(1)
    {
        if (port_pin_get_input_level(BUTTON_0_PIN) == BUTTON_0_ACTIVE)
        {
            port_pin_set_output_level(LED_0_PIN, LED_0_ACTIVE)
        }
        else
        {
            port_pin_set_output_level(LED_0_PIN, !LED_0_ACTIVE)
        }
    }
}
```

system_init() 함수는 보드를 셋업한다. 그러고 나서 애플리케이션은 루프를 실행하고 사용자 버튼인 BUTTON_0의 상태를 스캔한다. BUTTON_0이 액티브active 상태이면 LED 출력을 하이high로 설정하고, 그렇지 않으면 로우low로 설정한다. 이것은 새 프로젝트를 생성할 때 일반적으로 하는 디폴트 프로그램이며, 보드의 기능을 테스트하기 위한 좋은 방법이다.

버튼을 클릭하면 아트멜 스튜디오는 프로젝트를 컴파일한다. 모든 프로젝트의 의존성이 컴파일되고 바이너리가 생성된다. 나중에 다른 클릭을 하면 Xplained Pro 보드에 바이너리가 플래시된다. SAM D20은 보드에 직접 연결된 하드웨어 디버거를 갖고 있으며 아트멜 스튜디오는 이 기능을 사용해 자동으로 애플리케이션을 플래시하고 디버거 연산을 실행할 수 있다.

기상 예보

앞에서 설명했듯이 아트멜은 다양한 외부 보드를 제공하는데, I/O1 보드와 OLED1 보드가 유명하다. I/O1 보드는 온도 센서를 갖고 있으며, OLED1 보드는 128×32 OLED 디스플레이를 갖고 있다. 이 두 가지 보드를 사용해 디지털 온도계를 만들 수 있으며, 보드에서 온도를 읽어와서 다른 보드에 그 온도를 디스플레이할 수 있다.

아트멜은 SAM D20 시리즈를 위한 트레이닝 문서를 제공하며 프로세서뿐만 아니라 아트멜의 개발 환경인 아트멜 스튜디오에 대한 지식도 얻을 수 있다. 이 문서를 보면 아트멜 스튜디오 6를 셋업하는 방법을 알 수 있지만, 그에 관한 내용은 이 책의 범위를 벗어나므로 생략한다. 이번 절에서는 아트멜 스튜디오 자체가 아닌 코드에 집중하기로 하자. 아트멜은 Xplained Pro 보드와 함께 훌륭한 문서들을 제공한다. 이 문서를 통해 어떻게 보드들 간의 인터페이스를 만드는지에 관한 정보를 얻을 수 있다.

초기화

SAM D20은 애플리케이션을 실행하기 전에 초기화가 필요하다. 여기에는 시스템 클록 셋업과 하드웨어 설정이 포함된다. 그러나 아트멜의 SDK를 사용하면 간단하게 할 수 있다. 먼저 비어 있는 프로젝트를 생성하고 몇 개의 파일을 생성한다. 그 파일들 중에서 conf_clocks.h는 디폴트 클록 설정을 포함하고 있으며 별다른 수정 없이 그대로 사용해도 된다. 앞의 예제에서 본 것처럼 한 라인의 코드만으로 충분하다.

```
system_init();
```

이 함수는 conf_clocks.h에 있는 정보를 얻어와서 로우 레벨 시스템 초기화를 한다. 이 작업이 끝나면 이제 설정을 할 차례다.

온도 센서의 설정

아트멜은 이 애플리케이션을 위한 완벽한 윙^{wing}을 제공하는데, 바로 I/O1이다. I/O1
은 상대적으로 작은 회로 보드이지만 주변장치로 패키징되어 있다. 광학 센서, 온도 센
서, 그리고 SD 카드 리더를 포함한다. 심지어는 GPIO 커넥터도 있다. I/O1 보드는 그림
5-6에서 보여준다.

그림 5-6 아트멜의 I/O1 윙

I/O1에 있는 온도 센서는 아트멜의 AT30TSE758이며, I2C로 인터페이스할 수 있는
경량화 컴포넌트다. 아트멜은 이 컴포넌트를 위한 드라이버를 제공하며, 그 드라이버는
아트멜 스튜디오에 있는 중요한 ASF 드라이브로 포함되어 있다. 새로운 파일인 conf_
at30tse75x.h를 임포트하는데, 이 파일 안에는 드라이버 설정 옵션이 들어 있다. 대부분
의 아트멜 드라이버는 폴링^{polling}과 콜백^{callback}이라는 2개의 포맷을 사용한다. 이 애플리
케이션에서는 모든 연산이 폴링이다.

드라이버가 임포트되면 관련되어 필요한 호출도 모두 프로젝트에 추가된다. 온도 센
서를 초기화하는 일은 1개의 함수를 호출함으로써 간단하게 할 수 있다.

```
at30tse_init();
```

이 애플리케이션에서는 12비트의 센서 해상도가 사용된다. 따라서 또 다른 함수인
at30tse_write_config_register를 통해 설정한다. 모든 설정 값을 유지하기 위해서는
새로운 루틴이 필요하다.

```
static void temp_sensor_setup(void)
{
    /* 온도 센서의 초기화와 활성화 */
    at30tse_init();

    /* 12비트 해상도로 설정 */
    at30tse_write_config_register(
        AT30TSE_CONFIG_RES(AT30TSE_CONFIG_RES_12_bit));
}
```

온도 센서에서 값을 읽는 것은 간단한 명령어를 사용하면 된다. 해당 명령어인 at30tse_read_temperature는 온도 정보를 포함하는 더블형을 리턴한다. 그러나 온도를 읽기 전에 온도 값을 작성할 출력 디바이스를 먼저 설정해야 한다.

OLED 디스플레이의 설정

아트멜의 OLED1 윙은 128×32 OLED 디스플레이를 포함하며, 3개의 버튼과 3개의 LED 그리고 Xplained Pro 확장 헤더로 연결되어 있다. 이에 대해서는 그림 5-7을 참고하자. 이 출력 디바이스는 현재 온도 값을 보여주는 좋은 방법이다.

프로젝트에 OLED 디스플레이를 추가하려면 드라이버를 임포트하는 것으로 충분하다. 전체 라이브러리가 생성되고 디스플레이를 액세스할 뿐만 아니라 텍스트나 그래픽 요소를 작성하는 그래픽 함수를 사용할 수도 있다. 드라이버를 임포트하기 위해서는 'GFX Monochrome - System Font' 서비스를 추가한다. 이와 같은 작업은 디스플레이 드라이버를 임포트할 뿐만 아니라 통신 메소드(SPI), 그래픽 요소, 프레임버퍼 디바이스도 임포트한다. 이 ASF를 추가하면 conf_ssd1306.h와 conf_sysfont.h라는 2개의 헤더 파일이 추가된다.

그림 5-7 아트멜의 OLED1 윙

다시 한 번 C 함수를 사용해 그래픽 디바이스를 초기화해야 한다. 이 작업은 다음의 한 문장으로 할 수 있다.

```
gfx_mono_init();
```

취합하기

온도 센서를 사용하기 위해 이 프로젝트에서 사용된 2개의 컴포넌트가 임포트되고 하나의 설정 루틴이 생성됐다. 그래픽 디바이스는 한 라인만 있으면 되기 때문에 따로 함수를 만들 필요는 없다.

이제 필요한 것은 디바이스의 설정을 추가하는 것이다. main 함수에 설정을 추가해보자. 또한 온도 값을 저장할 변수를 추가하자. main 함수는 다음과 같다.

```
int main(void)
{
```

```
    double temp_result;

    /* 로우 레벨 초기화 */
    system_init();

    /* 그래픽 셋업 */
    gfx_mono_init();

    /* 온도 센서 셋업*/
    temp_sensor_setup();
    /* 첫 번째 읽어오기 */
    temp_result = at30tse_read_temperature();
}
```

애플리케이션이 위의 코드를 실행하면 뭔가 액션을 하기는 하지만 아직까지는 온도가 어느 정도 되는지를 사용자에게 보여주지는 않는다. OLED는 터미널 디바이스로 사용 가능한데, snprintf와 같이 텍스트를 출력할 수 있다.

계속하기 전에 세 가지를 선언해야 한다. 먼저, 출력할 문자열의 최대 크기를 20 정도로 잡는다.

```
#define APP_STRING_LENGTH 20
```

두 번째로, 애플리케이션은 어느 위치에 텍스트를 출력할지 XY 좌표를 알아야 한다.

```
#define APP_POSITION_X 0
#define APP_POSITION_Y 0
```

이제 텍스트를 저장할 변수를 추가하자.

```
char temp_string[APP_STRING_LENGTH];
```

이 애플리케이션은 온도 데이터를 출력할 형태의 문자열로 변환해줘야 한다. 이 작업은 표준 라이브러리를 임포트하면 가능하다.

```
#include <stdio.h>
```

이제 온도를 출력해보자. 온도는 변수 temp_result에 저장되어 있고 더블형으로 정의했다. 표준 라이브러리는 크기 제한 때문에 다양한 부동소수점 변환을 제공하지는 않는다. 그리고 %f 형식 지정자^{formatting specifier}가 포함되어 있지는 않다. 따라서 약간의 비트 연산이 필요하다.

- 10진수의 형태로 표현하기 위해 temp_result를 int로 변환할 때 소수점 이하는 무시한다.
- 소수점 부분에서 10진수 이후의 첫 번째 숫자는 사용된다. 이 값을 얻으려면, 남아 있는 소수점 부분을 제거하기 위해 int형으로 형변환하기 전에 temp_result에 10을 곱한다. 마지막으로, modulo 10을 사용해 10진수 형태를 구한다.

이에 대한 내용은 다음 코드를 참고하자.

```
snprintf(temp_string,
    APP_STRING_LENGTH,
    "Temp: %d.%dC\n",
    (int)temp_result",
    ((int)(temp_result * 10)) % 10);

gfx_mono_draw_string(temp_string,
    APP_POSITION_X, APP_POSITION_Y, &sysfont);
```

이제 남은 작업은 루프를 추가해 온도를 계속 읽어와서 결과를 출력하는 부분이다. 최종 애플리케이션은 다음과 같다.

```
#include <stdio.h>

#define APP_POSITION_X 0
#define APP_POSITION_Y 0
#define APP_STRING_LENGTH 20

int main(void)
{
```

```
    double temp_result;
    char temp_string[APP_STRING_LENGTH];

    /* 로우 레벨 초기화 */
    system_init();

    /* 그래픽 셋업 */
    gfx_mono_init();

    /* 온도 센서 셋업 */
    temp_sensor_setup();

    /* 루프 */
    while (true)
    {
        /* 첫 번째 값 읽어오기 */
        temp_result = at30tse_read_temperature();

        /* 온도 출력 */
        snprintf(temp_string,
            APP_STRING_LENGTH,
            "Temp: %d.%dC\n",
            (int)temp_result",
            ((int)(temp_result * 10)) % 10);

        gfx_mono_draw_string(temp_string,
            APP_POSITION_X, APP_POSITION_Y, &sysfont);
    }
}
```

새로운 점

몇 라인 정도밖에 안 되는 코드를 보면 특별한 전기적인 컴포넌트에 대한 지식 없이도
완벽하게 동작하는 애플리케이션을 만들 수 있었다. 물론 이 애플리케이션에는 좀 더

추가해야 할 부분이 있다. 온도 센서 같은 윙에는 광학 센서와 SD 카드 리더가 있다. 온도를 기록할 뿐만 아니라 광학 레벨에 따라 그 값을 SD 카드에 저장하게 할 수도 있다. Xplained Pro 헤더도 여전히 사용 가능하며, 따라서 더 많은 컴포넌트를 추가할 수 있다. 작은 배터리(아트멜도 ATBATTERY-CASE-4AAA라는 배터리 케이스를 제공한다)를 사용해 기상 예보기를 몇 주 정도 마당에 설치하고 날씨를 기록해 통계 데이터를 얻어보자. 저전력 블루투스 디바이스를 사용해, 연결되어 있는 동안 자동으로 데이터를 업데이트한다면 SD 카드를 사용할 필요는 없다. SAM D20 Xplained Pro 보드와 액세서리만으로도 충분히 가능하다.

❖ 케이스 스터디: U-Boot

컴퓨터에 전원이 들어오면 대개는 처음 실행하는 프로그램이 운영체제라고 생각한다. 컴퓨터를 켰을 때 윈도우 로고나 MacOS 백그라운드 혹은 리눅스의 펭귄을 만나게 된다. 대부분의 사람들은 BIOS에 대해 알지 못한다. BIOS는 실제로 프로그램이다. 듀얼 부트^{dual boot}를 사용하는 리눅스 사용자는 부팅하는 동안 LILO나 GRUB을 보게 된다. 이 두 애플리케이션을 부트로더라고 한다. 이 애플리케이션의 역할은 프로세서에게 커널을 로드하게 하는 것이다. 커널을 RAM에 로드하고 나면 커널에 완전한 제어권을 주고 이 애플리케이션은 메모리에서 삭제된다.

덴스 소프트웨어^{Denx Software}에서 개발한 U-Boot는 임베디드 시스템에서는 잘 알려진 부트로더다. 사용하기 쉽기 때문에 여러 개발 보드에서 사용할 뿐만 아니라 오픈소스여서 부트로더의 동작과 로우 레벨 프로그래밍을 공부하기에 좋다.

U-Boot는 커널을 바로 메모리에 로드하지는 않는다. 시리얼 포트를 오픈하고 명령어를 받는다. 새로운 바이너리를 업로드하기 위해 시리얼 프로토콜을 사용하며 보드에 결과를 출력하고 정보를 플래시하기도 한다. 또한 특정 위치에 커널을 로드하기도 한다. 이더넷 어댑터를 통해 커널을 로드할 수도 있다. U-Boot는 상당히 강력한 명령어들을 갖고 있으며, 현재도 계속 개발 중이다.

예제 폴더를 보면 이 애플리케이션의 강력함을 알 수 있는 프로그램들이 있다. 예를 들어, hello_world.c 프로그램은 컴파일되어 시리얼을 이용해 타깃 시스템에 복사할 수 있는 프로그램이다.

```
=> loads
## Ready for S-Record download ...
~>examples/hello_world.srec
1 2 3 4 5 6 7 8 9 10 11 ...
[file transfer complete]
[connected]
## Start Addr = 0x00040004

=> go 40004 Hello World! This is a test.
## Starting application at 0x00040004 ...
Hello World
argc = 7
argv[0] = "40004"
argv[1] = "Hello"
argv[2] = "World!"
argv[3] = "This"
argv[4] = "is"
argv[5] = "a"
argv[6] = "test."
argv[7] = ""
Hit any key to exit ...

## Application terminated, rc = 0x0
```

U-Boot는 대부분의 프로세서 계열을 지원하기 때문에 ARM 프로세서를 비롯한 거의 모든 시스템에서 사용 가능하다. FAT와 EXT2처럼 일반적으로 사용하는 파일 시스템을 포함한 JFFS2 같은 임베디드 파일 시스템도 지원한다.

호환성으로 인해 U-Boot를 실행하는 개발 보드도 쉽게 볼 수 있고, U-Boot로 작성된 테스트 애플리케이션도 쉽게 구할 수 있다. 이 부트로더를 사용해 엔지니어들은 재현하기 어려운 이벤트들을 시뮬레이션할 수 있다. 예를 들면 백업 파티션^{backup partition}의 반응 방법을 확인하기 위해 NAND 플래시의 특정 영역을 깨뜨리는 프로그램이나, 시스템이 부팅하기 전에 특정 상태로 설정돼야 하는 하드웨어 등을 테스트해볼 수 있다. 어떤 애플리케이션은 성능과 관련한 목적으로 튜닝할 수도 있다. 예를 들어 디바이스 버스의 실제 처리량을 알아보기 위해 하드웨어에 독립적인 벤치마크 애플리케이션을 실행할 수도 있으며, 그 값을 운영체제를 실행할 때 얻는 값과 비교해볼 수도 있다.

◈ 머신 스터디: 라즈베리 파이

1981년에 아콘^{Acorn}에서는 BBC 마이크로^{Micro}를 릴리스했다. BBC 마이크로는 학교에서 사용할 수 있게 설계된 컴퓨터 시스템이다. 아콘에서는 ARM이라고 알려진 프로세서를 설계했는데, 2012년에 이 프로세서는 라즈베리 파이^{Raspberry Pi}라는 이름으로 다시 교육용으로 공급됐다. 라즈베리 파이는 신용카드 크기의 보드 한 장으로 설계됐으며, 라즈베리 파이 재단에서 ARM1176JZF-S라는 ARM 코어 기반으로 설계했다.

라즈베리 파이 재단의 원래 의도는 교육용 컴퓨터를 만들어서 컴퓨터를 가르치려는 것이었다. 낮은 가격의 설계로 인해 아이들용으로 쉽게 컴퓨터를 구입할 수 있으며, 추가 하드 드라이브도 없고 고장도 별로 없는 형태의 컴퓨터다. 또한 흥미롭게도 모든 펌웨어는 SD 카드에 저장됐으며, SD 카드 없이 라즈베리 파이를 부팅하는 것은 불가능했다. 플래시하는 BIOS도 없고 부트로더 이미지를 깨뜨릴 수도 없다. 이것은 ARM 프로그래밍을 배우는 완벽한 도구가 됐다.

라즈베리 파이는 SD 카드에서 부팅하므로, 운영체제 스위칭은 SD 카드를 바꾸는 것만으로도 간단하게 이루어진다. 사용 가능한 운영체제로는 데비안^{Debian}과 아치 리눅스^{Arch Linux} 배포판이 있고, 페도라 리믹스^{Fedora remix}도 가능하다. 흥미로운 것은 RISC OS로, 이 운영체제는 원래 아콘에서 설계됐고 모든 아콘 아르키메데스^{Acorn Archimedes} 기계에 번들로 탑재됐다.

라즈베리 파이가 교육용으로 설계되긴 했으나 제조사 커뮤니티에 큰 충격을 줬다. 전기 그리고 프로그래밍 마니아들은 새로운 도구에 열광했고, 이 작은 컴퓨터를 사용한 다양한 프로젝트가 만들어졌다. 로보틱스 시스템^{robotics system}, 홈 오토메이션^{home automation},

보안, 그리고 필요한 곳이라면 어떤 것에든 적용 가능했다. ARM 시스템을 공부하기에도 훌륭한 툴이며, 취미로 하기에도 적합하다. ARM 바이너리 작성을 끝내면 바로 SD 카드를 바꾸어서 라즈베리 파이를 위한 〈마인크래프트^{Minecraft}〉 게임을 할 수도 있다. 또한 몇몇 훌륭한 비디오 프로그램을 사용하면 TV에서 직접 좋아하는 영화를 볼 수도 있다.

라즈베리 파이는 완벽한 컴퓨터 시스템이다. 비디오 재생, USB, 이더넷 그리고 완벽한 리눅스 시스템을 구동하기에도 충분한 시스템 리소스를 갖고 있다. 왜 이런 것들이 내장되어 있을까? 이 모든 것은 여러분이 임베디드라고 정의하기 나름이다. 작은 형태의 컴퓨터이지만 보드 안에 모든 것이 내장되어 있으며, 데스크탑과 비교해보면 약간 리소스가 제한되기도 한다. 이 시스템의 흥미로운 점 중 하나는 다재다능함이다. 부트 과정을 공부할 수도 있고, 전체 리눅스 시스템의 학습도 가능하다. 또한 베어 메탈 애플리케이션을 특별한 툴을 사용해 복잡하게 플래시할 필요 없이 만들 수 있다. 라즈베리 파이는 훌륭한 저비용의 초보자들이 쉽게 접근 가능한 플랫폼이다.

부트 과정

라즈베리 파이의 부트 과정은 흥미롭다. 전원이 켜지면 ARM 코어는 리셋 상태가 되며 GPU는 시스템의 제어를 갖게 된다. GPU가 첫 번째 부트 과정에 대한 내부 펌웨어를 갖게 되며, 이것은 SD 카드의 첫 번째 파티션에서 읽어온다. 라즈베리 파이의 부트를 위해서는 첫 번째 파티션이 FAT32로 포맷되어야 하고 몇 개의 파일이 필요하다.

bootcode.bin

이 파일은 GPU에 의해 SD 카드로부터 로드하는 첫 번째 파일이다. L2 캐시로 로드되며, 이 파일의 목적은 SDRAM 메모리를 활성화하고 몇 가지 시스템 설정을 하는 것이다. 그러고 나서 다음 부트로더 상태를 로드한다.

loader.bin

이 파일은 ELF 바이너리를 로드하고 실행하는 데 필요한 바이너리 루틴을 갖고 있으며, SD 카드에서 start.elf를 찾는다.

start.elf

이 파일은 마지막 부트로더 상태이며 본격적으로 시작하는 파일이다. 이 파일은 kernel. img라는 파일을 로드하고 그 파일을 메모리 어드레스 0x8000(ARM 코어 입장에서 보면)에 위치시킨다. start.elf 파일은 config.txt라는 외부 파일을 사용하는데, 이 파일은 ARM 코어(오버클록킹overclocking, 오버볼티지overvoltage 등)의 세부 튜닝을 위한 파라미터들을 갖고 있다. kernel.img가 시스템 메모리에 로드된 후에 start.elf는 ARM 코어의 리셋 상태를 해제하고 제어를 넘긴다.

kernel.img

이 파일은 ARM 실행 파일이며 리눅스 커널과 유사하다. 이 파일은 여러분이 설계할 베어 메탈 애플리케이션이 되기도 한다.

라즈베리 파이를 위한 프로그램 컴파일

라즈베리 파이에서 흥미로운 부분은 이것이 완벽한 리눅스 배포판을 지원하며 자신을 위한 바이너리를 컴파일하기 위한 자신만의 컴파일러를 갖고 있을 만큼 빠르다는 점이다. 다른 컴퓨터를 사용한다면 크로스 컴파일러 환경을 테스트해도 되며 라즈베리 파이에서 지원 가능하므로 리눅스 바이너리와 베어본 애플리케이션의 두 가지 환경을 위한설정을 해도 된다.

앞에서 봤듯이 GCC 컴파일러는 컴파일하기 전에 타깃 프로세서에 대한 정보가 약간 필요하다. 라즈베리 파이는 ARM1176JSF-S를 사용하며, 이 프로세서는 ARMv6 코어이고 FPU를 갖고 있다. 따라서 GCC 명령어는 다음과 같이 되어야 한다.

```
-Ofast -mfpu=vfp -mfloat-abi=hard -march=armv6zk -mtune=arm1176jzf-s
```

이전의 모든 예제에서는 벡터 테이블을 설정해야 했지만, start.elf는 바이너리를 0x8000에 위치시키기 때문에 그런 작업이 필요 없다. 물론 인터럽트가 필요하거나 예외 처리를 해야 한다면 그에 대한 설정을 해야 한다. 그러나 기본적인 베어본 애플리케이션이라면 무시해도 된다.

간단한 프로그램을 작성해보자.

```
void main(void)
{
    while(1)
    {

    }
}
```

이것을 kernel.c라고 저장한다. 이 프로그램은 아무것도 하지 않지만 컴파일하는 과정을 보여줄 것이다. 이제 이 애플리케이션을 컴파일해보자.

```
arm-none-eabi-gcc -O2 -mfpu=vfp -mfloat-abi=hard -march=armv6zk \
    -mtune=arm1176jzf-s -nostartfiles kernel.c -o kernel.elf
```

-nostartfiles 옵션은 컴파일러로 하여금 운영체제 환경에서 프로그램을 시작할 때 사용하는 모든 코드를 사용하지 말라는 명령어다. 특히 exit() 함수에 대한 추가 작업을 하지 않게 되며 여기에서는 그와 같은 작업이 필요가 없다. 바이너리는 ELF로 컴파일되기 때문에 다음 작업을 하기 전에 바이너리 형태로 변환하는 작업이 필요하다.

```
arm-none-eabi-objcopy kernel.elf -O binary kernel.img
```

이 프로그램을 kernel.img라는 파일 이름으로 출력해 SD 카드에 필요한 형태로 만든다. 이제 모든 작업이 끝났다. SD 카드에 kernel.img를 그 밖의 파일들(라즈베리 파이 재단에서 제공한 파일들이며 웹사이트에서 구할 수 있다)과 함께 복사해보자. 더 자세한 정보는 http://www.raspberrypi.org/downloads에서 찾을 수 있다.

다음 작업

이 간단한 프로그램은 무한 루프를 실행하는 것 말고는 하는 일이 없다. 그러나 라즈베리 파이는 다른 출력 디바이스를 갖고 있다. "Hello, World!" 라인을 출력할 수 있는 시리얼 포트가 있다. GPIO 헤더도 갖고 있으며 확장 보드도 사용 가능하다. 따라서 여러분 가정(문 잠금장치 같은 예제 프로젝트)을 자동화하는 여러 프로젝트를 만들 수 있다. 또한 그래픽 출력이나 애니메이션 효과를 출력하기 원한다면 HDMI 출력을 사용할 수도 있다.

✤ 정리

5장에서는 몇 가지 예제 프로그램과 더불어, 에뮬레이터를 사용한 경우와 실제 보드를 사용한 경우에 대한 여러 기술을 알아봤다. 어셈블리와 C 언어가 섞여 있으며, 몇몇 특별한 하드웨어의 초기화와 몇 가지 시스템 프로그래밍이 필요하기도 했다. 이제 이러한 예제들을 통해 여러분은 2개의 탁상 시계와 기상 예보를 만들 수 있게 됐으며, 다양한 개발 보드와 프로그래밍 툴을 사용할 수 있게 됐다.

다음 장에서는 고밀도 애플리케이션 그리고 마이크로컨트롤러 프로파일을 위해 만들어진 다목적 언어인 Thumb 확장에 대해 알아보자. 어떤 명령어들이 다른지 그리고 효율적인 Thumb 코드를 생성하는 노하우에 대해 알게 될 것이다.

Thumb 명령어 세트

모바일 디바이스용으로 가장 인기 있는 32비트 프로세서의 대부분은 RISC[Reduced Instruction Set Computer] 기술을 사용한다. CISC[Complete Instruction Set Computer] 프로세서와는 달리 RISC는 일반적으로 한 사이클에 하나의 명령어를 실행하며, 같은 클록 속도를 사용해 더 빠르게 프로그램을 실행시킨다.

그러나 성능이 증가한다는 것은 가격이 증가한다는 의미도 된다. 일반적으로 RISC 프로세서는 동일한 프로그램을 CISC가 저장할 때보다 더 많은 메모리가 필요하다. 하나의 CISC 명령어와 같은 결과를 얻기 위해 RISC는 더 간단한 명령어 2개, 3개 혹은 그 이상을 실행한다. 대부분의 임베디드 디바이스에서 메모리에 대한 제약은 실행 속도보다 더 중요하며, 따라서 코드 크기를 줄이는 것이 중요하다.

1995년에 ARM에서는 Thumb 명령어 세트를 발표했고 ARM7TDMI 코어에 처음 사용됐다. Thumb 명령어는 16비트 길이로 구성되어 있다. 모든 Thumb 명령어는 직접 ARM 명령어에 매핑되지만, 공간 절약 측면에서 이 명령어들이 더 간단하다.

Thumb 명령어는 코드를 더 간단하게 만들 뿐만 아니라 32비트 공간의 메모리 액세스가 필요하지 않은 디바이스에도 유용하다. Thumb을 사용한 최초의 디바이스 중 하나는 게임 보이 어드밴스Game Boy Advance로, 32비트를 액세스할 수 있었지만 훨씬 더 적은 메모리를 사용했다 메모리의 대부분은 16비트 공간을 사용했다. 32비트 명령어를 액세스한다는 것은 처음 16비트를 액세스하고 나서 다음 16비트를 기다리는 형태로 동작하기 때문에 매우 느리다. 게임 보이 어드밴스는 Thumb을 사용해 게임 명령어들을 16비트 길이로 동작시켰고 32비트를 사용했을 때의 속도 저하를 피할 수 있었다.

Thumb 코드를 사용하면 단순화 측면에서는 ARM을 직접 사용하는 것보다는 느리지만, 16비트 메모리를 액세스한다는 것은 ARM7TDMI가 16비트의 데이터 채널을 갖고 완전한 32비트 프로세서를 능가함을 의미한다.

성능, 에너지 효율성, 메모리 풋프린트footprint는 임베디드 시스템을 설계할 때 중요한 고려사항이다. Thumb은 효율적으로 각각의 요구 조건을 만족시키며, 이러한 점은 모바일 애플리케이션에서는 완벽한 환경이 됐다.

Thumb-2 기술은 2003년의 ARM1156T2-S 코어에서 처음 소개됐다. 32비트 명령어를 추가해 원래의 Thumb 명령어 세트를 확장했다. 따라서 명령어 세트의 길이 변경을 지원할 수 있었다. 이로 인해 ARM 명령어 세트보다 평균 26% 정도 코드 크기를 줄일 수 있었고, 원래의 Thumb 코드 대비 약 25%의 성능 향상을 가져왔다.

ThumbEE는 2005년에 소개됐으며 Jazelle RCTRuntime Compilation Target로 알려졌다. Thumb-2 명령어 세트를 약간 변경함으로써 파이썬, 자바, 펄 같은 타깃 언어들에서도 사용할 수 있게 설계됐다. ARM은 ARMv7 아키텍처의 C 언어를 개정할 때 ThumbEE에 대한 사용을 중지했다. ThumbEE는 Thumb-2의 대체가 아니라 추가적인 기능이었다. 새로운 코어들은 계속 Thumb-2를 지원한다.

물론 32비트 명령어를 16비트 명령어로 줄이려면 어느 정도의 희생이 필요하며, 16비트 Thumb opcode는 제공하는 기능이 적다. 조건 코드는 분기를 제외하고는 모든 경우에 대해 제거됐다. 또한 대부분의 opcode는 더 이상 모든 레지스터를 액세스할 수 없으며, 레지스터의 낮은 어드레스를 가진 절반 정도만 액세스가 가능하다. 그러나 Thumb 명령어는 ARM 명령어에 하드웨어로 매핑이 가능하기 때문에 그 결과 ARM 실행 속도와 똑같은 실행 속도를 갖게 된다. 그러나 단지 절반의 레지스터 액세스는 약간의 성능 저하를 가져올 수밖에 없다.

Thumb이 C 컴파일러의 타깃으로 설계됐기 때문에 직접 이것을 사용할 수는 없다. 오히려 개발자들은 C 같은 하이 레벨 언어를 사용해야 한다. 최적화된 코드를 작성하기 위해서는 명령어 세트의 이면에 숨겨져 있는 정책을 이해해야 한다. ARM ISA와는 달리 거의 모든 최적화는 C에서 직접 수행된다.

Thumb

Thumb은 1995년에 ARM7TDMI에서 처음 소개됐으며, 대부분의 ARM 코어에 탑재됐다. C로 작성된 대부분의 애플리케이션은 직접 Thumb으로 컴파일이 가능하다. 그러나 몇몇 드라이버 코드는 ARM 코드로 작성되어야 한다. 게임 보이 어드밴스에서 하위 메모리는 32비트로 동작했으며 ARM 명령어들이 성능 저하 없이 동작했다. 대부분의 드라이버 코드는 이 영역의 메모리에 위치했다. 상위 메모리는 16비트 영역이었으며 Thumb 코드가 위치한 영역이었다. 바로 게임 코드들이다. 문제는 이 둘을 어떻게 스위칭하는가였다.

원래 ARM7TDMI에서 만들어졌을 때 Thumb은 '상태'였고, 개발자들은 ARM 상태와 Thumb 상태를 스위칭할 수 있었다. ARM 상태에서 Thumb 명령어를 실행하면 정의하지 않은 명령어 예외가 발생했다. 프로세서에서는 다음 명령어가 Thumb이라는 사실을 알아야 했고, 이에 대한 최선의 선택은 분기[Branch] 명령어였다.

원래의 Thumb ISA 자체는 베어본 시스템의 모든 코어 컴포넌트를 지원할 만큼 충분하지 않다. 애플리케이션에 완벽하게 동작한다고 하더라도, 완벽한 시스템을 처리할 수 있는 모든 명령어가 있는 것은 아니다(예를 들어, 코프로세서와 인터랙션할 수 있는 방법이 없다).

Thumb-2 기술

Thumb-2 기술은 Thumb 확장으로 이미 알려진 기술이다. 기존의 16비트 명령어와 32비트 명령어를 혼합해 사용할 수 있으며, Thumb 확장 가변 길이를 가능하게 해준다. ARM 코어는 자동으로 다음 명령어의 길이를 탐지하며 완전한 명령어를 페치한다.

32비트 명령어를 추가해 거의 대부분의 ARM ISA 기능이 가능하며, DSP 기능도 추가할 수 있다. Cortex-M 프로세서는 Thumb ISA만을 지원하며 ARM ISA를 사용할 수 없기 때문에 Thumb-2는 마이크로컨트롤러 아키텍처에서 향상된 연산을 수행할 수 있는 가능성을 포함해 주요 기능을 추가했다.

Thumb-2는 32비트 명령어만을 처리하지는 않는다. 새로운 16비트 명령어들도 있는데, 에너지 효율을 강화한 명령어도 있고 명령어 세트를 C 언어와 밀접하도록 만들었다. Thumb-2는 또한 완전한 시스템을 만들 수 있게 해준다. 단지 Thumb ISA만을 사용해 단순한 애플리케이션이 아니라 완벽한 시스템을 구축할 수 있게 해준다.

Thumb을 실행하는 방법

대부분의 사람들이 하는 질문은 "왜 ARM에서 각기 다른 2개의 명령어 세트를 갖고 있는가?"이다. 실제로는 하나다. Thumb은 ARM 명령어의 축약판으로 생각할 수 있다. Thumb은 원래 가장 자주 사용하는 ARM 명령어를 가지고 그에 대응하는 16비트를 만든 것이다. 따라서 Thumb 명령어 ADD r0, #1은 자동적으로 ARM 명령어 ADDS r0, r0, #1로 하드웨어적인 변환을 하게 된다. 이에 대한 실행 시간의 손실은 없다. 그림 6-1을 보자.

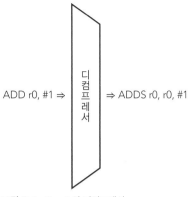

ADD r0, #1 ⇒ 디컴프레서 ⇒ ADDS r0, r0, #1

그림 6-1 Thumb의 디컴프레서

원래 ARM7TDMI는 분리된 디컴프레서^{decompressor} 로직을 갖고 있었지만 ARM9TDMI는 아니었다. 파이프라인 디코더 로직이 하나로 합쳐졌다. 이에 대한 내용은 그림 6-2에 나타나 있다. 함수는 같지만 모든 Thumb 명령어는 ARM 명령어에 매핑되며, 프로세서 설계를 단순화하고 효율성을 증가시키기 위해 로직이 파이프라인에서 제거됐을 뿐이다.

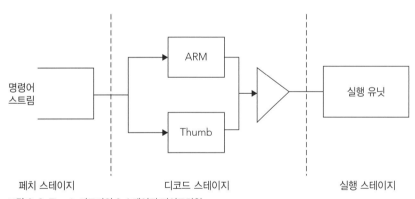

그림 6-2 Thumb 디코더의 3 스테이지 파이프라인

❖Thumb을 사용할 때의 장점

ARM ISA 대신 Thumb ISA를 사용하면 두 가지 중요한 장점이 있다. Thumb 명령어는 16비트이고 Thumb-2는 16비트와 32비트를 혼용해서 사용한다. 더 많은 명령어가 메모리의 워드당 작성될 수 있기 때문에 Thumb이 더 고밀도라고 말할 수 있다. 이것은 제한적인 메모리를 사용하는 시스템에 유리하다. Thumb을 사용해 프로그램을 작성하면 좀 더 많은 명령어가 필요할 수는 있지만, 그 결과는 ARM ISA를 사용해 작성한 코드에 비해 약 40% 더 고밀도라고 볼 수 있다. 이 말은 결국 필요한 메모리가 더 적다는 뜻이다.

Thumb을 사용할 때의 또 다른 중요한 장점은 명령어의 크기 때문이다. Thumb 명령어를 사용하면 더 밀도 있는 사용이 가능하기 때문에 캐시는 ARM 명령어보다 더 많은 Thumb 명령어를 저장할 수 있다. 따라서 Thumb 애플리케이션이 종종 ARM 명령어로 작성된 애플리케이션보다 더 나은 성능을 보이는 경우가 있다.

예를 들어, 간단한 나눗셈 프로그램을 생각해보자. 이 프로그램은 r0에 있는 숫자를 가져와서 r1에 있는 숫자로 나누는 연산이다. r0에 몫이 저장되고 r1에는 나머지가 저장된다. 이 최적화되지 않은 코드에서 간단하게 r0에서 r1을 가능한 한 많이 빼주고 뺄셈한 만큼의 수를 리턴한다. ARM에서는 이에 대한 코드를 다음과 같이 작성한다.

```
    MOV r3, #0
loop
    SUBS r0, r0, r1
    ADDGE r3, r3, #1
    BGE loop
    ADD r2, r0, r1
    MOV r0, r3
    MOV r1, r2
```

이 코드는 7개의 명령어를 사용했고, 각 명령어의 길이는 4바이트다. 따라서 전체 코드의 길이는 28바이트다. 위의 코드는 짧은 서브루틴이지만, Thumb을 사용해 작성하면 어떻게 좀 더 바이트 사용량을 줄일 수 있는지를 알려주는 완벽한 예제다. Thumb에서는 명령어 세트의 다양한 세부 요소들을 고려해 다음과 같이 작성한다.

```
    MOV r3, #0
loop
    ADD r3, #1
    SUB r0, r1
    BGE loop
    SUB r3, #1
    ADD r2, r0, r1
    MOV r0, r3
    MOV r1, r2
```

Thumb에는 더 많은 명령어가 필요하다. ARM 명령어 세트를 사용해오던 개발자들은 위와 같은 코드로 작성하는 방식에 놀랐을 것이다. Thumb과 ARM의 차이는 이후에 나올 'Thumb-1의 소개' 절에서 설명하겠다.

Thumb을 사용한 위의 루틴은 8개의 명령어를 사용했지만 각 명령어는 2바이트를 사용했기 때문에 전체 코드는 16바이트 정도밖에 되지 않는다. 이에 비해 ARM 코드는 28바이트를 사용했었다.

Thumb ISA를 사용할 때 걱정하는 부분 중 하나는 ARM보다 더 느리다는 점이다. 물론 ARM 코드에 비해 때로는 약간 느릴 수 있지만 이런 이유로 Thumb을 사용하지 않는다는 뜻은 아니다. Thumb 코드는 ARM 코드보다 더 길어질 수도 있고 같은 결과를 만들어내기 위해서는 더 많은 사이클이 필요할 수도 있다. 또한 더 적은 레지스터만을 사용할 수밖에 없기 때문에 이런 점은 성능에 영향을 미칠 수 있다. 그러나 Thumb을 사용할 때의 장점은 이러한 단점이나 불편함을 감수하고도 남는다. 코드가 더 고밀도가 되고 메모리를 더 적게 사용한다는 것은 임베디드 시스템에서는 더 적은 메모리만 탑재해도 된다는 뜻이며, 이것은 비용을 줄이고 소비 전력을 더욱 효율화한다는 뜻이다. 더 많은 명령어가 동일한 캐시 크기에 맞다는 것은 Thumb 애플리케이션이 동일한 ARM 프로그램의 성능을 뛰어넘는다는 것을 의미한다. Thumb 능력을 검증하기 위해 ARM 코어 패밀리 중 하나인 Cortex-M은 Thumb 코드만으로 동작하며 강력한 마이크로컨트롤러와 믿을 수 없을 만큼의 저전력 결과를 보여준다.

Thumb은 또한 빠른 개발을 할 수 있도록 설계됐다. Thumb은 컴파일러 타깃으로 개발됐으며, 이것은 모든 개발을 C 같은 상위 레벨의 언어로 작성할 수 있다는 뜻이다. Cortex-A와 Cortex-R 코어는 부트 코드를 위해 어셈블러에서 몇 개의 개발이 필요하다. Thumb ISA를 사용하는 Cortex-M 코어는 완전히 C 언어로 개발된다.

❖ Thumb을 사용하는 코어

Thumb ISA는 ARM7TDMI 설계부터 등장했다. 모든 ARM9과 그 이후에 출시된 칩들은 Thumb 명령어 세트를 지원한다.

Thumb-2 기술은 ARM1156T2-S에서 소개됐고 Thumb ISA로 확장됐다. 모든 ARMv7 코어와 그 이후 출시된 코어들은 Thumb-2를 포함한다.

Cortex-A와 Cortex-R 계열은 ARMv7과 그 이후 아키텍처를 지원하며 Thumb과 Thumb-2를 지원한다. 이 프로세서들은 ARM ISA를 사용하지만 필요할 때는 Thumb ISA로 스위칭이 가능하다.

Cortex-M 프로세서는 약간 다르다. 이 프로세서들은 ARM ISA를 지원하지 않으며, 오직 Thumb/Thumb-2 ISA만을 지원한다. Cortex-M3와 Cortex-M4 코어는 각각 ARMV7-M과 ARMV7E-M 아키텍처에 속해 있다. 또한 Thumb과 Thumb-2의 전체 서브셋을 지원한다.

Cortex-M0, M0+, M1은 ARMv6-M 아키텍처에 속해 있고 더 많은 제약이 있다. 이 프로세서들은 Thumb ISA를 지원하지만 CBZ, CBNZ, IT 명령어는 지원하지 않는다. 그러나 Thumb-2는 지원하며 BL, DMB, DSB, ISB, MRS, MSR의 제한된 서브셋을 지원한다. 표 6-1에서는 각기 다른 버전의 Cortex-M 코어들이 지원하는 명령어들을 보여준다. Cortex-M에서 사용 가능한 모든 명령어는 그 이후에 등장한 코어들에서는 항상 사용 가능하다. 예를 들어, Cortex-M0에서 사용 가능한 모든 명령어는 Cortex-M3에서도 사용 가능하다.

표 6-1 Cortex-M 코어 명령어

M0	M0+	M1	M3	M4	크기	명령어
○	○	○	○	○	16	ADC, ADD, ADR, AND, ASR, B, BIC, BKPT, BLX, BX, CMN, CMP, CPS, EOR, LDM, LDR, LDRB, LDRH, LDRSB, LSL, LSR, MOV, MUL, MVN, NOP, ORR, POP, PUSH, REV, REV16, REVSH, ROR, RSB, SBC, SEV, STM, STR, STRB, STRH, SUB, SVC, SXTB, SXTH, TST, UXTB, UXTH, WFE, WFI, YIELD
○	○	○	○	○	32	BL, DMB, DSB, ISB, MRS, MSR
×	×	×	○	○	16	CBNZ, CBZ, IT
×	×	×	○	○	32	ADC, ADD, ADR, AND, ASR, B, BFC, BFI, BIC, CDP, CLREX, CLZ, CMN, CMP, DBG, EOR, LDC, LDMA, LDMDB, LDR, LDRB, LDRBT, LDRD, LDREX, LDREXB, LDREXH, LDRH, LDRHT, LDRSB, LDRSBT, LDRSHT, LDRSH, LDRT, MCR, LSL, LSR, MLS, MCRR, MLA, MOV, MOVT, MRC, MRRC, MUL, MVN, NOP, ORN, ORR, PLD, PLDW, PLI, POP, PUSH, RBIT, REV, REV16, REVSH, ROR, RRX, RSB, SBC, SBFX, SDIV, SEV, SMLAL, SMULL, SSAT, STC, STMIA, STMDB, STR, STRB, STRBT, STRD, STREX, STREXB, STREXH, STRH, STRHT, STRT, SUB, SXTB, SXTH, TBB, TBH, TEQ, TST, UBFX, UDIV, UMLAL, UMULL, USAT, UXTB, UXTH, WFE, WFI, YIELD
×	×	×	×	○	32	PKH, QADD16, QADD8, QADD, QASX, QDADD, QDSUB, QSAX, QSUB, QSUB16, QSUB8, SADD16, SADD8, SASX, SEL, SHADD16, SHADD8, SHASX, SHSAX, SHSUB16, SHSUB8, SMLABB, SMLABT, SMLATB, SMLATT, SMLAD, SMLALBB, SMLALBT, SMLALTB, SMLALTT, SMLALD, SMLAWB, SMLAWT, SMLSD, SMLSLD, SMMLA, SMMLS, SMMUL, SMUAD, SMULBB, SMULBT, SMULTT, SMULWT, SMULWB, SMUSD, SSAT16, SSAX, SSUB16, SSUB8, SXTAB, SXTAB16, SXTAH, SXTB16, UADD16, UADD8, UASX, UHADD16, UHADD8, UHASX, UHSAX, UHSUB16, UHSUB8, UMAAL, UQADD16, UQADD8, UQASX, UQSAX, UQSUB16, UQSUB8, USADA8, USAD8, USAT16, USAX, USUB16, USUB8, UXTAB, UXTAB16, UXTAH, UXTB16

몇몇 Cortex-M4 코어들은 부동소수점 유닛을 옵션으로 갖고 있으며, 하드웨어 최적화를 통해 더 향상된 연산이 가능하게 해준다.

ARMv6-M과 ARMv7-M 아키텍처의 차이점으로 인해 Thumb과 Thumb-2 확장에 대해 모두 알아야 한다. 전체 Thumb과 Thumb-2 ISA를 액세스하기 위해 Cortex-M4를 직접 사용하는 새로운 프로젝트를 만든다고 하더라도, Cortex-M0+는 여전히 훌륭한 마이크로컨트롤러이며 Cortex-M4 코어보다 더 많은 장점이 있다.

❖ ARM-Thumb 인터워킹

ARM과 Thumb ISA를 모두 지원하는 프로세서에서는 하나의 상태에서 다른 상태로 스위칭할 수 있으며, 이것을 **인터워킹**interworking이라고 한다. 상태를 변경하는 것은 기본적인 분기 명령어와 비교했을 때도 별다른 제약이나 손해 없이 간단하게 할 수 있는 과정이다.

Cortex-A/R 혹은 클래식 ARM 코어가 켜졌을 때(RESET 상태가 됐을 때), 자동적으로 ARM 상태가 된다. 특정 명령어가 코어에 이슈되면 Thumb 상태가 된다.

Cortex-M 코어는 다르다. 이 코어들은 ARM ISA를 시원하지 않기 때문에 코어는 자동적으로 Thumb 상태가 된다.

Cortex-M에서 예외 상황이 발생하면 코어는 Thumb 상태로 스위칭되어야 하지만 이 작업이 자동적으로 되지는 않는다. ARM 상태에서 Thumb 명령어를 실행하려고 하면 올바르지 않은 명령어를 실행하는 결과가 나타난다.

ARM 상태에서 Thumb 상태로 변경하기 위해서는(혹은 그 반대) BX/BLX 명령어를 사용한다. 이 명령어는 'Branch and Exchange Instruction'이다. ARM 프로세서는 정해진 크기에 해당하는 명령어를 갖고 있다. 프로세서가 32비트로 맞춰진 명령어를 검색할 수 있으며, Thumb의 경우는 16비트가 된다. 이런 경우에 마지막 어드레스 비트는 사용되지 않으며 항상 0으로 설정돼야 한다. Thumb이 가능한 코어들은 분기 목적지의 LSB를 명령어 세트 상태로 설정하기 위해 이러한 방법을 사용한다. LSB를 1로 설정하면 액세스가 불가능한 어드레스를 찾지 않고 코어에서 다음 명령어로 Thumb 명령어를 찾게 하며 코어는 Thumb 상태로 스위칭한다.

Cortex-M 코어가 아닌 코어들이 예외 처리를 할 때는 프로세서가 자동적으로 ARM 모드로 리턴되거나, 선택한 프로세서 혹은 SCTRL 레지스터에 설정되어 있는 상태로 리턴한다. 이전 코드로 리턴할 때 CPSR이 저장되며 프로세서의 상태는 CPSR에 포함되고 원래의 상태로 프로세서를 리턴한다.

Thumb-1의 소개

Thumb은 C 코드로 컴파일될 때 가장 많이 사용하는 ARM 명령어에 대한 분석을 통해 만들어졌다. 완전한 16비트 명령어 세트를 얻기 위해 몇 가지 희생도 뒤따랐다. Thumb 명령어는 모든 레지스터를 액세스할 수는 없으며, 상태 레지스터나 코프로세서 레지스터는 액세스할 수 없다. 그리고 ARM 상태에서는 하나의 명령어만으로 가능했던 기능들이 Thumb 상태에서는 2개 혹은 3개의 명령어가 필요하다. 그러나 Thumb은 완전히 새로운 언어는 아니며 ARM 코어는 하나의 실리콘에 2개의 언어를 내장하고 있는 것이 아니다. Thumb 명령어는 ARM 상태로 직접 매핑되며 16비트 명령어를 32비트의 동일한 명령어로 확장할 수 있다.

Thumb을 사용해 효율적인 코드를 작성하는 일이 다소 도전적이긴 하지만, 이미 ARM ISA에 익숙한 개발자라면 Thumb은 쉽게 배울 수 있다. Thumb을 사용해 무엇을 할 수 있는지를 묻기보다는 어떤 것들을 할 수 없는지를 알아보는 것이 더 좋다. 그렇다고 해서 Thumb이 제약적이라는 의미는 아니며 단지 다르게 설계됐다는 뜻이다.

레지스터 사용 가능성

가장 큰 차이점은 레지스터 액세스다. Thumb 상태에서 동작할 때 애플리케이션은 약간 다른 레지스터 세트를 사용해야 한다. 앞에서 설명했듯이 대부분의 Thumb 명령어는 단지 r0부터 r7까지만(하위 레지스터로 알려져 있다)을 액세스할 수 있으며 전체 레지스터에 대한 액세스는 불가능하다. 그러나 SP, LR, PC 레지스터는 사용 가능하며 이에 대해서는 그림 6-3에 나타나 있다.

	ARM		Thumb
	R0		R0
	R1		R1
	R2		R2
	R3		R3
	R4		R4
	R5		R5
	R6		R6
	R7		R7
	R8		
	R9		
	R10		
	R11		
	R12		
	R13(SP)		SP
	R14(LR)		LR
	R15(PC)		PC

그림 6-3 ARM과 Thumb 레지스터의 사용 가능성 비교

상위 레지스터를 액세스할 수 있는 명령어도 3개가 있는데, 바로 MOV, ADD, CMP이다. 이것들이 가능한 이유는 32비트 명령어의 축약형이기 때문이다 16개의 레지스터는 4비트 숫자로 표현되며, 8개의 레지스터는 3비트 숫자로 표현이 가능하다. 따라서 1비트를 절약할 수 있다. 인수^{argument}로 다중 레지스터가 필요한 명령어는 많은 공간을 절약할 수 있다.

제거된 명령어

어떤 명령어는 Thumb ISA를 만들 때 제거됐다. Thumb은 원래 시스템 레벨이 아닌 애플리케이션 레벨 코드를 목적으로 설계됐기 때문에 코프로세서를 액세스하는 명령어는 존재하지 않는다. 스왑^{swap} 명령어도 특정 opcode에 대한 이점을 얻을 수 없기 때문에 삭제됐다. 리버스 뺄셈 연산자(RSB, RSC)와 MUL만 존재하며 그 외의 곱셈 연산도 삭제됐다.

Cortex-M0+나 ARMv6-M의 스펙에 속하는 다른 코어들에서 완전한 애플리케이션 개발을 위해, 이러한 코어들은 MUL/MLA 명령어를 포함한 Thumb-2 ISA의 작은 서브셋을 지원한다.

조건이 없음

조건의 실행은 대부분의 명령어에서 제거됐으며, 오직 분기 명령어만 조건 플래그를 갖도록 하고 있다. 이러한 특징으로 인해 C 코드로 작성할 때 약간의 코드가 더 필요하다. 코드의 다른 섹션과 분리되어 있으며, 이제 if (a == b) 같은 C 명령어는 비교 명령어와 조건 분기 명령어로 구성된다.

플래그 설정

Thumb을 사용하면 거의 모든 명령어는 자동적으로 Update Status Register를 실행한다. S 접미사를 추가하면 모든 명령어에 대해 이와 같은 작업을 할 수 있다. ADD가 ADDS가 되는 것이다. ARM ISA의 이와 같은 중요한 변화는 상태 플래그를 한 번의 요청으로 업데이트되게 했으며 다중 조건 명령어가 실행되게 해준다. Thumb에서는 더 이상 이런 작업이 불가능하다. 그 이유는 16비트 길이의 명령어를 유지하도록 하기 때문이다. 따라서 C 코드에서 더 많은 어셈블리 코드가 필요하다.

배럴 시프터가 없음

배럴 시프트 연산은 명령어 내에서 직접적으로는 더 이상 사용될 수 없다. 배럴 시프터 barrel shifter가 여전히 존재하고 사용되기도 하지만, Thumb의 경우에는 특정 명령어가 시프트의 실행을 담당한다. 따라서 Thumb에서는 이와 관련한 새로운 명령어 ASR, LSL, LSR, ROR을 소개하는데, 피연산자에서 사용되는 연산자를 대신한 명령어다. 하나의 명령어를 사용해 할 수 있는 작업이 두 가지다. 하나의 명령어 다음에 자동적으로 시프트 명령어를 수행하게 된다.

어떤 디컴파일러 decompiler는 여전히 ARM에서 이러한 명령어를 보여준다. 그 이유는 그러한 디컴파일러가 UAL^{Unified Assembler Language} 명령어이기 때문이다. 그러나 실제 ARM의 형태에서 이러한 명령어는 두 번째 피연산자로 사용되는 배럴 시프트와 함께 MOV 명령어가 된다. UAL에 대해서는 다음 장에서 설명한다.

즉시값의 감소

ARM ISA를 사용할 때 대부분의 명령어는 두 번째 피연산자를 사용하며, 이 피연산자는 즉시값^{immediate value} 혹은 (시프트) 레지스터가 된다. Thumb에서는 이런 방법을 사용하지 않는데, 그 이유는 명령어들이 간소화됐고 C 할당 연산자와 비슷하게 사용되기 때문이다(예: +=, |=).

대부분의 경우와 마찬가지로 예외가 있다. ADD, SUB, MOV, CMP는 2개의 즉시값과 두 번째 피연산자를 가지며 이러한 방식은 ARM ISA와 유사하다.

스택 연산

스택 액세스는 상당히 간소화됐다. ARM 명령어는 프리^{pre} 혹은 포스트^{post} 인덱싱을 설정할 수 있고, 스택이 오름차순인지 내림차순인지도 설정할 수 있다. Thumb은 이것을 PUSH와 POP이라는 2개의 명령어를 사용해 간소화했다. 이 명령어들은 다른 모든 Thumb 명령어와 마찬가지로 ARM 명령어에 매핑되며, 이 경우에는 STMDB와 LDMIA에 매핑된다. 이 명령어들은 레지스터를 설정하지 않으며, 스택 포인터는 r13에 그리고 자동으로 SP를 업데이트한다고 가정한다.

스택 연산은 하위 레지스터(r0부터 r7까지)에서 동작하지만 링크 레지스터나 프로그램 카운터에서도 동작한다. PUSH 레지스터 리스트는 링크 레지스터^{LR}를 포함하며, POP은 프로그램 카운터^{PC}를 포함한다. 이것을 사용해 다음과 같은 순서로 서브루틴에서 리턴할 수 있다.

```
PUSH {r1, lr}
; 서브루틴
POP {r1, pc}
```

Thumb-2의 소개

Thumb-2는 원래의 Thumb ISA를 대체하지는 않는다. Thumb-2는 Thumb ISA의 향상된 버전이다. Thumb으로 작성된 코드는 Thumb-2 환경에서 호환성을 유지한다.

Thumb-2는 명령어 세트에 16비트와 32비트 명령어를 모두 추가해, Thumb-2의 명령어 세트가 가변 길이를 갖게 한다. 어떤 명령어는 16비트와 32비트 버전을 갖고 있는데, 어떻게 구현되었는지에 따라 다르다.

32비트 명령어들은 Thumb ISA에 추가되어 Thumb 상태에서 발생하는 예외를 처리하도록 제공된다. 또한 코프로세서와 추가적인 DSP 명령어를 액세스하는 기능도 제공한다. 이것은 Cortex-M 코어의 커다란 장점이며, 에너지 효율적인 설계에 연산 처리 기능을 추가한 것이다. Cortex-M 프로세서는 ARMv7-M 아키텍처에 속하며 완전한 Thumb-2 서브셋을 지원하고, Cortex-M4F 역시 Thumb DSP 명령어를 지원한다.

Thumb-2 역시 조건 실행을 지원한다. 예를 들면, If-Then의 축약형으로 새로운 명령어인 IT를 사용할 수 있다. Thumb-2는 ARM의 성능과 Thumb의 메모리 풋프린트 양쪽에 최선의 방법을 제공한다.

새로운 명령어

Thumb-2에서는 ARM ISA와 완벽하게 호환되게 하는 많은 명령어를 제공하며, Cortex-M 코어가 대부분의 ARM 기능을 액세스할 수 있게 해준다. 다음은 Thumb-2에서 Thumb ISA에 추가된 명령어의 리스트다.

If-Then

새로운 명령어 중 하나인 IT 명령어는 If-Then의 축약형이다. C 언어의 경우와 마찬가지로 IT는 조건에 따라 코드의 일정 부분을 실행하거나 그렇지 않으면 임의의 위치로 점프하는 역할을 한다. 이점은 파이프라인의 속성에 따라 분기할 때 발생하는 손해를 피할 수 있다는 점이다.

명령어는 다음과 같이 정의되어 있다.

```
IT<x><y><z>  <cond>
```

cond 변수는 ARM ISA인 EQ, GT, LT, NE 등의 조건 코드 중 하나가 된다.

변수 x, y, z는 옵션이며, T(Then의 경우) 혹은 E(Else의 경우) 중 하나가 된다. T와 E의 양에 따라(IT의 첫 번째 T를 포함한), 프로세서는 조건적으로 코드를 실행한다. 이것은 약간 이해하기 어려울 수도 있는데 다음의 예제를 보자.

가장 간단한 형태는 IT 명령어 자체다.

```
CMP r0, r1 ; r0 == r1?
IT EQ  ; 결과가 EQ인가?
MOVEQ r0, r4 ; If r0 == r1, 이 명령어를 실행한다.
```

위의 코드는 가장 기본적인 형태로, r0과 r1이 같을 때 MOV 명령어를 실행한다. IT 블록 내에서 모든 명령어는 조건 코드를 가져야 한다.

최대 4개의 명령어는 IT 명령어와 연결되어 있다. 예를 들어, C 언어의 If/Then 섹션은 다음과 같이 나타낼 수 있다.

```
CMP r0, r1 ; r0 == r1?
ITE EQ  ; 결과가 EQ인가?
MOVEQ r0, r4 ; If r0 == r1, 이 명령어를 실행한다.
MOVNE r0, r5 ; Else이면, 이 명령어를 실행한다.
```

혹은 좀 더 완벽한 예제는 다음과 같다.

```
CMP r0, r1 ; r0 == r1?
ITEET EQ ; 결과가 EQ인가? Then / Else / Else / Then
MOVEQ r0, r4 ; If r0 == r1, 이 명령어를 실행한다.
MOVNE r0, r5 ; Else이면, 이 명령어를 실행한다.
SUBNE r0, #1 ; Else이면, 이 명령어도 실행한다.
BEQ label ; If r0 == r1, 분기한다.
```

사람들은 종종 명령어 레이아웃에 놀라기도 한다. Then 명령어를 설정할 수 있고, 그 다음 Else를 사용할 수 있으며, 그리고 나서 다른 Then 명령어를 사용할 수도 있다.

이런 작업은 C 언어에서는 불가능하다. 이러한 점은 실제로 ARM의 설계가 잘 되어 있음을 나타낸다. IT 코드 블록은 제한적이다. IT 블록에 있는 각 명령어는 조건 코드를 갖고 있어야 한다. 또한 IT 블록에서 예외로부터의 리턴이 아닌 경우라면 분기가 불가능하다. IT 블록에서 분기하는 것은 단지 블록 내의 마지막 명령어인 경우에만 해당되고, 이 경우가 위의 예제다.

비교와 분기

Thumb-2는 2개의 새로운 분기 방법인 CBZ와 CBNZ를 제공한다. CBZ는 'Compare and Branch if Zero'의 축약형으로, 레지스터를 0과 비교해 비교 EQ가 참[true]이면 레이블이 있는 곳으로 분기한다. CBNZ는 반대로 비교 NE가 참이면 분기한다.

CBZ와 CBNZ는 조건 코드 플래그를 업데이트할 필요가 없다는 장점이 있다. 이 장점은 코드 크기를 작게 만든다. ARM이나 Thumb의 경우, 코드의 이 부분은 레지스터와 비교해 0과 같으면 브레이크[break]한다.

```
CMP r0, #0
BEQ label
```

Thumb-2에서는 하나의 2바이트 명령어(조건 플래그를 업데이트하지 않는다는 점이 다르다)로 대체 가능하다.

```
CBZ r0, label
```

C 언어에서는 if x == 0 { function }과 같다.

비트필드 연산

비트필드[bitfield] 명령어들이 Thumb-2에 추가됐으며, 레지스터의 일부분을 다른 곳으로 복사하거나 클리어하고 임의의 레지스터에 삽입하는 것이 가능하다. BFC와 BFI 명령어는 변수 오프셋에 데이터를 클리어하거나 삽입할 수 있으며, SBFX와 UBFX는 부호 있는 비트필드와 부호 없는 비트필드의 추출을 가능하게 한다.

코프로세서

시스템 코프로세서 명령어는 Thumb에서 실행되며, `MCR`과 `MRC` 명령어를 사용한다. Cortex-A/R 코어에서는 CP15 명령어가 Thumb-2로부터 직접 추출될 수도 있다.

DSP

Thumb-2도 마찬가지로 32비트 DSP^{Digital Signal Processing} 명령어를 지원한다. Thumb이 ARM 코어를 위해 예약되어 있는 연산 성능을 갖게 해주며, Thumb 애플리케이션이 더 향상된 연산 루틴을 액세스하거나 더 강력한 Cortex-M 코어가 되게 해준다. Thumb-2 DSP 명령어가 Cortex-M4에 추가됐다.

FPU

부동소수점 명령어들이 Thumb-2에 추가됐으며, Cortex-M4에서 옵션으로 부동소수점 유닛에 의해 제공된다. 부동소수점 연산은 현재 직접 ARM 코어의 하드웨어에서 가능하며 Thumb 상태에서도 가능하다. FPU 확장은 Thumb-2가 오디오 압축이나 해제 그리고 자동차 애플리케이션에서도 사용될 수 있을 만큼 강력한 연산을 할 수 있게 해준다.

❖ Thumb으로 작성하기

기본적으로 컴파일러는 자동으로 ARM ISA로 컴파일한다. 타깃 CPU가 무엇이고 어떤 명령어 세트를 사용할지에 대해 설정할 필요가 있다.

기본적인 프로그램을 시작해보자.

```
int myfunc(int a)
{
    a = a + 7;
    return a / 2;
}
```

이 프로그램은 시스템 레지스터를 액세스할 필요가 없는 기본적인 프로그램이며, ARM과 Thumb 모두를 사용해 작성할 수 있다. 이제 이 코드를 Cortex-A8 프로세서를 위한 코드로 컴파일해보자. 디폴트 설정을 사용한다.

```
arm-none-eabi-gcc -c -mcpu=cortex-a8 test.c -o testarm.o
```

위의 코드가 컴파일되면 정확하게 어떤 코드가 생성될까?

```
arm-none-eabi-objdump -S testarm.o
```

위의 명령어를 실행하면 다음과 같은 결과를 얻게 된다.

```
28:   e1a030c3        asr     r3, r3, #1
2c:   e1a00003        mov     r0, r3
30:   e28bd000        add     sp, fp, #0
34:   e8bd0800        ldmfd   sp!, {fp}
38:   e12fff1e        bx      lr
```

위의 명령어 5개는 모두 길이가 32비트다. LDMFD 명령어는 무엇일까? LDMFD는 Cortex-M3와 Cortex-M4에서 사용된다. 그러나 fp는 상위 레지스터이며, 따라서 Thumb 코드에서는 사용이 불가능하다. 이 코드는 ARM ISA용으로 컴파일됐다. 그렇다면 Thumb을 위해서는 어떻게 해야 할까? 다음을 보자.

```
arm-none-eabi-gcc -c -mcpu=cortex-a8 -mthumb test.c -o testthumb.o
```

CodeSourcery 컴파일러에서 -mthumb 옵션을 설정하면 컴파일러는 Thumb으로 컴파일돼야 한다는 사실을 알게 된다. 다음의 명령어를 실행해보자.

```
arm-none-eabi-objdump -S testthumb.o
```

다시 출력을 살펴보자.

```
1c:   4618            mov r0, r3
1e:   f107 070c       add.w r7, r7, #12
22:   46bd            mov sp, r7
```

```
24:     bc80            pop {r7}
26:     4770            bx lr
```

첫 번째 부분은 명령어의 길이다. 16비트와 32비트 모두 존재한다. 결국 Cortex-A8 은 Thumb과 Thumb-2 확장을 지원한다는 말이 된다.

Thumb 인터워킹에서 컴파일러와 링커는 위의 작업을 처리한다. myfunc 서브루틴을 호출하는 ARM 코드는 자동으로 BLX 명령어 결과를 내며, 코드가 Thumb 모드로 스위칭되게 한다. Thumb 코드에서 호출되면 컴파일러는 더 이상 변경하지 않는다.

◆ 정리

Thumb 명령어 세트는 컴파일러 타깃에서 사용되도록 설계됐다. C나 C++ 같은 상위 언어에서 사용하도록 권고된다. ARM 시스템과 비교할 때 Thumb의 몇몇 변경사항으로 인해 코드가 달라지게 된다. 어셈블리 레벨에서, ARM에서 Thumb으로 코드를 포팅하는 것은 ARM 코드가 조건 실행에 매우 의존적이기 때문에 어렵다.

원래의 Thumb 확장에서 명령어는 16비트 길이이며, 애플리케이션의 메모리 풋프린트를 줄이는 데 사용된다. 또한 데이터 버스 패스를 중요한 성능 저하 없이도 16비트로 줄이게 해준다. Thumb-2는 Thumb의 확장판이며, 32비트 명령어와 16비트 명령어를 추가했고 DSP와 부동소수점 연산 기능을 위한 명령어들이 추가됐다.

이러한 배경지식을 갖고 이 장을 보면 특정 명령어 세트를 사용하기 위해 컴파일러를 설정해 소스 코드를 Thumb ISA를 위한 코드로 어떻게 컴파일하는지 알 수 있다.

다음 장에서는 ARM 어셈블리 언어에 대해 좀 더 설명할 텐데, 개발자들이 Thumb과 ARM 모드 둘 다를 위한 프로그램을 작성할 수 있는 UAL^{Unified Assembler Language}도 포함되어 있다. 명령어의 각 카테고리를 좀 더 자세히 설명하고, 가장 공통적으로 사용하는 명령어에 대한 예제도 다뤄보겠다.

어셈블리 명령어

어셈블리는 여타 컴퓨터 언어와 비슷하다. 먼저 기본 개념, 즉 언어의 문법을 알아야 한다. 어셈블리를 어떻게 사용하는지 알고 나면, 이제 좀 더 흥미로운 '단어'들을 공부해야 한다.

ARM 코어는 RISC^{Reduced Instruction Set Computing} 디자인 철학을 따른다. CISC보다 더 적은 명령어를 갖고 있지만, 각각의 개별적인 명령어는 더 간단하고 빠르다. 레고 박스처럼 간단한 조각들을 이용해 멋진 조형물을 만들 수 있다. ARM 어셈블리를 배우는 것도 동일하다. 간단한 명령어들 각각의 기능을 익히고 나면, 프로그램을 이해하고 작성하는 방법을 쉽게 배울 수 있다.

대부분의 ARM 코어들이 ARM과 Thumb이라는 2개의 명령어 세트를 지원하기 때문에 ARM은 UAL^{Unified Assembler Language}을 만들어서 2개의 언어를 이용해 프로그램을 작성할 수 있도록 지원한다. 이 장에서 사용된 어셈블러 코드는 UAL로 작성되었고 명령어 포맷은 현대 컴파일러와 환경에서 지원된다.

ARM 어셈블리 명령어는 아키텍처에 따라 약간씩 다른 버전을 갖고 있으며, 아키텍처에 따라 더 많은 명령어를 제공하기도 한다. 어떤 코어들은 아키텍처의 차이로 인해 더 많은 명령어를 갖고 있으며, 그에 관한 자세한 내용은 제조사의 문서를 참조하기 바란다. 이 문서에는 ARM 아키텍처 버전이 포함되어 있다. ARM 문서는 사용 가능한 모든 명령어를 담고 있다.

✤ 이동

이동movement 명령어는 데이터를 레지스터로 옮기는 데 사용하거나, 다른 레지스터에서 데이터를 이동(한 레지스터에서 다른 레지스터로 복사) 혹은 즉시값immediate value 형태로 스태틱static 데이터를 로드하는 데 사용된다.

이동하는 데 사용하는 명령어는 다음과 같다.

MOV

```
MOV{<cond>}{S} Rd, Rs
```

MOVMove는 데이터를 레지스터에 복사한다. 소스source는 레지스터나 스태틱 정보가 될 수 있다. 목적지destination는 항상 레지스터가 된다. 스태틱 데이터를 사용할 때 MOV는 즉시값만을 사용할 수 있다.

Thumb 명령어에서는 반대가 되며, MOV는 하위 레지스터와 상위 레지스터를 액세스할 수 있다. ARM에서는 어떤 레지스터든 액세스가 가능하다.

스태틱 데이터를 레지스터로 이동하기 위해서는 목적지 다음에 소스를 설정해야 한다.

```
MOV r0, #42
```

위의 문장은 상수 42를 레지스터 r0으로 이동하는 것이다.

또한

```
MOV r1, r2
```

위와 같이 사용하면 r2의 내용을 r1로 이동하고 r2는 그대로 남겨두게 된다.

```
MOV r0, r0
```

r0의 내용을 r0으로 이동하라는 의미이며, NOP^{no operation}와 같은 역할을 한다. 아무 작업도 하지 않지만, 주로 데이터를 정렬^{align}하거나 패딩^{padding}하는 데 사용된다.

MVN

```
MVN{<cond>}{S} Rd, Rs
```

MVN^{Move Negated}은 부정 값^{negated value}을 레지스터(destination = NOT(source))로 복사한다. 이 명령어는 MOV로 처리할 수 없는 어떤 값을 저장할 때 유용하다. 또는 즉시 값으로 표현할 수 없는 숫자와, 주로 1로 구성된 비트맵을 처리할 때 사용된다.

예를 들어, 즉시값의 특성상 MOV는 0xFF00FFFF를 저장할 수 없지만 이 결과는 0x00FF0000을 MVN으로 사용하면 얻을 수 있다. MVN은 주어진 숫자를 부정(NOT 연산)하고 0x00FF0000은 즉시값으로 표현이 가능하기 때문에 하나의 명령어로 구현이 가능하다.

```
MOV r0, #42
MVN r1, r0
```

위의 명령어는 r0의 내용을 역^{inverse}으로 하여 r1에 복사한다. r1은 이제 -43을 갖게 된다. 42는 바이너리로 0000 0000 0010 1010이며, 이 값의 역은 1111 1111 1101 0101이 되며 10진수로는 -43이다.

MOVW

MOVW^{Move Wide}는 타깃 레지스터의 상위 16비트를 0으로 하면서 16비트 상수를 레지스터로 복사한다. 이 명령어는 ARMv7 코어와 그 이상의 코어에서 사용 가능하다. MOVW는 16비트로 표현된 값을 사용할 때 유용하다.

MOVW는 원래의 Thumb에서는 사용할 수 없으며 Thumb-2 확장에서 소개됐다.

```
MOVW r0, #0x1234
```

위와 같이 사용하면 r0은 전에 어떤 값이 저장되어 있었든 상관없이 이제 0x00001234가 저장된다.

MOVT

MOVT$^{Move\ Top}$는 16비트 상수를 레지스터의 상위 부분에 복사하고 하위 부분은 원래대로 남겨둔다. 이 명령어는 ARMv7 코어와 그 이후의 코어에서 사용 가능하다.

MOVT는 원래의 Thumb에서는 사용할 수 없으며 Thumb-2 확장에서 소개됐다. 다음의 예제를 보면, 첫 번째 명령어는 r0의 상위 부분을 클리어하고 하위 부분을 0x0000face로 설정한다. 두 번째 명령어는 레지스터의 상위 부분을 설정하고 남은 부분은 그대로 남겨둔다. 그 결과는 0xfeedface가 된다.

```
MOVW r0, #0xface
MOVT r0, #0xfeed
```

NEG

```
NEG{<cond>}{S} Rd, Rs
```

위와 같은 형태로 사용하며, NEG^{Negate}는 Rs의 값을 얻어서 결과를 Rd에 저장하기 전에 -1과 곱한 결과를 저장한다.

예제: 명령어 스트림에서 32비트 상수의 로드

여기서 살펴볼 예제는 임베디드 프로그래밍의 함정과도 같은 예다. r0이 0xdeadbeef라는 값을 담기를 원하는 경우에 다음과 같이 MOV를 사용하게 된다.

```
MOV r0, 0xdeadbeef
```

실질적으로 보면 위의 코드는 불가능하다. 위와 같은 문장이 가능한 어셈블러도 있긴 하지만, 정확하게 여러분의 의도대로 동작하지는 않는다. 어셈블러가 일부 수정하게 된다. 어셈블러가 실패하면, 어떤 점이 잘못됐는지를 암호문 같은 메시지로 보여준다. 무엇이 잘못됐을까?

모든 ARM 명령어는 32비트임을 상기하자. 이 32비트에서 명령어 자체도 32비트라는 의미이지만 MOV의 경우를 보면 목적 레지스터 정보와 목적 값 역시 32비트가 되어야 한다. 그러므로 논리적으로 32비트 명령어 안에 32비트 값을 인코딩하는 것은 불가능하다(혹은 적어도 항상 가능하지는 않다).

연산에 대해 **즉시값**을 사용할 때 프로세서는 8비트 숫자와 로테이션^{rotation}을 사용한다. 이러한 방법을 사용하면 0x000000FF, 0x00000FF0, 0xFF000000, 0xF000000F 같은 상수를 표현할 수 있다. 이 경우에는 8비트인 0xFF가 사용되며 로테이션이 필요하다. 0x000001FF는 0x1FF가 8비트 숫자가 아니기 때문에 사용이 불가능하다. 0xF000F000도 로테이션을 적용할 수 없으므로 사용이 불가능하다. 따라서 32비트 정수 값을 레지스터에 로드하기 위해서는 이러한 포맷에 맞는 즉시값으로 표현되는 경우에만 가능하다. 이와 같이 되는 이유는 간단하다. C 언어에서 상수는 주로 작은 수를 사용한다. 작은 수가 아니라면 비트마스크^{bitmask}가 되게 한다. 이러한 시스템에서는 상수 범위와 인코딩 공간 간에 합당한 절충을 제공한다.

정수가 완전한 32비트 숫자이고 즉시값으로 표현할 수 없을 때, 세 가지 선택을 할 수 있다. 값이 메모리로부터 페치되거나, 2개의 다른 명령어 혹은 2개의 명령어에 로드되는 것이다.

메모리에서 값을 페치할 때는 다음과 같이 그 값이 명령어 메모리에 있는지를 확인해야 한다.

```
loaddata
    ldr r0, [pc, #0]  @ PC가 8비트 앞의 어드레스를 가리킨다는 것을 기억하자.
    bx lr
    .word 0xdeadbeef
```

데이터가 어디에 있는지 알기 때문에 CPU에 그 데이터를 페치하게 할 수 있고 LDR 명령어를 사용해 로드할 수 있다. ARM 파이프라인을 사용하면 PC는 항상 현재 명령어보다 2개 앞의 명령어를 가리키고 있음을 기억하자. 컴파일러는 자동으로 이러한 작업을 해준다.

또 다른 솔루션은 ARMv7 코어와 그 이상의 코어에서 사용 가능하며, 두 단계의 과정을 통해 데이터를 로드한다. MOVW와 MOVT 명령어가 이와 같은 작업을 도와주며 2개의 16비트 값을 레지스터로 로드한다. 이 명령어들은 특별히 16비트 인수를 받아들이도록 설계됐다. MOVW는 16비트 상수를 레지스터에 이동하며 암묵적으로 타깃 레지스터의 상위 16비트를 0으로 설정한다. MOVT는 16비트 상수를 주어진 레지스터의 하위 16비트 변경 없이 상위 16비트 공간으로 이동한다. 이제 32비트는 다음과 같이 간단하게 이동할 수 있다.

```
MOVW r0, #0xbeef @ r0 = 0x0000beef
MOVT r0, #0xdead @ r0 = 0xdeadbeef
```

이 예제들 모두 같은 양의 코드를 사용한다. 두 번째 방법은 값이 명령어에서 직접 인코딩되기 때문에 메모리 읽기를 할 필요가 없다는 이점이 있다.

2개의 16비트 변수를 갖고 있다고 혼동할 수도 있다. 32비트 변수 하나를 갖고 있는 편이 훨씬 쉬우며 정확하게 레지스디에 로드할 수 있다. MOVW와 MOVT는 오직 16비트 값에 대해서만 동작한다. 이 작업을 간단하게 하기 위해 GNU 어셈블러는 몇 가지 유연성을 제공한다. 다음의 코드와 같이 :upper16:과 :lower16:을 사용하는 것이다.

```
.equ label, 0xdeadbeef
MOVW r0, #:lower16:label
MOVT r0, #:upper16:label
```

이제 모든 코드가 더 이해하기 쉽고 더 안전해졌다.

ARMv7 코드를 사용하지 못하는 경우에는 RAM에서 데이터를 읽어오지 못하기 때문에 세 번째 옵션을 사용해야 한다. 세 번째 옵션은 4개의 명령어를 사용하는 것이다. 먼저 즉시값을 사용해 레지스터의 일부분으로 로드하고 ORR 명령어를 반복한다.

```
MOV r0, #0xde000000 @ r0 = 0xde000000
ORR r0, r0, #0x00ad0000 @ r0 = 0xdead0000
```

```
ORR r0, r0, #0x0000be00 @ r0 = 0xdeadbe00
ORR r0, r0, #0x000000ef @ r0 = 0xdeadbeef
```

위의 코드는 메모리 효율적이지는 않지만 RAM에서 값을 읽어오는 것보다 속도가 빠르다.

드문 경우이긴 하지만, 하나의 명령어를 사용해 레지스터에 32비트 정수를 로드할 수 있다. 이 경우는 그 값의 역이 상수로 표현되는 경우다. 예를 들어, 0xFFFFFAFF를 레지스터에 로드하는 경우 비트마스크가 필요해 보인다. 이 숫자를 즉시값으로는 표현할 수 없기 때문에 간단한 MOV로는 로드할 수 없나. MOV와 ORR, 혹은 MOVW와 MOVT를 사용하려고 하겠지만 이 경우에는 다른 옵션을 사용해야 한다. 0xFFFFFAFF의 역, 즉 NOT(0xFFFFFAFF)는 0x00000500이다. 이 숫자는 즉시값으로 표현이 가능하다. 이제 MVN[Move Not]으로 레지스터에 로드할 수 있다.

```
MVN r0, #0x500
```

✦ 산술

산술[arithmetic] 명령어는 어떤 CPU에서도 기본 명령어다. 산술 명령어는 대부분 기본적인 수학 명령어이지만 몇 가지 예외가 있다. ARM 코어는 덧셈, 뺄셈, 곱셈을 제공한다. 몇몇 ARM 코어는 하드웨어 나눗셈을 갖고 있진 않지만 나눗셈을 할 수 있는 방법을 제공한다.

모든 산술 명령어는 직접 레지스터에서 동작한다. 메인 메모리에서 읽어오거나 캐시 메모리에서 읽어오지 않는다. 연산을 하기 위해 데이터는 미리 레지스터로 읽어와야 한다.

산술 명령어는 2의 보수[complement] 표현식을 사용하기 때문에 부호 있는 그리고 부호 없는 숫자를 연산한다.

ARM 코어에 포함되어 있는 수학 명령어 몇 가지를 알아보자.

ADD

ADD는 2개의 레지스터를 더해서 하나의 레지스터에 그 결과를 저장한다.

```
ADD{cond}{S} Rd, Rm, Rs
MOV r1, #24
MOV r2, #18
ADD r0, r1, r2
```

위의 코드는 Rm과 Rs를 더해서 그 결과를 Rd에 저장한다. 이 예제에서 r0은 42를 갖고 있다.

```
ADDS r0, r1, r2
```

위의 코드는 r1과 r2를 더해서 r0에 그 결과를 저장한다. 결과가 레지스터의 길이를 넘으면, CPSR에 있는 캐리^{Carry} 플래그를 업데이트한다. 이것은 ADC를 사용해 64비트 숫자를 더하는 32비트 CPU에 유용하다.

ADC

ADC$^{Add\ with\ Carry}$는 2개의 숫자를 더하며 캐리 플래그를 사용한다. 예를 들어, 2개의 64비트 숫자를 32비트 CPU에서 더하려면 다음과 같이 해야 한다. r2와 r3은 첫 번째 숫자를 포함하며, r4와 r5는 두 번째 숫자를 포함한다. 연산 결과는 r0과 r1에 저장한다.

```
ADDS r0, r2, r4 ; 하위 워드(low word)를 더하고 상태를 업데이트한다.
ADCS r1, r3, r5 ; 상위 워드(high word)를 더하고 상태를 업데이트한다.
```

이 예제는 먼저 하위 워드를 더하여 그 결과를 r0에 저장하고 상태를 업데이트한다. 최종 결과가 32비트보다 크면 캐리 플래그를 설정한다. 그리고 나서 r3과 r5를 더하고 이전 상태에서 설정되어 있다면 캐리 비트도 더한다. 캐리 비트가 설정되어 있지 않다면 이 명령어는 ADD와 동일하다. 그러나 첫 번째 명령어는 이전 캐리 비트에 대한 간섭을 받지 않기 때문에 항상 ADD와 동일하다. 또한 상태 레지스터를 업데이트한다는 것도 기억해두자.

SUB

SUB는 주어진 숫자에서 다른 숫자를 빼서 그 결과를 레지스터에 저장한다.

```
SUB{cond}{S} Rd, Rm, Rs
```

예를 들어, 다음과 같은 경우

```
SUB r0, r1, #42
```

r1의 값에서 두 번째 피연산자인 값(위 예제에서는 42)을 빼서 그 결과를 r0에 저장한다.

SBC

SBC$^{Subtract\ with\ Carry}$는 SUB 명령어와 비슷하다. SBC는 두 수를 빼고 캐리 플래그가 설정되면 1에서 그 결과를 감소시킨다. SUB와 SBC를 혼합해서 사용하면 64비트 연산을 할 수 있다.

```
SUBS r0, r0, r2 ; 하위 워드를 뺄셈하고 필요하면 캐리 비트를 설정한다.
SBC r1, r1, r3 ; 상위 워드를 뺄셈하고 필요하면 하나 빌려온다.
```

RSB

RSB$^{Reverse\ Subtract}$는 SUB와 비슷하다. RSB는 2개의 레지스터에 있는 값을 빼지만 연산의 순서를 역순으로 한다. 이러한 방법은 뺄셈을 하는 동안 첫 번째 피연산자에서 사용되도록 배럴 시프터$^{barrel\ shifter}$를 사용할 때 유용하다. 예를 들면 다음과 같다.

```
MOV r2, #42
MOV r3, #84
SUB r0, r2, r3 ; r0 = r2 - r3
RSB r1, r2, r3 ; r1 = r3 - r2
```

위 예제에서 SUB 명령어는 r2에 있는 값을 갖고 r3에 있는 값을 뺀 후에 그 결과를 r0에 저장한다. 같은 변수를 사용해 RSB는 r3에 있는 값을 갖고 r1에 그 결과를 저장하기 전에 r2에 있는 값을 뺀다. 배럴 시프터가 필요할 때 명령어의 사용을 절약할 수 있다.

```
MOV r2, #42
MOV r3, #84
MOV r4, r2, LSL #1 ; r2에 2를 곱함
SUB r0, r4, r3 ; r0 = (r2 * 2) - r3
```

위 예제에서 r2는 계속 진행하기 전에 2를 곱해야 한다. 따라서 뺄셈 명령어는 r4(이 값은 r2를 2로 곱셈한 값이다)를 가져와서 r0에 그 결과를 저장하기 전에 r3에 있는 값으로 뺄셈한다. 이 작업은 RSB를 사용하는 또 다른 방식으로 작성이 가능하다.

```
MOV r2, #42
MOV r3, #84
RSB r1, r2, r3, LSL #1 ; r1 = (r3 * 2) - r2
```

2의 거듭제곱이 아닌 값을 이용해 빠른 곱셈을 하는 경우에도 사용된다.

```
RSB r0, r1, r1, LSL #4 ; r0 = (r1 << 4) - r1 = r1 * 15
```

RSC

RSC^Reverse Subtract with Carry는 RSB와 비슷하다. 연산의 순서를 반대로 하지만 캐리를 사용하기 때문에 캐리 비트가 설정되어 있다면 원래의 결과에서 1을 빼준다.

예제: 기본적인 수학

기본적인 수학을 사용할 때 주로 한 라인의 코드에 여러 연산을 사용한다. 다음은 C 언어에서 공통적으로 사용하는 함수의 예다.

```
r0 = (r1 + r2) - r3;
```

위의 코드와 동일한 기능을 어셈블리로 작성하면 다음과 같다.

```
ADD r0, r1, r2 ; a + b를 연산
SUB r0, r0, r3 ; x에 대한 연산 완료
```

이 코드는 산술 함수들이 어떻게 동작하는지 이해하는 데 도움이 된다. 앞에서 언급했듯이 2의 거듭제곱으로 곱셈을 하거나 나눗셈을 하는 경우에는 숫자를 로테이션하는 편이 더 빠르다. 2의 거듭제곱에서 1을 더하거나 뺀 숫자를 이용해 곱셈을 하거나 나눗셈을 하는 경우에도 산술 연산은 최적의 솔루션을 제공한다. 다음의 예를 보자.

```
ADD r0, r1, r1, LSL #3 ; r0 = r1 + (r1 * 8) = r1 * 9
RSB r0, r1, r1, LSL #4 ; r0 = (r1 * 16) - r1 = r1 * 15
```

❖ 제한된 산술

일반적인 수학 연산은 오버플로가 발생하는 경향이 있다. 수학 연산의 결과가 저장 공간의 범위보다 크다면, 오버플로가 발생하며 때로는 예상치 못한 결과를 만들어내기도 한다. 예를 들어, 부호 없는 바이트에서 가능한 최댓값은 255이다. 128과 128을 더하면 결과는 256이거나 바이너리로 1 0000 0000이 된다. 이 값을 바이트에 저장하면 결과는 0이 된다. 오버플로가 발생했고, 따라서 결과가 달라진 것이다. 더 놀라운 점은 결과는 숫자가 너무 커서 문제였다는 사실조차 알려주지 않는다는 것이다.

제한된 산술$^{saturating\ arithmetic}$은 모든 연산이 고정 범위를 갖도록 제한하는 산술의 방법이다. 이 경우 연산의 한계는 저장 공간의 크기가 된다. 부호 없는 바이트는 결코 255를 넘을 수 없다. 이전 예제에서 128에 128을 더할 경우 수학적으로는 틀린 것이 된다. 255를 넘으려고 하면 더 이상 진행되지 않는다. 오버플로가 발생했다는 시그널을 발행하고 Q 플래그가 CPSR에서 설정된다.

ARM의 이러한 명령어들은 부호 있는 32비트 바운더리^{boundary}에서 동작하며(이것은 최댓값이 $2^{31} - 1$이고 최솟값은 -2^{31}이라는 의미다), 부호 없는 32비트 바운더리(0부터 2^{32}까지다)와 부호 있는 그리고 부호 없는 16비트 바운더리에서 동작한다는 뜻이다.

여타 ARM 상태 플래그와는 반대로 Q 비트는 까다로운 플래그다. 제한된 산술 명령어가 플래그를 설정할 수는 있지만 클리어할 수는 없다. 몇몇 제한된 명령어의 이벤트 중에, 명령어 중 하나가 오버플로를 발생시키면 Q 비트가 설정된다. 그 이후 명령어들은 플래그를 클리어하지 않는다. 이러한 상황에서 어떤 명령어가 제한된 명령어인지를 항상 알 수 있는 것은 아니지만 알고리즘 중 어떤 부분에 제한된 명령어가 사용됐는지 정도는 알 수 있다.

다음은 제한된 명령어와 그에 대한 사용법이다.

QADD

```
QADD{cond} Rd, Rm, Rn
```

QADD는 2개의 숫자 Rm과 Rn에 대한 제한된 덧셈을 실행하며 그 결과는 Rd에 저장한다. 결과는 부호 있는 32비트 값을 오버플로하지 않는다. ADD 명령어와 같은 방식으로 사용되지만 조건 코드를 업데이트하지는 않는다.

QSUB

```
QSUB{cond} Rd, Rm, Rn
```

QSUB는 제한된 뺄셈을 실행하는데, Rm에 있는 값에서 Rn에 있는 값을 빼고 그 결과는 Rd에 저장한다.

QDADD

```
QDADD{cond} Rd, Rm, Rn
```

QDADD[Saturating Double Add]는 두 가지 작업을 하는 명령어다. Rn의 값에 2를 곱하고 그 결과를 Rm에 있는 값과 더한다. 이 연산은 SAT(Rm + SAT(Rn * 2))의 연산을 실행한다.

제한[saturation]은 더블링[doubling], 덧셈, 혹은 이 두 가지 모두에서 발생한다. 모든 경우에 Q 플래그가 설정된다. 제한이 더블링에서 발생하고 덧셈에서는 발생하지 않는 경우에는 Q 플래그가 설정되지만 최종 결과는 제한되지 않는다.

```
MOV r1, #1 ; r2는 1을 포함한다.
MOV r2, #0xFF ; r1은 255를 포함한다.
QDADD r0, r1, r2 ; r0은 1 + (255 * 2)를 포함한다.
```

이 예제에서 오버플로가 발생하지 않기 때문에 제한도 없다. Q 비트는 설정되지 않는다. 다음 예제에서 오버플로가 발생하는 동안에 어떤 일이 일어나는지 알아보자.

```
MOV r1, #-1 ; r1은 -1을 포함한다.
MVN r2, #0x7f000000 ; r2는 매우 큰 수를 포함한다.
QDADD r0, r1, r2 ; r0은 2³¹ - 1을 포함한다.
```

이 예제에서 r2에 있는 값은 2와 곱셈을 하지만 그 값은 부호 있는 32비트 값(0x7F 00 00 00 x 2 = FE 00 00 00, 최댓값 7F FF FF FF보다 크다)보다 크기 때문에 결과는 2^{31} - 1로 제한된다. 곱셈이 제한되기 때문에 Q 비트가 설정됐다. 제한된 결과는 r1에 있는 값과 더한다. 이 경우에는 –1이다. 최종 결과는 2^{31} - 2가 되며 이 값은 제한된 값이 아니지만 Q 비트는 설정되어 있다. 따라서 여러분은 곱셈이 제한됐지만 덧셈은 제한되지 않았다고 말할 수 있다.

QDSUB

```
QDSUB{cond} Rd, Rm, Rn
```

QDSUB^{Saturating Double Subtraction}는 Rm에 있는 값에서 Rn의 값을 두 번 뺄셈한다. 결국 SAT(Rm - SAT(Rn * 2))를 연산한다. QDADD와 마찬가지로 제한은 더블링, 뺄셈, 혹은 양쪽 모두에서 발생한다.

```
MOV r1, #1 ; r2는 1을 포함한다.
MOV r2, #0xFF ; r1은 255를 포함한다.
QDSUB r0, r1, r2 ; r0은 1 - (255 * 2)를 포함한다.
```

❖ 데이터 전송

ARM 프로세서는 로드/저장 아키텍처를 사용한다. 이 아키텍처는 시스템 메모리에서 직접 연산이 불가능한 아키텍처다. 먼저 연산을 하기 전에 시스템 메모리에서 데이터를 한 개 혹은 여러 개의 레지스터로 로드해야 한다.

ARMv6 이전의 아키텍처에서는 시스템 메모리에서 로드하거나 시스템 메모리에 저장하는 데이터는 정렬^{align}되어야 했다. 32비트 워드는 4바이트로 정렬되고 16비트 하프 워드^{half-word}는 2바이트로 정렬되어야 했다. 바이트는 제한이 없었다. ARMv6에서는 이러한 제한이 풀렸다.

데이터 전송^{data transfer} 명령어와 그 사용 방법을 알아보자.

LDR

```
LDR{<cond>}{B|H} Rd, addressing
```

LDR^{Load}은 시스템 메모리에서 하나의 데이터 항목을 레지스터로 이동하기 위해 사용하는 명령어다. 부호 있는 워드와 부호 없는 워드(32비트), 하프 워드(16비트) 그리고 바이트를 지원한다.

LDRB는 'LDR Byte'의 축약형으로, 바이트를 시스템 메모리에서 레지스터로 로드하는 데 사용된다. LDRH는 같은 방식으로 하프 워드를 로드하는 데 사용된다. 부호 있는 버전들은 LDRSB가 부호 있는 바이트의 로드를, 그리고 LDRSH가 부호 있는 하프 워드를 로드하는 데 사용된다.

레지스터 r1이 가리키는 메모리의 내용을 r0에 로드하기 위해서는 다음과 같이 한다.

```
LDR r0, [r1]
```

연산이 완료된 후에는 데이터를 다시 시스템 메모리에 쓰게 되는데, 이때 사용하는 명령어는 STR이다.

```
STR r0, [r1]
```

바이트와 하프 워드의 읽기는 간단하다. 예를 들어, C 구조체가 바이트와 하프 워드를 포함하고 있을 때 프리 인덱스^{pre-index} 오프셋을 사용해 구조체의 부분을 로드할 수 있다. 이 경우에는 베이스 어드레스로 구조체 자체의 어드레스를 사용한다.

```
LDRH r2, [r1, #4]
LDRB r3, [r1, #6]
```

참고 프리 인덱스 어드레싱은 4장 'ARM 어셈블리 언어'에서 설명한다.

STR

```
STR{<cond>}{B|H} Rd, addressing
```

STR은 저장 명령어다. 레지스터를 가져와서 시스템 메모리에 32비트를 저장한다. LDR과 같은 인덱스를 지원한다. LDR과 마찬가지로 STR은 바이트와 하프 워드에 대한 명령어들이 있으며 STRB는 바이트, STRH는 하프 워드용이다.

```
LDR r0, [r1, #20] ; r1에 있는 어드레스에서 메모리를 로드하고  20바이트를 더한다.
ADD r0, r0, #1 ; r0과 1을 덧셈한다.
STR r0, [r2, #20] ; r0을 시스템 메모리에 저장한다.  r2 + 20바이트다.
```

예제: memcpy

memcpy 루틴은 가장 많이 학습했고 최적화된 루틴 중 하나다. 아이디어는 극히 간단하다. 한 위치에 있는 메모리의 부분을 다른 곳으로 이동하는 것이다. 이 작업은 임베디드 시스템에서는 자주 일어나는 일이며, 잘 튜닝된 memcpy가 필요하다.

　한 번에 1바이트를 복사하고, 결과는 최적화되지 않았더라도 작업을 완료할 수 있다. 예를 들어, 이 루틴은 wordcopy를 호출한다. 소스 어드레스는 r0에 있고 목적지 어드레스는 r1에 있다. 복사할 워드의 양은 r2에 저장되어 있다.

```
wordcopy
        LDR     r3, [r0], #4     ; 소스로부터 워드를 로드한다.
        STR     r3, [r1], #4     ; 값을 목적지에 저장한다.
        SUBS    r2, r2, #1       ; 카운터를 하나 감소시킨다.
        BNE     wordcopy         ; 복사 작업을 계속한다.
```

　첫 번째 라인에서 읽어올 워드의 메모리 위치는 r0에 저장되어 있다. 루틴에서는 r0에 있는 위치에서 메모리 위치를 로드한다. 그리고 나서 r0을 4만큼 증가시킨다. 이 작업은 **포스트 인덱싱**^{post-indexing}이다. 읽어오는 값은 r3에 저장된다.

값을 읽고 레지스터에 저장한 후에는 다시 메모리에 써야 한다. 이 작업은 두 번째 명령어 STR을 사용하면 된다. 이전 라인과 마찬가지로 r3의 내용을 r1에 있는 메모리 어드레스의 메인 메모리에 작성한다. 프로시저가 완료되면 SUBS는 r2에서 1을 빼고 결과를 r2에 저장하며 CPSR을 업데이트한다. 마지막으로, BNE는 프로그램을 종료하고 제로^{Zero} 플래그가 설정되어 있는 경우에는 시작 부분으로 리턴한다. r2가 0이 되면, 프로그램은 계속된다.

최적화된 루틴은 한 번에 여러 워드를 읽을 수 있다. 이에 대해서는 '다중 레지스터 데이터 전송' 절에서 알아보자.

논리

논리 연산자는 2개의 숫자에 대한 비트와이즈^{bit-wise} 연산을 수행한다. AND, NOT, OR, EOR 이라는 네 가지 논리 연산이 있다. 이론적으로 논리 연산은 2개 이상의 입력에 대해 동작이 가능하지만, 어셈블리에서 이러한 명령어들은 정확하게 2개의 입력을 받아서 1개의 결과를 만들어낸다. 다음을 생각해보자.

- AND: 두 입력이 모두 참^{true}일 때 참을 출력한다.
- OR: 적어도 하나의 입력이 참일 때 참을 출력한다.
- EOR: 정확하게 하나의 입력이 참일 때 참을 출력한다.
- NOT: 입력의 반대 값을 출력한다. 입력이 거짓이면 참을 리턴한다.

AND는 거의 대부분 '마스킹^{masking}'에 사용된다. 1을 갖고 있는 숫자에 AND 연산을 하면 원래의 값이 그대로 출력되지만, 0인 값에 AND를 하면 0이 출력된다. 마찬가지로 1을 갖고 있는 비트에 OR 연산을 하면 결과로 1이 출력되며, 0을 갖고 있는 비트에 OR을 하면 원래의 값이 출력된다.

ARM 프로세서에서 사용 가능한 논리 명령어에 대해 알아보자.

AND

AND는 2개의 피연산자를 사용해 논리 AND를 수행하며 그 결과를 목적 레지스터에 저장한다.

AND r0, r0, #3 ; r0의 0과 1에 대한 비트를 유지하며 나머지는 무시한다.

EOR

EOR$^{Exclusive-OR}$은 비트와이즈 연산을 프로그래밍할 때 유용한 명령어다. EOR은 비트를 효율적으로 '스위칭'한다.

MOV r0, #0xF ; r0에 바이너리 1111을 저장한다.
EOR r0, #2 ; 1111 EOR 0010 = 1101
EOR r0, #2 ; 1101 EOR 0010 = 1111

ORR

ORR은 2개의 레지스터를 사용해 논리 OR을 수행하며 그 결과를 저장한다.

MOV r1, #42 ; r1은 b0010 1010을 갖고 있다.
MOV r2, #54 ; r2는 b0011 0110을 갖고 있다.
ORR r0, r1, r2 ; r0은 이제 b0011 1110을 갖게 된다.

BIC

BIC는 AND NOT과 같다. C 언어에서는 operand1 & (!operand2)와 같다.

BIC r0, r0, #3 ; 비트를 0으로 클리어하고 r0의 하나만 남겨둔다.

CLZ

CLZ{cond} Rd, Rm

CLZ$^{Count\ Leading\ Zeros}$는 레지스터 Rm을 가져와서 앞부분의 0의 개수를 센 후에 그 결과를 Rm에 저장한다. 예를 들어, Rd가 0이면 CLZ는 32를 리턴한다(32개의 0이 있기 때문이다).

31번째 비트를 설정하면 CLZ는 0을 리턴한다.

✤ 비교

비교 명령어는 어떤 값도 리턴하지 않는 명령어이며 조건 코드만 설정한다. 이 명령어들은 프로그래머들이 별도의 레지스터를 사용하지 않고 비교를 할 때 상당히 유용하다. CPSR 조건^{Condition} 플래그만이 업데이트된다. CPSR은 자동적으로 업데이트된다. S 옵션을 사용할 필요는 없다. 네 가지 명령어가 있으며 모두 논리 ADD, SUB, OR, AND이다.

ARM 프로세서에서 사용하는 비교 명령어에 대해 알아보자.

CMP

CMP 명령어는 2개의 숫자를 비교하는 데 사용된다. 하나의 숫자에서 다른 하나를 빼는 연산으로 이 명령어를 수행하며, 그 결과에 따라 상태 플래그를 업데이트한다.

```
MOV r0, #42
MOV r1, #42
CMP r0, r1 ; r0과 r1을 비교한다.
```

CMN

CMN은 2개의 값을 비교하고 CPSR을 업데이트한다. operand1 + operand2와 동일하다.

TST

TST는 레지스터의 하나 혹은 그 이상의 비트가 클리어되는지, 혹은 적어도 한 비트가 설정되는지를 테스트하는 테스트 명령어다. 이 명령어의 결과는 없으며, 대신에 CPSR 조건 플래그를 업데이트한다. 이 명령어는 operand1 AND operand2와 같은 동작을 한다.

```
LDR r0, [r1] ; r1이 가리키는 메모리를 r0으로 로드한다.
TEQ r0, 0x80; r0의 비트 7이 1인가?
BEQ another_routine ; 그렇다면 분기한다.
```

앞의 코드를 다른 방법으로 작성하면 다음과 같다.

```
TST r0, #(1<<7) ; 비트 7이 1인가?
BEQ another_routine
```

TEQ

TEQ는 피연산자 1과 피연산자 2를 배타적exclusive OR을 사용해 비교하며 그 결과에 따라 CPSR을 업데이트한다. EORS와 동일한 역할을 하는데, 그 결과가 무시된다는 점만 다르다. 이 명령어는 레지스터와 값을 비교할 때 유용하며, 레지스터가 값과 동일하면 0을 리턴하고 다르면 각 비트에 대해 1을 리턴한다.

```
LDR r0, [r1] ; r1이 가리키는 메모리를 r0으로 로드한다.
TEQ r0, 0x23 ; r0이 b0010 0011과 같은가?
BEQ another_routine ; 그렇다면 분기한다.
```

❖ 분기

분기 명령어는 마이크로프로세서의 코어에 해당하는 명령어이며, 결과에 따라 코드의 실행 영역이 달라지는 명령어다. 분기 연산은 다른 루틴으로 분기하는 것뿐만 아니라 현재 코드에서 계속 반복할 때도 사용된다.

대부분의 어셈블러는 레이블을 사용한 분기 명령어의 자세한 내용을 숨기며, 이 분기 명령어는 메모리 위치를 마킹하는 편리한 방법으로도 사용된다. 레이블은 라인의 처음에 위치시키며 어셈블러가 분기 오프셋을 계산해 나중에 쓸 어드레스를 마크하는 데 사용된다.

ARM 프로세서에서 사용되는 분기 명령어에 대해 알아보자.

B

BBranch는 그 다음에 오는 명령어의 PC를 <address>로 설정한 어드레스가 되게 한다. 이 명령어는 분기만 하고 리턴은 불가능하다. 주로 루프나 프로그램의 다른 부분으로 제어를 넘길 때 사용된다.

```
    [ ... ]
    B fwd
    MOV r0, r0 ; 이 명령어는 결코 실행되지 않는다.
fwd
    [ ... ]
```

위의 예에서 MOV 명령어는 실행되기 전에 도달할 수 없는 조건이므로 결코 실행되지 않는다. 분기는 반대 방향으로도 분기할 수 있는데, 다음의 예와 같이 간단한 루프 구조를 생성할 수 있다.

```
back
    [ ... ]
    B back
```

물론 위의 방법은 조건 코드를 사용할 때 유용한 방법이다. 예를 들어, 어떤 결과가 42와 같아질 때까지 기다리는 명령어에 대해 루프를 실행한다고 하면 다음의 코드와 같다.

```
back
    [ ... ]
    CMP r0, 42
    BNE back
```

BL

BL^{Branch with Link}은 B 명령어와 같은 방식으로 분기한다. PC는 특정 어드레스로 변경되지만 그 어드레스는 BL이 r14에 저장된 이후의 어드레스가 된다. 이 명령어는 프로그램에서 서브루틴이 종료했을 때 원래의 위치로 리턴할 경우 사용된다.

```
    [ ... ]
    [ ... ]
    BL calc
    [ ... ] ; 다음 명령어
    [ ... ]
calc
```

```
ADD r0, r1, r2
BX lr ; 원래의 어드레스로 리턴한다.
```

위의 예제는 메인 애플리케이션이 실행되는 동안 calc의 링크로 분기한다. 연산이 끝난 후에 BX 명령어를 통해 메인 프로그램으로 리턴할 수 있다.

BX

BX^{Branch and Exchange}는 프로그램이 ARM 상태와 Thumb 상태 사이를 스위칭할 수 있게 해주는 명령어다. 이 경우에는 코어가 ARM과 Thumb 상태를 지원해야 한다. 이 명령어를 사용하면 한 명령어에서 변경이 이루어지기 때문에 ARM과 Thumb 코드가 구별 없이 통합될 수 있다.

이 링크 로직은 목적지 어드레스에 저장되어 있다. ARM 코어는 자연스럽게 명령어를 정렬^{align}하기 때문에, 하위 어드레스 비트는 명령어 페치에 사용되지 않는다. 이런 점을 이용하면 BX 명령어는 목적 코드가 Thumb인지 ARM인지를 알 수 있다. 목적지 어드레스의 비트 0이 설정되면 CPSR의 T 플래그가 설정되고 목적 코드는 Thumb으로 인식된다. 목적지 어드레스의 비트 0이 클리어된다면 CPSR의 T 플래그가 클리어되고, 따라서 목적 코드는 ARM으로 인식된다.

BLX

BLX^{Branch with Link and Exchange}는 BX 명령어와 비슷하다. 이 명령어는 Thumb 상태로 변경하거나 Thumb 상태에서 변경되며, 링크 레지스터를 업데이트하고 현재 위치로 리턴할 수 있게 해준다.

예제: 0을 카운트하기

Branch if Not Equal을 사용해 작은 루프를 만들어보자. C 언어에서는 for (i = 16; i != 0; i--)와 동일하다.

```
MOV r0, #16
```

```
countdown:
    SUB r0, r0, #1
    BNE countdown
# 프로그램의 나머지 부분
```

예제: Thumb 인터워킹

Thumb 코드와 ARM 코드 간의 스위칭을 **인터워킹**interworking이라고 하며, ARM과 Thumb 을 모두 사용하는 프로그램에서는 중요한 기능이다. C 언어에서는 컴파일러와 링커가 자동으로 상태 변환을 처리해주기 때문에 프로그래머가 크게 고려할 필요는 없다. 그러나 직접 어셈블리 코드를 작성하거나 디버깅하는 경우에는 인터워킹을 어떻게 처리하는지 알아야만 한다.

컴파일러는 분기하는 목적지가 ARM 모드인지 Thumb 모드인지를 알지 못하기 때문에 컴파일러와 링커는 인터워킹에 대해 함께 동작한다. 컴파일러는 리턴하기 위해 BX 를 사용하며, 링커는 목적지를 자세히 살펴보고 필요하면 BX 명령어를 BLX 명령어로 수정한다.

```
; *****
; arm.s
; *****

    PRESERVE8
    AREA    Arm,CODE,READONLY ; 이 코드 블록의 이름
    IMPORT  ThumbProg
    ENTRY                     ; 호출할 첫 번째 명령어를 마크
ARMProg
    MOV  R0,#1                ; ARM 코드에서 보여주기 위해 R0을 설정
    BLX  ThumbProg            ; Thumb 서브루틴을 호출
    MOV  R2,#3 ; ARM으로 리턴하는 것을 보여주기 위해 R2를 설정
    END

; *******
```

```
; thumb.s
; *******

        AREA   Thumb,CODE,READONLY  ; 이 코드 블록의 이름
        THUMB                       ; 다음 명령어는 Thumb
        EXPORT ThumbProg
ThumbProg
        MOVS  R1, #2                ; Thumb 코드를 보여주기 위해 R1을 설정
        BX    lr                    ; ARM 함수로 리턴
        END                         ; 파일의 끝을 마크
```

MOV pc, lr이란?

전통적으로 사용했던 코드를 보면 함수들이 MOV pc, lr을 사용해 리턴한다. 이 코드는 링크 레지스터에 있는 데이터를 프로그램 카운터로 효과적으로 리턴하게 하며 제대로 동작하는 것처럼 보이지만 항상 그런 것은 아니다. ARM은 1995년에 이 리턴 방식을 삭제했다. 그 이유는 간단하다. 이러한 형태로 리턴할 때 프로세서는 상태를 변경하지 않는다. MOV 함수가 Thumb으로 코딩됐을 때 그리고 리턴 코드는 ARM인 경우에 프로세서는 2개의 상태를 스위칭하지 못하며 결국 예외가 발생하게 된다. MOV pc, lr을 사용해 리턴이 가능하다면 그 컨텍스트는 안전하지 않다. 이런 경우에는 상태가 변경되지 않더라도 BX 명령어를 사용하는 편이 훨씬 안전하다.

❖ 곱셈

이 명령어는 32비트 숫자를 32비트나 64비트 숫자와 곱하는 명령어다. ARM 코어는 빠른 하드웨어 곱셈기^{multiplier}를 사용하며, 대부분의 곱셈 명령어는 세 사이클이나 그 이하에서 실행된다.

MUL

2개의 숫자를 곱하며, Rd = Rm * Rs가 된다.

```
MUL{cond}{S} Rd, Rm, Rs
MOV r1, #42
MOV r2, #4
MUL r0, r1, r2 ; r0은 이제 4 x 42, 즉 168을 갖게 된다.
```

ARMv5나 그 이전의 아키텍처에서, 곱셈은 두 값이 같은 레지스터를 사용해서는 동작하지 않았다. 이 결과는 UNPREDICTABLE이며, 명령어의 결과를 예상하지 못한다는 뜻이다.

ARMv5에서 숫자의 제곱을 계산하기 위해서는 2개의 레지스터가 필요했다.

```
MOV r1, #42
MOV r2, r1
MUL r0, r1, r2
```

이러한 제한은 ARMv6에서 `MOV r1, #42`를 사용하면서 해제됐다.

```
MUL r0, r1, r1
```

MLA

두 숫자를 곱하고 증가시키는 명령어다. MLA는 32비트의 결과를 생성하기 위해 레지스터를 곱하고 그 결과에 다른 값을 더하여 최종 결과를 만들어낸다.

```
MLA{cond}{S} Rd, Rm, Rs, Rn
```

위의 코드는 `Rd = (Rm * Rs) + Rn`과 같다.

```
MOV r1, #4
MOV r2, #10
MOV r3, #2
MLA r0, r1, r2, r3 ; r0 = (r1 x r2) + r3, 이 경우에는 42가 된다.
```

어떤 연산에서도 r15는 사용하지 못한다.

UMULL

UMULL^{Unsigned Multiply Long}은 2개의 부호 없는 32비트 숫자를 곱하여 64비트 숫자로 만든 다음, 2개의 레지스터 RdHi, RdLo = Rm * Rs에 저장한다.

UMULL{cond}{S} RdLo, RdHi, Rm, Rs

UMLAL

UMLAL^{Unsigned Multiply with Accumulate Long}은 2개의 32비트 숫자를 곱하여 64비트 숫자로 만든 후에 누산^{accumulation}한다. RdHi, RdLo = RdHi, RdLo + (Rm * Rs)와 같다.

UMLAL{cond}{S} RdLo, RdHi, Rm, Rs

SMULL

SMULL^{Signed Multiply Long}은 2개의 부호 있는 32비트 숫자를 곱하여 64비트 숫자로 만든 다음, 2개의 레지스터 RdHi, RdLo = Rm * Rs에 저장한다.

SMULL{cond}{S} RdLo, RdHi, Rm, Rs

SMLAL

SMLAL^{Signed Multiply with Accumulate Long}은 2개의 부호 있는 32비트 숫자를 곱하여 64비트 숫자로 만든 후에 누산한다. RdHi, RdLo = RdHi, RdLo + (Rm * Rs)와 같다.

❖ 나눗셈

ARM의 초창기에 몇몇 일반적인 프로세서는 하드웨어 나눗셈을 갖고 있지 않았다. 설계 결정을 할 때에 실리콘 영역 대비 기능성을 고려했기 때문에 나눗셈의 속도는 중요하지 않았다. 이런 이유로 인해 몇몇 코어는 하드웨어 나눗셈을 제공하지 않았으며, 같은 이유로 나눗셈은 소프트웨어로 처리됐다. 2의 거듭제곱을 사용한 나눗셈은 간단하다. 시프트만 하면 되기 때문이다. 그러나 2의 거듭제곱이 아닌 경우에는 고도로 최적화된 소프트웨어가 개발돼야 했다. 오늘날 상황이 바뀌었고 ARM은 여러 프로세서에서 하드웨어 나눗셈을 제공하지만 모든 프로세서는 아니다.

하드웨어 나눗셈 명령어가 없는 경우에 머신 코드에서의 나눗셈은 다른 함수를 사용해 나눗셈 연산을 해야 했다. 간단한 방법은 뺄셈을 반복하는 것이다. 42를 7로 나눗셈하는 경우에 알고 싶은 것은 숫자 7이 몇 개가 있어야 숫자 42를 커버하는 것인가이다. 다시 말해, 더 큰 숫자가 0이 될 때까지 큰 숫자에서 작은 숫자를 몇 번이나 뺄 수 있는가 하는 점이다. 이 경우에 정답은 6이다. 나눗셈을 위한 여러 가지 방법이 있으며, C 라이브러리에서는 이에 대한 많은 정보를 제공한다. 그러나 상당히 최적화된 방법을 사용하려면 특별한 나눗셈을 위해 여러분 자신만의 루틴을 어셈블리로 만들어야 한다(예를 들어, 오직 7로만 나눗셈하는 루틴의 경우). 일반적인 목적의 최적화를 위해서는 표준 라이브러리가 수년간의 최적화를 해왔다.

근래의 코어들은 하드웨어 나눗셈을 지원한다. Cortex-M3, Cortex-M4, Cortex-R4와 Cortex-R5 그리고 Cortex-A15와 그 자매 프로세서인 Cortex-A7은 하드웨어 나눗셈을 지원한다.

시프트를 사용하면 몇몇 숫자는 나눗셈을 할 수 있으며, 컴파일러는 이런 방식으로 최적화를 수행하기도 한다. 그러나 이러한 방법이 항상 간단한 것은 아니다. 때로는 여러분의 코드에 명시적으로 할 필요가 있다. 시프트를 사용하면 2의 거듭제곱을 사용해 나눗셈을 할 수 있다.

```
MOV r0, r0, LSR #1 ; r0을 2로 나눗셈한다.
```

SDIV

```
SDIV{cond} {Rd,} Rn, Rm
```

SDI$^{\text{Signed Divide}}$는 Rn에 있는 값을 Rm의 값으로 나누는 부호 있는 정수형 나눗셈을 수행한다. Rd가 생략되면, 목적 레지스터는 Rn이 된다. SP와 LR의 연산이 금지된다.

```
SDIV r0, r1, r2 ; r0 = r1/r2
SDIV r3, r4 ; r3 = r3 / r4
```

UDIV

```
UDIV{cond} {Rd,} Rn, Rm
```

UDIV[Unsigned Divide]는 SDIV와 문법이 동일하다. UDIV는 부호 없는 숫자에 대한 정수 나눗셈을 수행한다.

❖ 다중 레지스터 데이터 전송

메모리에서 하나의 레지스터로 로드하거나 저장하는 명령어들이 있다. 그러나 대부분의 애플리케이션에서는 여러 변수들이 사용되며 한 번에 한 레지스터만 사용한다는 것은 비효율적이다. 다행히도 ARM에서는 여러 레지스터를 메모리에 저장하는 시스템을 갖고 있으며 엔디안[endianness]과 메모리 위치를 고려한다.

명령어에 대해 설명하기 전에 대부분의 명령어와는 달리 이 명령어들은 <mode>라는 파라미터를 갖고 있다는 점을 이해해야 한다. 이 명령어는 각각의 전송 전과 후에 증가하거나 감소하도록 프로그래밍될 수 있다. 따라서 여러 레지스터를 전송할 때 다음 레지스터는 메모리 공간에서 그 다음이 되거나 그 이전이 될 수 있다. 메모리 위치(베이스 레지스터)를 가리키는 데 사용되는 레지스터는 각각의 읽기/쓰기 전후에서 증가되거나 감소될 수 있다. 다시 말해 IA, IB, DA, DB로 쓸 수 있다. 이것은 다음 표에서 보여준다. 이 레지스터는 레지스터 다음에 느낌표를 추가해 다음의 전송을 업데이트하게 할 수 있으며, 하나의 레지스터 로드/저장 명령어와 유사하다.

어드레스 모드	설명	시작 어드레스	끝 어드레스	RN!
IA	이후에 증가	Rn	Rn + 4*N − 4	Rn + R*N
IB	이전에 증가	Rn + 4	Rn + 4*N	Rn + 4*N
DA	이후에 감소	Rn − 4*N + 4	Rn	Rn − 4*N
DB	이전에 감소	Rn − 4*N	Rn − 4	Rn − 4*?

각 모드의 차이점을 가장 쉽게 이해하는 방법은 그림을 통해서다. 그림 7-1은 4개의
저장 연산에 대한 결과를 보여준다. 모든 경우에 베이스 레지스터는 0x8000이다.

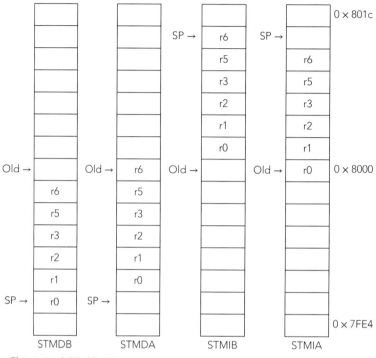

그림 7-1 로드/저장 다중 결과

이 옵션을 사용하면 프로그램은 메모리 읽기/쓰기 방향에 대한 완전한 제어를 갖게
되며, 또한 스택 포인터의 결과도 갖게 된다.

STM

```
STM{addr_mode}{cond} Rn{!}, reglist{^}
```

STM은 '다중 저장store multiple' 명령어다. STM은 하나 혹은 그 이상의 레지스터를 갖고 그
값들을 베이스 레지스터가 가리키는 메모리 블록에 저장한다. 초기 레지스터는 원래의
값이 그대로 유지된다. 옵션 '!'로 설정하면, 베이스 레지스터는 모드에 따라 업데이트
된다.

명령어로 인코딩될 때 레지스터들은 비트로 표현되고 그것은 어떤 조합도(혹은 모든 사용 가능한 레지스터) 사용할 수 있음을 의미한다. 레지스터들은 논리적 순서(r0-r15)로 읽으며, 명령어 라인에 표현된 순서는 아니다.

```
STMFD r9!, {r0-r4, r6, r8} ; Full Descending 모드에 있는 레지스터를 저장한다.
```

LDM

LDM은 '다중 로드load multiple' 명령어다. STM와 마찬가지로, LDM은 레지스터의 리스트를 갖게 되며 메모리로부터 로드한다. 원래의 메모리 위치는 그대로 유지된다.

```
LDMFD r9!, {r0-r4, r6, r8} ; Full Descending 모드에 있는 레지스터를 로드한다.
```

❖ 배럴 시프터

배럴 시프터Barrel Shifter는 다른 환경의 숫자를 사용할 수 있는 함수 유닛이다. 이 명령어는 ARM 명령어는 아니지만 피연산자 2에 추가되어 있다. 이 명령어를 사용하면 복잡한 연산이 가능하며, 하나의 어셈블리 명령어만으로도 가능하다. 그러나 Thumb 명령어와는 분리되어 있으며 Thumb 명령어의 끝에는 추가되지 못한다.

시프트 연산은 기본적으로 레지스터에 있는 비트들을 왼쪽으로 이동하거나 오른쪽으로 이동하며, 이동 후 비어 있는 비트를 0이나 1로 채운다. 이 명령어는 2의 거듭제곱으로 곱하거나 더하는 것과 같은 기능을 한다. 또한 이 명령어를 사용하다 보면 다음과 같은 의문점이 생긴다. "배럴 시프터를 사용하는 대신 직접 명령어를 사용해 시프트하거나 로테이션을 하면 안 되는 걸까?" 실제로는 완전히 반대다. 시프트나 로테이션은 ARM 상태 데이터 처리 명령어에 필요한 만큼의 시간이 걸린다.

LSL

LSLLogical Shift Left은 2^n으로 곱셈을 하는 명령어로, C 언어의 <<와 같은 기능을 한다. 간단한 곱셈을 할 때 사용될 뿐만 아니라 더 복잡한 연산에서도 사용 가능하다. 설정한 양만

큼 왼쪽으로 값을 시프트하고 남은 부분은 0으로 패딩한다. 이에 대한 설명은 그림 7-2
에 나타나 있다. 바이너리 숫자는 1만큼 '왼쪽'으로 시프트한다.

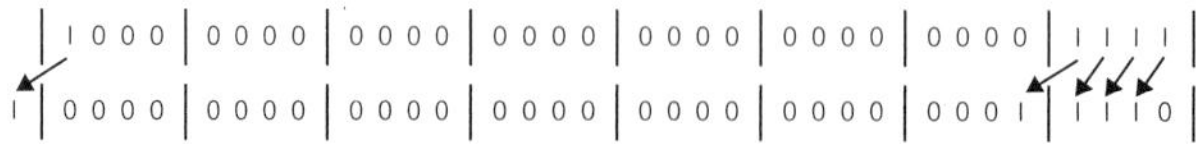

그림 7-2 왼쪽으로 1만큼 바이너리 시프트

```
MOV r0, r0, #1 ; r0에 2를 곱함
```

LSL은 또한 더 복잡한 곱셈도 가능하며, 다른 명령어를 사용할 때보다 시간이 덜 걸
린다.

```
ADD r0, r0, r0, #3 ; r0에 9를 곱함(r0 = r0 + r0 * 8)
RSB r1, r1, r1, #4 ; r1에 15를 곱함(r1 = r1 * 16 - r1)
```

또 다른 방법은 즉시값으로 표현하지 못하는 숫자를 생성하기 위해 시프트를 사용
하는 것이다.

```
MOV r0, #0
MOV r1, #0x80000004
MOVS r0, r1, LSL #1
```

이 명령어는 r1의 값을 r0으로 '이동'하는데, r1의 값에 왼쪽 시프트를 수행한 후에
실행된다. r1의 값은 여전히 0x80000004이지만 ARM CPU는 왼쪽으로 한 자리만큼 시
프트된 r1의 값을 읽어온다(이제 값은 0x00000008이 된다). 캐리 비트가 설정되고 그 결과
를 r0에 저장한다.

LSR

LSR^Logical Shift Right^은 LSL과 비슷하다. LSR은 시프트 연산이며, 2^n으로 나누는 것과 동일하
다. C 언어의 >>와 동일한 기능을 한다. 설정한 양만큼 오른쪽으로 값을 시프트하고 남
은 부분은 0으로 패딩한다.

```
MOV r0, r0, LSR #2 ; r0을 4로 나눈다.
```

ASR

ASR^{Arithmetic Shift Right}은 LSR과 같다. 오른쪽으로 숫자를 시프트하는데, 반올림 없이 2^n으로 나눈 것과 같다. LSR과의 차이점은 ASR은 32비트의 첫 번째 비트인 부호 비트를 유지하며 결과를 패딩한다는 점이다. 숫자가 바이너리 0으로 시작한다면 0으로 패딩된다. 바이너리 1로 시작하면 결과는 1로 패딩된다.

```
MVN r0, #0 ; r0 = 0xFFFFFFFF
MOV r1, r0, asr #16 ; r1 = 0xFFFFFFFF
MOV r2, r0, lsr #16 ; r2 = 0x0000FFFF
```

ROR

ROR^{Rotate Right}은 숫자를 로테이션한다. 레지스터의 오른쪽 끝 밖으로 이동한 비트는 다시 왼쪽 끝으로 돌아오게 된다.

```
MOV r0, r0, ROR #16 ; 32비트 숫자의 상위 반쪽과 하위 반쪽을 스왑(swap)한다.
```

RRX

RRX^{Rotate Right Extended}는 ROR과 거의 같지만 중요한 차이점이 있다. ROR은 레지스터를 사용하며 캐리^{Carry} 플래그도 사용한다. 따라서 33비트 숫자의 시프트를 하는 것과 마찬가지로 동작한다. C 플래그는 시프트 연산을 계속하기 전에 결과에 복사된다.

❖ 스택 연산

스택 연산은 서브루틴을 호출하는 프로그램이나 대용량의 데이터를 다루는 프로그램에서는 필수적이다. 스택 연산은 이동 명령어와 같지만, 사용하기 쉽게 해주는 기능이 추가됐다.

전통적으로 스택은 메모리의 아래방향으로 증가하며, 이것은 마지막으로 '푸시^{push}'된 값이 가장 하위 어드레스를 갖는다는 뜻이다. ARM은 또한 LDM과 STM을 사용해 증가하는 스택을 지원한다. 이것은 스택 구조가 메모리 위로 증가한다는 뜻이다.

PUSH와 POP 연산은 STMBD 및 LDMIA와 각각 동일한 기능을 한다. 베이스 레지스터는 r13으로 고정된다. 그러나 LDM과 STM이 스택에 특화된 것이 아니기 때문에 스택 포인터를 설정할 필요가 있다.

ARM 상태에서 코어는 LDM과 STM을 사용해 스택 연산을 한다. 더 자세한 정보는 '다중 레지스터 데이터 전송' 절을 참고하자.

PUSH

PUSH 명령어는 실제로 STMDB와 동일하며, 베이스 레지스터로 SP를 사용한다. 이것은 스택 포인터가 4씩 감소하며 푸시 연산이 일어나기 전에 스택 포인터가 업데이트됨을 의미한다.

POP

PUSH와 마찬가지로 POP도 실제로 LDMIA 명령어와 동일하다. 스택 포인터는 자동적으로 사용되며 POP 연산 이후에 4씩 증가한다.

Thumb 상태에서는 PUSH와 POP이 사용 가능한 유일한 스택 연산이다.

예제: 서브루틴으로부터의 리턴

```
subroutine  PUSH    {r5-r7,lr} ; 워크 레지스터와 lr을 푸시한다.
            ; 코드
            BL      somewhere_else
            ; 코드
            POP     {r5-r7,pc} ; 워크 레지스터와 pc를 팝한다.
```

❖ 코프로세서 명령어

CP15 코프로세서는 여러분의 작업을 도와줄 수 있는 강력한 도구다. CP15는 캐시, 밀접하게 연결된 메모리$^{Tightly\ Coupled\ Memory}$, 시스템 성능 모니터링 및 기타 시스템을 설정하기 위해 프로그래밍 가능하다. 아키텍처 측면에서 보면 CP15라고 하는 실제로 시스템에서 사용 가능한 코프로세서는 직접적으로 액세스가 불가능하다. 따라서 코프로세서에서 읽거나 쓰기 위한 특별한 명령어가 존재한다. 코프로세서가 코프로세서 명령어를 실행하지 못하면 정의되지 않은 명령어 실패라는 예외가 발생한다.

코프로세서 명령어는 복잡하며 ARM(CP15를 사용한다면)의 특정 문서가 필요하거나 다른 코프로세서를 사용한다면 해당 제조사의 문서가 필요하다. 복잡성에 대해서는 걱정할 필요가 없다. 모든 opcode를 알아야 할 필요는 없지만 어떤 명령어가 어떤 일을 실행하는지 정도는 이해하는 것이 중요하다.

물리적인 코프로세서 지원은 ARMv7의 ARM 프로세서에서는 제거됐다. ARM11 패밀리는 외부 코프로세서를 지원하는 마지막 코어였다. 바이너리 호환성을 유지하기 위해 코프로세서 명령어는 여전히 존재하지만 시스템 명령어에 직접적으로 매핑된다.

오리지널 Thumb 명령어 세트는 코프로세서를 액세스할 수 없으며, 따라서 이러한 명령어는 Thumb-2를 지원하지 않는 Thumb 상태에서는 실행이 불가능하다. Thumb-2는 코프로세서에 대한 지원이 추가됐다.

MRC

MRC^{Move to ARM Register from Coprocessor}의 구조는 다음과 같다.

```
MRC[condition] coproc, opcode1, dest, cpsource, cpreg[, opcode2]
```

이 구조는 다른 ARM 명령어에 따라 약간의 차이가 있다.

- condition은 16개의 조건 코드 중 하나다.
- coproc는 코프로세서(p0부터 p15)의 이름이다.
- opcode1은 코프로세서에 특화된 오피코드다.
- dest는 목적 레지스터다.
- cpsource는 소스 코프로세서 레지스터다.
- cpreg는 추가적인 코프로세서 레지스터다.
- cpopcode2는 옵션인 코프로세서 cpname 연산이다.

예를 들어, 다음과 같은 코드가 있다고 하자.

```
MRC p15, 0, r0, c0, c0, 0
```

이 예제에서 명령어는 CP15(p15)로부터 레지스터를 가져와서 그 결과를 r0에 저장한다. CP15의 c0 레지스터에 정보를 요청하고 opcode2는 서브레지스터를 설정한다. 이것은 복잡해 보이며 이 특정 명령어는 ARM 웹사이트의 CP15를 참고하면 알 수 있다. CP15로부터 메인 ID 레지스터^{Main ID Register}를 읽어오는 데 필요한 명령어다.

MCR

MCR^{Move to Coprocessor from ARM Registers}의 구조는 다음과 같다.

```
MRC[condition] coproc, opcode1, dest, cpsource, cpreg[, opcode2]
```

MRC는 MCR과 같은 포맷을 사용하며 메모리 전송 방향만 다르다. 예를 들면 다음과 같다.

```
MCR p15, 0, r0, c13, c0, 3; 스레드 ID 레지스터 쓰기
```

이 예제는 암호문 같다. 이 특별한 명령어는 r0의 값을 CP15(p15)와 c13에 복사한다. ARM11 코어에서 c13은 스레드^{thread} ID 레지스터다. 이 명령어를 이슈하면 ARM 코어는 특정 스레드를 위한 스레드 ID를 받게 되며 opcode2는 스레드 ID 숫자를 사용자가 읽을 수 있게 할 수 있지만 새로운 값으로 쓰기 위해서는 특별한 액세스 권한이 필요하다.

❖ 추가적인 명령어

다음은 앞서 살펴본 카테고리에는 속하지 않는 명령어들이다.

SVC

```
SVC{cond} #immed
```

SVC^{Supervisor Call}는 예외를 발생시키는 명령어다. 이 명령어를 이슈하면 프로세서는 슈퍼

바이저 모드로 스위치하고 CPSR은 저장되며 실행이 SVC 벡터로 분기한다.

SVC는 또한 즉시값을 갖지만 프로세서에서는 사용할 수 없다. 실제로 SVC 핸들러는 명령어 안에 하드코딩된 값을 복구하기 위해 프로그래밍된다. ARM 상태에서 이 값은 24비트 즉시값이며, Thumb에서는 8비트 즉시값이다.

SVC는 SWI라는 이름으로 불리기도 한다. 어떤 컴파일러와 디컴파일러는 여전히 SWI 라는 이름을 사용하지만 새로운 버전에서는 SVC를 사용해야 한다.

NOP

NOP는 'No Operation'의 축약형으로, 아무런 일도 하지 않는 명령어다. 64비트 바운더 리를 위해 명령어를 패딩하기 전에 빈 명령어가 필요한 경우에 사용된다. 혹은 중단점 breakpoint을 추가하기에 유용한 지점으로 사용되는 경우도 있다. 과거에 NOP는 프로세서 가 강제로 한 사이클을 대기하게 하는 데 사용됐지만, 현대의 파이프라인에서는 이런 경우가 없다.

MRS

```
MRS{cond} Rd, psr
```

MRS Move to ARM Register from System coprocessor 는 PSR의 내용을 일반적인 목적의 레지스터로 이동 시킨다. 이 명령어는 특별히 제한된 산술 연산에서 유용하다. 그 이유는 Q 플래그의 상 태를 직접 얻어올 수 없기 때문이다. 이 명령어를 사용하면 모든 플래그를 가져와서 명 령어가 제한적인지를 알 수 있다.

MSR

```
MSR{cond} APSR_flags, Rm
```

MSR Move to System coprocessor register from ARM Register 은 즉시값을 로드하거나 레지스터의 내용을 로드하거나 PSR Program Status Register의 특정 필드를 로드할 때 사용된다.

✦ 정리

7장에서는 UAL로 작성된 가장 공통적으로 사용되는 ARM 어셈블리와 그 사용법을 알아봤다. 디컴파일링하거나 디버깅할 때 사용하는 어셈블리에 대해 배웠고 명령어를 이해하게 됐다. 그러나 모든 코어에는 제조사별로 추가된 명령어들이 있기 때문에 이 장에서 다룬 명령어가 전부는 아니다.

5장 '첫발 내딛기'에서 디버깅에 대해 설명하고 몇 가지 디버깅 예제를 살펴봤다. 그리고 기본적인 어셈블리를 이해하는 일이 얼마나 중요한지에 대해서도 설명했다.

다음 장에서는 NEON 프로세서에 대해 알아본다. NEON은 ARM의 향상된 싱글 명령어 다중 데이터 엔진이며, 디지털 시그널 프로세싱을 위한 복잡한 명령어를 처리할 수 있게 해준다.

8

NEON

ARM에서 처음 SIMD 확장을 발표했을 때 상당한 성과를 거두었다. 마침내, 1개의 명령어를 사용해 멀티미디어 애플리케이션을 가속화하기 위해 다중 데이터 값을 처리하며 ARM 코어가 거의 모든 범위의 멀티미디어 디바이스를 액세스할 수 있게 해줬다. 하나의 명령어를 사용해 레지스터에 패키징되어 있는 다중 데이터 값을 연산한다는 것은 ARM 코어가 DSP 애플리케이션 형태로 사용될 수 있다는 의미가 되고, 결국 더 나은 성능을 얻을 수 있다는 뜻이다. 모바일 폰에서 더 적은 전력으로 더 오랫동안 배터리를 지속시키면서 MP3 음악을 디코딩할 수 있게 됐다.

NEON은 원래의 SIMD 명령어 세트의 확장 버전이며, 어드밴스드 SIMD 확장^{Advanced} ^{SIMD Extensions}으로 종종 참조된다. SIMD의 개념에 64비트 레지스터(더블 워드를 위한 D)와 128비트 레지스터(쿼드 워드를 위한 Q)에서 동작하는 명령어를 추가해 확장했다.

NEON 명령어는 ARM 명령어 스트림의 일부분이며 개발과 디버깅을 간소화했다.

✦NEON을 사용할 때의 이점

NEON은 많은 레지스터를 갖고 있지 않다. SIMD 명령어의 장점은 하나의 명령어에서 하나의 레지스터에 패킹되어 있는 여러 데이터 값에 대한 연산을 실행한다는 점이다. 그러나 데이터는 연산하기 전에 레지스터에 올바른 형태로 저장되어 있어야 한다. 이와 같은 과정이 정확히 어떻게 동작하는 것일까?

예를 들어, 24비트 이미지를 생각해보자. 픽셀당 24비트를 구성하기 위해서는 3개의 채널을 사용한다. 적색red을 위한 8비트, 녹색green을 위한 8비트, 청색blue을 위한 8비트다. 이 값들은 픽셀당 24비트 구조체로 되어 있으며, 디지털 카메라 등에서 이러한 구조를 사용해 대량의 픽셀을 처리한다.

이미지 처리를 하기 전에 데이터를 레지스터에 로드해야 한다. NEON을 사용하지 않고, 해당 연산은 적색 컴포넌트를 r5에, 청색 컴포넌트는 r6에, 녹색 컴포넌트는 r7에 로드하는 식이다. 필터가 적용되면 3개의 레지스터는 세 번의 읽기와 세 번의 연산, 그리고 세 번의 쓰기 작업을 실행하게 된다. 오직 하나의 픽셀에 대해 이러한 과정이 일어나는 것이다. NEON은 이와는 다른 방식이다.

NEON 레지스터는 64비트이지만, 하나의 레지스터에 여러 개의 8비트 값으로 로드할 수 있다. 데이터의 첫 번째 바이트의 어드레스는 r0에 있다. NEON 명령어를 사용하면 하나의 명령어로 메모리에 8픽셀을 로드할 수 있다.

```
vld1.8 {d0, d1, d2}, [r0]
```

VLD는 데이터를 로드하는 NEON 명령어다. vld1.8은 프로세서가 인터리빙interleaving 없이 8비트의 값을 로드한다는 뜻이다. 3개의 레지스터를 설정 가능하며, 따라서 3개의 레지스터는 8비트의 값으로 채워진다. 마지막으로, 첫 번째 바이트의 어드레스는 하나의 레지스터에서 갖고 있으며 이 경우는 r0이다. 그림 8-1에서 이 연산의 결과를 보여준다.

그림 8-1 순차적인 로드를 사용한 RGB 데이터의 로드

하나의 명령어로 8픽셀이 3개의 레지스터에 로드된다. 그러나 각기 다른 컬러가 직접 로드되기 때문에 연산 작업은 조금 복잡하다. 여기서는 인터리빙이 있을 수 있는데, 데이터의 정확한 순서를 설정할 수 있다. 3이라는 인터리브 값을 사용함으로써 각 항목이 로드되고, 첫 번째가 첫 번째 레지스터에 놓이며, 두 번째는 두 번째 레지스터, 세 번째는 세 번째 레지스터에 놓이게 된다. 4번째 항목을 읽을 때 이 과정은 '루프'가 되어 첫 번째 레지스터에 다음 공간을 놓게 되며 이 과정을 반복한다.

인터리브를 3으로 해서 명령어를 다시 사용하면 그림 8-2와 같은 결과가 된다.

```
vld3.8 {d0, d1, d2}, [r0]
```

그림 8-2 구조화된 로드를 사용한 RGB 데이터의 로드

데이터는 이제 작업하기 쉽도록 적합한 포맷으로 로드됐다. 더 이상 데이터를 시프트하거나 마스킹할 필요는 없다. 각 컬러는 하나의 레지스터에 직접 저장되어 있다. 물론 데이터를 어떤 방식으로 읽는다면 프로세서는 같은 방식으로 데이터를 작성해야 한다.

여기서 의문점이 생긴다. 현재 64비트 레지스터를 8비트 값으로 채웠는데 어떻게 연산이 가능할까? 답은 NEON의 레인이다. **레인**lane은 레지스터의 세그먼트이며, 따라서 하나의 명령어가 표준 레지스터에 패킹되어 있는 다중 값을 사용할 수 있다. 이 경우 레인은 8비트다. 따라서 어떠한 연산도 레지스터의 전체 내용을 모두 처리할 수는 없으며, 연속된 8비트 형태로만 가능하다. 그림 8-3은 2개의 D 레지스터를 사용한 레인 연산을 보여준다.

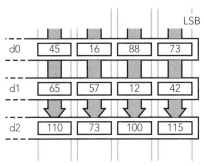

그림 8-3 NEON 레지스터에서의 레인 연산

여기서 가상의 개념이 포함된다. 하나의 명령어를 사용해 2개의 컬러를 스왑swap할 수 있다. 4개를 생성하기 위해 3개 값의 가중 평균weighted average을 계산할 수 있다. 이것은 이미지를 그레이스케일할 때 효과적이다. 모든 작업이 끝났을 때 NEON을 사용해 JPEG 압축을 가속화하면 된다.

✦ NEON에서 지원하는 데이터 타입

NEON은 8비트, 16비트, 32비트, 64비트의 부호 있는 그리고 부호 없는 정수를 지원한다. 같은 데이터를 ARM 프로그램에서도 찾아볼 수 있다. NEON은 32비트 싱글 정확도의 부동소수점 수도 지원하며 8비트, 16비트 다항식도 마찬가지로 지원한다.

데이터 타입은 문자로 설정하며 다음의 규칙을 따른다.

- U: 부호 없는 정수
- S: 부호 있는 정수
- I: 정해지지 않은 타입의 정수

- F: 싱글 정확도의 부동소수점 수
- P: 다항식

어셈블리에서 NEON의 사용

C 같은 상위 레벨 언어에서 NEON을 사용하기 전에, 내부를 먼저 이해해야 한다. NEON이 데이터를 읽는 방법과 데이터를 정렬하는 방법, 그리고 사용되는 명령어와 NEON이 시스템 메모리에 데이터를 쓰는 방법에 대해 알아보자.

레지스터의 표현

NEON은 많은 레지스터를 갖고 있다. 32개의 64비트 레지스터를 d0부터 d31까지 이름 붙여 사용한다. 또 다른 이름도 있는데, 16개의 128비트 레지스터이며 q0부터 q15까지다. 실제로 같은 레지스터다. 2개의 D(더블 워드) 레지스터는 하나의 Q(쿼드 워드) 레지스터에 매핑된다. 그림 8-4는 Q 레지스터와 2개의 D 레지스터 간의 관계를 보여준다.

이 레지스터들은 VFP가 존재한다면 VFP를 공유한다.

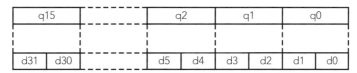

그림 8-4 Q 레지스터와 D 레지스터

Q와 D 레지스터가 같은 이유

Q 레지스터는 2개의 D 레지스터로 매핑되는데, Q 레지스터에 데이터를 쓰면 2개의 D 레지스터의 데이터도 덮어 써진다. 2개의 이름이 존재하는 여러 가지 이유가 있는데, 그 중 하나는 NEON 명령어의 레인 길이 때문이다. 예를 들어, 16비트 숫자와 16비트 숫자를 곱셈할 때는 32비트 숫자로 결과가 저장된다. 2개의 레지스터를 사용해 16비트 값을 사용할 때는 4개의 레인이 되거나 4개의 16비트 항목이 된다. 4개의 32비트 숫자로 출력할 때 그 결과는 Q 레지스터에 저장되며 4개의 32비트 레인의 공간이 된다.

그 반대도 성립된다. 몇몇 NEON 명령어는 결과의 크기를 감소시키며 피연산자가 Q 레지스터에 있는 경우에 결과는 D 레지스터에 저장된다.

데이터의 로드와 저장

ARM 코어와 마찬가지로 NEON도 로드/저장 아키텍처를 갖고 있다. 데이터는 연산을 하기 전에 레지스터에 로드되어야 한다.

하나의 명령어로 NEON 레지스터에 데이터를 로드하며, 하나의 명령어로 NEON 레지스터를 메모리에 저장한다. 그러나 사용하는 방식은 여러 가지로 커스터마이징이 가능하다.

명령어의 문법은 다음과 같다.

```
Vopn{cond}. datatype list, [rn]{!}
Vopn{cond}. datatype list, [rn], Rm
```

위 구조는 5개의 부분으로 되어 있다.

- 명령어 니모닉^{mnemonic}: 로드할 때는 VLD이고 저장할 때는 VST이다.
- 인터리브 패턴: 항목들 사이는 공백으로 띄운다.
- 액세스한 데이터 비트의 수
- 데이터를 로드/저장하기 위한 NEON 레지스터의 세트
- 메모리 위치를 담고 있는 ARM 레지스터

다른 인터리브의 이해

인터리브 패턴은 읽거나 쓰기 위한 데이터를 구별하도록 설정한다. 인터리브 1은(예: VLD1)은 가장 간단한 형태다. 데이터는 순차적으로 처리되는데, 한 항목의 데이터가 처리되면 그 다음으로 넘어간다. 이러한 작업은 1차원 배열을 로드하는 데 사용된다. 그림 8-5는 인터리브 1의 패턴을 보여준다.

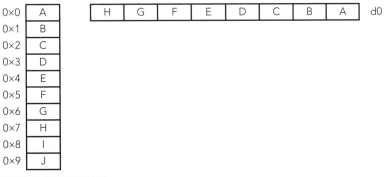

그림 8-5 인터리브 1의 예

인터리브 2(VLD2)를 사용하면 데이터는 두 부분으로 분할된다. 예를 들어, 오디오 스트림을 사용하는 경우에 왼쪽 채널과 오른쪽 채널을 위한 데이터를 분리한다. 그림 8-6은 인터리브 2의 예를 보여준다.

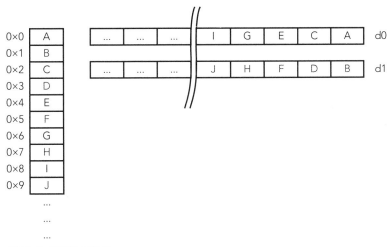

그림 8-6 인터리브 2의 예

인터리브 3은 3개의 레지스터를 사용하며 3차원 배열에서 사용된다. 예를 들어, RGB로 코딩된 그래픽 이미지를 로드하는 경우다. 그림 8-7이 인터리브 3의 예를 보여준다.

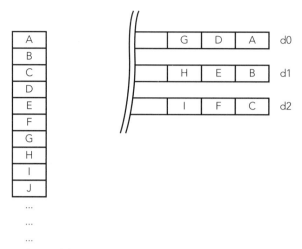

그림 8-7 인터리브 3의 예

인터리브 4는 4개의 레지스터를 사용하며 4차원 배열에서 사용된다. ARGB 이미지에서 볼 수 있는 데이터와 유사하다. 그림 8-8은 인터리브 4의 예를 보여준다.

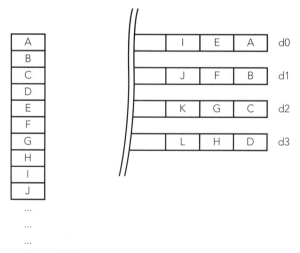

그림 8-8 인터리브 4의 예

데이터 크기의 설정

각 데이터 항목의 데이터 크기를 설정해야 한다. 24비트 그래픽 파일의 경우, 각 픽셀 컬러는 8비트로 코딩되어야 한다. 명령어에서 8비트를 설정하면 NEON 엔진은 다음 데이터 크기와 인터리브를 해야 하는지를 알게 되며, 픽셀 데이터를 효과적으로 분할할 수 있다.

올바른 데이터 크기는 8비트, 16비트, 32비트다.

인터리브 3으로 8비트 데이터를 읽어오기 위해서는 VLD3.8 명령어를 사용한다. 16비트 데이터를 인터리브 4로 읽어오기 위해서는 VST4.16 명령어를 사용한다. 레인 크기는 여러 연산에 따라 증가할 수도 있고 감소할 수도 있다. 따라서 올바른 길이를 설정해야 한다.

NEON 레지스터의 정의

선택한 인터리브에 따라 4개의 레지스터를 정의한다. 인터리브 4의 경우에는 데이터가 4개의 다른 레지스터로 분할되기 때문에 4개의 레지스터를 설정해야 한다. 인터리브 3의 경우에는 데이터가 3개의 그룹으로 분할되므로 3개의 레지스터만 설정하면 된다. 인터리브 2의 경우에는 2개 혹은 4개의 레지스터를 설정할 수 있으며, 읽어올 데이터의 길이에 따라 다르다. 인터리브 1의 경우는 4개의 레지스터를 설정한다.

디폴트 값을 사용하면 ARM 코어는 가능한 한 많은 항목을 사용하도록 모든 레지스터를 채운다. 그러나 하나의 특정 레인에 하나의 항목만을 채우게 할 수 있으며, 모든 레인에 하나의 항목만을 로드할 수도 있다. 이와 같이 하려면 레인은 레지스터 후에 설정돼야 한다. 이전 예제에서 하나의 항목을 모든 레인에 로드하려면 다음과 같이 하면 된다.

```
VLD3.8 {d0[2], d1[2], d2[2]}, [r0]
```

이 명령어를 이슈하면 ARM 코어는 3개의 8비트 항목을 d0, d1, d2의 레인 2에 로드한다. 그림 8-9에서 보는 것처럼 하나의 픽셀을 특정 위치에 효과적으로 로드할 수 있다.

하나의 항목을 모든 레인에 로드할 수도 있으며 레인 파라미터는 생략해도 된다.

```
VLD3.8 {d0[], d1[], d2[]}, [r0]
```

그림 8-10을 보면, 같은 8비트 항목이 레지스터의 모든 레인에 로드된다.

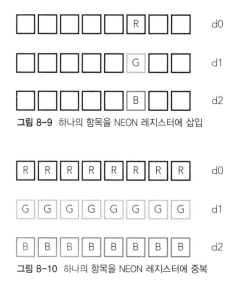

그림 8-9 하나의 항목을 NEON 레지스터에 삽입

그림 8-10 하나의 항목을 NEON 레지스터에 중복

벡터 크기

D 레지스터는 64비트이며 Q 레지스터는 128비트다. 그러나 레지스터에 있는 데이터가 너무 작으면 어떤 일이 일어날까? 앞의 예제에서 8개의 8비트 값들이 D 레지스터에 로드되지만 단지 6개의 값만이 사용 가능하다면 어떤 일이 발생할까?

NEON은 모든 레지스터에 대한 연산을 실행한다. 한 레인이나 하나의 레지스터에 있는 하나의 값을 로드하는 예외에서는 모든 명령어가 모든 레인에 대해 같은 연산을 실행한다. 이것은 로드/저장 연산에서도 마찬가지다. 대부분의 경우 이러한 방식은 투명하다. 마지막 2개의 결과가 의미 없는 데이터로 주어진다. 그 이유는 올바른 입력이 없었기 때문이다. 쓰기 연산이 발생할 때 충분한 시스템 메모리가 있는 한, 이러한 과정이 여러분의 프로그램에 영향을 미치지는 않는다.

효율적인 어드레싱

여러 가지 방법으로 연산을 위한 어드레스를 설정할 수 있다. 가장 간단한 형태는 옵션 없이 ARM 레지스터에서 메모리의 어드레스를 설정하는 것이다. 이 경우에 데이터는 읽기(혹은 쓰기)가 되며 ARM 레지스터가 업데이트되지는 않는다. 메모리의 일부가 자주 업데이트되는 시스템에서 이러한 방식을 사용한다.

데이터가 자주 대규모 메모리 영역을 쓰는 경우에는 포스트 인크리먼트 어드레싱[post-increment addressing]을 사용한다. 표준 ARM 명령어와 마찬가지로 ARM 레지스터의 값은 사용된 메모리의 양에 의해 메모리 연산이 끝난 후에 업데이트된다. ARM 레지스터의 내용은 읽거나 쓰기 위한 다음 메모리 영역을 가리키도록 업데이트된다. 그래픽 이미지의 예에서 이러한 방식은 프로세서가 모든 데이터를 순차적으로 읽어올 수 있게 해준다.

```
VLD3.8 {d0-d2}, [r0]! ; 데이터 읽기 후에 r0을 업데이트한다.
```

이전 예제에서는 데이터를 어떻게 순차적으로 읽어오는지를 살펴봤지만, 때로는 더 복잡한 명령어가 필요할 때가 있다. 데이터를 순차적으로 읽지 않고, 예를 들어 블록으로 읽는 경우라면 프로그램은 라인의 각 픽셀을 읽는 것이 아니라 각 라인의 처음 8픽셀을 읽게 된다. 이 경우 프로그램은 8픽셀에서 읽어와야 하고, 그리고 나서 다음 라인으로 '점프'하게 된다. 이것이 포스트 인덱싱[post-indexing] 방식이다. 메모리 액세스 후에 포인터는 ARM 레지스터에 저장되어 있는 특정 값만큼 증가한다.

```
VLD3.8 {d0-d2}, [r0], #40 ; 데이터 읽기 후에 r0을 40만큼 증가시킨다.
```

최적화된 memcpy

임베디드 시스템에서는 종종 한 위치에서 다른 위치로 메모리를 복사하는 데 많은 시간을 소비하곤 한다. 비용 제약 측면에서 보면 임베디드 시스템의 시스템 메모리가 가장 빠른 메모리는 아니라는 것도 이해할 만하다. 따라서 memcpy를 빠르게 할 필요가 있다.

memcpy 루틴은 2개의 시스템 사이에서 상당히 변경될 수 있다. 그러나 NEON이 존재하는 ARM 임베디드 시스템은 NEON을 사용하면 더 효율적인 memcpy로 수정이 가능하다.

다음은 기존의 memcpy를 대체하기 위해 NEON을 사용한 간단한 예다.

```
NEONcpy:
VLDM r1!, {d0-d7}
VSTM r0!, {d0-d7}
SUBS r2, r2, #0x40
BGE NEONcpy
```

이 예제에서 r0은 소스 어드레스를 갖고 있으며, r1은 목적지 어드레스를 갖고 있다. 그리고 r2는 복사할 바이트의 양을 갖고 있다. 놀랍게도 위의 코드는 우리가 기대한 만큼 속도를 증가시키지 못한다. 그러나 몇 가지 이점이 있다. 첫째, 최소한의 명령어만으로 가능하며 ARM 레지스터를 덮어쓸 필요가 없다(PUSH나 POP 명령어가 필요 없다). 둘째, 어떤 코어에서는 NEON 명령어가 단지 레벨 2 캐시를 할당하도록 설정될 수 있다. 따라서 레벨 1 캐시에 있는 어떤 것도 덮어쓰지 않게 된다. 이 예는 쉽게 최적화할 수 있다. 읽기 전에 간단한 프리로드^{preload} 명령어를 추가하면 코드는 다음과 같이 된다.

```
NEONcpy:
PLD [r1, #0xC0]
VLDM r1!, {d0-d7}
VSTM r0!, {d0-d7}
SUBS r2, r2, #0x40
BGE NEONcpy
```

이 명령어는 프리로드 명령어가 프로세서로 하여금 r0에 있는 어드레스의 데이터로 캐시 라인을 채우게 한다. 캐시 라인이 채워진다는 점을 보장할 수는 없지만, 채워진다면 그 다음의 VLDM 명령어는 캐시 히트$^{cache\ hit}$가 되고, 속도가 상당히 증가한다. 테스트를 해보니 이 기술은 ARM 레지스터나 레벨 1 캐시 라인의 수정 없이도 상당한 처리량의 향상을 보여줬다.

NEON 명령어

NEON 명령어는 산술, 논리 연산, 변환, 시프트를 비롯한 그 밖의 고급 기능에 따라 각기 다른 카테고리로 나눌 수 있다.

산술

ARM 어셈블리 명령어는 다양한 산술 명령어를 갖고 있다. 예를 들어 두 수를 더하거나, 더한 결과를 누산하는 명령어 등이다. NEON은 또한 더 새롭고 진보된 명령어들로 계속 업그레이드되고 있다. NEON에서는 간단한 덧셈이나 뺄셈뿐만 아니라, 정수의 상위 절반을 나누어 더하거나, 두 수를 더해서 2로 나누거나, 페어와이즈$^{pair-wise}$ 덧셈을 할 수도 있다.

곱셈 역시 2개의 명령어가 존재하며, 자동으로 곱셈의 결과를 더블링하거나 Vector Fused Multiply and Accumulate도 제공한다.

비교

NEON은 여러 비교 명령어를 사용해 이점을 얻을 수 있다. 비교는 간단한 비트 비교, 또 다른 레지스터와의 비교, 한 쌍의 레지스터에서 최댓값과 최솟값을 추출하는 연산 등이다.

일반적인 데이터 처리

일반적인 데이터 처리 루틴은 하나의 데이터 타입을 다른 타입으로 변환해주는 기능을 갖고 있다. 예를 들어, 부동소수점 수를 정수형으로 변환하거나 그 반대도 가능하다. NEON은 또한 벡터 추출이라는 기능도 갖고 있다(그림 8-11). 이 기능은 두 번째 피연산자 벡터의 하위 위치에서 8비트 항목을 추출하고 첫 번째 벡터의 상위를 추출한 후 이 둘을 합쳐서 목적 벡터에 위치시킨다.

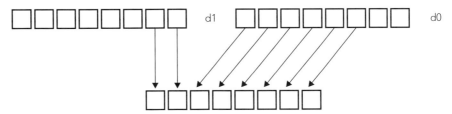

그림 8-11 벡터 추출

NEON은 또한 8, 16, 32비트의 항목을 갖는 벡터를 리버스^{reverse}할 수 있다. 이때 사용하는 명령어는 VREV이다. 이 명령어는 엔디안^{endianness}을 변경하거나 컴포넌트를 재배열하거나 스트림 데이터의 채널을 재배열하는 경우에 사용된다.

NEON은 또한 ARM 어셈블리에는 빠져 있는 기능을 제공하는데, 바로 임시 저장 공간으로 동작하는 세 번째 레지스터 없이 2개의 레지스터 값을 스왑하는 기능이다.

 참고 이것은 NEON 데이터 프로세싱 명령어의 일부일 뿐이다. 더 많은 명령어는 부록 D를 참고하자.

❖ C 언어에서 NEON의 사용

ARM 어셈블리와 마찬가지로 NEON 어셈블리는 코드를 작성하는 데 많은 시간이 필요하기 때문에 상당히 최적화된 코드가 되어야 한다. C를 사용해 코드를 작성하면 유지보수가 좀 더 쉬운 코드를 더 빨리 만들 수 있으며, 컴파일러는 최적화된 코드를 생성해준다. 때로 세밀하게 성능을 제어해야 하는 경우에는 어셈블리로 작성할 필요도 있다. 그러나 대부분의 경우 C 언어를 사용하면 더 좋은 성능을 얻을 수 있으며, ARM 명령어(이미 이 코드도 빠르다)를 사용해 코딩하는 것보다 더 나은 성능을 얻을 수 있다.

많은 루프가 존재하거나 NEON을 통해 코드를 가속화하는 경우에는 컴파일러가 표준 코드를 생성하지 못하며 NEON 명령어를 사용한다. 컴파일러는 NEON 엔진을 사용한다는 사실을 알아야 한다. 이와 같은 작업을 하기 위한 몇 가지 방법이 있다.

인트린직

타입 체크와 자동 레지스터 할당 같은 더 상위 레벨 함수를 사용하는 경우에 인트린직 ^{intrinsic} 함수와 데이터 타입(간단히, 인트린직)은 어셈블리에 직접 연결하게 해준다. 이 기능은 C 함수 형태로 사용할 수 있으며, 어셈블리 명령어를 직접 사용할 필요 없이 C 언어의 가독성과 유지보수성을 모두 만족시킨다. NEON 인트린직을 사용하기 위해서는 헤더 파일 arm_neon.h를 인클루드하면 된다.

벡터 데이터 타입

C 인트린직은 NEON에 의해 허용된 형태의 데이터 타입을 정의하고 있다. NEON 데이터 타입은 다음과 같은 패턴에 따라 이름이 붙어 있다.

<타입><크기>x<레인의 수>_t

타입은 int, uint, float, poly이다. 크기는 각 레인의 크기이며, 레인의 수는 얼마나 많은 레인이 로드되는지를 정의하기 때문에 사용되는 레지스터의 타입(D 혹은 Q)이 된다. 픽셀들을 64비트 D 레지스터에 로드하기 위해, 각 픽셀은 부호 없는 8비트 값이 되고 uint8x8_t를 선택한다. 제공되는 데이터 타입의 전체 리스트는 부록 D 'NEON 인트린직과 명령어'를 참고하기 바란다.

메모리에서 싱글 벡터의 로드

데이터를 NEON 레지스터에 로드하기 위해, 인트린직은 어셈블리와 닮은 형태로 되지만 데이터 타입은 컴파일러가 체크하기에 편하도록 되어 있다. 레지스터가 갖고 있는 데이터 타입을 리턴한다. 싱글 벡터를 로드하기 위해, 인트린직은 인수로 메모리 어드레스를 사용하며 레지스터에 포함된 데이터 타입을 리턴한다.

```
// VLD1.8 {d0, d1}, [r0]
uint8x16_t vld1q_u8(__transfersize(16) uint8_t const * ptr);
// VLD1.16 {d0, d1}, [r0]
uint16x8_t vld1q_u16(__transfersize(8) uint16_t const * ptr);
// VLD1.32 {d0, d1}, [r0]
uint32x4_t vld1q_u32(__transfersize(4) uint32_t const * ptr);
// VLD1.64 {d0, d1}, [r0]
uint64x2_t vld1q_u64(__transfersize(2) uint64_t const * ptr);
// VLD1.8 {d0, d1}, [r0]
int8x16_t vld1q_s8(__transfersize(16) int8_t const * ptr);
// VLD1.16 {d0, d1}, [r0]
int16x8_t vld1q_s16(__transfersize(8) int16_t const * ptr);
// VLD1.32 {d0, d1}, [r0]
int32x4_t vld1q_s32(__transfersize(4) int32_t const * ptr);
```

```
// VLD1.64 {d0, d1}, [r0]
int64x2_t vld1q_s64(__transfersize(2) int64_t const * ptr);
// VLD1.16 {d0, d1}, [r0]
float16x8_t vld1q_f16(__transfersize(8) __fp16 const * ptr);
// VLD1.32 {d0, d1}, [r0]
float32x4_t vld1q_f32(__transfersize(4) float32_t const * ptr);
// VLD1.8 {d0, d1}, [r0]
poly8x16_t vld1q_p8(__transfersize(16) poly8_t const * ptr);
// VLD1.16 {d0, d1}, [r0]
poly16x8_t vld1q_p16(__transfersize(8) poly16_t const * ptr);
// VLD1.8 {d0}, [r0]
uint8x8_t vld1_u8(__transfersize(8) uint8_t const * ptr);
// VLD1.16 {d0}, [r0]
uint16x4_t vld1_u16(__transfersize(4) uint16_t const * ptr);
// VLD1.32 {d0}, [r0]
uint32x2_t vld1_u32(__transfersize(2) uint32_t const * ptr);
// VLD1.64 {d0}, [r0]
uint64x1_t vld1_u64(__transfersize(1) uint64_t const * ptr);
// VLD1.8 {d0}, [r0]
int8x8_t vld1_s8(__transfersize(8) int8_t const * ptr);
// VLD1.16 {d0}, [r0]
int16x4_t vld1_s16(__transfersize(4) int16_t const * ptr);
// VLD1.32 {d0}, [r0]
int32x2_t vld1_s32(__transfersize(2) int32_t const * ptr);
// VLD1.64 {d0}, [r0]
int64x1_t vld1_s64(__transfersize(1) int64_t const * ptr);
// VLD1.16 {d0}, [r0]
float16x4_t vld1_f16(__transfersize(4) __fp16 const * ptr);
// VLD1.32 {d0}, [r0]
float32x2_t vld1_f32(__transfersize(2) float32_t const * ptr);
// VLD1.8 {d0}, [r0]
poly8x8_t vld1_p8(__transfersize(8) poly8_t const * ptr);
// VLD1.16 {d0}, [r0]
poly16x4_t vld1_p16(__transfersize(4) poly16_t const * ptr);
```

메모리에서 다중 벡터의 로드

메모리에서 다중 벡터를 로드하는 것은 싱글 벡터의 로드와 같다. 단지 인터리브를 설정한다는 점만 다르다. 명령어는 싱글 명령어와 거의 동일하다. 메모리 포인터는 인수로 받으며, 데이터 타입의 결과가 리턴된다. 인터리브는 명령어에서 정의한다.

```
uint8x8_t data vld1_u8(src); // 하나의 더블 워드 레지스터 로드
uint8x8x2_t data2 vld2_u8(src); // 2개의 더블 워드 레지스터 로드, 인터리브 2 사용
uint8x8x3_t data2 vld3_u8(src); // 3개의 더블 워드 레지스터 로드, 인터리브 3 사용
```

각 경우에서 명령어는 어셈블리의 형태와 비슷하다.

NEON 인트린직의 사용

NEON 인트린직은 상당히 잘 설계됐을 뿐만 아니라 중요한 변경 없이도 C에서 쉽게 사용 가능하다. 논리적인 프로시저를 갖는데, 인트린직을 사용해 데이터를 읽으며, NEON 명령어를 실행하고, 데이터를 다시 인트린직을 사용해 쓸 수 있다. 따라서 루틴은 NEON 최적화로 인한 이점을 갖게 된다.

AMR과 NEON 명령어를 혼합할 수도 있는데, 때로는 이렇게 사용하는 것이 문제가 되기도 한다. NEON은 단지 NEON 레지스터만을 사용해야 하며, ARM은 단지 ARM 명령어만을 사용해야 한다. 레지스터는 NEON 엔진 형태로 변환되어야 하며 이로 인한 오버헤드가 발생한다.

NEON 엔진이 있다면(그리고 정의되어 있다면) #ifdef 섹션을 사용해 실행할 코드의 영역을 만들 수 있다.

```
#ifdef __ARM_NEON__
// NEON 코드
#else
// ARM 코드
#endif
```

이 시스템을 사용하면 하나의 프로세서 설계에서 표준 C를 사용하는 다른 프로세서 형태로 쉽게 호환 가능한 소스 코드를 만들 수 있다.

이미지를 그레이스케일로 변환

현대 디지털 카메라 대부분은 이미지를 그레이스케일로 변환하는 기능을 옵션으로 갖고 있다. 이 연산은 간단하다. 적색, 녹색, 청색 컴포넌트를 가져와서 가중 평균을 계산한 다음, 그 결과를 새로운 픽셀에 작성하면 된다. 이 작업은 NEON을 적용할 수 있는 좋은 예제 중 하나다. 이 작업을 하기 위한 예제 애플리케이션은 다음과 같다.

먼저, 사람의 눈이 세상을 보는 방식에 대한 약간의 이해가 필요하다. 사람의 눈은 다른 컬러보다 녹색을 더 잘 보도록 되어 있다. 따라서 이미지를 그레이스케일로 변경할 때 적색, 녹색, 청색 컴포넌트를 추가하는 것만으로는 충분하지가 있다. 깔끔한 그레이스케일 이미지를 위해서는 특정 양만큼의 가중치가 각 컬러에 추가돼야 한다. 이것이 명도 방법$^{luminosity\ method}$으로 알려져 있다. 보통의 경우 적색 채널에 77을 곱하고, 녹색 컴포넌트에는 151, 청색 컴포넌트에는 28을 곱한다. 이 세 수의 합이 256이 된다.

이 작업을 하기 위해 프로그램에서는 3개의 레지스터를 특정 값인 가중 비율$^{weight\ ratio}$로 채운다. 애플리케이션은 픽셀들을 읽어와야 하고 적색, 녹색, 청색 컴포넌트로 인터리빙을 사용한 레지스터에 분리한다. 다음으로 각 컬러 컴포넌트에 가중 비율을 곱하고 그 결과는 다른 레지스터에 저장한다. 마지막으로, 새로운 레지스터가 하나의 레지스터에 추가되며 나눗셈을 한 후에 다시 메모리에 저장된다. 결과는 ((rx) + (gy) + (bz)) / (x + y + z)가 된다.

먼저, 3개의 레지스터(적색, 녹색, 청색 컴포넌트용)를 8비트 값인 가중 비율 값으로 채워야 한다. 8비트 값을 가져와서 NEON 레지스터를 통해 값을 반복한다. 이 과정에서는 VDUP 명령어가 사용된다.

```
uint8x8_t r_ratio = vdup_n_u8(77);
uint8x8_t g_ratio = vdup_n_u8(151);
uint8x8_t b_ratio = vdup_n_u8(28);
```

C에서는 레지스터를 설정할 필요가 없다. 컴파일러는 이 작업을 자동으로 해주며, 어떤 변수가 어떤 레지스터에 저장되어 있는지 알고 있다. 이제 데이터를 읽어와야 한다. 인터리브 3을 사용한다. 변수 rgb는 unit8x8x3_t로 정의되는데, 그 이유는 이 변수

가 3개의 레지스터를 사용하기 때문이다.

```
uint8x8x3_t rgb = vld3_u8(src);
```

vld3_u8은 부호 없는 8비트 값에 대한 벡터 로드를 수행하며 인터리브 3을 사용한다. 다시 한 번 설명하면, 레지스터를 설정할 필요는 없다. 이제 조금 복잡한 부분이다. 각 픽셀은 8비트 크기를 갖지만 서로 곱셈을 해야 한다. 그리고 3개의 곱셈 결과를 모두 더해야 한다. 이 작업을 8비트 레인에서 할 수는 없다. 그 이유는 데이터 손실이 발생하기 때문이다. 이것이 바로 128비트 레지스터 대신 64비트 레지스터를 사용해야 하는 이유다. 프로그램은 8~16비트의 레인을 가져야 하며, 따라서 출력 레지스터는 더 넓은 레지스터여야 한다.

따라서 임시 레지스터는 다음과 같이 정의한다.

```
uint16x8_t temp;
```

여기서는 Q 레지스터를 8개의 16비트 변수를 위해 예약했다. 이제 R 컴포넌트를 비율 값으로 곱하고 그 값을 임시 레지스터에 저장해둔다.

```
temp = vmull_u8(rgb.val[0], r_ratio);
```

여기서 사용한 명령어는 Vector Multiply이며, NEON에서는 rgb.val[0](각 픽셀의 적색 컴포넌트)에 있는 각 레인을 r_ratio(가중 비율)로 곱하고 그 결과를 temp에 저장한다. 2개의 L을 사용하는 VMULL 명령어를 사용했기 때문에 레인은 8비트에서 16비트로 넓어졌다. 이에 대한 예는 그림 8-12에 설명되어 있다.

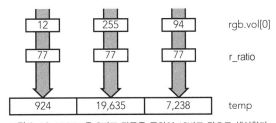

그림 8-12 VMULL은 8비트 값들을 곱하여 16비트 값으로 생성한다.

변수 temp는 이제 8픽셀의 적색 컴포넌트를 저장하고 있고, 이 값을 적색 가중치와 곱한다. 같은 작업을 녹색과 청색 컴포넌트에서도 해준다. 분리된 레지스터에서 이 데이터들을 곱한 후에 그 결과를 더한다. 그러나 NEON은 더 멋진 솔루션을 갖고 있는데, 바로 Multiply and Accumulate이다.

```
temp = vmlal_u8(temp, rgb.val[1], g_ratio);
```

VMLAL^{Vector Multiply and Accumulate Long}은 Vector Multiply와 같다. 단지 곱셈의 결과를 값에 더한다는 점만 다르다. 이 경우에 VMLAL은 각 픽셀의 녹색 컴포넌트를 녹색 가중 비율로 곱하고 나서 기존에 temp에 저장되어 있는 값과 더한 후에 다시 temp에 저장한다. 이제 변수 temp에는 가중된 적색 컴포넌트에 가중된 녹색 컴포넌트를 더한 값이 저장되어 있다. 청색 컴포넌트에도 같은 작업을 하는 일만 남았다.

```
temp = vmlal_u8(temp, rgb.val[2], b_ratio);
```

이제 temp는 픽셀의 각 컴포넌트에 대한 가중치를 갖게 됐으며 256을 곱한 결과다. 256이란 값은 무작위로 선택된 것이 아니다. 이 값은 2의 거듭제곱이며 빠른 나눗셈을 하기 위해 시프트 연산을 할 수 있기 때문에 선택됐다. 또한 8비트 값에 저장될 수 있는 가장 큰 값이 256이며, 모든 가중치와 픽셀 컴포넌트를 곱한 가장 큰 값은 65536이다. 이 값은 16비트 값의 최댓값이기도 하다. 따라서 데이터 손실도 없으며 가장 높은 값도 사용 가능하다. 이제 가중된 각 픽셀은 256으로 나눠야 하며 시프트 연산을 사용하고 그 결과는 8비트 값으로 저장된다. 이 작업은 VSHRN을 사용하면 된다.

```
result = vshrn_n_u16(temp, 8);
```

VSHRN^{Vector Shift Right, Narrow}은 쿼드 워드 레지스터를 사용하는 명령어이며, 2의 거듭제곱으로 나눈 값을 사용한다. 따라서 결과는 더블 워드 레지스터이며 레인의 너비를 좁혀 사용할 수 있다. 이제 그 결과를 메모리에 저장해야 한다.

```
vst1_u8(dest, result);
```

간단한 C 함수가 이미지의 8픽셀마다 루프를 실행하며 자동적으로 RGB를 그레이스케일로 변환한다. 전체 C 루틴은 다음과 같다.

```
void neon_grayscale(uint8_t * dest, uint8_t * src, int num)
{
int i;
uint8x8_t r_ratio = vdup_n_u8(#77);
uint8x8_t g_ratio = vdup_n_u8(#151);
uint8x8_t b_ratio = vdup_n_u8(#28);
num/=8; // NEON은 한 번에 8개의 픽셀을 처리한다.

for (i=0; i<n; i++)
{
uint16x8_t temp;
uint8x8x3_t rgb = vld3_u8(src);
uint8x8_t result;

temp = vmull_u8(rgb.val[0], r_ratio);
temp = vmlal_u8(temp,rgb.val[1], g_ratio);
temp = vmlal_u8(temp,rgb.val[2], b_ratio);
result = vshrn_n_u16(temp, 8);
vst1_u8(dest, result);
src += 8*3; // RGB 포맷의 3 x 8 픽셀
dest += 8; // 픽셀당 하나의 8비트 값을 가짐
}
```

◈ 정리

8장에서는 NEON 아키텍처의 개괄적인 내용을 소개하고, ARM의 오리지널 SIMD 명령어와 어떻게 다른지 알아봤다. NEON 레지스터로 데이터를 로드하는 방법, 사용 가능한 인터리브 옵션의 차이점 등도 알게 됐다. C로 작성된 NEON 프로그램을 통해 NEON 인트린직을 사용해봤고, C에서 NEON 엔진을 사용하는 것이 얼마나 쉬운 작업인지에 대해서도 알게 됐다.

다음 장에서는 디버깅과 소프트웨어/하드웨어 디버깅에 대해 알아보고, 프로그램을 디버깅하거나 로우 레벨 코드를 디버깅할 때 유용한 기술들도 살펴본다.

9 디버깅

개발하자마자 바로 동작하는 프로그램은 거의 존재하지 않는다. 수정해야 할 문제점들이 적어도 몇 가지는 있기 마련이다. 그 문제들 중 몇 개는 해결하기가 쉽지만 몇 개는 어렵다. 때때로 가장 쉬운 문제점이 가장 어려운 문제가 되는 경우도 있다.

문제를 해결하는 방법은 다양하지만 불행하게도 정형화된 규칙은 없다. 수년간 습득한 노하우에 의존해야 하며, 때로는 직감과 본능에 의존해야 할 때도 있다.

ARM 프로세서는 개발자들이 쉽게 애플리케이션을 디버깅하거나 커널을 디버깅할 수 있는 고급 기능을 제공한다.

✦ 디버거란?

시스템 프로그래밍을 하는 사람들은 **디버거**debugger를 라인별로 그리고 다양한 데이터, 즉 변수와 메모리 정보를 보여주기 위한 프로그램을 실행할 수 있는 소프트웨어 애플리케이션이라고 한다. 디버거를 사용해 단계별로 프로그램을 실행하거나 프로그램의 어떤 부분이 개발자가 원하는 기능을 실행하지 않았는지 이해할 수 있게 해준다. 일반적으로 디버거는 실행할 운영체제가 필요하며 외부와 통신할 방법이 필요하다. 그 방법은 시리얼 통신, 이더넷, 모니터 등이다.

임베디드 시스템에서는 대부분의 시스템이 출력을 갖고 있지 않기 때문에 문제가 되며, 그중 몇몇은 운영체제가 없는 경우도 있다. 운영체제가 있는 시스템이라고 하더라도 운영체제에 너무 종속적이어서 일반적인 디버거를 실행하지 못하는 환경이 있을 수도 있다. 이를 위해 임베디드 시스템에서는 ICE^{In-Circuit Emulator}를 사용한다.

ICE는 시리얼 포트를 통해 임베디드 시스템에 연결하는 하드웨어 디바이스다. ARM 프로세서와 대부분의 프로세서들은 시스템이 외부 디바이스에 제어권을 넘겨주기 위해 시스템과 연결되는 특별한 방법을 제공한다. 역사적으로 ICE는 자신의 프로세서를 갖고 있으며 이 프로세서는 디버깅 컴퓨터와 밀접하게 연결되어 있다. 이 프로세서는 타깃 시스템에 대한 입력과 출력을 갖고 있다. 타깃 CPU는 비활성화되며 대부분의 연산은 에뮬레이터로 동작한다. 오늘날에는 이런 방식을 거의 사용하지 않는다. 이러한 디바이스는 디버거임에도 불구하고 에뮬레이터 형태로 되어 있다. 모든 연산은 타깃 시스템에서 실행되며, ICE는 프로세서와 디버깅 컴퓨터 사이의 통신을 연결해준다.

어떤 디바이스는 ICD^{In-Circuit Debugger}라고 알려져 있는데, 기술적으로는 이것이 더 정확한 이름이다.

그 밖의 ICE도 존재하며 실제로 이러한 ICE는 에뮬레이터이지만 프로세서를 만들기 전에 실리콘의 시뮬레이션을 위해 주로 설계된다. 이에 대한 내용은 이 책의 범위를 벗어나므로 생략하기로 한다.

디버거의 기능

앞에서 설명했듯이 소프트웨어 디버거가 할 수 있는 일은 바이너리 프로그램을 가져와서 실제 운영체제에서 실행하는 것처럼 정확하게 실행하게 하는 것이다. 프로그램의 실행을 멈출 수도 있고 단계별로 실행하거나 프로그램 내부를 살펴볼 수도 있다.

하드웨어 디버거는 임베디드 시스템에 대한 윈도window 역할을 한다. 디버깅을 도와줄 뿐만 아니라 하드웨어에 대한 직접적인 액세스를 하기 때문에 프로그램을 메모리에 업로드도 할 수 있고, 비휘발성 메모리를 플래시할 수도 있으며, 하드웨어 디바이스를 설정할 수도 있다.

하드웨어 디버거는 소프트웨어를 디버깅하는 것과는 약간 다르다. 여러 하드웨어를 디버깅할 수 있으며, 시스템의 모든 레지스터를 모니터링할 수도 있다. 시리얼 라인을 통해 올바른 데이터를 받지 못한다면 시리얼 레지스터를 체크하는 것이 추가적인 코드 없이 체크하는 방법이다. 어떤 프로세서에서는 와치독watchdog이 자동적으로 설정되어 특정한 양만큼의 시간 동안 프로그램에서 와치독이 발생하지 않으면 프로세서를 리셋하는 기능을 한다. 프리스케일Freescale의 iMX51은 활성화됐을 때 비활성화 상태가 될 수 없다. 그러나 하드웨어 디버거를 사용한다면 비활성화가 가능하며 이것은 오랜 시간 동안 테스트할 때 유용한 방법이다.

ARM 디버깅 능력

ARM 프로세서는 통합된 하드웨어로 인해 상당히 뛰어난 디버깅 기능을 제공한다. JTAG는 원래 인쇄된 회로 보드의 인터커넥션interconnection을 테스트하기 위해 바운더리 스캔을 하도록 설계됐다. 따라서 JTAG는 디버깅을 비롯한 여러 가지 용도로 사용돼왔다. 클래식한 ARM 코어는 EmbeddedICE라고 하는 하드웨어 매크로셀macrocell을 갖고 있기 때문에 하드웨어는 디버깅 명령어를 받을 수 있고 프로세서와 외부 디바이스를 위한 작은 윈도 역할을 할 수 있다. 이 디바이스들은 중단점을 추가하기 위한 하드웨어를 지원하며, 브레이크가 발생할 때 프로세서에 대한 제어권을 가져올 수 있다.

ARMv6로 개발하는 동안 EmbeddedICE는 CoreSight로 대체되며 이 툴은 더욱 향상된 디버깅 인터페이스를 제공한다. 더 이상 JTAG를 사용하지 않으며 SWD^{Serial Wire}^{Debug}를 사용해 통신한다. 이 통신 방식은 JTAG에 비해 더 적은 핀 수와 고속의 통신 속도를 제공한다. JTAG에서 사용하는 5개의 핀 대신에 2개의 핀만으로도 사용 가능하며, 핀 수의 제약이 심한 패키지를 디버깅할 때 유용하다. 또한 가장 작은 칩의 제어권을 가져와서 디버깅하는 것도 가능하다.

CoreSight는 사용자들이 더 많은 하드웨어 중단점을 사용할 수 있게 해주며, 하드웨어 트레이스도 사용할 수 있게 해준다. 디버거를 사용해 어떤 루틴이 언제 그리고 얼마나 오랫동안 실행되는지도 알 수 있게 해준다. 트레이스는 최적화에 주로 사용되는데, 다음 장에서 설명하겠다.

디버거를 사용할 때 기술적인 용어가 많이 튀어나와서 바로 이해하기는 어렵지만, 디버거를 완벽하게 사용하려면 해당 용어들에 익숙해질 필요가 있다.

중단점

중단점^{breakpoint}은 프로세서가 중지된 지점의 명령어 코드의 위치를 의미하며 디버거에게 제어권을 넘긴다. 소프트웨어에서는 이것은 특성 위치에서 프로그램의 실행을 멈추게 하며 사용자가 어떤 작업을 할지 결정하게 한다. 하드웨어에서는 CPU를 실제로 프리즈^{freeze}시키고 백그라운드에서도 아무 작업도 하지 않는다.

중단점은 프로그램 카운터^{Program Counter}가 어드레스와 같아질 때 트리거되거나 명령어가 막 실행될 때 트리거된다. 온보드^{on-board} 디버그 하드웨어를 갖고 있는 ARM 코어는 하드웨어 중단점을 갖게 되며, 프로그램이 특정 메모리 위치에서 멈추기 전에 최고 속도로 동작할 수 있게 한다. 사용 가능한 중단점의 개수는 코어와 아키텍처에 따라 다르다. ARM9 코어는 2개의 하드웨어 중단점을 갖지만, Cortex-M0는 4개, Cortex-M3는 8개, 그리고 ARMv7A/R 코어들은 6개를 갖고 있다.

감시점

감시점^{watchpoint}은 중단점과는 약간 다르다. 이 두 기능을 혼동하는 경우가 종종 있다. 중단점은 특정 명령어가 실행될 때 프로세서를 중지시키며, 감시점은 메모리 위치에서 트리거되면 읽기나 쓰기가 가능해진다. 이 기능은 프로그램의 어떤 부분이 특정 메모리 부분을 업데이트하는지를 알고 싶을 때 유용하다. 무엇이 시스템 레지스터를 업데이트할까? 데이터 쓰기에 감시점을 설정하자. 그리고 프로그램이 레지스터를 읽는다면 감시점은 무시되지만, 프로그램이 메모리를 업데이트하면 시스템은 그 명령어에서 중지된다.

다시 ARM 코어는 하드웨어 디버깅 기능을 갖고 있지만 중단점보다는 덜 사용된다. Cortex A/R 칩은 2개의 감시점을 갖고 있고, Cortex-M0 역시 2개의 감시점을 갖고 있으며, Cortex-M3는 4개의 감시점을 갖고 있다.

스테핑

스테핑^{stepping}은 디버거를 사용해 코드 내부로 단계별로 진입할 수 있게 해주는 중요한 기능이다. 중단점이 설정되면 다음 명령어가 어떤 명령어인지 알게 되고, 계속 진행하기 전에 사용자 입력을 기다린다. 애플리케이션을 계속 진행하기 전에 변수들을 볼 수 있기는 하지만, 때로는 각 명령어의 결과를 보는 것이 유용한 경우도 있다. 스테핑은 이런 경우에 사용된다.

애플리케이션을 단계별로 실행한다는 의미는 코드의 각 라인이 다음 라인을 실행하기 전에 사용자 입력을 기다린다는 뜻이다. 루프에서는 각 라인별 실행을 볼 수 있으며 그에 대한 변수가 디스플레이된다. 업데이트된 변수는 종종 개발자가 어떤 변수가 변경됐는지 잘 식별할 수 있게 컬러로 코딩되어 있다. 대부분의 디버거들은 일반적인 프로그래밍 언어와 어셈블리에서 스테핑을 할 수 있다.

스테핑이 꼭 단계별 실행은 아니다. 디버거는 리턴을 통해 현재 루틴을 벗어날 때까지 계속 실행하게 할 수도 있으며, 함수별로 스테핑을 할 수도 있고(결국 전체 C 라이브러리가 아닌 여러분 자신의 코드를 디버깅한다는 뜻이다), 함수 내에 진입해서 단계별로 스테핑할 수도 있다.

벡터 캐치

벡터 캐치$^{vector\ catch}$는 프로세서의 예외를 잡는 데 사용하는 메커니즘이다. 예외 핸들러$^{exception\ handler}$를 사용하기 전에 사용된다. 본질적으로 이 기술은 ARM 코어가 예외 상태로 들어갈 때 벡터 테이블과 인터럽트 실행을 모니터링하는 기술이다.

스택 프레임

때때로 문제를 생성하는 루틴은 소프트웨어 버그가 아닐 수도 있다. 일반적으로 잘 동작하는 루틴도 때로는 틀린 파라미터를 전송받으면 이상한 효과를 나타낼 수도 있다. 이런 일은 자주 일어난다. 0으로 나눗셈 연산을 하거나, 원하는 내용을 포함하지 않은 문자열이 그 예다. 스택을 사용할 때는 호출 체인을 볼 수 있다. 리스트의 마지막 함수는 잘못된 값을 출력하기 때문에 예외를 발생시킬 수도 있다. 그러나 이 함수를 누가 호출했는가? 디버거는 전체 스택 프레임$^{stack\ frame}$을 프린팅하도록 도와준다.

이에 대한 예는 그림 9-1과 같다. 이 예에서 printf는 가장 많이 사용되고 가장 신뢰할 수 있는 코드 중 하나이지만 그럼에도 불구하고 예외를 발생시킨다. 그 이유는 printf 자체에 원인이 있다기보다는 printf를 호출하는 함수 중 하나에 문제가 있어서다. 이 예제에서 애플리케이션에 대한 스택 프레임을 보여준다.

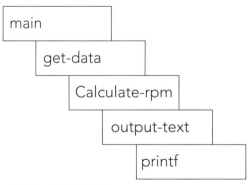

그림 9-1 스택 프레임의 예

디버깅 타입

디버깅은 코드를 수정하는 데 사용된다. 오류는 여러 가지 타입으로 정의될 수 있다. 루틴은 잘못된 결과를 출력하기도 하며 호출되지 않을 가능성도 있다. 임베디드 시스템에서는 더 치명적인 오류가 있는데, 애플리케이션(혹은 커널)이 예외를 생성하며 그 예외는 디버깅해서 수정해야 한다. 예외 처리는 때로는 디버깅하기가 복잡할 수도 있다. 복잡한 상황에서는 외부 디버거를 사용해 전기적으로 어떤 일이 발생했는지를 이해해야 하는 경우도 있다.

루프

루프는 잘못된 실행을 하거나 가장 이해하기 복잡한 공통 항목 중 하나다. 중첩된 루프는 더욱 복잡하며 때로는 읽기 쉽도록 우아한 코드를 작성하는 것이 거의 불가능할 수도 있다. 최적화할 때 이러한 코드는 더욱 이해하기가 어렵다.

공통적인 실수로는 올바르게 초기화하지 않은 변수를 포함하거나, 무한 루프에 빠지게 하는 경우 등이 있다.

루프를 디버깅할 때, 모든 루프에 대해 디버깅을 할 수 있는 것은 아니다. 처음 2개의 루프와 마지막 2개의 루프에 대해 먼저 시도해볼 것을 권장한다. 루프가 어떻게 시작하는지를 아는 것이 중요하지만 모든 루프에 대해 알 필요는 없다. 처음 2개의 루프가 별다른 문제 없이 시작하면 다른 루프도 정상적으로 동작할 것이라 가정해도 된다. 처음 2개의 루프가 제대로 동작한다면 마지막 2개의 루프에 집중해서 프로그램이 어떻게 종료되는지를 이해하는 것이 좋다. 루프가 너무 일찍 끝나버리는 경우는 어떻게 할까? 혹은 반대로 루프가 너무 많이 실행되는 경우는 어떻게 할까? 루프 내에서 사용하는 변수들을 디버깅하면 문제가 어디서부터 발생하는지를 알 수 있다.

루프 내부를 주의 깊게 체크해야 한다. 종료 조건을 사용할 때 부동소수점 수 같은 경우 특별히 약간의 차이만으로도 루프를 무한히 반복하게끔 할 수 있다. 가능하다면 루프를 빠져나올 수 있는 두 번째 경우를 추가하자. 예를 들어, 변수 a가 변수 b와 같거나 클 때까지 계속한다고 생각해보자. 간단한 비교문을 사용한다면 변수가 2가 되지 않고 2.00001이 될 가능성이 있는 경우 놀라운 결과를 만나게 된다.

루틴

루틴은 디버깅을 하는 가장 공통된 항목 중 하나이며, 또한 가장 쉬운 항목 중 하나이기도 하다. 특별히 루틴은 리턴 코드에 오류가 있는 경우나 내부 루프가 원하는 대로 실행되지 않을 때 디버깅해야 한다. 이런 경우는 간단한 시리얼 출력 텍스트를 사용하거나 단계별로 디버거를 사용해 디버깅할 수 있고 변수들을 분석해서 디버깅을 할 수도 있다.

인터럽트 컨트롤러

인터럽트 컨트롤러는 디버깅하기가 까다롭다. 그 이유는 빠르게 실행돼야 하는 중요한 코드이기 때문이다. 이 부분을 디버깅하는 방법은 두 가지가 있다. 인터럽트가 컨트롤러에 의해 발생하는 시뮬레이션 환경에서 실행하거나 실시간으로 단계별로 디버깅하는 경우다. 실시간으로 디버깅할 때의 문제점은 인터랙션, 즉 상호작용에 심각한 제한이 있다는 점이다. printf를 사용해 콘솔에 라인을 출력하는 간단한 작업조차도 원치 않은 결과를 가져올 수 있으며 핸들러가 처리하는 방식도 변경할 수 있다.

부트로더

부트로더를 변경하는 것은 하드웨어 디버거를 사용하지 않으면 지극히 어려운 작업이다. 이 코드는 상당히 로우 레벨의 코드이며, 많은 시스템 호출과 어셈블리 호출로 구성되어 있기 때문이다. 따라서 에뮬레이터 시스템을 제외하고 소프트웨어로 이 부트로더 전체를 가능하게 하는 것은 거의 불가능하다.

❖ 디버거

ARM 코어는 상당히 많은 애플리케이션에서 사용되고 있기 때문에 디버깅 방법도 상당히 많다. 애플리케이션 개발자들은 코어에서 전체 운영체제를 쉽게 실행하며, gdb 같은 애플리케이션은 하드웨어에서 직접 애플리케이션을 디버깅하는 데 사용된다. 마이크로

컨트롤러 애플리케이션에서 ARM 디버깅 기능을 액세스하기 위해서는 외부 하드웨어가
필요할 수도 있다.

GNU 디버거

GNU 디버거, 줄여서 gdb는 사용자가 프로그램을 제어할 수 있게 해주는 훌륭한 소프
트웨어다. 프로그램을 시작하고 중지할 수 있으며, 중단점을 삽입하고, 변수를 평가하
며, 그 외에도 여러 가지 중요한 기능을 제공한다. C, C++로 작성된 프로그램은 쉽게 디
버깅할 수 있다.

gdb를 실행하려면 두 가지 방법이 있다. 타깃에서 gdb를 실행하는 방법과, gdb를
설정해 타깃 애플리케이션을 실행하는 방법이다. GNU 디버거는 보편적으로 PC 애플
리케이션을 디버깅하기 위해 사용되며 같은 시스템에서 실행된다. 그러나 이 방법은 임
베디드 시스템에서는 거의 사용하지 않는다. gdb를 실행하는 것은 임베디드 시스템 입
장에서는 상당히 많은 리소스가 필요한 작업이기 때문이다. 애플리케이션을 실행하는
gdb의 예는 그림 9-2에 나타나 있다. 이 예에서는 gdb가 실행되고, 애플리케이션에 대
한 전체 제어권을 가져오며, 이 gdb와 애플리케이션은 같은 시스템에서 실행된다. 애플
리케이션은 분리되지 않으며 실제 gdb에 의해 실행되고 제어된다.

그림 9-2 시스템에서 gdb와 애플리케이션의 실행

이전 예제가 불가능할 때 GDB 디버거는 마스터/슬레이브$^{master/slave}$ 방식으로 사용
된다. 예를 들어, GNU 디버거는 두 단계로 동작한다. 먼저 gdb 서버, 즉 이름 그대로
gdbserver는 시스템에 먼저 컴파일되어 있어야 하며 타깃 플랫폼에 복사되어야 한다.
또한 호스트 컴파일러 컴퓨터와 통신하는 방법이 필요하다. 이것은 타깃은 네트워크 설

정을 하여 통신을 하거나 UART 연결이 되어 있어야 한다는 뜻이다. 두 번째 디버깅 PC에서는 gdb가 실행돼야 하며 gdbserver와 연결되어야 한다. 다시 한 번 gdb의 특별한 버전이 사용돼야 한다. gdb의 ARM 버전을 사용해야 한다.

gdbserver가 소프트웨어인 반면에 하드웨어로 된 구현도 존재하며 개발 시스템의 USB 포트에 직접 연결된다. 또한 어떤 운영체제는 사용자가 gdb를 통해 제어를 할 수도 있다. 예를 들어, VxWorks는 사용자가 gdb를 사용해 태스크를 생성하고 셸에서 생성된 태스크의 제어권을 가져올 수도 있다.

그림 9-3은 임베디드 시스템에서의 디버깅 세션 예를 보여준다. 개발 시스템으로부터 제어되고 있다.

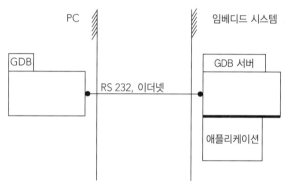

그림 9-3 임베디드 시스템에서 gdb의 실행

gdb 서버를 실행하려면, 간단하게 연결 방법을 정의해주면 된다. 시리얼 출력의 경우에는 시리얼 포트를 정의해주면 된다.

```
gdbserver /dev/ttyS0
```

네트워크 디바이스의 경우에는 포트만 필요하다.

```
gdbserver :2345
```

gdb 서버가 시작하고 연결을 기다린다.

개발 컴퓨터에서 GNU 디버거는 '클라이언트'인 gdb가 필요하다. GNU 디버거는 명령어 라인 프로그램이며, gdb 서버와 통신하는 데 사용된다. 모든 연산은 클라이언트에 의해 이루어지며 서버는 최소한의 개입만으로 프로그램을 실행하고 나간다. 이것은 제한된 RAM이나 전력을 갖고 있는 시스템의 디버깅할 때 좋은 방법이다.

gdb를 사용해 프로그램을 실행하기 위해서는 먼저 클라이언트를 런칭하고 서버와 연결한다.

```
arm-none-eabi-gdb
(gdb) target 192.168.0.2:2345
(gdb) run
```

GNU 디버거는 여러 가지 파라미터로 설정이 가능하다. 프로그램 자체를 파라미터로 넘겨 실행할 수도 있고 기존의 프로그램에 연결할 수도 있다. 기본적으로는 타깃 애플리케이션이 종료하면 디버거도 종료하지만, 메모리에 남아 있다가 바이너리 파일을 리턴하도록 프로그래밍할 수도 있다.

J-Link GDB 디버거

GNU 디버거를 사용하려면 운영체제가 필요하다. 네트워크가 액티브되어 있어야 하거나 시스템이 실행 중인 프로세스를 리포팅하는 경우도 있다. 어떤 경우에는 이러한 기능이 가능하지만 또 다른 경우에는 불가능할 수도 있다. 마이크로컨트롤러 시스템은 리소스를 갖고 있지 않으며, 최악의 경우 임베디드 시스템은 네트워크 기능을 제공하지 않고 시리얼 통신도 사용이 불가능한 경우도 생긴다. 이런 경우에는 다른 방법이 필요하다.

5장 '첫발 내딛기'에서 다뤘던 실리콘 랩의 STK3800 보드는 직접 보드에 J-Link 디버거를 연결한다. J-Link는 gdb가 특정 gdbserver를 액세스할 수 있게 해주는 소프트웨어 솔루션이며, 커널 안에서 디버깅할 수 있게 해준다. 이 기능은 개발자들이 다른 설정 없이도 베어본 애플리케이션을 디버깅할 수 있게 해준다. 바이너리를 복사할 필요도 없고 운영체제에서 시리얼 포트를 설정할 필요도 없다. J-Link는 GNU 디버거와 하드웨어 디버거 간을 효과적으로 '변환'해준다.

✦ 디버깅 예

이번 절에서는 일반적으로 발생하는 문제들을 알아보고, 이를 발견하고 해결하는 몇 가지 방법을 소개한다. 임베디드 시스템이나 시스템 프로그래밍을 할 때 이미 경험해본 문제도 있을 것이다. 이 문제들을 어떻게 해결하는지 간략하게 설명하겠다.

무한 루프

무한 루프^{infinite loop}는 프로그램이 예상한 대로 실행되지 않을 때 만들어진다. 예상하지 못한 상황이나 코드의 일부분이 잘못 작성되는 경우에 발생한다.

이 예제는 임베디드 ARM 시스템뿐만 아니라 일반적인 머신에서 동작 가능한 코드들을 포함하고 있다. 이 코드는 gdb 튜토리얼을 참고했으며 무한 루프를 어떻게 분석하는 지에 대해 설명하고 있다. 여러분은 이 코드를 ARM 시스템이나 데스크탑에서 컴파일할 수 있다.

```c
#include <stdio.h>
#include <ctype.h>

int main(int argc, char **argv)
{
    char c;

    c = fgetc(stdin);
    while (c != EOF)
    {
        if(isalnum(c))
            printf("%c", c);
        else
            c = fgetc(stdin);
    }
    return 1;
}
```

간단하게 코드를 보면, 이 루틴은 표준 입력을 사용하며 char를 읽어서 알파벳이거나 숫자이면 표준 출력에 그 문자를 출력한다. 입력받는 문자가 알파벳이나 숫자가 아니면 루프를 다시 실행해서 다른 문자를 기다린다. 그러나 여기에는 숨겨진 문제가 있다. 프로그램을 실행해보자.

```
> a.out
Hello, world!
HHHHHHHHHHHHHHHHHHHHHHHHHH [...]
```

위의 결과는 기대했던 결과는 아니다. 프로그램은 계속해서 첫 번째 문자를 출력하고 결국 여러분은 이 프로그램을 종료해야만 한다. 이 프로그램에 대해 좀 더 자세히 살펴보자. 루프 내에 있는 printf에 대해 살펴보지만, 프로그램을 수정하지 않고 디버거를 사용하는 것이 더 쉬운 방법이다. 이 예제에서는 GNU 디버거를 사용한다.

쉽게 디버깅하기 위해 프로그램은 디버그 플래그인 -g를 사용해 컴파일돼야 한다. 이 플래그를 추가하면 추가적인 정보가 프로그램 내에 추가된다. 예를 들면, 심볼 테이블 같은 것들이다. 심볼이 사용되는 곳의 파일 이름과 라인 넘버도 추가되며, 이러한 기능은 문제가 발생한 위치를 쉽게 찾을 수 있게 해준다.

```
gcc -g infinite.c
```

다음으로 이 프로그램을 gdb를 사용해 실행한다. 프로그램을 정확하게 시작하고 나면 이제 브레이크를 해볼 차례다.

```
(gdb) run
Starting program: /local/a.out
Hello
HHHHHHHHHHHHHHHHH
Program received signal SIGINT, Interrupt
```

다음으로 프로그램이 어디에 있는지 알아보자. 백트레이스 명령어를 사용하면 스택을 분석할 수 있다.

```
(gdb) backtrace
#0  0x400d8dc4 in write () from /lib/libc.so.6
#1  0x40124bf4 in __check_rhosts_file () from /lib/libc.so.6
#2  0x40086ee8 in _IO_do_write () from /lib/libc.so.6
#3  0x40086e46 in _IO_do_write () from /lib/libc.so.6
#4  0x40087113 in _IO_file_overflow () from /lib/libc.so.6
#5  0x40087de5 in __overflow () from /lib/libc.so.6
#6  0x40069696 in vfprintf () from /lib/libc.so.6
#7  0x40070d76 in printf () from /lib/libc.so.6
#8  0x80484c2 in main (argc=1, argv=0xbffffaf4) at inf.c:12
#9  0x40037f5c in __libc_start_main () from /lib/libc.so.6
```

관심이 생기는 부분은 8번이며 이 프로그램의 '메인' 루틴이다.

```
(gdb) frame 8
```

다음으로 코드를 라인별로 살펴보자. 넥스트[next] 명령어 n을 사용하자.

```
(gdb) n
11              if(isalnum(c))
(gdb)
12                  printf("%c", c);
(gdb)
15          }
(gdb)
11              if(isalnum(c))
(gdb)
12                  printf("%c", c);
(gdb) n
15          }
(gdb)
11              if(isalnum(c))
(gdb)
12                  printf("%c", c);
```

여기에는 패턴이 있다. char c는 알파벳 혹은 숫자라면 그 값을 출력하고 그 과정을 계속 반복한다. 프로그램은 입력에서 다음 char를 가져올 수가 없다. 디버거를 사용하면 어디서 문제가 발생했는지 정확하게 알 수 있다.

```
11:     if(isalnum(c))
12:       printf("%c", c);
13:     else
14:       c = fgetc(stdin);
```

범인은 라인 13이다. else 문이 전혀 사용되지 않는다. else 문을 삭제해도 루프는 원래와 마찬가지로 동작한다. GNU 디버거는 익히기가 다소 어렵기는 해도 강력한 툴임에는 틀림없다. 익히는 데 시간을 들여야 하고 여러 예제를 사용해봐야 한다. 여기서 다룬 짧은 예제는 디버거가 얼마나 강력하지 정도만 알 수가 있다. 이제 무한 루프를 해결할 수 있다.

알려지지 않은 예외

특정한 예외는 소수이고 예외가 만들어지는 상황은 워낙 다양하기 때문에, 예외는 디버깅하기가 어려운 것 중 하나다. DS-5 디버거를 사용하면 어떤 일이 발생했는지 정확하게 알 수 있다.

DS-5의 향상된 인터페이스는 디버깅을 더 쉽게 해준다. 어떤 디버거에서는 벡터 테이블에 중단점을 둘 수 있으며 원하는 각 항목에도 중단점을 둘 수 있다. DS-5 인터페이스에서는 이런 것들을 **벡터 캐치**^{Vector Catch}라고 하고, 메시지를 출력하기 위해 직접 설정할 수도 있으며 프로그램의 실행을 멈추도록 설정할 수도 있다. 예를 들어, 다음과 같은 코드에 오류가 있다고 가정해보자.

```
void bubble(int *p, int N)
{
    int i, j, t;
    for (i = N-1; i >= 0; i--)
    {
```

```
        for (j = 1; j <= i; j++)
        {
            if (compare(&p[j-1], &p[j]))
            {
                t = p[j-1];
                p[j-1] = p[j];
                p[j] = t;
            }
        }
    }
}
```

벡터 캐치는 예외가 라인 8에서 발생했다고 알려준다.

```
if (compare(&p[j-1], &p[j]))
```

무엇이 잘못됐을까? 비교 함수가 문제인가? compare 함수는 다음과 같다.

```
int compare(int *m, int *n)
{
    return (*m > *n);
}
```

예외가 발생할 때 현재 프로그램 카운터가 저장되며, DS-5는 이것을 트레이스한다. 프로세스 스택을 보면 예외를 트리거한 어드레스를 알 수 있다. Data Access Memory Abort이다. 이 어드레스를 클릭하면 DS-5 환경에서 해당 어드레스의 코드에 대한 라인으로 점프한다. 이 라인에서 뭔가 잘못된 작업이 일어나게 된다.

변수 윈도에서 현재 코드 섹션의 각 변수의 값을 볼 수 있다. 예를 들면, m과 n의 값을 확인할 수 있다. 이 경우에 메모리 위치도 볼 수 있다. 이 변수를 Memory 윈도로 드래그해 해당 위치의 메모리 안 내용을 확인해야 한다. 해당 어드레스의 메모리는 invalid로 정의되어 있다. 따라서 MMU가 액세스를 거부하며 여러분의 프로그램은 해당 어드레스를 액세스하려고 계속 시도하는 것처럼 보인다. 비교 함수가 결국 오류abort의 원인처럼 보인다.

0으로 나눗셈

프로세서는 실수$^{real\ number}$인 정수에 대해 잘 동작하도록 설계됐다. 부동소수점으로 작업할 때는 잘 동작하는 것처럼 보여도 최적화가 덜 되어 있으며, 허수나 소수점 이하 같은 특별한 숫자를 사용할 때는 소프트웨어가 해당 숫자를 에뮬레이터하도록 동작한다.

0으로의 나눗셈은 소프트웨어 킬러다. 이러한 동작이 발생하면 시스템 자체가 죽어버린다. 어떤 숫자로 나눗셈을 하는 것은 해당 숫자의 역수를 곱하는 것과 같다. 예를 들어, 2로 나누는 것은 1/2을 곱하거나 0.5를 곱하는 것과 같다. 어떤 숫자와 그 역수의 곱은 항상 1이다. 2 × 1/2 = 1. 0으로 나눗셈을 할 때의 문제는 0은 역수를 갖지 못한다는 사실이다. 따라서 정답은 정수 값으로 표현할 수 없으며, 결국 프로세서가 표현할 수가 없다. 그런 불가능한 상황에 직면하면 예외를 발생시키고 시스템의 진행을 중지하는 편이 더 낫다. 시스템 애플리케이션에서 0으로의 나눗셈은 전체 애플리케이션에 충돌^{crash}을 일으키지만, 운영체제가 없는 임베디드 디바이스의 경우에는 상상 이상의 재난이 된다.

0으로의 나눗셈을 알아채는 것은 예외를 발생시키는 명령어 때문만은 아니다. 종종 C 라이브러리에서도 발생한다. 메인 애플리케이션이 인수로 0을 넘기기 때문에 발생하게 된다. C 라이브러리는 더 많은 사이클을 사용하므로 사용자가 0을 넘기는지 확인하는 에러 체크를 하지 않으며, 따라서 대부분의 라이브러리는 어떤 인수든 받게 된다. 이 경우에 디버거를 사용해 예외를 캐치하고 그 다음에 애플리케이션 스택에서 루틴이 언제 어떻게 호출됐는지를 살펴보는 것도 좋은 방법이다.

물론 연산하는 코드에서 예외가 발생할 수도 있으며 이 경우에는 디버깅하기가 쉽다. 예외를 생성하는 코드가 있으면 디버거를 사용해 문제의 위치를 파악하고 해당 코드를 수정한다.

❖ 상세한 분석

디버깅은 종종 예술이라고까지 표현되며 여러 자세한 디버깅 세션을 사용할 수 있다. 개발 중에는 많은 문제가 발생하며, 때로는 여러 문제의 조합으로 버그가 발생할 수도 있다. 이 장에서는 지금까지 몇 가지 공통된 문제점을 살펴봤다. 이제 디버깅이 필요한 실제 예제를 보여주고, 항상 예상했던 문제로 나타나진 않는다는 사실을 보여주겠다.

데이터 취소

상황: 어떤 프로젝트는 시스템이 파괴된 경우에 특별한 R&D 부트로더를 사용해 시스템을 새로 플래시하게 한다. 이것은 특별한 레벨에서 실행되는 부트로더이며 모든 인터럽트는 무시된다. 데이터가 폴링^{polling}을 통해 시리얼 라인으로 수신됐다. 와치독은 60초마다 서비스돼야 하며, 그렇지 않으면 시스템을 리부팅한다. 플래시 드라이버는 수신된 데이터를 쓰도록 개발됐고, 시리얼 드라이버는 표준 디버그 정보를 쓰고 새로운 펌웨어를 받도록 되어 있다. 그 외의 기능은 필요하지 않다.

소프트웨어가 실행될 때 클라이언트는 부트로더에 연결해 명령어를 전송하고 새로운 플래시 바이너리를 업로드한다. 그러나 전송은 실패하고 시스템은 멈춰버린다. 곧바로 재연결을 하려고 시도했으나 연결되지 못하고 거의 10초 이상이 걸리며, 따라서 초기 분석은 와치독으로 인한 문제는 아니다. 무엇인가가 시리얼 드라이버에서 잘못 동작하는 것 같다.

이러한 분석을 위해 개발팀은 C 코드를 살펴봤지만 잘못된 점을 찾을 수 없었다. 디버깅 라인을 추가했지만 사용할 수 없었다.

이 특별한 셋업을 위해 JTAG 디버거를 사용할 수 있으며 바이너리를 생성하고 타깃에 플래시한다. 단계별로 작업하기에는 시간이 너무 걸리므로 중단점을 코드에 삽입한다. 먼저 예외 벡터를 살펴보고 데이터 취소$^{Data\ Abort}$가 있는지 체크한다. 실제로 ARM 프로세서에서는 데이터 취소 예외를 발생시키기도 한다.

데이터 취소는 애플리케이션이 올바르지 않은 메모리 위치를 읽거나 쓰려고 시도한다는 것을 의미한다. r14는 0x1FFE7208이라는 값을 갖고 있으며, 이 값에서 8을 뺀 값(명령어 큐를 고려해)인 0x1FFE7200이 데이터 취소가 발생하는 어드레스다. C 코드를 보면 와치독 레지스터에서 특정 값을 쓰고 있는 매크로가 있다. C 코드에서는 아무것도 보이지 않으며, 더 깊게 분석하려면 어셈블리 코드를 봐야 한다.

```
MOVW r0, #0x8002
MOVT r0, #0x73F9
MOVW r1, 0x5555
STR r1, [r0]
```

단계별로 실행하면 r0이 0x73F98002로 생성되고 r1이 0x5555를 포함하고 있음을 알 수 있다. 프로세서 문서에서 와치독 타이머에 대해 정확하게 설명하고 있으며, 그 문서대로 0x5555를 먼저 레지스터에 전송해야 하고 그 다음에 0xaaaa를 전송해야 한다. 이 16비트 레지스터는 0x73F98002에 있다. 이 문제는 0x73F98002가 4바이트 바운더리로 정렬^{align}되지 않았다는 점이다. 더 나아가 STR이 32비트 숫자를 쓰려고 시도했다. 이와 같은 일이 발생하면 프로세서는 데이터 취소 예외를 발생시키며, 이에 대한 예외를 처리하지 못했기 때문에 와치독에서 알아챌 때까지 루프를 반복하게 된다.

이 문제는 컴파일러와 개발자의 문제다. 컴파일러는 우리가 16비트 숫자를 넘기려고 한다는 사실을 알지 못했고, 따라서 32비트 변수를 정렬하지 않은 영역에 작성하려고 했다. 이 값이 정렬됐다면 문제는 달라졌을 것이다. 32비트 변수를 16비트 레지스터에 쓰게 되고 다른 레지스터 영역을 침범해서 또 다른 문제가 발생했을 것이다. 이 경우에는 문제가 무엇인지 알게 되면 짧은 루틴은 어셈블리로 작성하고 STR을 STRH(하프워드의 저장)로 변경할 경우 프로그램은 정상적으로 동작할 것이다.

시리얼 라인의 문제

상황: Cortex-A를 사용하는 홈 가전제품은 홈메이드 부트로더를 갖고 있다. 이 부트로더는 플래시에 문제가 생겼을 때 혹은 펌웨어 업그레이드에 실패했을 때 사용자가 새로운 플래시 이미지를 업로드하게 해준다. 펌웨어 업로드 프로세스를 테스트할 때 CPU는 정의되지 않은 명령어 예외를 생성한다.

펌웨어에 문제가 있다는 사실을 알게 됐을 때 혹은 특정 버튼을 눌러서 전원을 켰을 때 부트로더는 UART 시리얼 라인에서 데이터를 기다린다. 데이터가 수신될 때 그 데이터는 NAND 플래시에 써지고 시스템은 리부팅한다. 테스트하는 동안, 매번 생기는 것은 아니지만 5번 중에 한 번꼴로 정의되지 않는 명령어 예외가 발생하면 놀라게 된다.

이 문제를 위해 즉시 하드웨어 디버거를 사용했다. 정의되지 않은 명령어^{Undefined Instruction} 벡터에 중단점을 두고 대기했다. 몇 분 후에 원하는 것을 얻게 됐다. RAM에서 정확한 위치에 올바르지 않은 명령어가 있다는 사실을 알게 됐다.

NAND 플래시 메모리는 소프트웨어가 실행할 수 있는 특별한 종류의 메모리다. 일반적인 메모리와는 달리 프로그램을 직접 실행하려는 목적으로는 사용하지 않는다. NAND 플래시는 유연하며, 따라서 시간이 지날수록 문제가 생길 가능성이 크다. 이러한 문제를 피하기 위해 각 메모리 위치에는 CRC 같은 색다른 데이터를 저장한다. 따라서 소프트웨어는 NAND로부터 데이터를 추출하도록 작성되며, 실행하기 전에 내부 RAM에 저장한다. 이 루틴에는 어떤 잘못된 점이 있을까?

하드웨어 디버거는 NAND 메모리의 내용을 포함해서 많은 정보를 액세스하게 해준다. 하드웨어 디버거는 파일의 내용을 '덤프'할 수 있다. 내용이 0x20000000 어드레스를 갖는 메모리로 복사되기 때문에 디버거가 RAM의 내용을 덤프했다고 할 수 있다. 2개의 파일을 바이너리 레벨로 비교할 수 있으며 펌웨어의 마지막 바이트까지 그 두 파일이 차이가 있는지 체크한다. NAND에서 읽어오는 것은 문제가 되지 않는다. 그렇다면 NAND에 데이터를 쓰는 게 문제일까?

부트로더는 시리얼 라인을 통해 데이터를 전송받도록 설계됐다. 커넥션을 오픈하고 데이터를 기다린다. 데이터가 도착하면 그 데이터는 RAM에 복사된다. 파일의 끝은 2개의 각기 다른 32비트 값으로 표시된다. 부트로더가 이 2개의 값을 받으면 RAM에 저장된 펌웨어를 NAND 플래시로 복사하고 그 다음에 펌웨어의 첫 번째 명령어로 제어권을 넘긴다.

중단점을 변경하고 시스템이 0x20000000에서 브레이크하도록 프로그래밍된다. 펌웨어의 첫 번째 명령어는 NAND에 작성된 직후에 실행된다. RAM의 내용과 NAND의 내용을 덤프한 후에 비교한다. 그리고 그 2개가 서로 같은지 비교한다. NAND 루틴은 정확하게 의도한 대로 동작하는 것처럼 보인다. 그렇다면 무엇이 문제일까? NAND에 작성된 데이터가 올바르면 시리얼 라인으로부터 전송받은 데이터가 깨졌다는 뜻일까? RAM에서 데이터를 받는다는 것은 정확한 펌웨어 바이너리가 되어야 하고 따라서 펌웨어를 비교한다. 약간이라도 다른 점이 있으면 수신받은 프로세서는 전송하는 데이터를 제대로 수신한 것이 아니라는 뜻이 된다.

사용된 통신 방식은 RS-232이다. 보 레이트$^{baud\ rate}$를 설정하고 전송할 데이터의 속도를 설정한다. 패리티^{parity} 에러를 검출하도록 포트를 설정할 수 있지만 이 방식이 표준은 아니므로 사용하지는 않는다. 결국 8N1로 설정하는데, 이것은 8비트 데이터, 패리티는 없고 1 스탑 비트$^{stop\ bit}$라는 뜻이다. 데이터는 작은 '패킷'으로 전송된다. UART 디바이스는 작은 버퍼를 갖고 있기 때문에 통신이 너무 빠르면 버퍼가 금방 채워진다. 이것은 데이터를 깨뜨리는 요인이 된다. 디버거를 사용하면 어떤 일이 일어나는지 알 수 있다. 이 특별한 프로세서는 보드 안에 시리얼 포트를 갖고 있으며, 각 포트는 상태를 설정하고 읽어오기 위해 12개의 레지스터로 구성되어 있다. 레지스터 중 하나는 여러 정보를 갖고 있으며, 버퍼 오버런^{overrun}의 양 혹은 데이터를 수신한 횟수 등이다. 버퍼는 비어 있지 않으며 따라서 버퍼가 문제를 일으키는 범인이 될 수는 없다.

시리얼 포트는 애플리케이션에서 디버깅 출력을 위해 사용되며, 따라서 작은 문제라도 발생하지 않아야 한다. 설정한 방식과 차이가 날 수도 있을까? 모든 UART 레지스터의 내용을 기록하고 모든 중단점을 삭제한다. 시스템을 리부팅한다. 펌웨어를 다시 로딩하고 아무 문제가 없는지 확인한다. 몇 초 후에 디버깅 정보가 UART 포트로 사용 가능해졌다. 그리고 나서 디버거에 연결된 애플리케이션이 멈추게 되고 레지스터의 내용을 살펴본다. 그중 몇몇은 동일하지 않다. 속도를 제어하는 레지스터다.

소프트웨어에서 설정할 때 일반적으로는 보 레이트로 속도를 설정한다. 이 보 레이트는 초당 전송하고 수신하는 비트의 양으로 정수 값이다. 115200이 일반적으로 사용되는 숫자다. 그러나 하드웨어에서는 좀 더 어렵다. 보 레이트는 시스템 클록으로 계산되고 주파수로 나눈 값이다. 부트로더에 있는 값을 보면 전송 한계에 근접한 값을 계산하며, 값을 약간 변경하면 더 이상 바이너리를 업로드할 수 없다. 반대로 값을 변경하면 문제는 발생하지 않는다.

문제의 근원을 찾고자 하는 분석은 'why-because' 분석이라고 하며 우연한 분석 과정에서 자주 사용된다. 때로는 문제의 원인을 알 수 없을 때 소프트웨어 디버깅에서 자주 사용되기도 한다. why-because라고 하는 이유는 계속 문제에 대해 '왜, 왜'라고 의문점을 갖기 때문이다. RAM에 있는 명령어가 깨졌을 때 왜 깨졌을까? 올바르지 않게 수신했을 때 왜 올바르게 수신하지 못했을까? 시리얼 포트가 정확하게 정의되지 않았을 때 속도는 불안정해지고 몇 개의 패킷은 잘못 전송될 수 있다. 여기에 보안도 없고, 체크 섬^{checksum}도 없고, 전송하는 데이터의 길이에 대한 확인도 없다. 문제가 분석되면 포트 속도는 메인 애플리케이션에서 설정되고 부트로더는 몇 가지 보안 기능으로 강화된다.

64비트 연산

상황: 어떤 애플리케이션이 64비트 숫자를 사용하도록 개발됐다. 64비트 숫자는 1970년 1월 1일 이후의 마이크로초에 해당되는 현재의 시간이다. 이 숫자는 2개의 32비트 레지스터로 표현된다. 하나는 1970년 1월 1일부터의 초의 양을 포함하고, 두 번째 레지스터는 마지막 시간이 증가된 이후의 나노초의 양을 포함한다. 우리가 정확한 시간을 얻고자 한다고 가정하자.

정상적으로 동작하는 것처럼 보인다. 그런데 어떤 날에 동작을 멈췄다. 현재 시간을 보여주지 않고 이상한 결과를 보여줬다. 시간이 느려진 것 같아 보였다. 이에 대한 코드를 살펴보자.

```
uint32 secondsU32, usecondsU32
uint64 utctimeU64
[ ... ]
utctimeU64 = (secondsU32 * 1000) + (usecondsU32 / 4);
```

위 코드는 간단하다. UTC 시간은 현재 초 곱하기 1000의 값을 의미하며, 밀리초마다 변경된다. 그리고 약간의 연산으로 다른 레지스터에서 읽어온 밀리초의 값을 더한다.

어려운 점은 없다. 근데 왜 갑자기 동작을 멈췄을까? 유닛 테스트는 이전에 완료했고 모든 부분이 정상이다. 좀 더 자세히 알아보기 위해 디버거를 연결해보자. C 코드를 보면서 단계별로 체크해보자. utctimeU64가 정상 값을 갖고 있지 않다. 이제 어셈블리를 보면서 단계별로 체크해보자.

```
MOV r3, [r0 + 0x20]
MOV r4, 0x3E8
MUL r4, r4, r3
```

바로 이 부분이 우려했던 부분이다. 16진수로 되어 있는 0x3E8이 1000이라는 10진수로 변경되는 부분이다. secondsU32에 있는 값이 r3에 로드되어 있고, 따라서 r4에는 1000이 저장되어 있다. 마지막 연산에서 r3 × r4의 값이 r4에 저장된다. 여기서 문제가 발생한다. r3의 값을 보면 연산이 실행될 때 결과 레지스터에 오버플로하게 되며 데이터를 잃어버리게 된다. 약간의 데이터만을 잃어버리는 것이 아니라 전체 9비트의 데이터를 잃게 된다. MUL을 사용할 때 UMULL이나 SMULL이 적합할 것 같다.

실제 원인은 잘못된 코드 때문이다. C 코드를 단계별로 실행해보면 문제가 확실하게 보이지 않는다. 어셈블리로 살펴보면 그 즉시 알 수 있다. C 언어는 다음과 같이 되어 있다.

```
utctimeU64 = (secondsU32 * 1000) + (usecondsU32 / 4);
```

원인은 올바르게 작성되지 않았기 때문이다. 컴파일러는 secondsU32를 가져와서 이 값에 1000을 곱한다. 다시 말해, secondsU32를 포함하고 있는 레지스터를 가져와서 그 값에 1000을 곱한다는 뜻이다. 이것은 오버플로가 발생할 가능성이 있고 실제로 오버플로가 발생했다. 이 코드를 수정하기 위해 secondsU32를 64비트 값으로 복사하고 나서 곱셈 연산을 실행한다. 그러고 나면 오버플로가 발생할 가능성은 사라진다. 이전에 정상적으로 동작한 이유는 우연히도 운이 좋았을 뿐이다. 이 문제는 특정 상황이 될 때까지 몇 년 동안 오버플로가 발생하지 않고 있을 수도 있다. 유닛 테스트를 할 때는 더 극단적인 테스트를 해야 한다.

시간 응답

상황: ARM1176은 레이저 실험실에서 실시간 애플리케이션에 사용된다. 보통은 연산에 사용되며 프로세서의 사용은 약 90% 정도다. 크로스 빔이 나갈 때 빠른 인터럽트가 이슈되며 해당 연산은 바로 실행돼야 한다. 연산 윈도는 수 나노초 정도만을 허용하지만 기술적으로 코어는 문제없이 이 인터럽트를 처리해야 한다. 그러나 코어에서는 매번 타깃을 놓치게 된다.

크로스 빔이 나갈 때 연료도 소모되며 공진도 발생하게 된다. 이 빔이 나가기 전에 ARM1176에게 수 나노초 안에 경고를 할 가능성은 거의 없다. 따라서 즉시 반응해야 한다.

이것이 발생하면 빠른 인터럽트가 이슈된다. 빠른 인터럽트는 특별히 실행될 속도에 반응하도록 선택되며, 그 우선순위는 여타 연산보다 훨씬 높다. FIQ 코드는 최적화되어 있으며 시작할 때 수 나노초 안에 실행되게 되어 있다. 그러나 코드는 잘 동작하며 오직 문제는 코드를 시작하는 시간이다.

이 프로세서는 특별히 태스크에 따라 선택됐다. ARM1176은 실시간 애플리케이션에서 사용된다. 이 애플리케이션은 훨씬 적은 에너지를 소비하며 1GHz의 속도로 동작한다. ARM1176은 ARM1156보다 더 우위이며 실시간 애플리케이션에 더 적합하다. 그 이유는 연산 능력과 저전력 때문이다. 여타 CPU에 비해 전력 소비가 적은 것은 장점이며, 적은 열 발산은 간섭 없이 동작할 수 있음을 의미한다. 그러나 프로세서가 원하는 대로 동작하지 않는 것처럼 보이며 몇몇 스태프는 ARM1156으로 변경하기를 원했다.

외부 팀에게 이 문제를 의뢰했다. 디버거를 통한 분석 후에 결론이 내려졌는데, 벡터 테이블과 MMU가 올바르게 사용되지 않았다는 이유였다.

MMU는 많은 설정을 하지 않는다. 메모리는 레이아웃에 따라 매핑되지만 단지 L1 페이지 테이블만을 사용하며 4096개의 엔트리를 갖고 있다. SDRAM은 다른 위치에 매핑됐다.

벡터 테이블을 분석할 때 한 가지 이상한 점이 발견됐다. 빠른 인터럽트 벡터는 분기 명령어이며 메인 메모리로 분기한다. 빠른 인터럽트Fast Interrupt 벡터는 벡터 테이블 끝에 저장되며, 그렇게 한 이유는 분기를 하지 않아도 되므로 빠르게 테이블을 액세스할 수 있기 때문이다. 최악의 경우 ARM1176이 밀접하게 연결된 메모리를 갖고 있을 때 SDRAM 메모리로 전송된다.

이 프로젝트에서는 코드 수정이 필요 없지만 메모리 레이아웃이 약간 변경됐다. 인터럽트 핸들러가 벡터 테이블 끝에 위치하며 밀접하게 연결된 메모리 안에 위치하게 된다. 이러한 변경으로 수 나노초가 절약되고 결국 인터럽트 핸들러가 필요할 때 반응하게 한다.

이 마지막 예제는 두 가지 측면을 다루고 있다. 특별히 벡터 테이블 같은 시스템을 들여다보기 위해 디버거가 필요하며 문제는 코드에 있지 않다는 점이다. 문제는 최적화라고 알려진 그 무엇인가에서 발생했다. 코드는 동작하지만 코드나 시스템은 만족스러운 결과를 얻기 위해 약간 수정되어야 했다. 이와 관련해 다음 장에서는 최적화에 대해 알아보자.

❖ 정리

9장에서는 소프트웨어부터 하드웨어까지 다양한 디버거 솔루션에 대해 알아봤다. 각 시스템은 저마다의 장점이 있으며, 때로는 하드웨어와 소프트웨어 디버깅 방법을 혼합해 사용되기도 한다. 다음 장에서는 디버깅을 끝낸 후에 어떤 일이 일어나는지, 또한 디버거를 사용하는 이유이기도 한 최적화에 대해 알아보자.

최적화된 C 코드의 작성

최적화는 어떤 프로젝트든 마지막에 해야 하는 부분이며, 반드시 알고 있어야 하는 중요한 내용이다. 어떤 개발자는 시작부터 최적화 코드로 작성하는데, 대부분의 프로젝트에서 이러한 방식은 잘못된 접근이다. 그 이유는 간단하다. 최적화된 코드는 이해하기가 어렵기 때문이다. 개발 과정에서는 수정사항이 많이 나올 뿐만 아니라, 그러한 수정도 여러 사람들에 의해 이뤄진다. 심지어 다른 부서 사람이 수정할 때도 있다. 가장 좋은 방법은 최적화를 하기 전 처음에는 가독성이 높고 유지보수가 쉬운 코드로 작성하는 것이다. 게다가 코드 일부분을 최적화하고자 두 시간 이상을 소비해야 한다면 그만한 가치가 있다고 할 수 없다. 어떤 함수는 한 번 호출되는 경우도 있고, 전체 파일 중에서 나중에 수정되면 사라질 부분이 될 수도 있다.

프로젝트가 끝나 모든 기능이 완성되고 모든 버그가 수정되고 나면, 이제 최적화를 할 타이밍이다. 문제는 어디서부터 시작하는가 하는 점이다.

❖ 코드 최적화의 규칙

'규칙'이라는 용어를 사용하긴 하지만, 사실 특별한 규칙은 없다. 여기서 다루는 모든 규칙은 어떤 애플리케이션에서는 적용 가능하지만, 어떤 규칙은 실제로 적용이 불가능할 수도 있다. 따라서 여러분 스스로 무엇이 필요하고 어떤 최적화 기법이 불필요한지 판단해야 한다. 32비트 정수를 사용하는 이전 코드에서는 공간 문제로 인해 2개의 16비트 숫자를 사용하는 편을 더 선호할 수도 있다. 그리고 공간 절약형 기술에 대한 요구는 속도에 대한 최적화 필요성을 대신할 수도 있다.

최적화로 시작하지는 말자

이 말은 다소 모순적으로 보인다. 그러나 가장 중요한 규칙이기도 하다. 최적화를 한 코드는 애플리케이션이나 시스템을 빨리 실행하게 해주지만 이해하기는 어렵다. 또한 최적화한 코드에서는 더 쉽게 실수할 수도 있다. 그 이유는 특정 프로세서에 맞게 작성된 코드는 때때로 사람이 이해하기에는 논리적으로 맞지 않는 경우도 있기 때문이다. 또한 이러한 코드가 얼마나 자주 사용될까? 대부분의 코드는 깔끔하게 작성해야 하며 너무 과도한 최적화나 사이클을 낭비하는 코드는 필요하지 않다. 프로젝트에서 중요한 부분은 기반이 되는 부분의 구성이다. 프로젝트가 동작한 후에야 최적화할 시간이 생긴다.

대부분의 규칙과 마찬가지로 여기서도 예외는 있다. 그 예외 중 하나는 인터럽트 핸들러다. 인터럽트는 개발 과정에서 중요한 역할을 하며, 빠르게 처리할 필요가 있다. 디바이스에서는 여러 인터럽트를 처리하게 되며, 심지어는 개발 과정에서도 인터럽트 핸들러는 어느 정도 최적화돼야 한다. 인터럽트에 대한 처리를 실행하는 코드는 일단 빠르게 실행돼야 한다.

컴파일러에 대한 지식

첫 번째 규칙: 컴파일러에 대한 지식이다. 컴파일러는 특정 명령어를 사용하지 않는 경우에 디버깅에 필요한 바이너리를 생성하지만 거의 최적화하지는 않는다. 컴파일러가 속도나 크기 면에서 최적화하게 하려면 컴파일러 옵션을 추가해야 한다. 컴파일러는 크

기나 속도, 혹은 이 두 가지 모두에 대해 최적화하도록 설정할 수 있다. 또한 전혀 최적화하지 않게 할 수도 있는데, 이런 경우는 디버깅할 때 유용하다.

이 부분은 이 책의 범위를 벗어난다(그러나 책으로 다룰 만큼의 가치가 있는 영역이다) 여러분의 프로젝트에 최적화된 코드가 필요하다면 ARM 컴파일러를 눈여겨봐야 한다. ARM 컴파일러는 가장 최신의 최적화 루틴을 사용하며, 코어를 설계한 사람들에 의해 최적화 기술이 설계됐다.

여러분이 작성한 코드에 대한 지식

이 말은 모순처럼 느껴진다. 물론 여러분은 자신이 만든 코드에 대해 알고 있다. 결국 이 코드는 여러분이 작성했기 때문이다. 그러나 각 함수가 실제로 얼마나 자주 호출됐는지 알고 있는가? 각 루틴마다 얼마만큼의 실행 시간이 걸렸는지 알고 있는가? 이 두 질문에 대한 답을 알면 다른 어떤 질문에도 답을 할 수가 있다. 무엇을 최적화해야 하는가? 200밀리초를 줄이는 것이 좋은 최적화가 될 수는 있지만, 특정 코드 부분이 실행할 때 오직 한 번만 호출한다면 최적화에 들이는 시간만 낭비하는 꼴이 된다. 수천 번 호출되는 루틴에서 1밀리초를 절약하는 편이 결국은 더 큰 효과를 볼 수 있는 최적화 방법이다.

❖ 프로파일링

소프트웨어 엔지니어링 측면에서 보면 **프로파일링**profiling은 프로그램에서 특정 명령어를 사용할 때 걸리는 시간과 사용한 메모리의 양을 측정하는 동적 프로그램 분석 방법이다. 프로파일러를 사용하면 여러분이 작성한 코드가 어떤 동작을 하는지, 어떤 코드 부분이 자주 호출되는지, 그리고 가장 중요한 부분인 특정 루틴이 어느 정도의 시간이 걸리는지를 알 수 있다.

임베디드 시스템을 사용할 때의 문제는 각 문제가 너무나 제각각이라는 점이다. 어떤 임베디드 시스템에서는 잘 동작하는 모듈도 다른 임베디드 시스템에서는 동작하지 않는 경우가 종종 발생한다. 어떤 시스템은 운영체제를 갖고 있기도 하고 어떤 시스템은 베어 메탈[bare-metal]인 경우도 있다.

운영체제 안에서의 프로파일링

운영체제 기반의 임베디드 시스템(Cortex-A 계열)에서의 프로파일링은 상대적으로 간단하다. 예를 들어, 리눅스 기반 시스템에서 GNU의 gprof는 사용하기에 훌륭한 툴인 것은 분명하지만 그러한 툴을 사용할 때는 몇 가지 설정이 필요하다(디스크 공간 등).

gprof를 이용해 프로파일링하려는 프로그램을 준비하기 위해서는 특별한 옵션으로 컴파일해야 한다. 컴파일러에게 약간의 코드를 추가하도록 알려줘야 한다. 프로파일링을 목적으로 컴파일하기 위해서는 간단하게 -pg 옵션을 추가한다.

```
arm-none-linux-gcc -o myprog myprog.c utils.c -g -pg
```

이 옵션을 추가하면 호출자[caller]는 각 함수에 대한 호출 전에 모니터 함수를 추가하게 된다. 이 방법은 어떤 함수가 실행됐는지, 얼마나 많이 실행됐는지 그리고 실행 시간 등에 대한 통계적 데이터를 생성하는 데 사용된다.

프로파일링을 위해 프로그램을 컴파일한 후에는 gprof가 필요한 정보를 생성하도록 실행해야 한다. 일반적으로 프로그램을 실행할 때와 동일한 명령어 라인 옵션을 사용하며 프로그램이 실행되면 필요한 데이터 파일을 생성한다. 프로그램 자체가 약간 느리게 실행될 수는 있는데, 그것은 디버그 루틴이 추가됐기 때문이며 거의 알아차리지 못한다.

프로그램이 완료되면 gprof를 사용해볼 시간이다. 여기서는 2개의 파일이 필요하다. 생성된 결과 파일과 실행 파일 자체. 실행 파일 이름을 생략하면 a.out이 사용된다. 프로파일 데이터 이름을 사용하지 않으면 gmon.out 파일이 사용된다. 파일 포맷이 적절하지 않거나 프로파일 데이터 파일이 실행 파일에 속한 것이 아니면 에러 메시지가 출력된다.

gprof는 다음과 같이 분석을 위한 출력 파일에 통계 데이터를 출력해준다.

```
Flat profile:
```

```
Each sample counts as 0.001 seconds.
  %   cumulative   self              self     total
 time   seconds   seconds    calls  ms/call  ms/call  name
80.24     5.84     5.120     4000     1.28     1.28   calcfreq
20.26     1.45     1.280     4000     0.32     0.32   getio
00.00     0.01     0.009        1     8.96     8.96   precalc
```

이 예제는 GNU 프로파일러를 사용해 실행한 프로그램을 보여준다. 이 프로그램은 GPIO에서 데이터를 얻어오도록 설계됐으며 입력 신호의 주기를 계산한다. 여기서는 calcfreq, getio, precalc라는 3개의 함수가 사용됐으며, calcfreq를 실행하는 데 평균 1.28ms가 걸렸다. getio는 0.32 그리고 precalc는 전체 8.96ms가 걸렸다. 먼저 가장 많은 시간이 걸린 함수를 최적화하려고 시도할 것이다. 그러나 자세히 보면 precalc는 한 번만 호출됐으며 calcfreq는 실행 시간이 1/8 정도, 즉 4,000번 호출됐다. 최적화가 필요하다면 이 함수가 최적화해야 할 함수다. 그 이유는 이 함수에서 1밀리초의 1/10의 절약은 precalc 함수 자체보다 더 많은 시간을 절약하기 때문이다.

이와 같은 프로파일러는 프로그램의 프로그램 카운터를 규칙적인 인터벌로 분석해 동작한다. 운영체제 인터럽트가 필요하다면 베어본 시스템에서는 사용될 수 없다. 또한 통계적 방법을 통해 그에 대한 데이터를 구할 수 있다. 따라서 결과는 정확하다고 볼 수는 없지만 프로파일링을 통해 일반적인 아이디어를 생각해내는 데 충분할 정도로는 정확하다.

리눅스 시스템에서는 oprofile이 훌륭한 툴이다. 이 툴은 GNU GPL로 공개됐으며 CPU의 하드웨어 프로그램 카운터를 사용해 다양한 통계 데이터를 프로파일링하게 해준다.

새로 컴파일할 필요는 없으며, 심지어 디버그 심볼도 항상 필요한 것은 아니다. 하나의 애플리케이션을 프로파일링하는 데 사용되거나 전체 시스템을 프로파일링하는 데 사용 가능하다.

베어 메탈 시스템에서의 프로파일링

베어 메탈 시스템에서의 프로파일링은 좀 더 복잡하다. 그 이유는 전체 OS 인터럽트를 가능하게 하는 운영체제가 실행되지 않기 때문이다. 그러나 그 밖의 옵션도 있다.

하드웨어 프로파일러

앞 장에서 봤듯이, 디버깅을 위해 하드웨어 디바이스를 개발 보드에 연결한다. 이 디바이스 중 몇몇은 더 향상된 기능과 향상된 프로파일링을 위해 같은 인터페이스를 사용한다.

하드웨어 프로파일러는 소프트웨어 프로파일러보다 더 정확하며 코드를 수정하지 않아도 된다는 장점이 있다. 세거^{Segger}(http://www.segger.com)에서 ARM 시스템을 위한 JTAG 에뮬레이터를 개발했다. 이 에뮬레이터를 J-Link라고 하며 애플리케이션에 대한 프로파일링에 사용된다. Trace32 시스템은 좀 더 향상된 프로파일링 솔루션을 갖고 있다. ARM이 개발한 DS-5 디버거 역시 프로페셔널 솔루션이며, 향상된 기능을 제공한다.

어떤 제조사에서는 평가 보드에 대한 직접적인 디버깅 인터페이스를 제공하며 그 인터페이스는 개발할 때 첫 번째로 꼽힐 정도로 중요하다.

예를 들어, 실리콘 랩^{Silicon Labs}은 J-Link 기술이 탑재된 평가 보드를 제공한다. 이 보드는 실행하는 루틴에 대한 정보를 제공할 뿐만 아니라 각 루틴이 사용하는 전력량도 알려준다. 실리콘 랩의 EFM32 시리즈는 에너지 효율에 초점이 맞춰져 있기 때문에 이 툴은 에너지 사용량에 대한 향상된 통계 정보를 보여준다. 이러한 기능은 특정한 프로파일링을 할 때 상당히 좋다. 최적화는 루틴의 실행 시간의 양뿐만 아니라 소비하는 에너지의 양도 중요하다. 이 부분이 임베디드 엔지니어의 가장 큰 딜레마다. 이 솔루션은 어떤 코드가 최적화가 필요한지 어떤 종류의 최적화가 필요한지 이해하는 데 도움을 주는 툴을 제공한다.

실리콘 랩의 energyAware Profiler는 전력 소비에 대한 실시간 그래프를 보여준다. IRQ가 마이크로컨트롤러를 깨우고 슬립 모드로 리턴하는 이벤트, 실행하는 함수 그리고 각 루틴별로 사용한 CPU 시간양을 볼 수 있다. 물론 여러분이 갖고 있는 다른 툴을 사용하고 싶다면 외부 디버그 포트를 사용할 수 있다.

GPIO 출력

특정 함수를 프로파일링하기 위해 사용하는 또 다른 기술은 GPIO 라인이다. 오실로스코프의 도움을 받으면 어떤 루틴이 얼마만큼의 시간을 소모하는지 정확하게 알 수 있다.

예를 들어, Cortex-M 마이크로컨트롤러에서의 인터럽트 함수를 생각해보자. 어떤 Cortex-M 디바이스는 빠른 I/O 기능을 갖고 있어서 두 사이클 혹은 그 이내에서 스위칭이 가능하다. 이러한 기능은 인터럽트와 같은 루틴에서는 완벽한 디버깅 방법이다. 인터럽트가 시작될 때 I/O를 논리 1로 설정한다. 루틴의 끝에서 I/O를 논리 0으로 다시 설정한다. 오실로스코프에서는 출력에 대한 트리거를 설정한다. 그러고 나면 각 루틴이 얼마만큼의 시간이 걸렸는지 특정 이벤트가 얼마만큼의 시간이 걸렸는지를 정확하게 알 수 있다. 모든 루틴에 적용해서는 안 되지만 일부 코드 섹션 정도는 사용 가능하다.

사이클 카운터

몇몇 ARM 코어는 성능 모니터 유닛^{Performance Monitor Unit}을 갖고 있는데, 프로세서의 연산과 메모리에 대한 통계 정보를 취합하도록 프로그램된 작은 유닛이다. 이 경우에는 이 유닛을 사용해 코드의 일부분이 얼마만큼의 사이클이 걸렸는지 알 수 있다.

CP15 코프로세서를 통해 성능 모니터 유닛을 액세스하며, 선택한 코어에서 사용 가능하다. CP15를 통해 액세스하기 때문에 시스템 권한이 필요하며, 따라서 커널 레벨에서나 권한이 부여된 코드에서만 프로그램이 가능하다. 기본적으로 카운터는 사용이 불가능하도록 설정되어 있다. 먼저 성능 카운터를 액세스하는 사용자 모드를 활성화해야 한다.

```
/* 성능 카운터를 액세스하기 위해 사용자 모드를 활성화함 */
asm ("MCR p15, 0, %0, C9, C14, 0\n\t" :: "r"(1));
```

이 명령어가 이슈될 때 사이클 카운터는 증가하기 시작한다. 이제 사이클 카운터는 사용자 스페이스에서 간단한 명령어를 사용해 읽을 수 있다.

```
static inline unsigned int get_cyclecount (void)
{
    unsigned int cycles;
    // CCNT 레지스터를 읽어온다.
    asm volatile ("MRC p15, 0, %0, c9, c13, 0\t\n": "=r"(cycles));
    return cycles;
}
```

코드 섹션의 앞과 뒤에서 사이클의 숫자를 비교하는 방법으로 이 카운터를 사용할 수 있다. 또한 필요한 경우 카운터를 리셋할 수도 있다. 시간이 오래 걸리는 루틴의 경우에는 나눗셈 연산을 사용해 64사이클마다 한 번씩 카운터가 증가하도록 설정한다.

```
static inline void init_perfcounters (int32_t do_reset, int32_t
enable_divider)
{
    // 일반적으로 모든 카운터를 가능하게 한다(사이클 카운터 포함)
    int32_t value = 1;

    // 리셋 수행:
    if (do_reset)
    {
        value |= 2; // 모든 카운터를 0으로 리셋함
        value |= 4; // 사이클 카운터를 0으로 리셋함
    }

    if (enable_divider)
        value |= 8; // CCNT를 '64'로 나눌 수 있게 함

    value |= 16;

    // 성능 카운터 제어 레지스터를 프로그래밍한다.
    asm volatile ("MCR p15, 0, %0, c9, c12, 0\t\n" :: "r"(value));

    // 모든 카운터를 활성화한다.
```

```
    asm volatile ("MCR p15, 0, %0, c9, c12, 1\t\n" :: "r"(0x8000000f));

    // 오버플로를 클리어한다.
    asm volatile ("MCR p15, 0, %0, c9, c12, 3\t\n" :: "r"(0x8000000f));
}
```

◆ C 최적화

어셈블리 언어를 사용하면 프로세서에 대한 모든 제어를 할 수 있기는 하지만, 어셈블리로 규모가 제법 있는 프로그램을 작성하는 것은 적절하지 않은 방법이다. 임베디드 프로젝트에서 대부분의 엔지니어들은 C 언어를 선호한다. C 언어가 어셈블리에 비해 더 포터블하고 쉽게 작성할 수 있으며 유지보수도 더 간편하다. 그리고 여전히 최적화된 코드를 작성할 수 있다. 그러나 애플리케이션 개발과 임베디드 개발에는 약간의 차이점이 있다. 어떤 동작이 실행되는지 완전하게 이해해야 하고, 컴파일러가 어떤 작업을 하는지 그리고 어셈블리가 어떤 것들을 생성해내는지 알아야 한다.

기본적인 예제

간단한 프로그램으로 시작해보자.

```
void loopit(void)
{
    u16 i; // 지역 변수
    iGlobal = 0; // 전역 변수

    // 16비트 인덱스 증가
    for (i = 0; i < 16; i++)
    {
        iGlobal++;
    }
}
```

앞의 코드는 상당히 간단한 프로그램이다. 16번을 실행하는 루프를 생성하고 각 루프에서 전역 변수를 증가시킨다. 코드는 간단하기 때문에 성능 모니터의 사용이 가능한 디버거로 실행할 수 있다. 애플리케이션 코드는 24바이트 정도이며, ARM926EJ-S 평가 보드에서는 138μs 정도 안에 실행된다. 대부분의 사람들은 위의 실행 시간이 대단하다고 생각할 수 있지만, 임베디드 엔지니어의 입장에서 보면 부족하기 그지 없다. 코드 안에는 크게 잘못 작성된 부분은 없다. 완벽하게 잘 작성된 C 코드이며 유지보수도 쉽게 되어 있다. 그러나 이 프로그램을 더 빠르게 실행할 수 있는 방법이 있다. ARM 시스템에서는 그리고 실제로 많은 시스템에서는 카운트가 0으로 감소될 때 더 좋은 성능을 보인다. 그 이유는 간단하다. 매 시간 프로세서가 연산을 하게 되고 프로세서는 자동적으로 그 값을 0과 비교하고 프로세서 플래그를 설정한다. 이 플랫폼에서 고려해야 할 비트는 CPSR 레지스터에 있는 Z 비트다. 각 루프의 끝에서 i는 정수와 비교된다. 0으로 감소시키면 Z가 참인 경우 점프 조건을 추가한다. 따라서 약간 수정해서 카운트를 0으로 감소시키도록 해보자.

```
void loopit(void)
{
    u16 i; // 지역 변수

    // 16비트 인덱스 감소

    for (i = 16; i != 0; i--)
    {
        iGlobal++;
    }
}
```

코드의 크기는 변하지 않았다. 여전히 24바이트 정도다. 그러나 실행 시간이 더 빨라졌다. 124μs가 걸린다. 약간의 속도 향상을 얻었지만 아직도 해야 할 일이 남아 있다. 위 프로그램에서는 16비트 길이의 변수를 사용한다. 아마도 공간을 절약하기 위해서일 것 같다. 루프는 16번만 실행된다. 따라서 32비트 대신 16비트 변수를 사용했다. 그러나 실제로 이런 방법이 항상 좋은 것은 아니다. 특별한 ARM 코어에서는 32비트가 더 자연스럽다. 16비트 변수를 사용하면 프로세서가 16비트 변수를 32비트로 변환해야 하는 작업이 필요하기 때문에 더 많은 과정이 필요하다. 그리고 32비트로 변환된 후에 연산을 수행하고 다시 16비트로 변환돼야 한다. 보편적인 크기를 사용하는 것이 더 좋다. 코드를 32비트 변수로 변경하면 다음과 같다.

```
void loopit(void)
{
    u32 i; // 지역 변수
    iGlobal = 0; // 전역 변수

    // 32비트 인덱스 감소
    for (i = 16; i != 0; i--)
    {
        iGlobal++;
    }
}
```

이제 디버깅할 때 알아야 할 것들이 있다. 프로그램의 크기는 더 적은 명령어를 사용했기 때문에 20바이트로 줄었다. 실행 시간도 115μs로 줄었다. 마찬가지로 더 적은 명령어를 실행했기 때문이다. 바로 이 점이 최적화의 즐거움이다. 그러나 모두 끝난 것이 아니다. 전역 변수는 악몽과도 같다. 루프를 실행하는 매 시간, 프로세서는 변수를 변경하기 위해 RAM을 액세스해야 하며 그로 인한 시간이 필요하다. 따라서 이제 변수를 로컬로 저장하고, 루프의 끝에서 그 지역 변수를 전역 변수로 복사하자.

```
void loopit(void)
{
    u32 i; // 지역 변수
    u32 j;
    iGlobal = 0; // 전역 변수

    // 32비트 인덱스 감소
```

```
    for (i = 16; i != 0; i--)
    {
        j++;
    }
    iGlobal = j; // 지역 변수의 값을 전역 변수에 복사
}
```

여기서 수정한 내용은 많지 않다. 한 일이라고는 새로운 변수를 선언하고 루프 내에서 사용했을 뿐이다. 따라서 파일 크기의 변화는 없다. 레지스터를 액세스하는 새로운 코드가 추가됐지만, RAM을 액세스하는 코드는 사용하지 않게 됐다. 변수는 이제 레지스터에 저장되기 때문에 속도는 향상된다. 실행 속도는 이제 $52\mu s$가 됐다. 그러나 아직도 더 해야 할 일이 남아 있다. 루프는 많은 오버헤드를 만들므로 가능한 한 루프를 사용하지 않는 것이 좋다. 루프를 푼 코드는 다음과 같다.

```
void loopit(void)
{
    u32 i; // 지역 변수
    u32 j;
    iGlobal = 0; // 전역 변수

    // 32비트 인덱스 감소
    for (i = 4; i != 0; i--)
    {
        j++; j++; j++; j++;
    }
    iGlobal = j; // 지역 변수의 값을 전역 변수에 복사
}
```

위의 코드는 루프를 12번 실행했던 이전 코드와는 달리 4번만 사용했다. 4번은 루프 내에서 동작했다. 이러한 코드가 조금 이상하게 보일 수도 있지만, 상당한 오버헤드 시간을 절약할 수 있다. 루프에 걸리는 사이클을 줄여준다. 이 새로운 루틴을 사용하면 파일의 크기는 22바이트로 약간 증가하지만 실행 시간은 $26\mu s$로 줄어든다. 코드에 잘못

된 부분은 없지만 항상 최적화할 방법은 있다. 시간은 코드 최적화에 들여야 하며 임베디드 시스템에서는 더더욱 그러하다. 강력한 플랫폼을 사용하기 때문에 최적화는 필요하지 않다는 변명은 통하지 않는다. 프로세서가 빠르면 빠를수록 사용하는 사이클이 많아진다는 것은 이유가 되지 않는다.

정리해보면 최적화는 112μs를 절약했고 약 81%를 감소시켰다. 그러나 이러한 결과를 얻기까지 여러 번의 최적화 과정이 필요했다. 코드를 프로파일링한 다음, 최적화한다. 그리고 나서 테스트하는 과정을 반복해야 했다. 최적화는 긴 시간이 필요한 과정이며, 여러 방법으로 테스트해야 하고, 각각의 결과를 갖고 있다가 필요하면 이전의 설정으로 되돌아갈 수 있어야 한다. 이러한 사이클은 그림 10-1에 나타나 있다.

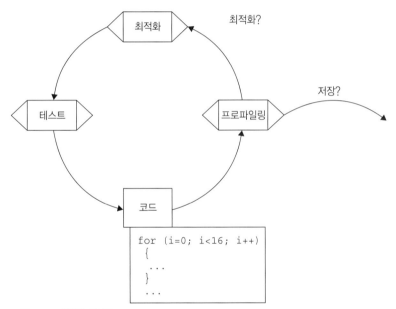

그림 10-1 최적화 사이클

카운트를 높이는 것이 아니라 줄여야 한다.

보통은 카운터를 증가시키는 코드를 작성하는 것이 일반적이다. 그러나 프로세서의 입장에서 보면 카운터를 0으로 감소시키는 것이 더 빠르다. 그 이유를 이해하려면 어셈블리 코드를 봐야 한다.

for 루프를 시작할 때 레지스터 중 하나를 0으로 초기화한다. 그러고 나서 연산을 하거나 다른 코드 부분으로 브레이크한다. 이 시점에서 레지스터를 증가시킨다. 레지스터를 다른 값과 비교하게 되는데, 이 비교에 한 사이클 정도가 걸린다. 비교한 결과가 작다면 다시 루프를 시작하도록 리턴한다.

```
    MOV r0, 0  @ 실행한 루프의 양
loop:

    [ ... ]

    ADD r0, r0, #1 @ 1을 더한다.
    CMP r0, #15
    BLE loop
```

임의의 숫자에서 시작하고 0으로 카운트를 감소시킨다면 약간 다르게 동작한다. 레지스터를 원하는 값으로 초기화하고 연산을 하거나 다른 코드 부분으로 브레이크하게 된다. 여기서 레지스터를 감소시키고 상태를 업데이트하게 된다. 이전 코드에서 레지스터를 다른 숫자와 비교했지만 여기서는 그럴 필요가 없다. CPSR이 업데이트되고 따라서 비교 대신에 간단하게 Branch if Not Equal을 사용할 수 있다.

```
    MOV r0, 16  @ 남아 있는 루프의 양
loop:

    [ ... ]

    SUBS r0, r0, #1 @ 1을 감소시킨다.
    BNE loop
```

위의 코드에서 보는 것처럼 더 이상 CMP 명령어는 필요 없다. 따라서 반복문을 실행할 때마다 한 사이클을 절약할 수 있다. 속도 향상이 눈에 띄게 증가하는 것은 아니지만 루틴에서 수천 번의 루프를 실행한다면 위의 코드와 같이 수정하는 것이 좋다.

정수

정수는 어떤 것을 개발하더라도 반드시 사용하게 된다. 프로세서는 정수를 처리하도록 설계됐지만 부동소수점이나 다른 타입의 숫자 형태는 처리하지 못한다. 이러한 점으로 인해 부동소수점 수를 처리할 수 있도록 특정 명령어나 코프로세서가 몇몇 코어에 추가됐다. 최적화 측면이나 엔지니어링 측면에도 불구하고 이러한 부동소수점 수의 처리는 정수 연산에 비해 많은 실행 시간이 걸린다. 따라서 표준 연산에는 항상 정수를 사용하는 것이 좋다.

대부분의 정수 연산은 몇 사이클 안에 실행이 가능하다. 한 가지 예외가 있는데, 그것은 다음 절에서 다룰 나눗셈이다. 일반적으로 사용하는 정수는 원하지 않는 연산을 피하기 위해 시스템 버스와 같은 너비를 갖게 한다. u16이 데이터에서 필요하다 하더라도 그 변수가 32비트 시스템에서 사용한다고 하면 u32를 사용하는 것이 속도를 더 증가시킨다. u16에서 읽어올 때 프로세서는 항상 u32에서 읽어와서 몇 개의 연산을 통해 그 값을 u16으로 변환한다. 이 과정에는 몇 사이클이 소비된다.

또한 사용하는 변수가 양수 값만을 처리한다면 그 변수를 부호 없음^{unsigned}으로 만드는 것이 좋다. 대부분의 프로세서에서는 부호 없는 정수 연산을 부호 있는 정수 연산보다 더 **빠르게** 실행한다(이것은 좋은 습관이며 개발자 스스로 코드에 대한 문서를 작성할 때 도움이 된다). 코드에서는 되도록이면 정수 값을 사용하자. 100.01처럼 2개로 나눠진 형태의 숫자가 필요하다면 부동소수점을 사용하는 대신 100을 곱해서 사용하자.

나눗셈

ARM 프로세서의 초창기 시대에는 프로세서를 주의 깊게 다루어야 한다고 알려져 있었으며 하드웨어 나눗셈 유닛을 갖고 있지 않았다. 하드웨어 나눗셈 유닛이 없었기 때문에 프로세서를 더 간단하고, 더 싸게 그리고 더 빠르게 실행되도록 만들 수 있었다. 나눗셈은 사실 항상 사용되는 연산은 아니며, 나눗셈이 필요한 경우에는 최적화된 루틴을 사용해 소프트웨어로 대응이 가능하다.

나눗셈은 복잡하며, 빠르게 실행하려면 상당히 많은 트랜지스터가 필요하다. 어떤 ARM 프로세서에서는 하드웨어 나눗셈을 갖고 있지만 그렇지 않은 프로세서도 있다. 하드웨어 나눗셈(Cortex-M3, Cortex-M4, Cortex-A15/Cortex-A7 코어는 갖고 있다)은 2~12 사이클 정도가 걸린다.

일반적인 규칙: 나눗셈을 피할 수 있다면 피하는 것이 좋다. 소프트웨어로 32비트 나눗셈은 약 120사이클이 걸린다(어떤 경우는 더 걸릴 수도 있다).

나눗셈 대신에 곱셈을 사용할 수 있는 경우도 있다. 특히 비교 연산을 하는 경우가 그렇다. (a / b) > c는 a > (c * b)로 재작성할 수 있다.

기술적으로 나눗셈이 필요하지 않은 경우라면 나눗셈 연산을 시프트 연산으로 대체할 수도 있다. 컴파일러는 나눗셈 대신에 시프트 연산으로 대체하려고 시도하지만 실제로 대체하는 경우는 몇 가지 경우에 불과하다. 컴파일러가 시프트로 대체하지 못하면 나눗셈 연산은 소프트웨어 루틴으로 실행될 수밖에 없다.

무엇이 필요한지 아는 것이 최적화의 본질이다. 예를 들어, 10으로 나눗셈을 해야 하는 프로그램의 경우에는 3277로 곱셈을 하는 작은 함수로 작성한 후에 그 결과를 32768로 나누면 된다.

```
add r1, r0, r0, lsl #1
add r0, r0, r1, lsl #2
add r0, r0, r1, lsl #6
add r0, r0, r1, lsl #10
mov r0, r0, lsr #15
```

이 함수는 제한된 범위를 가지며 곱셈이 오버플로되지 않도록 주의해야 한다. 몇몇 경우에는 정확한 값이 아닌 근삿값을 취하는 것도 한 방법이다. 그러나 무엇을 할 수 있는지 주의 깊게 생각해서 나눗셈을 시프트로 변경할 수 있는지 고민해봐야 한다. 특정 환경에서는 변수의 최댓값을 알고 있을 때 나눗셈은 사이클을 절약할 수 있다.

너무 많은 파라미터를 사용하지 말자

C 코드를 작성할 때 어떤 개발자는 여러 파라미터를 사용하는 함수를 자주 사용하려고 한다. 사용하는 작은 루틴을 위한 코딩 규칙에 따르면 한 페이지를 넘어가는 길이로 함수를 작성하는 것은 좋지 않다고 설명하고 있지만 파라미터에 대해서는 이상하게도 자세한 내용이 없다.

C 언어에서 함수를 호출하는 경우는 일반적으로 어셈블리로 변환해보면 분기문으로 되어 있다. 표준 ARM 호출 규칙을 보면, 파라미터는 서브루틴을 호출하기 전에 레지스터 r0부터 r3까지에 파라미터 값을 저장해 넘기는 것으로 설명하고 있다. 이것은 C 루틴에서는 파라미터로 최대 32비트 정수 4개까지만 사용함을 의미한다. 그 외의 파라미터는 스택에 저장된다. 더 높은 레지스터인 r4, r5 등에 파라미터를 저장할 수도 있지만 ARM에서 권장하는 호출 규칙을 따르는 편이 좋다. 작은 규모의 어셈블리 프로그램을 설계한다면 원하는 대로 해도 상관없지만, 컴파일러는 되도록 간단하게 하기 위해 ARM에서 제공하는 호출 규칙을 따를 것이다.

스택에 추가된 파라미터를 저장하기 전에 레지스터의 특정 숫자를 사용하도록 컴파일러를 설정할 수 있다.

ARM 호출 규칙에 보면 r0부터 r3까지는 함수의 파라미터로 사용되며(r0은 또한 리턴 값의 목적으로도 사용된다), r4부터 r12까지는 호출자-저장caller-save으로 사용된다. 이 말은 서브루틴이 리턴하는 값을 수정하지 말아야 한다는 뜻이다. 서브루틴은 물론 레지스터를 수정할 수도 있지만 리턴의 경우에는 그 내용이 반드시 복구돼야 한다. 이와 같이 하기 위해 서브루틴은 스택에 필요한 레지스터를 푸시push해야 하고 리턴할 때 그 레지스터를 팝pop해야 한다.

객체가 아닌 포인터

서브루틴이 호출될 때 첫 번째 4개의 파라미터는 레지스터로 넘겨지고, 그 밖의 파라미터는 스택에 푸시된다. 파라미터가 너무 크다면 이 또한 스택에 푸시된다. 64개의 정수 값으로 구성된 테이블을 사용해 서브루틴을 호출하는 것은 해당 테이블의 어드레스를 하나의 파라미터로 넘기는 것에 비해 심각한 오버헤드를 만들게 된다. 객체의 어드레스를 서브루틴에게 전달해 더 이상 스택에 푸시하지 않게 해야 시간과 메모리를 절약할 수 있다. 루틴은 메모리 어드레스와 함께 데이터를 페치하고 테이블 전체가 아닌 그중에서 필요한 몇 개의 항목만을 사용할 것이다.

시스템 메모리를 자주 업데이트해서는 안 된다

이전 예제에서는 전역 변수를 업데이트했다. 전역 변수를 업데이트할 때 혹은 서브루틴 안에만 존재하지는 않는 변수를 업데이트할 때는 프로세서는 시스템 메모리에 해당 변수를 작성하게 된다. 가장 좋은 경우는 캐시 히트가 발생하는 것이며, 따라서 관련 정보가 빠르게 써진다. 그러나 어떤 영역은 캐시 불가능 영역이며, 따라서 해당 정보는 시스템 메모리에 직접 써진다. 서브루틴 내에서 지역 변수를 저장하고 있으면 가장 좋은 경우에 레지스터를 업데이트하고 이러한 작업은 상당히 빠르게 실행된다. 해당 루틴이 종료된 후에 그 값을 시스템 메모리에 저장할 수 있으며, 이러한 작업으로 인해 한 번의 파이프라인 지연이 발생하게 된다.

그러나 이와 같은 작업을 할 때 주의해야 할 것은 레지스터 메모리에 로컬 복사본을 유지해야 한다는 점이다. 인터럽트가 현재 프로세스를 멈추게 하고 그 인터럽트는 실제 값이 필요할 수도 있다는 사실을 기억하자. 또한 여러 스레드로 구성된 애플리케이션의 경우에는 다른 스레드가 변수를 요구하고 그런 경우에 데이터는 쓰기 전에 보호돼야 한다(그리고 이러한 작업이 읽기 연산 전에 자주 발생한다).

이러한 점은 성능을 비약적으로 향상할 수 있는 최적화 방법 중 하나지만, 상당한 주의를 요하는 작업이다.

정렬

정렬^{alignment}은 ARM 기반 시스템에서는 상당히 중요한 개념이다. 모든 ARM 명령어는 32비트 바운더리로 정렬돼야 한다. NEON 명령어 역시 32비트 길이를 가지며, 비슷하게 정렬돼야 한다. Thumb 명령어는 약간 다른데, 16비트 바운더리로 정렬돼야 한다.

명령어가 외부 소스(데이터 카트리지, 메모리 카드 등)로부터 삽입되면 가장 주의해야 할 점이 올바른 위치에 데이터를 넣는 것인데, 제대로 정렬되지 않은 명령어는 정의되지 않은 명령어라고 해석될 수 있기 때문이다.

데이터 정렬은 약간 다르다. 시스템 버스와 같은 크기의 너비를 갖는 데이터를 사용한다고 하더라도, 때로는 이것이 불가능할 수도 있다. 데이터는 패키징될 수 있다. 예를 들어 하드웨어 어드레스, 네트워크 패킷 등이 이에 해당된다. ARM 코어는 32비트 값을 페치하지만 패킷 구조에서는 정수 값은 2개의 더블 워드 사이의 바운더리가 될 수 있다. 가장 좋은 경우는 이러한 작업이 메모리를 페치하기 위해 여러 명령어가 필요하며 시프트를 사용해 최종 결과물을 얻을 수 있는 경우다. 최악의 경우는 정렬 트랩^{alignment trap}이라는 결과를 얻게 되는 것이다. CPU가 정렬되지 않은 어드레스에 대해 메모리 액세스를 할 때 이런 결과가 생긴다.

❖ 어셈블리 최적화

C 최적화만으로는 충분하지 않을 때 좀 더 코드 안을 들여다볼 필요가 있다. 일반적으로 컴파일러는 C 언어를 어셈블리로 변환해주지만 우리가 원하는 것이 정확히 무엇인지 알지는 못한다. 따라서 컴파일 과정을 직접 해줘야 하는 경우도 생기며, 그런 경우에 짧은 루틴을 직접 작성해야 한다.

특별한 루틴

C 컴파일러는 함수를 가져와서 어셈블리로 변환하며, 그 과정에서는 모든 사용 가능한 경우에 대해 알지는 못한다. 예를 들어, 곱셈 루틴은 자동적으로 임의의 숫자(16비트, 32비트, 심지어는 64비트까지도)를 가져오며 그 값을 여러 조합으로 곱하기도 한다. 이에 대한 리스트는 끝이 없다. 대부분의 경우에는 몇 가지 경우만 존재한다. 예를 들어 회계 프로그램의 경우에는 단지 나눗셈은 100으로 나누는 경우만 있으며, 센트로 되어 있는 숫자를 달러 숫자로 변환하는 경우다.

임베디드 시스템에서는 특정 함수를 위해 더욱 최적화된 루틴을 생성해야 하는 일이 종종 있다. 주로 수학 연산에 관련된 경우다. 예를 들어 10으로 곱하기 위한 빠른 루틴은 다음과 같이 작성될 수 있으며, 이 루틴을 실행하기 위해 두 사이클이 필요하다.

```
MOV r1, r0, asl #3 ; r0에 8을 곱한다.
ADD r0, r1, r0, asl #1 ; 결과에 r0을 두 번 더한다.
```

이와 같은 서브루틴을 새로 만드는 것에 대해 주저할 필요는 없다. 몇몇 경우에는 최적화된 라이브러리가 사용되기도 한다.

인터럽트의 처리

인터럽트^{interrupt}는 프로세서로 하여금 정상적인 연산을 중지하고 다른 이벤트를 처리하게 하는 이벤트를 말한다. **인터럽트 핸들러**^{interrupt handler}는 가능한 한 빠르게 실행되도록 설계돼야 하며, 플래그를 통해 메인 프로그램에 인터럽트를 알려주거나 메인 애플리케이션으로 리턴하기 전에 시스템 변수를 사용해 인터럽트를 알려주기도 한다. 커널(사용 가능하다면)은 인터럽트를 고려하기 위해 애플리케이션을 다시 스케줄링한다. 인터럽트 핸들러가 연산 태스크를 실행하면 혹은 긴 시간이 걸리는 다른 루틴을 처리한다면, 다른 인터럽트는 첫 번째 인터럽트가 끝날 때까지 대기해야 한다.

중요한 인터럽트를 위해 FIQ를 사용할 수 있다. FIQ는 IRQ보다 우선순위가 높으며, ARMv7A/R 코어에서 FIQ 벡터는 벡터 테이블 끝에 위치한다. 이것은 메모리의 다른 위치로 점프할 필요가 없음을 의미한다. 이에 대한 장점은 분기 명령어를 사용할 필요가 없으며 따라서 메모리를 다시 읽어올 필요가 없다는 것이다. 대부분의 시스템에서 0x00000000에 위치한 메모리는 내부 메모리이며, 외부 메모리만큼의 지연 시간을 갖지는 않다.

인터럽트 처리 방법

인터럽트를 처리하기 위해서는 몇 가지 방법이 있으며 프로젝트마다 다르다. 각 방법에는 장단점이 있으므로 프로젝트에 따라 올바른 방법을 선택하는 것이 중요하다.

- 중첩되지 않은 인터럽트 핸들러는 인터럽트를 순차적으로 처리한다.
- 중첩된 인터럽트 핸들러는 다중 인터럽트를 처리하는데, 마지막에 발생한 인터럽트를 가장 먼저 처리한다.
- 재진입한 인터럽트 핸들러는 다중 인터럽트를 처리하며 인터럽트를 우선순위화하여 처리한다.

적은 인터럽트를 갖고 있는 시스템에서는 중첩되지 않은 핸들러로 충분하며 빠르게 동작하도록 만들 수 있다. 그러나 많은 인터럽트를 처리해야 하는 프로젝트에서는 발생하는 인터럽트의 요청을 처리해야 한다. 인터럽트 핸들러가 태스크를 완료할 때 인터럽트는 다시 활성화되며, 제어는 메인 애플리케이션으로 넘어간다.

중첩된 인터럽트 핸들러

중첩된 인터럽트 핸들러는 중첩되지 않은 핸들러에 비해 향상된 방법이다. 그러한 인터럽트는 핸들러가 현재 인터럽트를 완전히 서비스하기 전에 다시 인터럽트가 가능하게 한다. 이러한 방식은 주로 실시간 시스템에서 사용되며, 이 핸들러는 프로젝트에 따라 복잡도가 증가하지만 성능도 향상된다. 이 핸들러의 복잡도로 인해 트레이스하기 어려운 타이밍 문제를 발생시킬 수 있다는 단점이 있지만, 주의해서 설계하고 컨텍스트 복원에 대한 보호를 통해 이 핸들러는 많은 양의 인터럽트를 처리할 수 있다.

재진입한 인터럽트 핸들러

재진입한 인터럽트 핸들러와 중첩된 인터럽트 핸들러의 중요한 차이점은, 인터럽트들이 재진입하면 인터럽트 지연이 준다는 점이다. 이러한 형태의 핸들러는 모든 코드가 특정 모드(보통은 SVC)에서 실행되기 때문에 더 주의가 필요하다. 다른 모드에서 사용할 때의 장점은 인터럽트 스택이 사용되지 않기 때문에 오버플로가 발생하지 않는다는 점이다.

재진입한 인터럽트 핸들러는 IRQ 상태를 저장해야 하고, 프로세서 모드를 스위칭하고, 분기하기 전에 새로운 프로세서 모드를 위해 상태를 저장해야 한다.

하드웨어 설정 최적화

프로젝트의 소프트웨어 측면과 달리 가장 낮은 레벨에서 프로세서를 설정하는 것도 역시 중요하다. 이러한 최적화는 대부분의 코딩 규칙이나 소프트웨어 기술과 상관은 없지만 하드웨어를 최대한으로 사용하기 위해 프로세서를 설정한다.

주파수 설정

시간에 대해 민감한 연산을 하는 경우에는 주파수 설정 루틴을 소프트웨어에 추가할 수 있다. 프로세서가 최대 속도로 동작할 필요가 있을 때 시스템 호출은 프로세서로 하여금 최대 속도로 동작하게 하며, 따라서 더 많은 에너지를 소모하면서 실행 속도를 가속시킨다. 연산이 끝나면 다시 좀 더 낮은 속도로 돌아오고, 다음 연산을 기다리는 동안 에너지를 절약한다.

캐시 설정

캐시는 대부분의 프로세서에 대해 가장 큰 가속 효과를 얻을 수 있는 기능 중 하나다. 캐시 메모리를 발명하기 전의 컴퓨터는 간단했다. 프로세서는 시스템 메모리에 데이터를 요청했고 시스템 메모리에 데이터를 작성했다. 프로세서가 점점 빨라지면서 더 많은 사이클이 소비됐고, 계속 동작하기 위해 시스템 메모리를 대기하는 시간이 길어졌다. 따라서 프로세서와 시스템 메모리 사이에 버퍼가 만들어졌다. 특별히 임베디드 시스템에서는 비용의 제약으로 인해 시스템 메모리의 속도가 느리다.

캐시^{cache}는 간단히 말하면 프로세서와 외부 메모리 사이의 버퍼다. 메모리 페치는 긴 시간이 필요하므로 프로세서는 시스템 메모리의 일부분을 캐시에서 읽어오는 것으로 캐시의 이점을 얻게 되며, 결국 데이터 액세스가 더 빨라진다.

캐시가 단순히 시스템 메모리와 프로세서 사이의 메모리 버퍼링만은 아니다. 때로는 프로세서와 시스템 메모리 사이의 버퍼링을 하기 위한 다른 방법도 있다. 이것은 좀 더 복잡하다. 데이터는 시스템 메모리에 써지는데 그것이 언제일까? 여기에는 라이트 스루와 라이트 백이라는 두 가지 쓰기 정책이 있다. **라이트 스루 캐시**$^{write\text{-}through\ cache}$에서는 캐시에 대한 모든 쓰기가 메인 메모리에 써질 때 일어난다. **라이트 백**^{write-back}의 경우 캐시는 유지되지만 '**더티**^{dirty}'로 마크된다. 프로세서가 가능할 때 그리고 캐시가 축출^{evict}될 때 혹은 데이터 메모리를 다시 읽을 때 데이터가 시스템 메모리에 써진다. 이런 이유로 인해, 라이트 백은 두 번의 시스템 메모리 액세스를 하게 된다. 한 번은 데이터를 시스템 메모리에 쓸 때이고, 다른 한 번은 시스템 메모리에서 다시 읽어올 때다.

캐시는 **캐시 라인**^{cache line}으로 분리되어 있다. 캐시 라인은 데이터의 블록을 의미한다. 데이터의 각 블록은 고정된 크기를 갖고 있으며, 각 캐시는 사용 가능한 만큼의 캐시 라인을 갖고 있다. 메모리에서 하나의 캐시 라인을 페치할 때 걸리는 시간(읽기 지연)은 CPU가 캐시 라인을 기다리는 동안 다른 일을 할 수 없기 때문에 문제가 된다. CPU가 이 상태가 되면 이러한 상태를 **스톨**^{stall}(멈춤)이라고 한다. 캐시 히트가 되는 액세스의 비율은 **히트 레이트**^{hit rate}라고 알려져 있으며, 주어진 프로그램이나 알고리즘에 대한 캐시의 효율성을 측정하는 용어다. 읽기 미스^{read miss}는 메모리로부터 전송되는 데이터가 캐시보다 훨씬 느리기 때문에 실행을 지연시킨다. 쓰기 미스^{write miss}는 그러한 페널티 없이 일어나기도 하는데, 그 이유는 데이터가 메인 메모리로 복사될 때 백그라운드로 복사될 수 있기 때문에 프로세서는 계속 다른 작업을 실행할 수 있기 때문이다.

명령어 캐시

캐시를 갖고 있는 현대의 ARM 코어에는 명령어와 메모리가 2개의 채널로 분리되어 있다. 데이터 메모리는 쉽게 변경될 수 있고 명령어 메모리는 변경되지 않기 때문에 2개로 분리하는 것이 작업을 더 단순하게 한다. 명령어 캐시를 활성화하면 다음번에 코어는 명령어를 페치하고, 캐시 인터페이스는 여러 명령어를 페치하며 그 명령어들을 캐시 메모리에서 사용 가능하게 만든다.

I 캐시(명령어 캐시^{instruction cache})의 설정은 CP15 시스템 코프로세서를 통해 수행되며, 대부분의 프로젝트에서는 활성화해야 한다.

```
mrc p15, 0, r0, c1, c0, 0
orr r0, r0, #0x00001000 @ (I) I 캐시에 비트 12를 설정
mcr p15, 0, r0, c1, c0, 0
```

데이터 캐시

데이터 캐시는 좀 더 복잡하다. 데이터 액세스는 읽기 전용 혹은 쓰기 전용 주변장치에 대해 액세스할 수도 있고, 여러 가지 방법으로 시스템을 변경하는 시스템 컴포넌트를 액세스할 수도 있기 때문이다. 전역 데이터 캐시를 사용하는 것은 안전한 방법이 아는데, 그 이유는 이러한 디바이스의 데이터를 캐시해두면 상당한 부작용을 초래할 수 있기 때문이다.

MMU가 설정되면 메모리의 특정 영역에 대해 액세스를 허용하거나 혹은 거부하도록 프로그래밍할 수 있다. 예를 들어, 스택 이후의 메모리 섹션에 대해 읽기 액세스를 거부하도록 프로그래밍이 가능하며 그 결과 스택 오버플로가 있다면 예외가 발생한다.

D 캐시(데이터 캐시$^{\text{data cache}}$)를 활성화하면, 테이블은 시스템 메모리에 작성돼야 하며 이것은 변환 테이블이라고 알려져 있다. 이 테이블은 메모리 섹션에 대해 '기술'하고 있으며, MMU에게 메모리의 어떤 영역을 액세스할지 알려주는 역할을 한다. 해당 메모리가 액세스 가능하다면 필요한 캐시 정책이 적용돼야 한다.

ARM MMU는 변환 테이블의 엔트리를 지원하며 가상 메모리의 전체 1MB(섹션), 64KB(큰 페이지), 4KB(작은 페이지) 혹은 1KB(아주 작은 페이지)로 표현될 수 있다. 변환 테이블의 호환성을 제공하기 위해 다중 레벨로 되어 있으며, 1MB 섹션 안에 어드레스 공간을 나누고 있는 하나의 탑 레벨 테이블이다. 테이블의 각 엔트리는 그에 대응하는 물리적 메모리 영역을 설명하거나 두 번째 레벨 테이블에 대한 포인터를 제공한다.

ARM MMU는 상당히 잘 설계됐는데, 페이지의 크기를 혼합해 사용할 수 있기 때문이다. 시스템 메모리를 1KB 블록으로 구분할 필요가 없으며 그렇지 않다면 테이블이 매우 커야 했을 것이다. 대신에 필요할 때만 메모리를 나눌 수 있게 되어 있고, 실제로 필요한 경우에만 섹션을 사용하는 것이 가능하다.

변환 테이블은 몇 가지 시스템 최적화를 가능하게 하지만, 변환 테이블을 다룰 때는 주의해야 한다. 하드웨어가 변환 테이블 검색을 수행할 때 물리적 메모리를 액세스하게 되는데 이것은 느리다. 다행히도 MMU는 전용 캐시를 갖고 있으며 변환 참조 버퍼$^{\text{TLB,}}$ $^{\text{translation lookaside buffer}}$라고 한다. 그러나 이 캐시는 단지 시스템 메모리를 다시 읽어오기 전에 라인의 양만큼만 포함한다. 변환 테이블이 복잡하면 이 테이블을 내부 메모리에 두는 것도 좋다(공간이 허락한다면).

캐시 라인 잠금

시스템 성능을 최적화하기 위해 캐시 설정을 조정할 수 있다.

IRQ 지연이 중요한 애플리케이션을 생각해보자. IRQ가 도착했을 때 가능한 한 빠르게 처리돼야 한다. IRQ 핸들러가 더 이상 캐시 메모리에 존재하지 않는다면, 실행 전에 IRQ 핸들러를 포함하고 있는 캐시 라인을 다시 읽어와야 한다. 이때 약간의 사이클이 소모된다. 캐시 라인이 '잠길^{lock}' 가능성도 있어서 하드웨어에서 캐시 라인을 대체할 수 없고 필요한 경우에 항상 준비되도록 해야 한다. IRQ 핸들러를 위해서는 더 빠른 시스템 메모리를 사용할 수 없을 때 옵션이 된다. 그러나 비용이 문제다. 이와 같이 하면 애플리케이션의 다른 부분에서 캐시를 덜 사용하게 된다.

Thumb의 사용

6장에서 본 것처럼 Thumb 명령어는 16비트 길이를 갖는다. Thumb-2는 32비트 명령어를 추가했지만, 이러한 명령어들이 있음에도 불구하고 Thumb 명령어의 밀도는 ARM 명령어보다 더 높다.

이러한 이유로 인해 코드의 일부분이 캐시에 유지되어야 한다면 Thumb으로 코딩하는 편이 더 좋다. Thumb 코드가 더 밀도가 높아서 더 많은 명령어가 같은 크기의 캐시에 저장될 수 있으며, 따라서 Thumb 코드가 더 캐시 효율적이다.

❖ 정리

10장에서는 코드의 어떤 부분이 최적화가 필요한지를 살펴보기 위해 코드를 프로파일링하는 일의 중요성에 대해 알아봤다. 또한 각기 다른 프로파일링 방법을 사용해봤다. 코드를 최적화하기 위해서는 여러 가지 가능성이 있는데, C 언어와 어셈블리 언어를 모두 사용하며 소프트웨어와 하드웨어 기술을 사용해 처리 능력을 향상하는 기술에 대해서도 소개했다.

레퍼런스

용어

임베디드 시스템을 공부할 때 그리고 기술 문서를 읽을 때 많은 용어가 나오기 때문에 처음 접하는 사람들은 이해하기가 어렵다. 프로세서는 일정한 양의 MIPS를 포함하는 능력을 갖고 있거나 JTAG 디버깅을 지원할 수도 있고, 심지어 SIMD를 지원하기도 한다는 표현을 생각해보자. 이 말들이 무엇을 의미하는지 정확하게 이해할 수 있는가? 부록 A에서는 가장 공통적으로 자주 사용하는 용어들을 간략하게 설명한다.

✦ 분기 예측

분기 연산을 하는 동안에 새로운 코드 영역으로 분기할 때 프로세서가 다른 메모리 영역으로부터 새로운 명령어를 가져오는 동안 성능 감소가 있을 수 있다. 이 성능 감소를 줄이기 위해 분기 예측^{branch prediction} 하드웨어가 몇몇 ARM 코어에 포함되어 있으며, 분기 예측기에서 판단하는 예상 결과에 따라 메모리로부터 명령어들을 가져온다. 더욱 새로운 분기 예측 하드웨어는 약 95%의 정확도를 가지며 분기 성능을 상당히 향상한다. 몇몇 분기 예측 하드웨어는 분기 결과를 투기적으로 실행하거나 결과를 알고 있을 때 둘 중 하나를 무시함으로써 거의 100%에 달하는 정확도를 보인다.

❖ 캐시

메모리의 가격이 더 싸지고 시스템이 메모리를 더욱 많이 사용하면서 메모리로부터 데이터를 페치하는 데 걸리는 시간이나 데이터를 메모리에 다시 저장하는 데 걸리는 시간이 더욱 많아진다는 사실은 명백한 사실이다. 분석을 해보면 대부분의 시간은 시스템이 공간적인 지역성을 갖고 있는 메모리에서 데이터를 읽어오는 데 소비한다. 액세스가 메모리의 특정 영역에서만 일어난다면 프로그램이 실행되는 동안에 특정 영역 주변의 메모리를 읽어오게 함으로써 메모리 액세스 확률을 높일 수 있다. 프로세스의 속도를 증가시키기 위해서는 캐시^{cache}를 사용해야 한다.

CPU 캐시는 메모리의 액세스에 대한 평균 시간을 감소시키기 위해 사용되는 메모리의 빠른 형태를 말한다. 캐시는 시스템 메모리에 비해서는 작지만 더 빠르며, 시스템 메모리의 복사본을 저장할 수 있다. CPU가 데이터를 요청하면 그리고 그 데이터가 캐시에 있다면 CPU는 직접 캐시에서 페치하고 결국 더 빠른 액세스 타임을 갖게 된다. 수정된 캐시, 즉 **더티 데이터**$^{dirty\ data}$라고 알려진 캐시 데이터는 캐시 공간이 새로운 데이터가 필요하거나 명시적으로 수정 연산이 필요할 때 메모리로 다시 저장된다.

ARM9 이후의 모든 애플리케이션 클래스의 ARM 프로세서는 하버드^{Harvard} 캐시 아키텍처를 갖고 있으며, 명령어 캐시와 데이터 캐시가 분리되어 있다. 대부분의 Cortex-A 프로세서는 두 레벨의 캐시 아키텍처를 지원하며, 대부분의 공통적인 설정은 분리된 L1 캐시와 통합된 L2 캐시로 되어 있다.

캐시 히트

프로세서로부터 요청받은 메모리를 캐시에서 찾은 경우를 캐시 히트$^{cache\ hit}$라고 하며, 시스템 메모리에 대한 액세스는 필요 없다.

캐시 라인

메모리에서 하나의 워드를 읽어오는 대신에 데이터는 메모리와 고정된 크기의 블록, 즉 캐시 라인$^{cache\ line}$이라고 하는 영역으로 전송된다. 요청된 메모리가 쓰이거나 읽힐 때는 요청하는 메모리 블록 주변에 위치한 메모리가 포함된다. 그 이유는 원하는 위치의 근처에 존재하는 데이터가 조만간 사용될 확률이 매우 높기 때문이다.

캐시 미스

프로세서로부터 요청받은 메모리를 캐시에서 찾을 수 없는 경우를 캐시 미스cache miss라고 하며, 프로세서는 연산을 완료하기 전에 시스템 메모리를 다시 액세스해야만 한다.

◆ 코프로세서

초창기 ARM에서는 코어들이 코프로세서 아키텍처를 지원했다. ARM 프로세서가 인텔의 x86 CPUID 명령어와 비슷한 명령어를 갖고 있지는 않았지만 ARM 칩은 코어당 최대 16개까지 코프로세서를 사용할 수 있었다. ARM 아키텍처는 '코프로세서coprocessor'를 사용해 명령어 세트를 확장할 수 있는 훌륭한 방법을 제공한다. ARM 코어에서는 인식하지 못하는 이 명령어는 코프로세서 중 하나가 이 명령어를 받아들일 때까지 각 코프로세서에게 전송한다. 코프로세서는 설계자들이 ARM 코어에 대한 복잡한 수정 없이 확장된 기능을 추가하기 위해 고안한 방법이다. ARM 코어의 기능과 간편함을 유지하면서, 코프로세서를 추가해 ARM 코어가 하지 못하는 일들을 처리하게 할 수 있다. 예를 들어, Xscale 프로세서는 DSP 코프로세서를 갖고 있으며 향상된 인터럽트 핸들링 함수는 직접 코프로세서에서 동작하며 가장적으로 HD 비디오 디코더를 통합할 수도 있다.

코프로세서 아키텍처를 지원하는 최신 ARM 코어는 ARM1176이다. 오늘날 ARM 아키텍처는 여전히 코프로세서 명령어 세트를 정의하고 있으며, '코프로세서 명령어'를 사용한다. 그러나 코프로세서 아키텍처는 더 이상 존재하지 않는다. 설정, 디버그, 트레이스, VFP, NEON 명령어는 아직도 존재하지만 이런 것들을 사용하기 위해 연결된 외부 하드웨어를 사용하는 것은 아니다. 모든 기능은 이제 ARM 코어 내부에 내장되어 있다.

❖ CP10

CP10은 VFP$^{Vector Floating Point}$에 대한 코프로세서 명령어를 정의한다.

❖ CP11

CP11은 NEON을 위한 코프로세서 명령어를 정의한다. NEON은 오리지널 SIMD 명령 어 세트의 확장 버전이며, 어드밴스드 SIMD 확장$^{Advanced SIMD Extensions}$으로 종종 참조된다.

❖ CP14

CP14는 디버깅 유닛을 위한 코프로세서 명령어를 정의한다. 이 기능은 애플리케이션 소프트웨어 개발, 운영체제, 시스템, 하드웨어를 지원한다. 프로그램의 실행을 멈추게 할 수도 있고, 프로세서와 코프로세서의 상태를 조회하거나 수정할 수도 있다. 또한 메 모리와 주변기기의 상태를 수정하거나 프로세서 코어를 재시작할 수도 있다.

❖ CP15

특별한 코프로세서인 CP15는 메모리와 캐시 관리를 목적으로 설계됐으며, 시스템 제어 코프로세서로 설계됐다. CP15는 MMU, TCM, 캐시, 캐시 디버그 액세스, 시스템 성능 데이터를 설정하는 데 사용된다. 각 ARM 프로세서는 최대 16개의 코프로세서를 갖고 있는데, CP0부터 CP15까지 이름이 붙여져 있고 CP15는 ARM에 의해 예약되어 있다.

❖ 사이클

각 CPU는 주파수를 갖고 있으며 그 단위는 헤르츠^{Hertz}다. 헤르츠는 주파수의 단위이며, 주기적으로 초당 몇 번의 사이클^{cycle}이 발생했는지를 정의한다. 기본적으로 프로세서 클 록은 논리 0에서 논리 1로 신호를 반복해서 발생시키며, 따라서 다시 논리 0이 될 때까 지의 시간은 1초에 수백만 번이 된다. '사이클'은 시그널이 0에서 1로 바뀔 때마다 활성화된다. 800MHz 프로세서, 즉 800,000,000Hz로 동작하는 프로세서의 경우 초당 8억 사이클이 된다. 다른 연산은 다른 양의 사이클이 필요하다. 어떤 명령어는 실행하는 데 단지 한 사이클만 걸리지만, 메모리 서브시스템을 액세스하는 데는 수천, 수만 사이클이 걸릴 수도 있다. 또한 어떤 프로세서는 한 사이클에 여러 가지 동작을 하기도 한다. CPU의 일부분이 명령어를 실행하면서 바쁘더라도 다른 부분은 다음 명령어를 페치할 수도 있기 때문이다.

❖ 예외

예외^{exception}는 정상적인 프로그램 플로우^{flow}가 인터럽트됐을 때 트리거되는 조건이다. 혹은 내부나 외부 이벤트에 의해서도 발생한다. 보호되고 있는 메모리(혹은 존재하지 않은 메모리 섹션)에 대해 읽기 시도를 하는 경우나 0으로 나눗셈을 하는 경우에 발생한다. 예외가 발생하면 정상 실행이 중지되고 프로그램 카운터는 실행을 위한 관련 있는 예외 처리 핸들러를 가리키게 된다.

❖ 인터럽트

인터럽트^{interrupt}는 애플리케이션에 보내는 외부 혹은 내부 시그널을 의미하며, 무엇인가 주의할 사항이 있음을 프로세서에게 알리는 역할을 한다. 인터럽트 타입으로는 일반 인터럽트, 빠른 인터럽트, 소프트웨어 인터럽트가 있다. 인터럽트라는 용어는 프로세서에게 영향을 주기 때문에 붙여진 이름이며, 인터럽트를 서비스하기 위해 실행 순서를 '인터럽트'한다는 의미다. 이것은 인터럽트 핸들러에 의해 실행된다.

❖ 제이젤

제이젤^{Jazelle}은 원래 자바 바이트코드의 실행을 프로세서에서 직접 하기 위해 설계됐으며, ARM과 Thumb 모드의 세 번째 실행으로 구현됐다. 제이젤에 대한 지원은 프로세서 이름에 'J'라는 문자가 있는지 여부를 보면 알 수 있다(예: ARM926EJ-S). 그리고 ARMv6

에는 필수 요소였다. 그러나 새로운 디바이스에서는 이 기능이 사소한 구현 문제가 돼 버렸다. 프로세서의 속도와 성능의 비약적인 향상으로 인해 제이젤은 점점 삭제되고 새 로운 애플리케이션에서는 사용되지 않는다.

❖ JTAG

'Joint Test Action Group'의 약어로, IEEE 1149.1 테스트 액세스 포트와 바운더리 스 캔 아키텍처의 일반적인 이름을 말한다. 원래는 전기 엔지니어들이 바운더리 스캔을 사 용해 프린트된 회로 보드를 테스트할 목적으로 고안됐지만 오늘날 JTAG는 임베디드 시 스템을 디버깅하는 목적으로 사용되고 있다. 몇몇 JTAG 프로브^{probe}가 존재하며, 개발자 들이 프로세서의 제어를 얻어서 디버깅이나 성능을 체크하는 데 도움을 주는 목적으로 사용된다.

❖ MIPS

'Million Instruction per Second'의 약어로, MIPS는 벤치마킹의 초기 시도다. 메가헤 르츠 프로세서는 클록당 하나의 명령어를 실행하며 이러한 프로세서를 1 MIPS 프로세 서라고 한다. 그러나 모든 명령어가 하나의 클록에 실행되지는 않는다. 첫 번째 싱글칩 CPU인 인텔 4004의 경우는 벤치마크해보면 0.07 MIPS가 된다.

MIPS는 프로세서가 1GHz 이상의 속도에 도달할 때까지 테스트하는 벤치마크 방법 이며, MIPS는 더 이상 실제 숫자를 의미하지는 않는다. 하나의 명령어가 다양한 작업을 할 수 있기 때문에, 실행되는 명령어 숫자로 인해 컴퓨터들을 비교하는 목적으로 주로 사용되고 있다. 오늘날에는 드라이스톤^{Dhrystone} 벤치마크를 사용해 벤치마크한 결과를 주로 사용한다. 프로세서의 속도를 좀 더 정확하게 측정하기 위해 다양한 벤치마크 방 법들이 사용되고 있다.

NEON

NEON은 원래의 SIMD 명령어 세트의 확장 버전이며, 어드밴스드 SIMD 확장^{Advanced SIMD} ^{Extensions}으로 종종 참조된다. 64비트 레지스터(더블 워드를 위한 D)와 128비트 레지스터 (쿼드 워드를 위한 Q)에서 동작하는 명령어들을 추가해 SIMD 개념을 확장했다.

비순차 실행

비순차 실행^{out-of-order Execution}을 하는 프로세서들은 효율적으로 최적화하기 위해 파이프 라인 내에서 명령어들의 순서를 재조정하여 파이프라인의 스톨^{stall}을 피한다. 인터럽트 가 스톨 상황에 직면하면 파이프라인은 결과에 영향을 미치지 않는 다른 명령어를 실행 하려고 시도한다. 그 명령어들이 설사 파이프라인의 뒤에 있다고 해도 마찬가지다.

파이프라인

명령어 처리량을 향상하기 위해 파이프라인이 도입됐다. 프로세서가 하나의 명령어를 페치하고, 필요한 데이터를 작성하는 것과 같은 동작 대신에 이러한 단계들이 파이프라 인의 한 부분이 됐다. 파이프라인은 여러 스테이지로 구성되며, 각 스테이지는 특정한 액션(페치, 디코딩, 실행, 데이터 쓰기 등)에 해당된다. 명령어는 파이프라인을 통해 그러한 방식대로 동작하며 각 스테이지를 통해 실행된다. 각 클록 사이클마다 하나의 스테이지 가 실행된다. 하나의 명령어가 디코딩된다면 다른 명령어는 실행되는 식이다.

레지스터

레지스터^{register}는 CPU 내부에서 직접 사용 가능한 작은 규모의 저장 공간을 말한다. 연 산을 할 때 연산은 오로지 레지스터에서만 동작한다. ARM CPU는 결과를 직접 시스템 메모리에 작성하지는 않는다. 연산을 완료하기 위해 메모리는 레지스터에서 읽어와야 한다. 따라서 연산이 완료된 후에 레지스터는 다시 시스템 메모리에 써진다.

레지스터는 가장 빠른 메모리이며 프로세서의 한 사이클에 읽거나 쓰기가 가능하다.

✦ SIMD

'Single Instruction Multiple Data'의 약어로, 이 명령어들은 레지스터에 패킹된 여러 아이템에서 동작한다. 이 명령어는 수학 연산처럼 대규모 데이터 세그먼트를 실행해야만 하는 멀티미디어 애플리케이션 등에 유용하다. 이 명령어는 NEON으로 확장됐다.

✦ SoC

시스템 온 칩$^{SoC, system on a chip}$은 프로세서 코어와 모든 필요한 외부 디바이스를 하나의 마이크로칩에 직접 내장한 컴퓨터 칩을 의미한다. 이러한 칩은 내장 메모리를 갖고 있으며 입력과 출력 주변기기, 그리고 그래픽 엔진도 갖고 있다. 그러나 종종 외부 디바이스를 사용하는 것이 더 효율적인 경우도 있다(특별히 플래시와 메모리 등이 이에 해당된다).

✦ 합성 가능

ARM 코어는 두 가지 포맷을 사용할 수 있다. 하나는 하드 다이$^{hard\ die}$로, ARM 코어의 물리적 레이아웃을 정의한다. 그리고 주변기기가 기존의 형태에 추가되는데, 이를 합성 가능^{synthesizable}이라고 한다. 이 경우에 ARM 코어는 베릴로그^{Verilog} 프로그램으로 전달된다. 이 형태에서는 디바이스 제조사에서 커스텀 수정을 하게 되며, 더 높은 클록 속도를 얻기 위해 디자인을 변경하거나 크기에 대한 최적화 혹은 소비 전력 최적화를 위해 변경하기도 한다.

✦ 트러스트존

트러스트존^{TrustZone}은 ARM 프로세서의 보안 확장을 말하며, 하드웨어 기반의 액세스 컨트롤에 의해 제어되는 2개의 가상 프로세서를 제공한다. 애플리케이션 코어는 2개의 상태 사이를 스위칭하며('world'라고도 한다) 한쪽에서 다른 쪽으로 데이터가 이동하지 못하게 막아준다. 트러스트존은 일반적으로 운영체제를 실행하기 위해 사용되며, 더 특별한 보안 코드(예: DRM 관리)를 더 보안이 필요한 환경에서 사용하게 해준다.

✦ 벡터 테이블

벡터 테이블^{vector table}은 예외에 대응하는 내용이 포함된 메모리에 위치하고 있다. ARMv7-AR에서는 8개의 워드 길이를 가지며 간단한 점프^{jump} 명령어를 포함하고 있다. ARMv7-M에서는 더 큰 규모의 벡터 테이블을 갖고 있지만, 명령어는 포함하지 않고 단지 메모리 위치만 갖고 있다. 간단하게 실제 코드가 있는 위치에 대한 포인터를 포함하고 있다. 예를 들어 ARMv7-AR CPU는 인터럽트, 예외, 특정 위치로의 PC 설정 등이 벡터 테이블에서 이루어진다. 이 명령어는 프로세서가 특별한 예외를 처리하도록 되어 있는 코드 영역으로 점프하게 한다. 벡터 테이블을 올바르게 다루고 벡터들이 정상적임을 확인하는 게 여러분이 해야 할 일이다.

ARM 아키텍처 버전

ARM 아키텍처 버전은 혼동하기 쉬운 부분 중 하나다. ARM 아키텍처 버전(디자인)은 ARMv라고 쓰며, ARM 코어(CPU) 자체는 ARM이라고 말한다. 또한 ARM 코어는 아키텍처로서 첫 번째 숫자가 항상 같은 것은 아니다. ARM940T는 ARMv4 아키텍처 기반이고, ARM926EJ-S는 ARMv5 아키텍처 기반이다. 다음 표는 각기 다른 ARM 아키텍처와 관련된 패밀리를 보여준다.

아키텍처	패밀리
ARMv1	ARM1
ARMv2	ARM2, ARM3
ARMv3	ARM6, ARM7
ARMv4	StrongARM, ARM7TDMI, ARM8, ARM9TDMI
ARMv5	ARM7EJ, ARM9E, ARM10E, XScale
ARMv6	ARM11
ARMv6-M	Cortex-M0, Cortex-M0+, Cortex-M1
ARMv7-A	Cortex-A5, Cortex-A7, Cortex-A8, Cortex-A9, Cortex-A12, Cortex-A15
ARMv7-R	Cortex-R4, Cortex-R5, Cortex-R7
ARMv7-M	Cortex-M3
ARMv7E-M	Cortex-M4
ARMv8-A	Cortex-A53, Cortex-A57

❖ ARMv1

첫 번째 ARM 프로세서는 1985년 4월 26일에 만들어졌다. 아콘^{Acorn}의 베스트셀러 컴퓨터 중 하나인 BBC 마이크로^{Micro}의 코프로세서를 타깃으로 만들어졌다. 단지 수백 개 정도만 만들어졌다. 원래는 아콘이 ARM2 프로세서에서 동작하도록 설계됐지만 새로운 아키텍처에 익숙해지도록 서드파티 개발자들에게 판매됐다. 32비트 코프로세서를 사용해 8비트 CPU가 동작하도록 사용됐다.

ARM1은 그 당시 시대에서는 혁명적이었다. 24비트 어드레싱을 갖는 완전한 32비트 프로세서였다. 일반적인 목적의 32비트 레지스터 16개를 갖고 있었으며, 모든 명령어는 32비트로 되어 있었고 명령어 세트는 명확했다. 이는 명령어들이 특정한 레지스터에만 매여 있지 않음을 의미한다. 6502와는 반대였다. 6502는 LDA와 LDX 명령어를 갖고 있었으며, 오로지 하나의 레지스터에만 로드하는 명령어들이다. 아콘의 철학은 시작부터 간결함이었다.

❖ ARMv2

ARM1의 성공 이후에 아콘은 ARM2를 시작했다. ARM1의 릴리스 이후 1년도 안 되어 ARM2는 첫 번째로 상업화에 성공한 RISC 프로세서가 됐다. ARM2는 또한 ARM 아키텍처의 두 번째 버전을 기반으로 하기 때문에 ARMv2라고 한다.

ARM1의 가장 치명적인 단점은 하드웨어 곱셈 지원이 부족하다는 점이다. 곱셈은 시프트와 덧셈을 사용한 소프트웨어로 처리됐지만 그로 인한 영향은 '심각하다'고 할 정도였다. ARMv2에서는 이 문제를 수정해서 2개의 명령어 MUL과 MLA를 추가했다.

ARMv1 구조의 또 다른 단점은 부동소수점 하드웨어의 부족이다. 아콘은 이 문제를 코프로세서를 위한 하드웨어 지원을 추가해서 해결하기로 결정하고 부동소수점 코프로세서를 개발하고 제공하려고 했다.

또 다른 변경은 빠른 인터럽트^{Fast Interrupt} 컨트롤러에 있다. 2개의 새로운 레지스터가 추가됐다. 뱅킹 레지스터 R10~R15 대신에 R8과 R9가 리스트에 추가되어 스택에 대한 메모리 액세스를 감소시켜서 성능을 향상했다.

여전히 ARMv2 아키텍처에 기반하고 있는 ARM3는 1989년에 발표됐다. 클록 속도는 25MHz로 증가됐고 성능은 거의 13 MIPS(ARM2의 경우는 4 MIPS였다)에 달했다. 이 프로세서에는 대략 300,000개의 트랜지스터가 탑재됐다.

ARM3는 캐시를 사용한 첫 번째 ARM 프로세서였다. ARM은 간단한 캐시 모델을 사용했다. 그 캐시 모델은 대체 방법을 통해 랜덤 쓰기가 가능한 64-way set-associative 캐시이며 128비트 캐시 라인을 갖고 있다. 또한 이러한 기능을 지원하기 위해 코프로세서 인터페이스가 추가됐고, 캐시 시스템은 코프로세서 0으로 설계됐다.

❖ ARMv3

이 아키텍처는 아콘에서 발표되기까지 상당한 시간이 흘렀다. 따라서 ARM4나 ARM5가 없다.

ARM6는 32비트 어드레싱 지원을 하며, 이전의 26비트 모드와도 여전히 호환성을 유지한다. 2개의 새로운 프로세서 모드가 메모리 페치 오류를 처리하고 정의되지 않은 명령어를 처리하기 위해 추가됐다. 그리고 CPSR$^{Current Processor State Register}$과 SPSR$^{Stored Processor State Register}$이라는 2개의 레지스터가 추가됐다. 이 레지스터들은 ARM 코어에서 이전에 필요했던 귀찮은 작업 없이도 가상 메모리를 사용할 수 있게 해줬다.

ARM6는 20, 30, 33MHz 클록에서 동작했으며 거의 평균적으로 17, 26, 28 MIPS의 성능을 보였다. 또한 전력 효율적이었으며 3.3V라는 낮은(그 당시에는) 코어 전압을 가능하게 했다. 이것은 모바일 임베디드 시스템에 처음 탑재된 프로세서였는데, 그 이유는 ARM6를 사용하는 첫 번째 제품이 애플의 뉴턴 메시지패드$^{Newton MessagePad}$였기 때문이다.

ARM7은 ARM6의 성공을 계승했다. ARM 리미티드^{Limited}라는 회사는 큰 성공을 거뒀고, 시장을 더욱 넓히기 위해 더 많은 기능을 추가했다.

ARM7은 또한 확장된 명령어 세트를 지원했는데 이 명령어 세트는 ARM 확장이라고 하며 Thumb이라고 이름이 붙여졌다. Thumb은 2개의 16비트 명령어 세트를 갖고 있으며, 프로그램이 각 메모리 크기의 절반(논리적으로는)을 사용할 수 있게 해줬다. 그러나 단지 8개의 레지스터를 사용했기 때문에 조건 실행 지원이 부족했고, 따라서 다른 임베디드 8비트와 16비트 프로세서에 비해 응답 속도가 느릴 수밖에 없었다.

ARM7은 또한 하드웨어 디버깅을 제공했다. 이전에는 엔지니어들이 디버깅을 위해 ARMulator라는 소프트웨어에 의존할 수밖에 없었지만 ARM7에서는 온칩 디버깅이 가능해졌다. 타깃 시스템이 정상적으로 실행되지만 외부 하드웨어와 소프트웨어를 사용할 때, 개발자들은 중단점을 설정하고 코드를 단계별로 실행하며 레지스터와 메모리의 값을 체크하게 됐다.

ARM7은 또한 향상된 곱셈 기능을 추가했다. 32비트와 64비트 곱셈, 그리고 곱셈/증가 연산을 포함했고, DSP가 일반적으로 사용되는 애플리케이션에서 ARM 프로세서를 사용할 수 있게 했다. 향상된 곱셈 코어는 상당히 성공적이어서 ARM8, ARM9, Strong ARM 프로세서 코어에서 사용됐다.

◈ ARMv4

ARM7-TDMI(Thumb + Debug + Multiplier + ICE)는 원래의 ARM7 코어에서 향상된 버전이며 ARMv4T 아키텍처를 기반으로 한다. 130 MIPS의 성능이 가능하고 임베디드 시스템에서 가장 널리 사용된 프로세서 중 하나였다. 애플의 아이팟, 닌텐도의 게임보이 어드밴스, 그리고 대부분의 모바일 전화기에 사용됐다.

ARM9-TDMI는 대중적인 ARM7-TDMI를 계승했으며 여전히 ARMv4T 아키텍처를 사용한다. 더 많은 트랜지스터의 탑재로 인한 비용 증가에도 불구하고 열 발산을 줄였고 클록 주파수가 향상됐다. 많은 작업이 ARM9에서 가능해졌고, 파이프라인이 대폭 개선됐으며, 대부분의 명령어들이 한 클록 사이클에 실행이 가능해졌다.

◈ ARMv5

ARM9과 ARM10에서 사용한 ARMv5 아키텍처는 제이젤[Jazelle] DBX[Direct Bytecode Execution]가 추가됐고, 자바의 바이트코드를 하드웨어에서 직접 실행할 수 있게 됐다. 모바일 마

켓을 목적으로 개발됐으며, 제이젤을 사용하면 자바 ME 애플리케이션과 게임이 바이트
코드를 네이티브 ARM 명령어로 변환하는 것보다 훨씬 빠르게 실행될 수 있었다. ARM
은 프로그램 내 바이트코드의 거의 95%가 하드웨어에서 직접 실행이 가능하다고 주장
했다.

ARMv5는 산술 명령어를 추가했고 오버플로에 대한 위험 없이 더 고밀도의 연산이
가능하게 했다. 32비트 정수의 최대 크기를 넘는 경우에는 4개의 전용 명령어를 사용해
오버플로 비트를 설정하게 하고 대신 허용된 최댓값(-231 혹은 231 - 1)을 리턴한다.

ARM926EJ-S는 가장 대중적인 ARM 코어 중 하나이며 ARMv5 아키텍처 기반이다.

❖ ARMv6

2002년에 ARM은 ARMv6 코어에 대한 라이선싱을 시작했고, 그 이름은 ARM11 패밀
리로 붙여졌다. ARMv6 아키텍처는 SIMD^Single Instruction, Multiple Data instruction를 구현했으며
MPEG-4 같은 모바일 폰 시장에서 상당히 많이 사용됐다. SIMD 명령어의 추가로 인해
MPEG-4 프로세싱 속도가 두 배 이상 빨라졌다.

ARMv6는 또한 데이터 정렬^alignment과 관련된 문제를 해결했다. 정렬되지 않은 데이
터 액세스와 혼합된 엔디안 데이터 액세스를 지원했다.

코어 파이프라인은 5단계 파이프라인에서 8단계 파이프라인으로 증가했고 클록 속
도도 1GHz로 증가했다.

❖ ARMv6-M

ARMv6 아키텍처는 애플리케이션의 요구 조건을 가장 충족시켜주는 아키텍처였지만
ARM은 문제에 직면하게 됐다. 클라이언트들이 더 높은 클록 속도와 더 많은 데이터 처
리를 요구할수록 ARM은 클라이언트들이 요구하는 모든 것을 제공해야 한다는 사실이
었다. 그러나 어떤 클라이언트는 더 이상 그와 같은 복잡한 아키텍처에 관심이 없었으
며 기존 ARM 기술의 장점을 그대로 유지하면서도 더 경량화된 무엇인가를 찾고 있었다.

ARMv6-M 아키텍처가 탄생했다.

ARMv6-M 아키텍처는 Cortex-M 코어를 발표했고 이 코어는 마이크로컨트롤러 애플리케이션용으로 설계됐으며 Thumb 서브셋을 사용한다. 이 마이크로컨트롤러는 이전 프로세서에 비해 훨씬 작아졌고 작은 풋프린트를 갖는 초저전력 디바이스가 필요한 클라이언트들에게 적합한 프로세서였다. NXP의 UM10415는 Cortex-M0를 기반으로 하며 48MHz로 동작하고 32Kb의 플래시 메모리와 8Kb의 RAM에서 동작한다. 25 GPIO 라인과 함께 UART 포트, SPI와 I2C 컨트롤러를 제공하며 극단적인 모바일 환경에 적합하도록 설계됐다. 이 프로세서의 풋프린트는 7mm × 7mm이다.

ARMv6-M 아키텍처는 간단함을 목적으로 설계됐다. 간단함을 추구하는 개발자들은 어셈블리 없이 C 언어로 전체 임베디드 시스템을 개발하지만, 전자공학적 관점에서 보면 소비 전력과 열을 최대한 줄이는 시스템을 의미한다. 더 이상 ARM 명령어 세트를 포함하지 않으며, Thumb-1과 Thumb-2 명령어만 사용 가능하다. 파이프라인은 두 단계로 줄였고 그로 인한 약간의 성능 저하는 있다. 그러나 대신에 전력 사용량은 상당히 많이 줄였다. 성능은 ARMv5에 비해 ARMv6-M이 낮지만, 타깃 디바이스는 ARM11 프로세서에서 제공하는 그런 정도의 프로세싱 파워는 필요하지 않다. Cortex-M 프로세서는 향상된 I/O 기능을 가지며, 프로세싱 파워가 약간 떨어지는 마이크로컨트롤러 애플리케이션을 위해 설계됐다.

ARMv7-A/R

ARMv6의 성공으로 새로운 Cortex 라인이 등장했는데, 바로 ARMv7이다. 이 아키텍처의 서브셋은 Cortex-A와 Cortex-R 프로세서에서 사용됐다. Cortex-M은 자신만의 아키텍처 서브셋을 사용한다.

ARMv7은 옵션으로 가상화 기술을 포함하고 있으며, 이 가상화를 포함하고 있는 프로세서(Cortex-A7과 Cortex-A15)는 하드웨어 나눗셈도 지원한다.

❖ ARMv7-M

ARMv7-M 아키텍처는 ARMv7-AR로부터 파생됐지만 Cortex-M이 사용하지 못하는 모든 기능은 배제됐다. ARM 어셈블리 언어도 포함하고 있지 않으며, 오직 Thumb과 Thumb-2만을 사용한다. ARMv6-M 아키텍처는 엄청난 성공을 거두었고, v7-M 아키텍처는 아키텍처를 확장해 Thumb과 Thumb-2의 모든 서브셋을 사용할 수 있게 했다. 또한 나눗셈 명령어와 같이 빠진 기능도 추가했다. ARMv7-M 아키텍처를 기반으로 한 프로세서(Cortex-M3와 Cortex-M4)는 하드웨어 나눗셈, 향상된 수학 연산 그리고 가속화된 하드웨어 곱셈 기능도 지원한다.

❖ ARMv8

ARMv8 아키텍처는 64비트 컴퓨팅으로 바뀌었다. 새로운 A64 명령어 세트를 제공하며, 이 64비트 프로세서는 32비트 버전과 바이너리 레벨의 호환성을 제공한다. 또한 64비트 운영체제 안에서 32비트 애플리케이션을 실행할 수 있다. 또한 Thumb/Thumb-2와 완전히 호환되며 새로운 개발을 좀 더 쉽게 해준다.

64비트 메모리에 대한 어드레싱 기능을 제공하고 캐시 관리와 SIMD 명령어에 대한 향상된 기능도 제공하는데, 이러한 기능으로 인해 비디오 편집이나 엄청난 양의 데이터를 처리해야 하는 멀티미티어 같은 모바일 애플리케이션에 가장 이상적인 프로세서로 꼽히고 있다. ARMv8은 또한 서버 애플리케이션을 지원하는 탁월한 프로세서이며, 다양한 제조사에서 이러한 디자인을 사용해 기존 서버 영역에서의 오래된 문제점인 발열, 전력 소모, 공간 효율성 등을 해결하는 데 사용되기도 한다.

오늘날 ARMv8은 2개의 프로세서 설계로 나뉘는데, Cortex-A53과 Cortex-A57이다. 이 두 가지 설계는 ARM의 big.LITTLE 기술을 사용해 두 가지 설계를 함께 사용할 수 있으며 최대 16개의 코어를 지원한다.

ARM 코어 버전

시초는 ARM1이었지만, ARM2에서는 ARM1에서 발견된 약점들을 재빨리 보강하거나 수정했다. ARM3는 다시 내부 칩으로 개발됐고 이 칩과 관련해서는 더 이상 큰 변화는 없었다. ARM의 상업적 성공은 ARM6 칩에서부터 시작됐다.

❖ ARM6

ARM6는 ARMv3 아키텍처를 기반으로 했고, 완전한 32비트 메모리 어드레스 공간을 갖는(이전 코어들은 26비트 어드레스 공간이었다) 첫 번째 코어가 됐다. 5V에서 동작했으며 33,500개의 트랜지스터를 가졌다. ARM60은 12MHz 속도로 10 MIPS의 성능을 보였지만 이후 ARM600은 33MHz의 속도에서 28 MIPS의 성능을 보였다. ARM600은 또한 통합 캐시로 4KB를 제공했으며 이 기능은 이전 ARM3에서 개발됐다. 더 저렴한 가격의 버전이 곧 등장했다. 바로 ARM610이었는데, 4KB의 캐시를 갖지만 코프로세서를 갖고 있지 않아서 성능은 약간 떨어졌다(20MHz에서 17 MIPS).

파나소닉^{Panasonic}은 1993년에 ARM60을 기반으로 한 3DO 인터랙티브 멀티플레이어이자 게임 콘솔을 출시했다. 애플 뉴턴 100 시리즈는 ARM610 코어를 사용했고 ARM 코어를 사용하는 첫 번째 모바일 디바이스 중 하나였다.

ARM7

1993년에 ARM은 ARM700 프로세서를 출시했고 이 프로세서는 ARMv3 코어를 사용했다. ARM6의 캐시보다 두 배 큰 캐시인 8KB의 통합 캐시를 가졌다. 또한 3.3V 전압에서 동작하는 첫 번째 프로세서였다. 이 프로세서의 성능 향상은 50~100%였으며 3.3V 버전은 또한 5V ARM6에 비해 절반 정도의 전력 소비를 보였다. ARM은 ARM7에서 더 극한적인 소비 전력을 보였는데, 그 이유는 $1\mu m$ CMOS 기술 대신에 $0.8\mu m$ COMS 기술을 사용했기 때문이다. ARM7은 ARM이 모바일 영역으로 들어가게 한 장본인이며 좋은 평가를 받았다.

ARM7TDMI

ARM7TDMI는 새로운 ARMv4T 아키텍처를 사용하는 최초의 ARM 코어였고 Thumb 확장 기능을 소개한 첫 번째 프로세서였다. 70MHz의 클록 속도로 동작했지만 캐시를 갖고 있지는 않았다. ARM710T와 ARM720T 버전은 캐시와 MMU를 갖지만 더 낮은 클록 속도에서 동작했다. ARM740T는 캐시와 MPU를 포함하고 있었다.

ARM7TDMI는 ARM의 큰 성공을 거둔 프로세서 중 하나로, 손에 들고 다닐 수 있는 디바이스 중에서 저전력과 고성능을 원하는 수백 종류의 디바이스에 사용됐다. 애플의 아이팟, 레고 마인드스톰 NXT, 게임 보이 어드밴스, 그리고 노키아 같은 여러 제조사에서 만든 휴대폰에 사용됐다. 삼성 역시 마이크로 SD 카드를 위해 이 프로세서를 사용했다.

ARM8

ARM810 코어는 이전의 ARMv4 아키텍처를 사용하지만 분기 예측과 더블 대역폭 메모리 등이 추가되어 성능이 크게 향상됐다. 대부분의 애플리케이션에 대해 ARM8은 ARM710 프로세서 대비 두 배의 성능을 보였다. ARM7이 3단계 파이프라인을 지원하는 데 비해 5단계 파이프라인을 지원했다. 적은 실리콘의 사용으로 프로세서 속도는 같은 실리콘 공정 프로세서를 사용할 때보다 두 배 이상 증가했다.

몇몇 제조사에서 ARM8 코어를 라이선싱했지만 결국 최종 승자는 StrongARM이었다. 성능 측면에서 이론적으로는 4배 이상의 성능을 보였다.

StrongARM

StrongARM 프로젝트는 ARM과 DEC^{Digital Equipment Corporation}가 더 빠른 ARM 코어를 만들기 위해 협업한 프로젝트였다. StrongARM은 하이 엔드, 그리고 저전력 임베디드 시장의 요구를 만족시키기 위해 설계됐으며 사용자들은 이전의 ARM에 비해 더 뛰어난 성능을 원했다. 타깃 디바이스는 PDA와 셋톱 박스였다.

StrongARM을 출시하기 위해 DEC는 ARM의 첫 번째 아키텍처 라이선스를 받게 됐다. 이러한 타이틀은 처음부터 ARM이 직접 구현하지 않고 ARM 호환 프로세서를 설계하게 했다. DEC는 자신들이 제작한 툴과 프로세스를 사용해 효율적인 구현을 설계했다.

1996년 초에 SA-110이 탄생했다. 첫 번째 버전은 100, 160, 200MHz에서 동작했으며 1996년 끝 무렵에 더 빠른 166, 233MHz 버전이 등장했다. SA-110은 느린 메모리를 사용하도록 설계됐으며, 따라서 명령어 캐시와 데이터 캐시가 나눠져 있었고 각각은 16Kb의 용량을 가졌다. 애플의 메시지패드 2000에 탑재됐다.

1997년에 DEC는 SA-1100을 발표했다. SA-1100은 모바일 애플리케이션에 더 특화됐으며 통합된 메모리 컨트롤러, PCMCIA 컨트롤러, LCD 컨트롤러가 추가됐다. 이 컨트롤러들은 가격을 증가시켰다. 따라서 데이터 캐시는 16Kb에서 8Kb로 줄어들었다. SA-1100은 Psion 시리즈 7의 서브노트북 패밀리에 사용됐다.

1997년에 DEC는 StrongARM을 인텔에 팔기로 결정했다. 인텔은 StrongARM 프로젝트를 이어받아서 RISC 프로세서 라인이었던 i860과 i960을 대체했다.

SA-1110은 모바일 섹터를 염두에 둔 SA-110의 인텔 파생품이었다. 66MHz와 103MHz SDRAM 모듈에 대한 지원이 추가됐다. 호환칩도 사용 가능했는데, SA-1111은 추가적인 주변장치에 대한 지원을 제공했다. 이 프로세서는 컴팩의 iPaq 시리즈에서 사용됐으며, PocketPC 분야에서 대단한 성공을 거두었다.

SA-1500은 DEC가 설계했던 SA-110 프로젝트의 파생품이었지만 인텔에서는 이에 대한 제품을 출시하지 않았다. 인텔은 StrongARM 시리즈를 다른 패밀리인 XScale로 변경했다.

ARM9TDMI

StrongARM이 출시되기 전에 ARM은 이미 ARM9T를 개발하느라 정신이 없었다. ARM9을 사용해 ARM은 폰 노이만 방식에서 수정된 하버드 아키텍처로 이동했으며, 따라서 명령어와 데이터 캐시를 분리했다. 실리콘 증가에 따른 비용으로 인해 이러한 수정은 상당한 속도 향상을 가져왔다. 데이터로부터 명령어를 분리해 명령어 페치와 데이터 액세스는 동시에 이루어질 수 있었다. ARM9은 또한 ARM8 코어 버전에서 소개된 5단계의 파이프라인을 사용했다.

ARM9TDMI는 대단한 성공을 거둔 ARM7TDMI를 대체했다. ARM7TDMI를 위해 설계된 애플리케이션들은 ARM9TDMI에서 약 30% 정도 더 빠르게 동작하게 됐다.

ARM9E

ARM9E는 ARM9TDMI 파이프라인을 구현했지만, ARMv5TE 아키텍처의 지원을 추가했고 약간의 DSP 명령어를 추가했다. 곱셈 유닛 너비가 두 배가 됐고 대부분의 곱셈 연산에 걸리는 시간은 절반이 됐다.

ARM10

ARM10은 ARM9 패밀리의 계승자로 가장 큰 기대를 받았고 1998년 10월에 출시됐다. ARM10의 목적은 최적화와 향상된 공정을 통해 ARM9의 성능을 두 배 이상 향상하는 것이었다. 성능을 증가시키기 위해 ARM은 프로세서의 두 가지 주요 기능에 대한 작업을 했다. 하나는 파이프라인 최적화이며, 다른 하나는 명령어 실행 속도다.

ARM9 프로세서의 파이프라인은 이미 향상되어 있었지만 파이프라인은 단지 가장 느린 항목과 마찬가지의 속도였다. 몇 가지 최적화 방법이 제안됐지만 대부분은 파이프라인의 복잡도를 증가시킨다는 이유와 소비 전력의 증가 또는 비용 증가를 이유로 거절됐다. 약점은 디코딩 스테이지였다. 파이프라인 속도를 증가시키기 위해 원래의 디코딩섹션은 Issue와 Decode라는 두 부분으로 나뉘었다. Issue는 부분적으로 명령어를 디코딩하고, Decode는 디코딩 순서의 나머지와 함께 레지스터를 읽어온다.

더 나은 최적화는 명령어 최적화 부분에 있었다. ARM10은 새로운 곱셈 코어를 갖고있었는데, 빠른 16×32 하드웨어 곱셈 기능이었다. 이것은 ARM10 프로세서가 클록 사이클마다 하나의 32비트 곱셈과 덧셈을 할 수 있게 해줬으며, ARM9을 사용했던 이전의 3~5 사이클 대비 엄청난 성능 향상을 가져왔다.

ARM10은 또한 데이터 캐시에서 Hit-Under-Miss를 지원하며 더 긴 파이프라인의효과를 주기 위해 정적 분기 예측 방식을 사용했다.

✦ XScale

인텔의 XScale 프로세서는 StrongARM 시리즈를 승계했다. StrongARM의 기술을 얻은인텔은 인텔의 RISC 시스템을 대체했고 핸드 헬드hand-held 디바이스를 지원하게 했다.

1990년대 중반에 PC 분야는 모바일로 향해가고 있었다. 휴렛팩커드Hewlett-Packard HP200LX 컴퓨터는 팜탑palm top이며 손 안에 들어오는 완전한 시스템이었고 포터블 컴퓨터보다는 성능이 조금 떨어진다고 하더라도 손 안에 들어올 만큼 크기가 작았다. 사용자들은 자신의 스케줄, 노트, 연락처 등을 저장한 작은 형태의 컴퓨터를 갖게 됐고 언제 어디서든지 사용이 가능해졌다. HP200LX는 인텔 CISC 호환 80186 기반이었으며, 윈도우의 모든 버전을 포함했다. 부팅 시간은 상대적으로 빨랐지만, 일반적인 아이디어들은 많았어도 기술이 가능하지 못했다. 1996년에 마이크로소프트는 윈도우 CE 1.0을발표했고 이것은 Pocket PC 영역의 시작이었다. 더 이상 성능에 굶주린 x86 프로세서기반일 필요가 없게 됐다. 논리적 선택은 RISC 프로세서를 기대하게 됐고 Pocket PC라는 이름은 마이크로소프트의 마케팅에 의해 만들어졌다. Pocket PC는 ARMv4T 호환CPU 기반의 특정 하드웨어 세트를 의미하게 됐다.

❖ ARM11

ARM1136은 ARMv6 아키텍처를 기반으로 하며 SIMD 명령어, 멀티프로세서 지원, 트러스트존, Thumb-2를 추가했다. 또한 파이프라인의 중요한 향상이 있었으며 이 파이프라인은 8단계로 구성되어 있다(ARM1156 파이프라인 아키텍처가 약간 다르다고 하더라도, 제한된 듀얼 이슈$^{dual-issue}$ 기능을 갖고 있다). 동적 분기 예측을 포함하고 있으며, 따라서 파이프라인에서 스톨이 발생할 위험을 줄일 수 있다.

ARM11은 또한 제한된 비순차 완료를 지원하며, 이로 인해 이전 명령어의 결과가 다음 명령어에 필요하지 않다면 계속해서 실행할 수 있게 됐다. 파이프라인에서 메모리 읽기와 쓰기를 위한 시간을 갖게 됨으로써 파이프라인 스톨을 피해 성능을 향상할 가능성이 높아졌다.

향상된 파이프라인을 통해 ARM11은 최대 1GHz의 속도에서 동작한다.

ARM11은 또한 SIMD 명령어를 지원한다. 인텔의 MMX 명령어 세트와 마찬가지로 이 명령어들은 대량의 데이터 세트에 대해 반복적인 명령어를 수행하도록 설계됐다. 따라서 오디오나 비디오 코덱에서 많이 사용된다.

❖ Cortex

ARM11은 큰 성공을 거두었고 ARM 프로세서는 점점 더 강력해졌다. 그러나 점점 더 크기가 커졌고 가격이 올라갔다. 특정 프로젝트를 하는 회사들에서는 어떤 프로세서를 사용해야 할지 선택하기 어려워졌다. 그 회사들은 강력한 최신 ARM 혹은 더 작은 디바이스, 더 오래된 ARM을 원하는 회사도 있었다. ARM 프로세서는 더 많은 디바이스에서 사용됐으며 그 디바이스가 모두 빠른 CPU를 원하는 것은 아니었다. 어떤 시스템은 좀 더 느린 프로세서를 원하거나 심지어 매우 작은 폼팩터 시스템을 원하는 곳도 있었다. 어떤 ARM 시스템은 너무 작아서 SD 카드 안에 탑재되거나 케이블 안에 직접 들어가기도 했다. ARM은 프로세서의 라인을 특정 필드에 맞게 재배치했고 2004년에 Cortex 패밀리가 소개됐으며 그 시작은 Cortex-M3였다.

Cortex 패밀리는 3개 클래스의 프로세서들을 갖고 있다. Cortex-A, Cortex-R,

Cortex-M이다. Cortex-A 프로세서는 애플리케이션^{Application} 설계를 목적으로 디자인됐고 완전한 멀티태스킹 운영체제가 동작한다. Cortex-R은 실시간 애플리케이션을 위해 설계됐고 이러한 시스템은 빠른 응답 속도가 관건이다. Cortex-M은 초저전력 마이크로프로세서 애플리케이션을 위해 설계됐다.

첫 번째 Cortex 프로세서는 2004년에 소개된 Cortex-M3이다. 다음 해에는 첫 번째 Cortex-A가 소개됐으며 Cortex-A8이었다. Cortex-R 패밀리는 2011년에 소개됐다. 그림 C-1은 ARM의 마일스톤과 함께 Cortex 패밀리의 연대표를 보여준다.

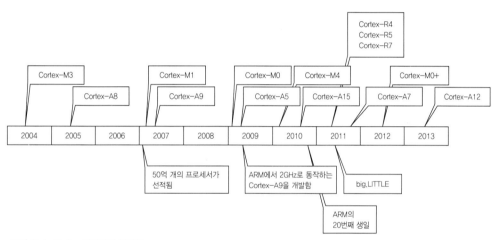

그림 C-1 Cortex 패밀리의 연대표

Cortex-A

Cortex-A 프로세서는 애플리케이션 시스템을 위해 설계됐다. 애플리케이션 프로세서는 강력한 성능을 갖춘 칩을 의미하며, 완벽한 운영체제가 동작하고 고성능 멀티미디어 코덱을 탑재했다.

Cortex-A 시리즈는 운영체제를 동작시키기 위해 디바이스에 필요한 그 모든 것이 갖춰져 있다. 프로세서 자체만으로도 충분히 강력한 성능을 갖고 있으며 MMU를 갖고 있기도 하다. 몇 개의 외부 컴포넌트를 추가하면 더 향상된 플랫폼을 만들 수도 있다. 이 프로세서는 향상된 연산과 그래픽이 필요한 모바일 디바이스를 타깃팅하고 있다. 스마트폰, 태블릿, 디지털 TV와 인포테인먼트^{infotainment} 시스템이 Cortex-A를 사용하는 주요 제품군이며, 심지어 랩탑까지도 멀티코어 Cortex-A 코어에서 동작하도록 개발됐다.

첫 번째 Cortex-A 코어는 2005년에 발표됐으며 지금까지도 계속 개발되고 있다. Cortex-A 프로세서는 옵션으로 NEON 엔진과 FPU 로직을 포함하고 있다.

Cortex-A5

Cortex-A5는 2007년에 발표됐다. 엔트리 레벨의 스마트폰과 몇몇 피처폰, 그리고 디지털 멀티미디어 디바이스에 사용되도록 설계됐다. Cortex-A5는 2개의 대중적인 CPU인 ARM926EJ-S와 ARM1176JZ-S를 대체하도록 했다. Cortex-A5는 ARM1176JZ-S보다 성능이 훨씬 강력하며 ARM926EJ-S만큼의 성능을 나타낸다.

Cortex-A5는 순차^{in-order} 프로세서로, 간략화된 명령어 프리페처^{prefetcher}와 디코더를 사용한다는 뜻이고, 전력 소비에 더 효율적이지만 프로세서 스톨이 발생할 가능성이 좀 더 높으며, 따라서 다른 디자인만큼 빠르거나 향상되지는 않았음을 의미한다.

Cortex-A7

Cortex-A7은 Cortex-A15가 발표된 다음 해에 발표됐다. 아키텍처 측면에서 보면 Cortex-A15와 동일하며 같은 기술을 포함하고 있다. Cortex-A15에서 동작하는 바이너리 애플리케이션은 Cortex-A7에서도 동작한다. ARM의 가장 전력 효율적인 애플리케이션 프로세서의 시대를 예고하며 Cortex-A8보다 약 50%의 성능 향상을 제공했다.

Cortex-A7의 성능이 Cortex-A15의 더 뛰어난 성능으로 가려져 있었기 때문에 ARM은 big.LITTLE 기술을 발표했는데, 이 기술은 두 종류의 프로세서를 함께 사용하는 기술이다. Cortex-A15는 스탠드얼론^{stand-alone}으로 사용 가능하며 Cortex-A7도 마찬가지다. 그러나 Cortex-A7은 Cortex-A15의 컴패니언^{companion} CPU가 될 수 있다. 운영체제 내부에서 커널은 어떤 프로세서가 애플리케이션을 실행시킬지 결정할 수 있다. 저전력 애플리케이션(백그라운드 애플리케이션, 알람 시계, 이메일 읽기 등)은 에너지 효율적인 Cortex-A7에서 동작하며, 좀 더 강력한 성능이 필요한 애플리케이션은 더 강력한

Cortex-A15에서 동작한다. 애플리케이션을 한쪽 프로세서에서 다른 프로세서로 이동하면, 커널 역시 프로세서를 끄고$^{turn\ off}$ 실행되는 프로세서가 없는 다른 프로세서에 할당해 에너지 소비를 줄인다.

A7 자체는 순차 프로세서이며 8단계 파이프라인을 갖고 있다. A15와의 바이너리 호환성을 위해 LPAE를 지원하며, 이 기능은 어드레스 공간의 1테라바이트를 어드레싱할 수 있게 해준다. 또한 가상화^{virtualization} 확장도 지원한다.

Cortex-A8

Cortex-A8은 첫 번째 Cortex-A 프로세서였다. 슈퍼스칼라 설계를 사용해 이전 설계에 비해 클록당 실행하는 명령어의 수가 거의 두 배가 됐다. 또한 ARM926, ARM1136, ARM1176 프로세서와 바이너리 호환이 된다. 향상된 분기 예측을 통합해 최대 95%의 정확도를 보인다고 ARM은 주장했다. Cortex-A8은 최대 1GHz의 주파수에서 동작하도록 설계됐다.

Cortex-A9

Cortex-A9은 Cortex-A8에 비해 더 향상된 버전이며 더 높은 클록 속도(최대 2GHz)까지 가능하고, 멀티코어 아키텍처를 지원하며, 하나의 코히런트^{coherent} 클러스터에 4개의 프로세서까지 장착할 수 있다.

Cortex-A9은 스페큘레이티브 이슈$^{speculative\ issue}$를 하는 슈퍼스칼라 프로세서다. 향상된 기술을 사용해 프로세서는 실제로 필요하지 않을 수도 있는 코드를 실행한다. 예를 들어, 분기 코드에서 2개의 결과를 모두 실행하기도 한다. 어떤 작업이 필요 없다고 결정되면 그 결과는 무시된다. 이러한 철학은 필요한지 아닌지를 알기 전에 실행하자는 철학이다. 따라서 적절한 위치에서 필요 없다면 무시하는 것이 오히려 새로운 작업을 요청할 때 스톨을 생성하는 것보다는 더 낫다고 판단한 것이다. 실행이 필요하지 않으면, 변경된 내용은 이전으로 복원된다. 실행이 필요한 경우였다면 '커밋^{commit}'이 된다. 분기 예측, 메모리 프리페치, 혹은 파이프라인 실행으로 인해 프로세서의 스톨을 효과적으로 제거할 수 있다. 이러한 기술은 특별히 데이터베이스를 처리하거나 실행할 데이터의 양이 많은 경우에 특히 효과적이다.

Cortex-A12

Cortex-A12는 Cortex-A 패밀리에서 새로 등장했다. 2013년에 발표됐고, Cortex-A9의 계승자로 설계됐다. 비순차 스페큘레이티브 이슈 슈퍼스칼라 프로세서이며, Cortex-A9보다 와트^{watt}당 더 높은 성능을 제공한다. Cortex-A9과 마찬가지로 최대 4개의 코어까지 설정할 수 있다. NEON SIMD 명령어 세트 확장을 갖고 있으며, 트러스트존 보안 확장도 포함하고 있다. 또한 40비트 LPAE^{Large Physical Address Extension}도 제공하는데, 이로 인해 Cortex-A12는 메모리 공간을 최대 1테라바이트까지 어드레싱할 수 있다.

이 코어는 중간 영역의 디바이스를 타깃팅하고 있으며 Cortex-A15, Cortex-A7, Cortex-A9 프로세서와 하위 호환을 유지하면서 향상된 기능을 제공한다. 그러나 Cortex-A9에 비해 성능 면에서는 약 40% 정도 향상됐다.

Cortex-A15

Cortex-A15 프로세서는 32비트 Cortex-A 시리즈 중에서 가장 최신의 프로세서다. ARM은 Cortex-A15가 동일한 코어 수와 클록 속도를 갖는 환경에서 Cortex-A9보다 40% 정도 성능 향상이 있다고 한다. Cortex-A15는 비순차 슈퍼스칼라 멀티코어 설계이며 최대 2.5GHz에서 동작한다.

Cortex-A15는 코히런트 클러스터에 최대 4개의 코어를 가지며, ARM의 big.LITTLE 기술을 이용해 Cortex-A7을 컴패니언 CPU로 사용할 수 있다.

최고 성능을 요구하는 애플리케이션이라 하더라도 32비트 설계에 의해 최대 4기가 바이트 메모리 한계를 가질 수밖에 없었다. 이러한 한계는 지난 수년간 계속돼왔으며 이제 그러한 한계를 넘어야 할 때가 됐다. 이 문제를 해결하기 위해 Cortex-A15는 40비트 LPAE^{Large Physical Address Extension}를 지원하며, 이 기능으로 인해 메모리 공간을 최대 1테라바이트까지 어드레싱할 수 있다.

Cortex-A15 자체는 비순차 스페큘레이티브 이슈 슈퍼스칼라 프로세서이며, ARM의 가장 최신 기술을 사용해 ARM에서는 가장 빠른 32비트 프로세서가 됐다.

Cortex-A50 시리즈

Cortex-A50 시리즈는 64비트 ARMv8 아키텍처 기반의 최신 프로세서다. 이 시리즈는 새로운 AArch64를 지원하며, ARM의 기존 32비트 명령어 세트의 향상된 버전을 실행할 수 있다. Cortex-A53과 Cortex-A57은 64비트의 시작을 알린 프로세서들이며, 조만간 더 새로운 프로세서들이 발표될 예정이다.

Cortex-R

Cortex-R 프로파일은 실시간 애플리케이션을 목적으로 한다. 실시간 애플리케이션은 신뢰성이 중요하며 속도가 결정적인 중요한 시스템을 말한다. 실시간 시스템은 데이터 변경을 빠르게 처리하도록 설계되어 있으며, 시스템의 속도 저하 없이 충분히 데이터를 처리하기 위해 응답하도록 설계됐다. 이러한 이유로 인해 Cortex-R 프로세서는 하드 드라이브, 네트워크 장비, 자동차 브레이크 시스템 같은 중요한 시스템에 내장된 제품들에서 찾아볼 수 있다.

멀티 코어 설계에서 최대 4개의 코어를 같은 칩에서 사용할 수 있으며, 하나의 코어 버전만으로도 사용 가능하다.

응답성을 최대한으로 끌어올리기 위해 Cortex-R 칩은 메모리 보호 유닛에 의존하는 대신에 밀접하게 연결된 메모리를 사용하지만, 완전한 MMU를 갖고 있지는 않다.

Cortex-R4

Cortex-R 라인의 첫 번째 제품은 Cortex-R4로, ARMv7-R 아키텍처에 기반을 두며 2006년 5월에 발표됐다. 합성 가능한 형태다. 같은 클록 속도에서 ARM1156보다 성능이 약간 더 낮고 40nm 제품이며 거의 1GHz의 클록 속도를 갖는다. 분기 예측과 명령어 프리페치를 갖고 있으며 빠른 응답 시간을 가능하게 한다.

안전이 중요한 애플리케이션을 위해 Cortex-R4는 옵션으로 모든 RAM에 대해 패리티[parity]와 ECC 체크를 한다. 옵션인 TCM은 분리된 명령어/데이터로 설정이 가능하고 또한 통합된 메모리를 지원한다. 메모리 보호 유닛^{MPU, Memory Protection Unit}도 제공되며 12개의 영역을 처리할 수 있다. Cortex-R4는 안전에 중요한 애플리케이션을 위해 듀얼 코어 락스텝^{lockstep} 설정을 지원한다.

Cortex-R5

Cortex-R5는 Cortex-R4가 발표된 지 4년 후인 2010년에 발표됐는데, 더 기능이 강화되어 Cortex-R4를 대체할 수 있게 됐다. 그러나 Cortex-R4와는 바이너리 호환이 가능하다. Cortex-R5는 듀얼 코어 설정에서 향상된 멀티 프로세싱 지원을 제공한다.

Cortex-R7

Cortex-R7은 파이프라인 길이를 8에서 11로 증가시켰으며 비순차 실행을 하게 한다. 메모리 보호 유닛 또한 이전 모델에 비해 약간 변경됐으며 최대 16개의 영역까지 처리할 수 있게 했다. Cortex-R7은 완전한 코히런트^{full-coherent} 듀얼 코어 설정에서 SMP/AMP 멀티 프로세싱에 대해 완전한 지원을 제공한다.

Cortex-M

Cortex-M 프로세서는 마이크로컨트롤러 애플리케이션을 위해 설계됐다. 이 애플리케이션들은 적은 프로세싱 파워를 원하지만 많은 입력과 출력 라인이 필요하다. 또한 매우 작은 폼팩터를 가지며 결정적인 인터럽트 반응과 함께 상당한 저전력을 요구한다. Cortex-M 칩은 블루투스 디바이스, 터치스크린 컨트롤러, 리모트 컨트롤 디바이스 그리고 케이블 내에 직접 탑재되는 디바이스로도 많이 사용된다. Cortex-M을 사용하는 어떤 디바이스들은 배터리를 시간 단위가 아닌 연 단위로 유지할 수 있다.

Cortex-M 패키지 풋프린트는 종종 극단적으로 작은 수 밀리미터 레벨(NXP의 LPC1102 칩은 2.17×2.32mm이며 32킬로바이트의 플래시 메모리와 8킬로바이트의 RAM을 포함하고 있다)인 경우도 있다.

Cortex-M 칩은 빠르게 개발해야 하는 경우를 위해 설계됐으며, 벡터 테이블을 포함한 전체 애플리케이션은 C 언어로 작성이 가능하다.

Cortex-M0

Cortex-M0 설계에서는 ARMv6-M 아키텍처를 사용한다. Thumb-2 기술을 사용한 Thumb 명령어만을 사용하며, 16비트와 32비트 명령어 모두를 지원한다. 그러나 모든 명령어를 사용할 수 있는 것은 아니다. CBZ, CBNZ, IT를 제외한 모든 16비트 Thumb 서브셋은 사용이 가능하다. 32비트 명령어 중에서는 단지 BL, DMB, DSB, ISB, MRS, MSR만이 사용 가능하다.

Cortex-M0는 분기 예측 없이 3단계의 파이프라인을 갖고 있다. 1개의 논마스커블 non-maskable 인터럽트와 최대 32개의 물리적 인터럽트를 갖고 있으며 인터럽트 지연은 16 사이클이다. 또한 딥슬립deep sleep을 포함한 향상된 슬립 함수도 구현되어 있다.

Cortex-M0+

Cortex-M0+는 Cortex-M0의 향상된 버전이다. 더욱 전력 효율적이며 M0와 같은 명령어 세트를 사용한다. Cortex-M3와 Cortex-M4로부터 몇 가지 기능을 가져왔는데, 그 기능은 메모리 보호 유닛과 재배치 가능한 벡터 테이블이다. 또한 Cortex-M0+만의 새로운 기능인 마이크로 트레이스 버퍼Micro Trace Buffer와 싱글 사이클 I/O 인터페이스도 추가됐다. 파이프라인은 3에서 2로 낮아졌으며, 대신 전력 사용량이 향상됐다.

Cortex-M1

Cortex-M1 설계는 FPGA 칩에 로드하도록 특별히 설계된 최적화된 코드다. Cortex-M0에서 지원하는 모든 명령어를 지원하며, 단지 차이점은 32비트 하드웨어 곱셈 유닛의 성능이 좀 떨어진다는 점이다. Cortex-M0가 1 혹은 32 사이클에 곱셈을 한다면, Cortex-M1은 3이나 33 사이클에 같은 명령어를 실행한다.

Cortex-M3

Cortex-M3는 새로운 ARMv7-M 아키텍처를 사용한 첫 번째 Cortex이다. 3단계 파이프라인을 사용하며 분기 결과를 예측해 속도를 향상하려고 하는 분기 투기 기능을 포함하고 있다. 또한 파이프라인에 프리로딩 명령어를 포함한다.

Cortex-M3는 240개의 우선순위화할 수 있는 인터럽트와 논마스커블[non-maskable] 인터럽트를 갖고 있다. 인터럽트 지연은 12 사이클로 감소됐다.

Cortex-M0와 비교해 Cortex-M3는 전력 소모가 약간 증가했지만 그에 비해 얻는 이점이 크다. 완전한 Thumb 명령어 세트를 사용한다. Cortex-M0, Cortex-M0+, Cortex-M1이 단지 몇 개의 32비트 명령어만을 사용하는 반면에, Cortex-M3는 나눗셈 명령어를 포함해 훨씬 많은 32비트 명령어 세트를 사용한다.

Cortex-M3는 또한 메모리 보호 유닛을 갖고 있으며, 읽기-쓰기 액세스를 허용하거나 8개의 메모리 영역에 대한 보호 기능을 한다.

Cortex-M4

Cortex-M4는 Cortex-M3와 거의 동일하며, 단지 바이너리 데이터를 이용해 수학 연산이 필요한 애플리케이션을 위해 DSP 명령어를 추가했다는 점이 다르다. Cortex-M3에 비해 약간 속도가 빠르며, 그 이유는 파이프라인이 향상된 분기 투기 기능을 포함하고 있기 때문이다. Cortex-M4는 부동소수점 유닛 옵션을 지원한다.

NEON 인트린직과 명령어

부록 D는 NEON 엔진을 사용할 때 필요한 정보와 명령어 리스트를 담고 있다. 데이터 타입, 레인 타입 그리고 인트린직에 대해 설명한다.

데이터 타입

표 D-1은 NEON 엔진에서 지원하는 여러 가지 데이터 타입을 설명하고 있으며, C 언어의 데이터 타입과 어떻게 매칭되는지 설명한다.

표 D-1 NEON 데이터 타입

데이터 타입	D 레지스터(64비트)	Q 레지스터(128비트)
부호 있는 정수형	int8x8_t	int8x16_t
	int16x4_t	int16x8_t
	int32x2_t	int32x4_t
	int64x1_t	int64x2_t
부호 없는 정수형	uint8x8_t	uint8x16_t
	uint16x4_t	uint16x8_t
	uint32x2_t	uint32x4_t
	uint64x1_t	uint64x2_t
부동소수점	float16x4_t	float16x8_t
	float32x2_t	float32x4_t

(이어짐)

데이터 타입	D 레지스터(64비트)	Q 레지스터(128비트)
다항식	poly8x8_t	poly8x16_t
	poly16x4_t	poly16x8_t

❖ 레인 타입

표 D-2는 각 클래스별로 각기 다른 레인 타입^{lane type}과 각 클래스에서 사용 가능한 타입의 양을 보여준다.

표 D-2 데이터 레인 타입

클래스	개수	타입
int	6	int8, int16, int32, uint8, uint16, uint32
int/64	8	int8, int16, int32, int64, uint8, uint16, uint32, uint64
sint	3	int8, int16, int32
sint16/32	2	int16, int32
int32	2	int32, uint32
8-bit	3	int8, uint8, poly8
int/poly8	7	int8, int16, int32, uint8, uint16, uint32, poly8
int/64/poly	10	int8, int16, int32, int64, uint8, uint16, uint32, uint64, poly8, poly16
arith	7	int8, int16, int32, uint8, uint16, uint32, float32
arith/64	9	int8, int16, int32, int64, uint8, uint16, uint32, uint64, float32
arith/poly8	8	int8, int16, int32, uint8, uint16, uint32, poly8, float32
floating	1	float32
any	11	int8, int16, int32, int64, uint8, uint16, uint32, uint64, poly8, poly16, float32

❖ 어셈블리 명령어

표 D-3은 NEON 명령어의 리스트다. 각 명령어에 대한 간략한 설명을 보여준다.

표 D-3 NEON 명령어

명령어	설명
VABA	Absolute difference and Accumulate(절댓값 차이와 누적)
VABD	Absolute difference(절댓값 차이)
VABS	Absolute Value(절댓값)
VACGE	Absolute Compare Greater Than or Equal(~보다 크거나 같은지 절댓값 비교)
VACGT	Absolute Compare Greater Than(~보다 큰지 절댓값 비교)
VACLE	Absolute Compare Less Than or Equal(~보다 작거나 같은지 절댓값 비교)
VACLT	Absolute Compare Less Than(~보다 작은지 절댓값 비교)
VADD	Add(덧셈)
VADDHN	Add, Select High Half(덧셈, 결과에서 높은 반쪽 선택)
VAND	Logical AND(논리 AND)
VBIC	Bitwise Bit Clear(비트와이즈 비트 클리어)
VBIF	Bitwise Insert if False(거짓이면 비트와이즈 삽입)
VBIT	Bitwise Insert if True(참이면 비트와이즈 삽입)
VBSL	Bitwise Select(비트와이즈 선택)
VCEQ	Compare Equal(같은지 비교)
VCGE	Compare Greater Than or Equal(~보다 크거나 같은지 비교)
VCGT	Compare Greater Than(~보다 큰지 비교)
VCLE	Compare Less Than or Equal(~보다 작거나 같은지 비교)
VCLS	Count Leading Sign bits(선두의 부호 비트 카운트)
VCLT	Compare Less Than(~보다 작은지 비교)
VCLZ	Count Leading Zeroes(선두의 제로 카운트)
VCNT	Count set bits(설정 비트 카운트)
VCVT	Convert between different number formats(다른 숫자 포맷 사이의 변환)
VDUP	Duplicate scalar to all lanes of vector(벡터의 모든 레인이 스칼라를 복사함)

(이어짐)

명령어	설명
VEOR	Bitwise Exclusive OR(비트와이즈 XOR)
VEXT	Extract(추출)
VFMA	Fused Multiply and Accumulate(퓨즈드 곱셈과 누적)
VFMS	Fused Multiply and Subtract(퓨즈드 곱셈과 뺄셈)
VHADD	Halving Add(절반 덧셈)
VHSUB	Halving Subtract(절반 뺄셈)
VLD	Vector Load(벡터 로드)
VMAX	Maximum(최대)
VMIN	Minimum(최소)
VMLA	Multiply and Accumulate(곱셈과 누적)
VMLS	Multiply and Subtract(곱셈과 뺄셈)
VMOV	Move(이동)
VMOVL	Move Long(롱 이동)
VMOVN	Move Narrow(네로우 이동)
VMUL	Multiply(곱셈)
VMVN	Move Negative(부정 이동)
VNEG	Negate(부정)
VORN	Bitwise OR NOT(비트와이즈 OR NOT)
VORR	Bitwise OR(비트와이즈 OR)
VPADAL	Pairwise Add and Accumulate(페어와이즈 덧셈과 누적)
VPADD	Pairwise Add(페어와이즈 덧셈)
VPMAX	Pairwise Maximum(페어와이즈 최대)
VPMIN	Pairwise Minimum(페어와이즈 최소)
VQABS	Absolute Value, Saturate(절댓값, 새튜레이트)
VQADD	Add, Saturate(덧셈, 새튜레이트)
VQDMLAL	Saturating Double Multiply Accumulate(더블 곱셈 누적의 새튜레이트)
VQDMLSL	Saturating Double Multiply and Subtract(더블 곱셈과 뺄셈의 새튜레이트)

(이어짐)

명령어	설명
VQDMUL	Saturating Double Multiply(더블 곱셈의 새튜레이트)
VQDMULH	Saturating Double Multiply returning High half(더블 곱셈 새튜레이트 후 높은 절반 리턴)
VQMOVN	Saturating Move(새튜레이트 이동)
VQNEG	Negate, Saturate(부정, 새튜레이트)
VQRDMULH	Saturating Double Multiply returning High half(더블 곱셈 새튜레이트 후 높은 절반 리턴)
VQRSHL	Shift left, Round, Saturate(왼쪽 시프트, 반올림, 새튜레이트)
VQRSHR	Shift Right, Round, Saturate(오른쪽 시프트, 반올림, 새튜레이트)
VQSHL	Shift Left, Saturate(왼쪽 시트프, 새튜레이트)
VQSHR	Shift Right, Saturate(오른쪽 시프트, 새튜레이트)
VQSUB	Subtract, Saturate(뺄셈, 새튜레이트)
VRADDH	Add, Select High Half, Round(덧셈, 높은 반쪽 선택, 반올림)
VRECPE	Reciprocal Estimate(상호 예측)
VRECPS	Reciprocal Step(상호 스텝)
VREV	Reverse Elements(항목 리버스)
VRHADD	Halving Add, Round(절반 덧셈, 반올림)
VRSHR	Shift Right and Round(오른쪽 시프트와 반올림)
VRSQRTE	Reciprocal Square Root Estimate(상호 제곱근 예측)
VRSQRTS	Reciprocal Square Root Step(상호 제곱근 스텝)
VRSRA	Shift Right, Round and Accumulate(오른쪽 시프트, 반올림과 누적)
VRSUBH	Subtract, select High half, Round(뺄셈, 높은 절반 선택, 반올림)
VSHL	Shift Left(왼쪽 시프트)
VSHR	Shift Right(오른쪽 시프트)
VSLI	Shift Left and Insert(왼쪽 시프트와 삽입)
VSRA	Shift Right, Accumulate(오른쪽 시프트, 누적)
VSRI	Shift Right and Insert(오른쪽 시프트와 삽입)
VST	Vector Store(벡터 저장)
VSUB	Subtract(뺄셈)

(이어짐)

명령어	설명
VSUBH	Subtract, Select High half(뺄셈, 높은 절반 선택)
VSWP	Swap Vectors(벡터 스왑)
VTBL	Vector Table Lookup(벡터 테이블 룩업)
VTBX	Vector Table Extension(벡터 테이블 확장)
VTRN	Vector Transpose(벡터 변경)
VTST	Test Bits(테스트 비트)
VUZP	Vector Unzip(벡터 언집)
VZIP	Vector Zip(벡터 집)

❖ 인트린직 명명 규칙

인트린직[intrinsic]은 C 언어를 사용해 NEON 명령어를 작성하는 좋은 방법이다. NEON 인트린직은 다음과 같은 구조를 사용해 생성된다.

`v[q][r]name[u][n][q][_lane][_n][_result]_type`

- q: 새튜레이팅 연산을 나타낸다.[1]
- r: 반올림 연산을 나타낸다.
- name: 해당 연산의 이름을 의미한다.
- u: 부호 있는 표현에서 부호 없는 표현으로 변환됨을 나타낸다.
- n: 네로우[narrow] 연산을 나타낸다.
- q: 128비트 벡터 연산을 나타낸다.
- _n: 인수로 사용되는 스칼라 피연산자를 말한다.
- _lane: 벡터 레인으로부터 얻은 스칼라 피연산자를 나타낸다.
- result: 짧은 형태에서의 결과 타입이다.

---

1 새튜레이팅(saturating) 연산은 덧셈과 곱셈 등의 모든 작업이 최솟값과 최댓값 사이의 고정된 범위로 제한되는 연산을 의미한다. 연산 결과가 최댓값보다 큰 경우, 미리 정의된 최댓값으로 설정한다. 또한 연산 결과가 최솟값 미만일 경우에는 최솟값으로 설정된다. 최댓값과 최솟값의 범위를 넘는 결과는 적용되지 않는다. – 옮긴이

예를 들어, vmul_s16은 부호 있는 16비트 값으로 된 2개의 벡터를 곱하는 연산이며, VMUL과 동일한 연산을 한다. C 언어로 작성한 예는 다음과 같다.

```
uint32x4_t vec128 = vld1q_u32(i); // 4개의 32비트 값을 로드한다.
uint8x8_t vadd_u8 (uint8x8_t,
    uint8x8_t); // 2개의 레인을 더한다.
int8x16_t vaddq_s8 (int8x16_t, int8x16_t); // 2개의 레인을 더해서 새튜레이팅한다.
```

어셈블리 명령어

부록 E는 ARM 코어에서 사용하는 여러 가지 어셈블리 명령어를 설명하고, 각 명령어가 어떤 아키텍처에서 사용되는지 알려준다.

✦ ARM 명령어

다음은 ARM 상태 명령어의 리스트이며, 여러 카테고리로 분할되어 있다.

산술 명령어

산술 명령어는 기본적인 수학 계산(덧셈, 뺄셈, 곱셈, 나눗셈)을 하는 명령어다. 이 명령어 들을 표 E-1에 정리했고, 그 명령어들이 사용되는 아키텍처도 함께 정리했다.

표 E-1 산술 명령어 리스트

연산자 기호	기능	아키텍처	어셈블러	동작
Add	Add(덧셈)	4	ADD{S}{cond}{S}{cond} Rd, Rn, ⟨Operand2⟩	Rd := Rn + Operand2
ADC	Add with Carry(캐리와 함 께 덧셈)	4	ADC{S}{cond} Rd, Rn, ⟨Operand2⟩	Rd := Rn + Operand2 + Carry
QADD	Add Saturating(새튜레이 팅 덧셈)	5TE	QADD{cond} Rd, Rm, Rn	Rd := SAT(Rm + Rn)
QDADD	Add Double Saturating(더 블 새튜레이팅 덧셈)	5TE	QDADD{cond} Rd, Rm, Rn	Rd := SAT(Rm + SAT(Rn * 2))

(이어짐)

연산자 기호	기능	아키텍처	어셈블러	동작
SUB	Subtract(뺄셈)	4	SUB{S}{cond} Rd, Rn, ⟨Operand2⟩	Rd := Rn − Operand2
SBC	Subtract with Carry(캐리와 함께 뺄셈)	4	SBC{S}{cond} Rd, Rn, ⟨Operand2⟩	Rd := Rn − Operand2 − NOT(Carry)
RSB	Reverse Subtract(리버스 뺄셈)	4	RSB{S}{cond} Rd, Rn, ⟨Operand2⟩	Rd := Operand2 − Rn
RSC	Reverse Subtract with Carry(캐리와 함께 리버스 뺄셈)	4	RSC{S}{cond} Rd, Rn, ⟨Operand2⟩	Rd := Operand2 − Rn − NOT(Carry)
QSUB	Saturating Subtract(새튜레이팅 뺄셈)	5TE	QSUB{cond} Rd, Rm, Rn	Rd := SAT(Rm − Rn)
QDSUB	Saturating Double Subtract(새튜레이팅 더블 뺄셈)	5TE	QDSUB{cond} Rd, Rm, Rn	Rd := SAT(Rm − SAT(Rn * 2))
MUL	Multiply(곱셈)	4	MUL{S}{cond} Rd, Rm, Rs	Rd := (Rm * Rs)[31:0]
MLA	Multiply and Accumulate(곱셈과 누적)	4	MLA{S}{cond} Rd, Rm, Rs, Rn	Rd := ((Rm * Rs) + Rn)[31:0]
UMULL	Unsigned Multiply Long(부호 없는 곱셈 롱)	4	UMULL{S}{cond} RdLo, RdHi, Rm, Rs	RdHi, RdLo := unsigned(Rm * Rs)
UMLAL	Unsigned Multiply and Accumulate Long(부호 없는 곱셈과 누적 롱)	4	UMLAL{S}{cond} RdLo, RdHi, Rm, Rs	RdHi, RdLo := unsigned(RdHi, RdLo + Rm * Rs)
UMAAL	Unsigned Multiply Double Accumulate Long(부호 없는 곱셈 더블 누적 롱)	6	UMAAL{cond} RdLo, RdHi, Rm, Rs	RdHi, RdLo := unsigned(RdHi + RdLo + Rm * Rs)
SMULL	Signed Multiply Long(부호 있는 곱셈 롱)	4	SMULL{S}{cond} RdLo, RdHi, Rm, Rs	RdHi, RdLo := signed(Rm * Rs)
SMLAL	Signed Multiply Long and Accumulate(부호 있는 곱셈 롱과 누적)	4	SMLAL{S}{cond} RdLo, RdHi, Rm, Rs	RdHi, RdLo := signed(RdHi,RdLo + Rm * Rs)
SMUL	Signed Multiply 16 x 16 Bits(부호 있는 곱셈 16 x 16 비트)	5TE	SMULxy{cond} Rd, Rm, Rs	Rd := Rm[x] * Rs[y]

(이어짐)

연산자 기호	기능	아키텍처	어셈블러	동작
SMULW	Signed Multiply 32 x 16 Bits(부호 있는 곱셈 32 x 16 비트)	5TE	SMULWy{cond} Rd, Rm, Rs	Rd := (Rm * Rs[y]) [47:16]
SMLA	Signed Multiply 16 x 16 Bits and Accumulate(부호 있는 곱셈 16 x 16 비트와 누적)	5TE	SMLAxy{cond} Rd, Rm, Rs, Rn	Rd := Rn + Rm[x] * Rs[y]
SMLAW	Signed Multiply 32 x 16 Bits and Accumulate(부호 있는 곱셈 32 x 16 비트와 누적)	5TE	SMLAWy{cond} Rd, Rm, Rs, Rn	Rd := Rn + (Rm * Rs[y]) [47:16]
SMLAL	Signed Multiply 16 x 16 Bits and Accumulate Long(부호 있는 곱셈 16 x 16 비트와 누적 롱)	5TE	SMLALxy{cond} RdLo, RdHi, Rm, Rs	RdHi, RdLo := RdHi, RdLo + Rm[x] * Rs[y]
SMUAD	Dual Signed Multiply, Add(듀얼 부호 있는 곱셈, 덧셈)	6	SMUAD{X}{cond} Rd, Rm, Rs	Rd := Rm[15:0] * RsX[15:0] + Rm[31:16] * RsX[31:16]
SMLAD	Dual Signed Multiply, Add and Accumulate (듀얼 부호 있는 곱셈, 덧셈 그리고 누적)	6	SMLAD{X}{cond} Rd, Rm, Rs, Rn	Rd := Rn + Rm[15:0] * RsX[15:0] + Rm[31:16] * RsX[31:16]
SMLALD	Dual Signed Multiply, Add and Accumulate Long(듀얼 부호 있는 곱셈, 덧셈 그리고 누적 롱)	6	SMLALD{X}{cond} RdHi, RdLo, Rm, Rs	RdHi, RdLo := RdHi, RdLo + Rm[15:0] * RsX[15:0] + Rm[31:16] * RsX[31:16]
SMUSD	Dual Signed Multiply, Subtract(듀얼 부호 있는 곱셈, 뺄셈)	6	SMUSD{X}{cond} Rd, Rm, Rs	Rd := Rm[15:0] * RsX[15:0] − Rm[31:16] * RsX[31:16]
SMLSD	Dual Signed Multiply, Subtract and Accumulate(듀얼 부호 있는 곱셈, 뺄셈 그리고 누적)	6	SMLSD{X}{cond} Rd, Rm, Rs, Rn	Rd := Rn + Rm[15:0] * RsX[15:0] − Rm[31:16] * RsX[31:16]
SMLSLD	Dual Signed Multiply, Subtract and Accumulate Long(듀얼 부호 있는 곱셈, 뺄셈 그리고 누적 롱)	6	SMLSLD{X}{cond} RdHi, RdLo, Rm, Rs	RdHi, RdLo := RdHi, RdLo + Rm[15:0] * RsX[15:0] − Rm[31:16] * RsX[31:16]

(이어짐)

연산자 기호	기능	아키텍처	어셈블러	동작
SMMUL	Signed Most Significant Word Multiply(부호 있는 가장 앞쪽 워드 곱셈)	6	SMMUL{R}{cond} Rd, Rm, Rs	Rd := (Rm * Rs)[63:32]
SMMLA	Signed Most Significant Word Multiply and Accumulate(부호 있는 가장 앞쪽 워드 곱셈과 누적)	6	SMMLA{R}{cond} Rd, Rm, Rs, Rn	Rd := Rn + (Rm * Rs) [63:32]
SMMLS	Signed Most Significant Word Multiply and Subtract(부호 있는 가장 앞쪽 워드 곱셈과 뺄셈)	6	SMMLS{R}{cond} Rd, Rm, Rs, Rn	Rd := Rn − (Rm * Rs) [63:32]
CLZ	Count Leading Zeroes (선두 제로 카운트)	5	CLZ{cond} Rd, Rm	Rd := number of leading zeroes in Rm

병렬 산술 명령어

병렬 산술 명령어는 32비트 데이터로 패키징된 2개 이상의 값을 사용해 동작하는 명령어들이다. 병렬 산술 명령어는 프리픽스prefix를 사용하며 표 E-2에 정리했다.

표 E-2 병렬 산술 프리픽스

프리픽스	기능
S	부호 있는 산술 연산으로 2^8 혹은 2^{16}이다. APSR GE 플래그를 설정한다.
Q	부호 있는 새튜레이팅 산술 연산
SH	부호 있는 산술 연산이며 연산 결과의 반을 나눈다.
U	부호 없는 산술 연산으로 2^8 혹은 2^{16}이다. APSR GE 플래그를 설정한다.
UQ	부호 없는 새튜레이팅 산술 연산
UH	부호 없는 산술 연산이며 연산 결과의 반을 나눈다

표 E-3은 병렬 산술 명령어의 사용 방법과 그 효과에 대해 정리했다.

연산자 기호	기능	아키텍처	어셈블러	동작
ADD16	Halfword-Wise Addition(하프워드 와이즈 덧셈)	6	⟨prefix⟩ADD16{cond} Rd, Rn, Rm	Rd[31:16] := Rn[31:16] + Rm[31:16], Rd[15:0] := Rn[15:0] + Rm[15:0]
SUB16	Halfword-Wise Subtraction(하프워드 와이즈 뺄셈)	6	⟨prefix⟩SUB16{cond} Rd, Rn, Rm	Rd[31:16] := Rn[31:16] − Rm[31:16], Rd[15:0] := Rn[15:0] − Rm[15:0]
ADD8	Byte-Wise Addition (바이트 와이즈 덧셈)	6	⟨prefix⟩ADD8{cond} Rd, Rn, Rm	Rd[31:24] := Rn[31:24] + Rm[31:24], Rd[23:16] := Rn[23:16] + Rm[23:16], Rd[15:8] := Rn[15:8] + Rm[15:8], Rd[7:0] := Rn[7:0] + Rm[7:0]
SUB8	Byte-Wise Subtraction(바이트 와이즈 뺄셈)	6	⟨prefix⟩SUB8{cond} Rd, Rn, Rm	Rd[31:24] := Rn[31:24] − Rm[31:24], Rd[23:16] := Rn[23:16] − Rm[23:16], Rd[15:8] := Rn[15:8] − Rm[15:8], Rd[7:0] := Rn[7:0] − Rm[7:0]
ASX	Halfword-Wise Exchange, Add, Subtract(하프워드 와이즈 변환, 덧셈, 뺄셈)	6	⟨prefix⟩ADDSUBX {cond} Rd, Rn, Rm	Rd[31:16] := Rn[31:16] + Rm[15:0], Rd[15:0] := Rn[15:0] − Rm[31:16]
SAX	Halfword-Wise Exchange, Subtract, Add(하프워드 와이즈 변환, 뺄셈, 덧셈)	6	⟨prefix⟩SUBADDX {cond} Rd, Rn, Rm	Rd[31:16] := Rn[31:16] − Rm[15:0], Rd[15:0] := Rn[15:0] + Rm[31:16]
USAD8	Unsigned Sum of Absolute Differences(절댓값 차의 부호 없는 합)	6	USAD8{cond} Rd, Rm, Rs	Rd := Abs(Rm[31:24] − Rs[31:24]) + Abs(Rm[23:16] − Rs[23:16]) + Abs(Rm[15:8] − Rs[15:8]) + Abs(Rm[7:0] − Rs[7:0])
USADA8	Unsigned Sum of Absolute Differences and Accumulate(절댓값 차의 부호 없는 합과 누적)	6	USADA8{cond} Rd, Rm, Rs, Rn	Rd := Rn + Abs(Rm[31:24] − Rs[31:24]) + Abs(Rm[23:16] − Rs[23:16]) + Abs(Rm[15:8] − Rs[15:8]) + Abs(Rm[7:0] − Rs[7:0])

이동

이동 명령어는 데이터를 두 번째 레지스터로 이동하기 전에 한 레지스터에서 데이터를 가져오는 명령어이며, 옵션으로 데이터의 처음을 무시할 수도 있다. 이동 명령어는 또한 데이터를 피연산자로 받은 레지스터에 저장할 수도 있다. 이 명령어에 대해서는 표 E-4에 정리했다.

표 E-4 이동 명령어

연산자 기호	기능	아키텍처	어셈블러	동작
MOV	Move(이동)	4	MOV{S}{cond} Rd, ⟨Operand2⟩	Rd := Operand2
MVN	Move Negated(부정 이동)	4	MVN{S}{cond} Rd, ⟨Operand2⟩	Rd := 0xFFFFFFFF EOR Operand2
MRS	Move PSR to Register(PSR을 레지스터로 이동)	4	MRS{cond} Rd, ⟨PSR⟩	Rd := PSR
MSR	Move Register to PSR(레지스터를 PSR로 이동)	4	MSR{cond} ⟨PSR⟩_⟨fields⟩, Rm	PSR := Rm(선택한 바이트만)
MSR	Move Immediate to PSR(즉시값을 PSR로 이동)	4	MSR{cond} ⟨PSR⟩_⟨fields⟩, #⟨immed_8r⟩	PSR := immed_8r(선택한 바이트만)
CPY	Copy(복사)	6	CPY{cond} Rd, ⟨Operand2⟩	Rd := Operand2, 플래그를 업데이트하지는 않는다.

MSR 명령어는 이동하기 위해 SPSR 혹은 CPSR 필드를 설정하는 필드 파라미터를 사용한다. 이에 대해서는 표 E-5에 정리했다.

표 E-5 MSR 필드 파라미터

필드	설명
C	제어 필드 마스크 바이트, PSR[7:0]
X	확장 필드 마스크 바이트, PSR[15:8]
S	상태 필드 마스크 바이트, PSR[23:16]
F	플래그 필드 마스크 바이트, PSR[31:24]

로드

로드^{load} 명령어는 메모리 어드레스를 가져와서 그 어드레스가 가리키는 위치의 내용을 레지스터에 저장하는 명령어다. 이에 대해서는 표 E-6에 정리했다.

표 E-6 로드 명령어

연산자 기호	기능	아키텍처	어셈블러	동작
LDR	Load Word(워드를 로드)	모두	LDR{cond} Rd, ⟨a_mode2⟩	Rd := [address]
LDRT	Load Word, User Mode Privilege(워드를 로드, 사용자 모드 권한)	모두	LDR T {cond} Rd, ⟨a_mode2P⟩	Rd := [address]
LDRB	Load Byte(바이트를 로드)	모두	LDR B {cond} Rd, ⟨a_mode2⟩	Rd := ZeroExtend[어드레스로부터 바이트]
LDRBT	Load Byte, User Mode Privilege(바이트를 로드, 사용자 모드 권한)	모두	LDR BT {cond} Rd, ⟨a_mode2P⟩	Rd := ZeroExtend[어드레스로부터 바이트]
LDRSB	Load Signed Byte(부호 있는 바이트 로드)	4	LDR SB {cond} Rd, ⟨a_mode3⟩	Rd := SignExtend[어드레스로부터 바이트]
LDRH	Load Halfword(하프워드 로드)	4	LDR H {cond} Rd, ⟨a_mode3⟩	Rd := ZeroExtend[어드레스로부터 하프워드]
LDRSH	Load Signed Halfword(부호 있는 하프워드 로드)	4	LDR SH {cond} Rd, ⟨a_mode3⟩	d := SignExtend[어드레스로부터 하프워드]
LDRD	Load Doubleword(더블 워드 로드)	5TE	LDR D {cond} Rd, ⟨a_mode3⟩	Rd := [address], R(d+1) := [address + 4]
LDM	Load Multiple(다중 로드)	모두	LDM{cond}⟨a_mode4L⟩ Rn{!}, ⟨reglist−PC⟩	[Rn]으로부터 레지스터 리스트를 로드
LDM	Load Multiple, Return and Exchange(다중 로드, 리턴과 교환)	모두	LDM{cond}⟨a_mode4L⟩ Rn{!}, ⟨reglist+PC⟩	레지스터 로드, R15 := [address][31:1](5T: [어드레스][0]이 1이면 Thumb으로 변경)
LDM	Load Multiple, Return and Exchange, Restore(다중 로드, 리턴과 교환, 복구)	모두	LDM{cond}⟨a_mode4L⟩ Rn{!}, ⟨reglist+PC⟩^	레지스터 로드, 분기(5T: 그리고 교환), CPSR := SPSR

(이어짐)

연산자 기호	기능	아키텍처	어셈블러	동작
PLD	Preload Data(데이터를 프리로드한다. 메모리 시스템 힌트)	5TE	PLD 〈a_mode2〉	메모리는 어드레스로부터 로드할 준비를 할 수도 있다.
PLDW	Preload Data with Intention to Write(쓰기를 할 목적으로 데이터를 프리로드한다. 메모리 시스템 힌트)	7	PLDW〈a_mode2〉	메모리는 어드레스로부터 로드할 준비를 할 수도 있다.
LDREX	Load Exclusive (배타적 로드)	6	LDREX{cond} Rd, [Rn]	Rd := [Rn], 배타적 액세스로의 태그 어드레스. 공유되지 않은 어드레스라면 아웃스탠딩 태그를 설정한다.

저장

저장[store] 명령어는 레지스터에서 시스템 메모리로 데이터를 저장하는 명령어다. 데이터의 크기는 가변적이며, 여러 레지스터가 하나의 명령어를 사용해 메모리에 저장될 수도 있다. 이에 대해 표 E-7에 정리했다.

표 E-7 저장 명령어

연산자 기호	기능	아키텍처	어셈블러	동작
STR	Store Word(워드를 저장한다.)	모두	STR{cond} Rd, 〈a_mode2〉	[address] := Rd
STRT	Store Word, User Mode Privilege(워드를 저장한다. 사용자 모드 권한)	모두	STR T {cond} Rd, 〈a_mode2P〉	[address] := Rd
STRB	Store Byte(바이트를 저장한다.)	모두	STR B {cond} Rd, 〈a_mode2〉	[address][7:0] := Rd[7:0]
STRBT	Store Byte, User Mode Privilege(바이트를 저장한다. 사용자 모드 권한)	모두	STR BT {cond} Rd, 〈a_mode2P〉	[address][7:0] := Rd[7:0]
STRH	Store Halfword(하프워드를 저장한다.)	4	STR H {cond} Rd, 〈a_mode3〉	[address][15:0] := Rd[15:0]

(이어짐)

연산자 기호	기능	아키텍처	어셈블러	동작
STRD	Store Doubleword(더블 워드를 저장한다.)	5TE	STR D {cond} Rd, ⟨a_mode3⟩	[address] := Rd, [address + 4] := R(d+1)
STM	Store Multiple(다중 저장)	모두	STM{cond}⟨a_mode4S⟩ Rn{!}, ⟨reglist⟩	레지스터의 리스트를 [Rn]에 저장한다.
STM	Store Multiple, User Mode Registers(다중 저장, 사용자 모드 레지스터)	모두	STM{cond}⟨a_mode4S⟩ Rn{!}, ⟨reglist⟩^	사용자 모드 레지스터의 리스트를 [Rn]에 저장한다.
STREX	Store Exclusive (배타적 저장)	6	STREX{cond} Rd, Rm, [Rn]	허용된다면 [Rn] := Rm, 성공하면 Rd := 0, 그렇지 않으면 1

논리

논리^{logical} 명령어는 레지스터에서 논리적인 비트와이즈$^{bit-wise}$ 연산을 실행한다. 이에 대해서는 표 E-8에 정리했다.

표 E-8 논리 명령어

연산자 기호	기능	아키텍처	어셈블러	동작
AND	AND	모두	AND{S}{cond} Rd, Rn, ⟨Operand2⟩	Rd := Rn AND Operand2
EOR	EOR	모두	EOR{S}{cond} Rd, Rn, ⟨Operand2⟩	Rd := Rn EOR Operand2
ORR	ORR	모두	ORR{S}{cond} Rd, Rn, ⟨Operand2⟩	Rd := Rn OR Operand2
BIC	Bit Clear (비트 클리어)	모두	BIC{S}{cond} Rd, Rn, ⟨Operand2⟩	Rd := Rn AND NOT Operand2

비교

비교^{comparison} 명령어는 레지스터와 다른 레지스터를 비교하거나 레지스터와 정적 데이터를 비교하는 명령어다. 또한 비트와이즈 데이터를 테스트하기도 한다. 이 명령어에 대해서는 표 E-9에 정리했다.

연산자 기호	기능	아키텍처	어셈블러	동작
TST	Test(테스트)	모두	TST{cond} Rn, 〈Operand2〉	Rn AND Operand2의 결과로 CPSR 플래그를 업데이트한다.
TEQ	Test Equivalence (동일 테스트)	모두	TEQ{cond} Rn, 〈Operand2〉	Rn EOR Operand2의 결과로 CPSR 플래그를 업데이트한다.
CMP	Compare(비교)	모두	CMP{cond} Rn, 〈Operand2〉	Rn − Operand2의 결과로 CPSR 플래그를 업데이트한다.
CMN	Compare Negative (부정 비교)	모두	CMN{cond} Rn, 〈Operand2〉	Rn + Operand2의 결과로 CPSR 플래그를 업데이트한다.

새튜레이트

새튜레이팅^{saturating} 명령어는 새튜레이트[1]하는 산술 명령어다. 이 명령어는 최댓값과 최솟값을 미리 정하기 때문에 오버플로가 발생하지 않으며 오버플로가 발생하면 최댓값이나 최솟값을 리턴한다. 이 명령어에 대해서는 표 E-10에 정리했다.

표 E-10 새튜레이팅 산술 명령어

연산자 기호	기능	아키텍처	어셈블러	동작
SSAT	Signed Saturate Word(부호 있는 새튜레이트 워드)	6	SSAT{cond} Rd, #〈sat〉, Rm{, ASR 〈sh〉} SSAT{cond} Rd, #〈sat〉, Rm{, LSL 〈sh〉}	Rd := SignedSat((Rm ASR sh), sat). 〈sat〉 range 0−31, 〈sh〉 range 1−32. Rd := SignedSat((Rm LSL sh), sat). 〈sat〉 range 0−31, 〈sh〉 range 0−31.
SSAT16	Signed Saturate Two Halfwords(부호 있는 새튜레이트 2개의 하프워드)	6	SSAT16{cond} Rd, #〈sat〉, Rm	Rd[31:16] := SignedSat(Rm[31:16], sat). Rd[15:0] := SignedSat(Rm[15:0], sat). 〈sat〉 range 0−15.

(이어짐)

1　새튜레이트(saturate): 미리 정한 최댓값과 최솟값 사이의 값을 저장하게 되며 최댓값 이상의 값인 경우는 최댓값으로, 최솟값 이하의 값인 경우는 최솟값으로 지정된다. – 옮긴이

연산자 기호	기능	아키텍처	어셈블러	동작
USAT	Unsigned Saturate Word(부호 없는 새 튜레이트 워드)	6	USAT{cond} Rd, #⟨sat⟩, Rm{, ASR ⟨sh⟩} USAT{cond} Rd, #⟨sat⟩, Rm{, LSL ⟨sh⟩}	Rd := UnsignedSat((Rm ASR sh), sat). ⟨sat⟩ range 0–31, ⟨sh⟩ range 1–32. Rd := UnsignedSat((Rm LSL sh), sat). ⟨sat⟩ range 0–31, ⟨sh⟩ range 0–31.
USAT16	Unsigned Saturate Two Halfwords(부호 없는 새튜레이트 2개의 하프워드)	6	USAT16{cond} Rd, #⟨sat⟩, Rm	Rd[31:16] := UnsignedSat(Rm[31:16], sat), Rd[15:0] := UnsignedSat(Rm[15:0], sat). ⟨sat⟩ range 0–15.

분기

분기[branch] 명령어는 프로세서나 마이크로컨트롤러가 다른 영역의 코드를 실행할 수 있게 하는 명령어다. 분기 명령어는 필요한 경우 프로세서의 모드를 변경할 수 있다.

이 명령어에 대해서는 표 E-11에 정리했다.

표 E-11 분기 명령어

연산자 기호	기능	아키텍처	어셈블러	동작
B	Branch(분기)	모두	B{cond} label	R15 := label (+/−32M)
BL	Branch with Link(링크를 사용한 분기)	모두	BL{cond} label	R14 := 다음 명령어의 어드레스, R15 := label (+/−32M)
BX	Branch and Exchange (분기와 교환)	4T, 5T	BX{cond} Rm	R15 := Rm, Rm[0]이 1이면 Thumb으로 변경
BLX	Branch with Link and Exchange(링크를 사용한 분기와 교환)	5T	BLX label	R14 := 다음 명령어의 어드레스, R15 := label, Thumb으로 변경
		5T	BLX{cond} Rm	R14 := 다음 명령어의 어드레스, R15 := Rm[31:1], Rm[0]이 1이면 Thumb으로 변경
BXJ	Branch and Change to Java State(분기와 자바 상태로 변경)	5TEJ, 6	BXJ{cond} Rm	자바 상태로 변경

(이어짐)

연산자 기호	기능	아키텍처	어셈블러	동작
TBB	Table Branch Byte(테이블 분기 바이트)	6	TBB Rn, Rm	베이스 Rn, 인덱스 Rm의 PC의 상대적인 다음 분기
TBH	Table Branch Halfword(테이블 분기 하프워드)	6	TBH Rn, Rm, LSL #1	베이스 Rn, 인덱스 Rm의 PC의 상대적인 다음 분기
CBZ	Compare and Branch on Zero(0인지 비교하고 분기)	6	CBZ Rn, Label	Rn = 0이면 레이블로 분기, 상태 플래그 업데이트는 없음
CBNZ	Compare and Branch on Non-Zero(0이 아닌지 비교하고 분기)	6	CBNZ Rn, Label	Rn = 0이 아니면 레이블로 분기, 상태 플래그 업데이트는 없음

확장

확장^{extend} 명령어는 값의 크기를 변경한다. 예를 들어, 부호 있는 혹은 부호 없는 16비트 값을 32비트로 확장한다. 이 명령어에 대해서는 표 E-12에 정리했다.

표 E-12 확장 명령어

연산자 기호	기능	아키텍처	어셈블러	동작
SXTH	Signed Extend Halfword to Word(하프워드를 워드로 부호 있는 확장)	6	SXTH{cond} Rd, Rm{, ROR #⟨sh⟩}	Rd[31:0] := SignExtend((Rm ROR (8 * sh))[15:0]). sh 0-3.
SXTB16	Signed Extend 2 Bytes to Halfword(2바이트를 하프워드로 부호 있는 확장)	6	SXTB16{cond} Rd, Rm{, ROR #⟨sh⟩}	Rd[31:16] := SignExtend((Rm ROR (8 * sh))[23:16]), Rd[15:0] := SignExtend((Rm ROR (8 * sh))[7:0]). sh 0-3.
SXTB	Signed Extend Byte to Word(바이트를 워드로 부호 있는 확장)	6	SXTB{cond} Rd, Rm{, ROR #⟨sh⟩}	Rd[31:0] := SignExtend((Rm ROR (8 * sh))[7:0]). sh 0-3.
UXTH	Unsigned Extend Halfword to Word(하프워드를 워드로 부호 없는 확장)	6	UXTH{cond} Rd, Rm{, ROR #⟨sh⟩}	Rd[31:0] := ZeroExtend((Rm ROR (8 * sh))[15:0]). sh 0-3.

(이어짐)

연산자 기호	기능	아키텍처	어셈블러	동작
UXTB16	Unsigned Extend 2 Bytes to Halfwords (2바이트를 하프워드로 부호 없는 확장)	6	UXTB16{cond} Rd, Rm{, ROR #⟨sh⟩}	Rd[31:16] := ZeroExtend((Rm ROR (8 * sh))[23:16]), Rd[15:0] := ZeroExtend((Rm ROR (8 * sh))[7:0]). sh 0–3
UXTB	Unsigned Extend Byte to Word(바이트를 워드로 부호 없는 확장)	6	UXTB{cond} Rd, Rm{, ROR #⟨sh⟩}	Rd[31:0] := ZeroExtend((Rm ROR (8 * sh))[7:0]). sh 0–3
SXTAH	Signed Extend Halfword to Word, Add(하트워드를 워드로 부호 있는 확장, 덧셈)	6	SXTAH{cond} Rd, Rn, Rm{, ROR #⟨sh⟩}	Rd[31:0] := Rn[31:0] + SignExtend((Rm ROR (8 * sh))[15:0]). sh 0–3
SXTAB16	Signed Extend 2 Bytes to Halfword, Add(2바이트를 하프워드로 부호 있는 확장, 덧셈)	6	SXTAB16{cond} Rd, Rn, Rm{, ROR #⟨sh⟩}	Rd[31:16] := Rn[31:16] + SignExtend((Rm ROR (8 * sh))[23:16]), Rd[15:0] := Rn[15:0] + SignExtend((Rm ROR (8 * sh))[7:0]). sh 0–3
SXTAB	Signed Extend Byte to Word, Add(바이트를 워드로 부호 있는 확장, 덧셈)	6	SXTAB{cond} Rd, Rn, Rm{, ROR #⟨sh⟩}	Rd[31:0] := Rn[31:0] + SignExtend((Rm ROR (8 * sh))[7:0]). sh 0–3.
UXTAH	Unsigned Extend Halfword to Word, Add(하프워드를 워드로 부호 없는 확장, 덧셈)	6	UXTAH{cond} Rd, Rn, Rm{, ROR #⟨sh⟩}	Rd[31:0] := Rn[31:0] + ZeroExtend((Rm ROR (8 * sh))[15:0]). sh 0–3.
UXTAB16	Unsigned Extend 2 Bytes to Halfword, Add(2바이트를 하프워드로 부호 없는 확장, 덧셈)	6	UXTAB16{cond} Rd, Rn, Rm{, ROR #⟨sh⟩}	Rd[31:16] := Rn[31:16] + ZeroExtend((Rm ROR (8 * sh))[23:16]), Rd[15:0] := Rn[15:0] + ZeroExtend((Rm ROR (8 * sh))[7:0]). sh 0–3
UXTAB	Unsigned Extend Byte to Word, Add(바이트를 워드로 부호 없는 확장, 덧셈)	6	UXTAB{cond} Rd, Rn, Rm{, ROR #⟨sh⟩}	Rd[31:0] := Rn[31:0] + ZeroExtend((Rm ROR (8 * sh))[7:0]). sh 0–3

기타

앞에서 다룬 카테고리에 속하지 않은 명령어들을 표 E-13에 정리했다.

표 E-13 기타 명령어

연산자 기호	기능	아키텍처	어셈블러	동작
PKHBT	Pack Halfword Bottom + Top(하프워드 버텀과 탑을 패킹)	6	PKHBT{cond} Rd, Rn, Rm{, LSL #〈sh〉}	R15 := label (+/−32M) Rd[15:0] := Rn[15:0], Rd[31:16] := (Rm LSL sh) [31:16]. sh 0−31
PKHTB	Pack Halfword Top + Bottom(하프워드 탑과 버텀을 패킹)	6	PKHTB{cond} Rd, Rn, Rm{, ASR #〈sh〉}	Rd[31:16] := Rn[31:16], Rd[15:0] := (Rm ASR sh) [15:0]. sh 1−32.
REV	Reverse Bytes in Word(워드에서 바이트를 리버스)	6	REV{cond} Rd, Rm	Rd[31:24] := Rm[7:0], Rd[23:16] := Rm[15:8], Rd[15:8] := Rm[23:16], Rd[7:0] := Rm[31:24]
REV16	Reverse Bytes in Both Halfwords(두 하프워드에서 바이트를 리버스)	6	REV16{cond} Rd, Rm	Rd[15:8] := Rm[7:0], Rd[7:0] := Rm[15:8], Rd[31:24] := Rm[23:16], Rd[23:16] := Rm[31:24]
REVSH	Reverse Bytes in Low Halfword, Sign Extend(아래 하프워드에서 바이트를 리버스, 부호 확장)	6	REVSH{cond} Rd, Rm	Rd[15:8] := Rm[7:0], Rd[7:0] := Rm[15:8], Rd[31:16] := Rm[7] * &FFFF
SEL	Select Bytes (바이트 선택)	6	SEL{cond} Rd, Rn, Rm	GE[0] = 1이면 Rd[7:0] := Rn[7:0], 그렇지 않으면 GE[1], GE[2], GE[3]와 비슷하게 선택된 Rd[7:0] := Rm[7:0] Bits[15:8], [23:16], [31:24]
CPSID	Change Processor State, Disable Interrupts(프로세서 상태 변경, 인터럽트 비활성화)	6	CPSID 〈iflags〉 {, #〈p_mode〉}	특정 인터럽트를 비활성화하거나 옵션으로 모드를 변경한다.
CPSIE	Change Processor State, Enable Interrupts(프로세서 상태 변경, 인터럽트 활성화)	6	CPSIE 〈iflags〉 {, #〈p_mode〉}	특정 인터럽트를 활성화하거나 옵션으로 모드를 변경한다.

(이어짐)

연산자 기호	기능	아키텍처	어셈블러	동작
CPS	Change Processor Mode(프로세서 모드 변경)	6	CPS #⟨p_mode⟩	프로세서 모드를 p_mode로 변경한다.
SETEND	Set Endianness(엔디안 설정)	6	SETEND ⟨endianness⟩	로드와 저장할 엔디안을 설정한다. ⟨endianness⟩는 BE(Big Endian)나 LE(Little Endian)가 될 수 있다.
SRS	Store Return State(리턴 상태 저장)	6	SRS⟨a_mode4S⟩ #⟨p_mode⟩{!}	[R13m] := R14, [R13m + 4] := CPSR
RFE	Return from Exception (예외로부터 리턴)	6	RFE⟨a_mode4L⟩ Rn{!}	PC := [Rn], CPSR := [Rn + 4]
BKPT	Breakpoint(중단점)	5T	BKPT ⟨immed_16⟩	취소(abort)를 프리페치하거나 디버그 상태로 진입한다.
SVC	Supervisor Call(슈퍼바이저 호출. 이전의 SWI)	모두	SVC{cond} ⟨immed_24⟩	슈퍼바이저 호출(SVC) 예외
NOP	No Operation(연산이 없음)	6	NOP	아무 동작도 하지 않는다. 시간은 보장할 수 없다.

❖ Cortex-M 코어에서의 Thumb 명령어

Cortex-M 코어는 각 코어에 따라 단지 Thumb 명령어의 서브셋이나 전체 Thumb 명령어 세트만을 지원한다. 표 E-14는 각기 다른 Cortex-M 코어와 그 코어에서 지원하는 명령어들을 정리했다.

표 E-14 Cortex-M 코어에서의 Thumb 명령어

연산자 기호	기능	크기	M0, M0+, M1	M3	M4	M4F
ADC	Add with Carry(캐리와 함께 덧셈)	16	O	O	O	O
ADC	Add with Carry(캐리와 함께 덧셈)	32	X	O	O	O
ADD	Add(덧셈)	16	O	O	O	O
ADD	Add(덧셈)	32	X	O	O	O
ADR	Load Address to Register(어드레스를 레지스터에 로드)	16	O	O	O	O

(이어짐)

연산자 기호	기능	크기	M0, M0+, M1	M3	M4	M4F
ADR	Load Address to Register(어드레스를 레지스터에 로드)	32	X	O	O	O
AND	Logical AND(논리적 AND)	16	O	O	O	O
AND	Logical AND(논리적 AND)	32	X	O	O	O
ASR	Arithmetic Shift Right(오른쪽 산술 시프트)	16	O	O	O	O
ASR	Arithmetic Shift Right(오른쪽 산술 시프트)	32	X	O	O	O
B	Branch(분기)	16	O	O	O	O
B	Branch(분기)	32	X	O	O	O
BFC	Bit Field Clear(비트 필드 클리어)	32	X	O	O	O
BFI	Bit Field Insert(비트 필드 삽입)	32	X	O	O	O
BIC	Logical AND NOT(논리적 AND NOT)	16	O	O	O	O
BIC	Logical AND NOT(논리적 AND NOT)	32	X	O	O	O
BKPT	Breakpoint(중단점)	16	O	O	O	O
BL	Branch and Link(분기와 링크)	32	O	O	O	O
BLX	Branch with Link and Exchange(링크를 사용하는 분기와 교환)	16	O	O	O	O
BX	Branch and Exchange(분기와 교환)	16	O	O	O	O
CBNZ	Compare and Branch On Not Zero(0이 아닌지 비교하고 분기)	16	X	O	O	O
CBZ	Compare and Branch On Zero(0인지 비교하고 분기)	16	X	O	O	O
CDP	Coprocessor Data Operation(코프로세서 데이터 연산)	32	X	O	O	O
CLREX	Clear Exclusive(배타적 클리어)	32	X	O	O	O
CLZ	Count Leading Zeroes(선두 제로 카운트)	32	X	O	O	O
CMN	Compare Negative(부정 비교)	16	O	O	O	O
CMN	Compare Negative(부정 비교)	32	X	O	O	O
CMP	Compare(비교)	16	O	O	O	O
CMP	Compare(비교)	32	X	O	O	O

(이어짐)

연산자 기호	기능	크기	M0, M0+, M1	M3	M4	M4F
CPS	Change Processor State(프로세서 상태 변경)	16	O	O	O	O
DBG	Debug Hint(디버그 힌트)	32	X	O	O	O
DMB	Data Memory Barrier(데이터 메모리 베리어)	32	O	O	O	O
DSB	Data Synchronization Barrier(데이터 동기화 베리어)	32	O	O	O	O
EOR	Logical Exclusive OR(논리적 XOR)	16	O	O	O	O
EOR	Logical Exclusive OR(논리적 XOR)	32	X	O	O	O
ISB	Instruction Synchronization Barrier(명령어 동기화 베리어)	32	O	O	O	O
IT	If Then	16	X	O	O	O
LDC	Load Coprocessor(코프로세서 로드)	32	X	O	O	O
LDM	Load Multiple Registers(다중 레지스터 로드)	16	O	O	O	O
LDMIA	Load Multiple Registers, Increment After (다중 레지스터 로드 후에 증가)	32	X	O	O	O
LDMDB	Load Multiple Registers, Decrement Before(다중 레지스터 로드 전에 감소)	32	X	O	O	O
LDR	Load Register(레지스터 로드)	16	O	O	O	O
LDR	Load Register(레지스터 로드)	32	X	O	O	O
LDRB	Load Register from Byte(바이트로부터 레지스터 로드)	16	O	O	O	O
LDRB	Load Register from Byte(바이트로부터 레지스터 로드)	32	X	O	O	O
LDRBT	Load Register from Byte Unprivileged(권한 없는 바이트로부터 레지스터 로드)	32	X	O	O	O
LDRD	Load Register Dual(레지스터 듀얼 로드)	32	X	O	O	O
LDREX	Load Register Exclusive(레지스터 배타적 로드)	32	X	O	O	O
LDREXB	Load Register Exclusive from Byte(바이트로부터 레지스터 배타적 로드)	32	X	O	O	O
LDREXH	Load Register Exclusive from Halfword(하프워드로부터 레지스터 배타적 로드)	32	X	O	O	O

(이어짐)

연산자 기호	기능	크기	M0, M0+, M1	M3	M4	M4F
LDRH	Load Register from Halfword(하프워드로부터 레지스터 로드)	16	O	O	O	O
LDRH	Load Register from Halfword(하프워드로부터 레지스터 로드)	32	X	O	O	O
LDRHT	Load Register from Halfword Unprivileged(권한 없는 하프워드로부터 레지스터 로드)	32	X	O	O	O
LDRSB	Load Register from Signed Byte(부호 있는 바이트로부터 레지스터 로드)	16	O	O	O	O
LDRSB	Load Register from Signed Byte(부호 있는 바이트로부터 레지스터 로드)	32	X	O	O	O
LDRSBT	Load Register from Signed Byte Unprivileged(권한 없는 부호 있는 바이트로부터 레지스터 로드)	32	X	O	O	O
LDRSH	Load Register from Signed Halfword(부호 있는 하프워드로부터 레지스터 로드)	16	O	O	O	O
LDRSH	Load Register from Signed Halfword(부호 있는 하프워드로부터 레지스터 로드)	32	X	O	O	O
LDRSHT	Load Register from Signed Halfword Unprivileged(권한 없는 부호 있는 하프워드로부터 레지스터 로드)	32	X	O	O	O
LDRT	Load Register Unprivileged(권한 없는 레지스터 로드)	32	X	O	O	O
LSL	Logical Shift Left(논리적 왼쪽 시프트)	16	O	O	O	O
LSL	Logical Shift Left(논리적 왼쪽 시프트)	32	X	O	O	O
LSR	Logical Shift Right(논리적 오른쪽 시프트)	16	O	O	O	O
LSR	Logical Shift Right(논리적 오른쪽 시프트)	32	X	O	O	O
MCR	Move to Coprocessor from ARM Register(ARM 레지스터에서 코프로세서로 이동)	32	X	O	O	O
MCRR	Move to Coprocessor from ARM Register(ARM 레지스터에서 코프로세서로 이동)	32	X	O	O	O
MLA	Multiply and Accumulate(곱셈 그리고 누적)	32	X	O	O	O

(이어짐)

연산자 기호	기능	크기	M0, M0+, M1	M3	M4	M4F
MLS	Multiply-Subtract(곱셈-뺄셈)	32	X	O	O	O
MOV	Move(이동)	16	O	O	O	O
MOV	Move(이동)	32	X	O	O	O
MOVT	Move to Top(탑으로 이동)	32	X	O	O	O
MRC	Move to ARM Register from Coprocessor (코프로세서에서 ARM 레지스터로 이동)	32	X	O	O	O
MRRC	Move to ARM Register from Coprocessor (코프로세서에서 ARM 레지스터로 이동)	32	X	O	O	O
MRS	Move from ARM Register to Status Register(ARM 레지스터에서 상태 레지스터로 이동)	32	O	O	O	O
MSR	Move from Status Register to ARM Register(상태 레지스터에서 ARM 레지스터로 이동)	32	O	O	O	O
MUL	Multiply(곱셈)	16	O	O	O	O
MUL	Multiply(곱셈)	32	X	O	O	O
MVN	Move Negated(부정 이동)	16	O	O	O	O
MVN	Move Negated(부정 이동)	32	X	O	O	O
NOP	No Operation(연산 없음)	16	O	O	O	O
NOP	No Operation(연산 없음)	32	X	O	O	O
ORN	Logical OR NOT(논리적 OR NOT)	32	X	O	O	O
ORR	Logical OR(논리적 OR)	16	O	O	O	O
ORR	Logical OR(논리적 OR)	32	X	O	O	O
PKH	Pack Halfword(하프워드 패킹)	32	X	X	O	O
PLD	Preload Data(데이터 프리로드)	32	X	O	O	O
PLDW	Preload Data(데이터 프리로드)	32	X	O	O	O
PLI	Preload Instruction(명령어 프리로드)	32	X	O	O	O
POP	Pop Register(s)(레지스터 팝)	16	O	O	O	O
POP	Pop Register(s)(레지스터 팝)	32	X	O	O	O
PUSH	Push Register(s)(레지스터 푸시)	16	O	O	O	O

(이어짐)

연산자 기호	기능	크기	M0, M0+, M1	M3	M4	M4F
PUSH	Push Register(s)(레지스터 푸시)	32	X	O	O	O
QADD	Saturating Add(덧셈 새튜레이팅)	32	X	X	O	O
QADD16	Saturating Two 16-Bit Integer Addition(2개의 16비트 정수형 덧셈 새튜레이팅)	32	X	X	O	O
QADD8	Saturating Four 8-Bit Integer Addition(4개의 8비트 정수형 덧셈 새튜레이팅)	32	X	X	O	O
QASX	Saturating Add and Subtract with Exchange(덧셈 새튜레이팅 그리고 교환과 함께 뺄셈)	32	X	X	O	O
QDADD	Saturating Double and Add(더블 세튤레이팅과 덧셈)	32	X	X	O	O
QDSUB	Saturating Double and Subtract(더블 세튤레이팅과 뺄셈)	32	X	X	O	O
QSAX	Saturating Subtract and Add with Exchange(뺄셈 새튜레이팅 그리고 교환과 함께 덧셈)	32	X	X	O	O
QSUB	Saturating Subtract(뺄셈 새튜레이팅)	32	X	X	O	O
QSUB16	Saturating Two 16-Bit Integer Subtraction(2개의 16비트 정수 뺄셈 새튜레이팅)	32	X	X	O	O
QSUB8	Saturating Four 8-Bit Integer Subtraction(4개의 8비트 정수 뺄셈 새튜레이팅)	32	X	X	O	O
RBIT	Reverse Bit Order(리버스 비트 순서)	32	X	O	O	O
REV	Reverse Byte Order(리버스 바이트 순서)	16	O	O	O	O
REV	Reverse Byte Order(리버스 바이트 순서)	32	X	O	O	O
REV16	Reverse Byte Order in Halfword(하프워드에서 바이트 순서 리버스)	16	O	O	O	O
REV16	Reverse Byte Order in Halfword(하프워드에서 바이트 순서 리버스)	32	X	O	O	O
REVSH	Reverse Byte Order in Bottom Halfword(버텀 하프워드에서 바이트 순서 리버스)	16	O	O	O	O
REVSH	Reverse byte Order in Bottom Halfword(하프워드에서 바이트 순서 리버스)	32	X	O	O	O
ROR	Rotate Right(오른쪽 로테이트)	16	O	O	O	O

(이어짐)

연산자 기호	기능	크기	M0, M0+, M1	M3	M4	M4F
ROR	Rotate Right(오른쪽 로테이트)	32	X	O	O	O
RRX	Rotate Right with Extend(확장과 함께 오른쪽 로테이트)	32	X	O	O	O
RSB	Reverse Subtract(리버스 뺄셈)	16	O	O	O	O
RSB	Reverse Subtract(리버스 뺄셈)	32	X	O	O	O
SADD16	Signed Add 16 Bits(부호 있는 16비트 덧셈)	32	X	X	O	O
SADD8	Signed Add 8 Bits(부호 있는 8비트 덧셈)	32	X	X	O	O
SASX	Signed Add and Subtract with Exchange(부호 있는 덧셈 그리고 교환과 함께 뺄셈)	32	X	X	O	O
SBC	Subtract with Carry(캐리와 함께 뺄셈)	16	O	O	O	O
SBC	Subtract with Carry(캐리와 함께 뺄셈)	32	X	O	O	O
SBFX	Signed Bit-Field Exchange(부호 있는 비트 필드 교환)	32	X	O	O	O
SDIV	Signed Division(부호 있는 나눗셈)	32	X	O	O	O
SEL	Select Bytes(바이트 선택)	32	X	X	O	O
SEV	Send Event(이벤트 전송)	16	O	O	O	O
SEV	Send Event(이벤트 전송)	32	X	O	O	O
SHADD16	Signed Halving Add 16(부호 있는 절반 덧셈 16)	32	X	X	O	O
SHADD8	Signed Halving Add 8(부호 있는 절반 덧셈 8)	32	X	X	O	O
SHASX	Signed Halving Add and Subtract with Exchange(부호 있는 절반 덧셈 그리고 교환과 함께 뺄셈)	32	X	X	O	O
SHSAX	Signed Halving Subtract and Add with Exchange(부호 있는 절반 뺄셈 그리고 교환과 함께 덧셈)	32	X	X	O	O
SHSUB16	Signed Halving Subtract 16(부호 있는 절반 뺄셈 16)	32	X	X	O	O
SHSUB8	Signed Halving Subtract 8(부호 있는 절반 뺄셈 8)	32	X	X	O	O

(이어짐)

연산자 기호	기능	크기	M0, M0+, M1	M3	M4	M4F
SMLABB	Signed Multiply Accumulate – Bottom Bottom(부호 있는 곱셈 누적 – 버텀 버텀)	32	X	X	O	O
SMLABT	Signed Multiply Accumulate – Bottom Top (부호 있는 곱셈 누적 – 버텀 탑)	32	X	X	O	O
SMLAD	Signed Multiply Accumulate Dual(부호 있는 곱셈 누적 듀얼)	32	X	X	O	O
SMLAL	Signed Multiply Accumulate Long(부호 있는 곱셈 누적 롱)	32	X	O	O	O
SMLALBB	Signed Multiply Accumulate Long – Bottom Bottom(부호 있는 곱셈 누적 롱 – 버텀 버텀)	32	X	X	O	O
SMLALBT	Signed Multiply Accumulate Long – Bottom Top(부호 있는 곱셈 누적 롱 – 버텀 탑)	32	X	X	O	O
SMLALD	Signed Multiply Accumulate Long Dual (부호 있는 곱셈 누적 롱 듀얼)	32	X	X	O	O
SMLALTB	Signed Multiply Accumulate Long – Top Bottom(부호 있는 곱셈 누적 롱 – 탑 버텀)	32	X	X	O	O
SMLALTT	Signed Multiply Accumulate Long – Top Top(부호 있는 곱셈 누적 롱 – 탑 탑)	32	X	X	O	O
SMLATB	Signed Multiply Accumulate – Top Bottom(부호 있는 곱셈 누적 – 탑 버텀)	32	X	X	O	O
SMLATT	Signed Multiply Accumulate – Top Top(부호 있는 곱셈 누적 – 탑 탑)	32	X	X	O	O
SMLAWB	Signed Multiply Accumulate Word, Bottom(부호 있는 곱셈 누적 워드 – 버텀)	32	X	X	O	O
SMLAWT	Signed Multiply Accumulate Word, Top (부호 있는 곱셈 누적 워드 – 탑)	32	X	X	O	O
SMLSD	Signed Multiply with Subtraction Dual(부호 있는 곱셈 뺄셈 듀얼)	32	X	X	O	O
SMLSLD	Signed Multiply with Subtraction Accumulation Dual(부호 있는 곱셈 뺄셈 누적 듀얼)	32	X	X	O	O
SMMLA	Signed Most Significant Word Multiply Accumulate(부호 있는 가장 선두 워드 곱셈 누적)	32	X	X	O	O

(이어짐)

연산자 기호	기능	크기	M0, M0+, M1	M3	M4	M4F
SMMLS	Signed Most Significant Word Subtract Accumulate(부호 있는 가장 선두 워드 뺄셈 누적)	32	X	X	O	O
SMMUL	Signed Most Significant Word Multiply(부호 있는 가장 상위 워드 곱셈)	32	X	X	O	O
SMUAD	Signed Dual Multiply Add(부호 있는 듀얼 곱셈 덧셈)	32	X	X	O	O
SMULBB	Signed Multiply – Bottom Bottom(부호 있는 곱셈 – 버텀 버텀)	32	X	X	O	O
SMULBT	Signed Multiply – Bottom Top(부호 있는 곱셈 – 버텀 탑)	32	X	X	O	O
SMULL	Signed Long Multiply(부호 있는 롱 곱셈)	32	X	O	O	O
SMULTB	Signed Long Multiply – Top Bottom(부호 있는 롱 곱셈 – 탑 버텀)	32	X	X	O	O
SMULTT	Signed Long Multiply – Top Top(부호 있는 롱 곱셈 – 탑 탑)	32	X	X	O	O
SMULWB	Signed Multiply by Word – Bottom(부호 있는 워드 곱셈 – 버텀)	32	X	X	O	O
SMULWT	Signed Multiply by Word – Top(부호 있는 워드 곱셈 – 탑)	32	X	X	O	O
SMUSD	Signed Dual Multiply Subtract(부호 있는 듀얼 곱셈 뺄셈)	32	X	X	O	O
SSAT	Signed Saturate(부호 있는 새튜레이트)	32	X	O	O	O
SSAT16	Signed Saturate 16 Bits(부호 있는 16비트 새튜레이트)	32	X	X	O	O
SSAX	Signed Subtract and Add with Exchange(부호 있는 뺄셈 그리고 교환과 함께 덧셈)	32	X	X	O	O
SSUB16	Signed Subtract 16 Bits(부호 있는 16비트 뺄셈)	32	X	X	O	O
SSUB8	Signed Subtract 8 Bits(부호 있는 8비트 뺄셈)	32	X	X	O	O
STC	Store Coprocessor(코프로세서 저장)	32	X	O	O	O
STM	Store Multiple Registers(다중 레지스터 저장)	16	O	O	O	O

(이어짐)

연산자 기호	기능	크기	M0, M0+, M1	M3	M4	M4F
STMDB	Store Multiple Registers, Decrement Before(다중 레지스터 저장 전에 감소)	32	X	O	O	O
STMIA	Store Multiple Registers, Increment After (다중 레지스터 저장 후에 증가)	32	X	O	O	O
STR	Store(저장)	16	O	O	O	O
STR	Store(저장)	32	X	O	O	O
STRB	Store Byte(바이트 저장)	16	O	O	O	O
STRB	Store Byte(바이트 저장)	32	X	O	O	O
STRBT	Store Byte Unprivileged(권한 없는 바이트 저장)	32	X	O	O	O
STRD	Store Register Dual(레지스터 듀얼 저장)	32	X	O	O	O
STREX	Store Register Exclusive(레지스터 배타적 저장)	32	X	O	O	O
STREXB	Store Register Exclusive Byte(레지스터 Exclusive 바이트 저장)	32	X	O	O	O
STREXH	Store Register Exclusive Halfword(레지스터 Exclusive 하프워드 저장)	32	X	O	O	O
STRH	Store Halfword(하프워드 저장)	16	O	O	O	O
STRH	Store Halfword(하프워드 저장)	32	X	O	O	O
STRHT	Store Halfword Unprivileged(특권 없는 하프 워드 저장)	32	X	O	O	O
STRT	Store Register Unprivileged(특권 없는 레지 스터 저장)	32	X	O	O	O
SUB	Subtract(뺄셈)	16	O	O	O	O
SUB	Subtract(뺄셈)	32	X	O	O	O
SVC	Supervisor Call(슈퍼바이저 호출)	16	O	O	O	O
SXTAB	Sign and Extend Byte(부호 있는 그리고 확장 바이트)	32	X	X	O	O
SXTAB16	Sign and Extend to Bytes(부호 있는 그리고 바이트로 확장)	32	X	X	O	O
SXTAH	Sign and Extend Halfword(부호 있는 그리고 확장 하프워드)	32	X	X	O	O

(이어짐)

연산자 기호	기능	크기	M0, M0+, M1	M3	M4	M4F
SXTB	Sign Extend Byte(부호 있는 확장 바이트)	16	O	O	O	O
SXTB	Sign Extend Byte(부호 있는 확장 바이트)	32	X	O	O	O
SXTB16	Sign Extend Two Bytes(부호 있는 확장 두 바이트)	32	X	X	O	O
SXTH	Sign Extend Halfword(부호 있는 확장 하프 워드)	16	O	O	O	O
SXTH	Sign Extend Halfword(부호 있는 확장 하프 워드)	32	X	O	O	O
TBB	Table Branch Byte(테이블 분기 바이트)	32	X	O	O	O
TBH	Table Branch Halfword(테이블 분기 하프 워드)	32	X	O	O	O
TEQ	Test Equivalence(동일 테스트)	32	X	O	O	O
TST	Test(테스트)	16	O	O	O	O
TST	Test(테스트)	32	X	O	O	O
UADD16	Unsigned Add 16(부호 없는 덧셈 16)	32	X	X	O	O
UADD8	Unsigned Add 8(부호 없는 덧셈 8)	32	X	X	O	O
UASX	Add and Subtract with Exchange(덧셈 그리고 교환과 함께 뺄셈)	32	X	X	O	O
UBFX	Unsigned Bit-Field Extract(부호 없는 비트-필드 추출)	32	X	O	O	O
UDIV	Unsigned Division(부호 없는 나눗셈)	32	X	O	O	O
UHADD16	Unsigned Halving Add 16(부호 없는 절반 덧셈 16)	32	X	X	O	O
UHADD8	Unsigned Halving Add 8(부호 없는 절반 덧셈 8)	32	X	X	O	O
UHASX	Unsigned Halving Add and Subtract with Exchange(부호 없는 절반 덧셈 그리고 교환과 함께 뺄셈)	32	X	X	O	O
UHSAX	Unsigned Halving Subtract and Add with Exchange(부호 없는 절반 뺄셈 그리고 교환과 함께 덧셈)	32	X	X	O	O

(이어짐)

연산자 기호	기능	크기	M0, M0+, M1	M3	M4	M4F
UHSUB16	Unsigned Halving Subtract 16(부호 없는 절반 뺄셈 16)	32	X	X	O	O
UHSUB8	Unsigned Halving Subtract 8(부호 없는 절반 뺄셈 8)	32	X	X	O	O
UMAAL	Unsigned Multiply Accumulate Accumulate Long(부호 없는 곱셈 누적 누적 롱)	32	X	X	O	O
UMLAL	Unsigned Long Multiply and Accumulate (부호 없는 롱 곱셈 그리고 누적)	32	X	O	O	O
UMULL	Unsigned Long Multiply(부호 없는 롱 곱셈)	32	X	O	O	O
UQADD16	Unsigned Saturating Add 16(부호 없는 새튜레이팅 덧셈 16)	32	X	X	O	O
UQADD8	Unsigned Saturating Add 8(부호 없는 새튜레이팅 덧셈 8)	32	X	X	O	O
UQASX	Unsigned Saturating Add and Subtract with Exchange(부호 없는 새튜레이팅 덧셈 그리고 교환과 함께 뺄셈)	32	X	X	O	O
UQSAX	Unsigned Saturating Subtract and Add with Exchange(부호 없는 새튜레이팅 뺄셈 그리고 교환과 함께 덧셈)	32	X	X	O	O
UQSUB16	Unsigned Saturating Subtract 16(부호 없는 새튜레이팅 뺄셈 16)	32	X	X	O	O
UQSUB8	Unsigned Saturating Subtract 8(부호 없는 새튜레이팅 뺄셈 8)	32	X	X	O	O
USAD8	Unsigned Sum Of Absolute Differences 8(부호 없는 절댓값 차이의 합 8)	32	X	X	O	O
USADA8	Unsigned Sum Of Absolute Differences 8 and Accumulate(부호 없는 절댓값 차이의 합 8과 누적)	32	X	X	O	O
USAT	Unsigned Saturate(부호 없는 새튜레이트)	32	X	O	O	O
USAT16	Unsigned Saturate 16(부호 없는 새튜레이트 16)	32	X	X	O	O
USAX	Subtract and Add with Exchange(뺄셈 그리고 교환과 함께 덧셈)	32	X	X	O	O
USUB16	Unsigned Subtract 16(부호 없는 뺄셈 16)	32	X	X	O	O
USUB8	Unsigned Subtract 8(부호 없는 뺄셈 8)	32	X	X	O	O

(이어짐)

연산자 기호	기능	크기	M0, M0+, M1	M3	M4	M4F
UXTAB	Zero Extend and Add Byte(0 확장과 바이트 덧셈)	32	X	X	O	O
UXTAB16	Zero Extend and Add 2 Bytes(0 확장과 2바이트 덧셈)	32	X	X	O	O
UXTAH	Zero Extend and Add Halfword(0 확장과 하프워드 덧셈)	32	X	X	O	O
UXTB	Zero Extend Byte(0 확장 바이트)	16	O	O	O	O
UXTB	Zero Extend Byte(0 확장 바이트)	32	X	O	O	O
UXTB16	Zero Extend 2 Bytes(0 확장 2바이트)	32	X	X	O	O
UXTH	Zero Extend Halfword(0 확장 하프워드)	16	O	O	O	O
UXTH	Zero Extend Halfword(0 확장 하프워드)	32	X	O	O	O
VABS	Floating—Point Absolute Value(부동소수점 절댓값)	32	X	X	X	O
VADD	Floating—Point Add(부동소수점 덧셈)	32	X	X	X	O
VCMP	Floating—Point Compare(부동소수점 비교)	32	X	X	X	O
VCMPE	Floating—Point Compare with Invalid Operation Check(올바르지 않은 연산 체크와 함께 부동소수점 비교)	32	X	X	X	O
VCVT	Vector Convert(벡터 변환)	32	X	X	X	O
VCVTR	Vector Convert with Rounding(라운딩과 함께 벡터 변환)	32	X	X	X	O
VDIV	Floating—Point Divide(부동소수점 나눗셈)	32	X	X	X	O
VLDM	Extension Register Load Multiple(확장 레지스터 로드 다중)	32	X	X	X	O
VLDR	Extension Register Load Register(확장 레지스터 로드 레지스터)	32	X	X	X	O
VMLA	Floating—Point Multiply and Accumulate (부동소수점 곱셈 그리고 누적)	32	X	X	X	O
VMLS	Floating—Point Multiply and Subtract (부동소수점 곱셈 그리고 뺄셈)	32	X	X	X	O
VMOV	Extension Register Move (확장 레지스터 이동)	32	X	X	X	O

(이어짐)

연산자 기호	기능	크기	M0, M0+, M1	M3	M4	M4F
VMRS	Move to ARM Core Register from Floating-Point System Register(부동소수점 시스템 레지스터에서 ARM 코어 레지스터로 이동)	32	X	X	X	O
VMSR	Move to Floating-Point System Register from ARM Core Register(ARM 코어 레지스터에서 부동소수점 시스템 레지스터로 이동)	32	X	X	X	O
VMUL	Floating-Point Multiply(부동소수점 곱셈)	32	X	X	X	O
VNEG	Floating-Point Negate(부동소수점 부정)	32	X	X	X	O
VNMLA	Floating-Point Negated Multiply and Accumulate(부동소수점 부정 곱셈 그리고 누적)	32	X	X	X	O
VNMLS	Floating-Point Negated Multiply and Subtract(부동소수점 부정 곱셈 그리고 뺄셈)	32	X	X	X	O
VNMUL	Floating-Point Negated Multiply(부동소수점 부정 곱셈)	32	X	X	X	O
VPOP	Extension Register Pop(확장 레지스터 팝)	32	X	X	X	O
VPUSH	Extension Register Push(확장 레지스터 푸시)	32	X	X	X	O
VSQRT	Floating-Point Square Root(부동소수점 제곱근)	32	X	X	X	O
VSTM	Extension Register Store Multiple(확장 레지스터 저장 다중)	32	X	X	X	O
VSTR	Extension Register Store Register(확장 레지스터 저장 레지스터)	32	X	X	X	O
VSUB	Floating-Point Subtract(부동소수점 뺄셈)	32	X	X	X	O
WFE	Wait For Event(이벤트 대기)	16	O	O	O	O
WFE	Wait For Event(이벤트 대기)	32	X	O	O	O
WFI	Wait For Interrupt(인터럽트 대기)	16	O	O	O	O
WFI	Wait For Interrupt(인터럽트 대기)	32	X	O	O	O
YIELD	Yield(실행)	16	O	O	O	O
YIELD	Yield(실행)	32	X	O	O	O

찾아보기

ARMv7 프로세서 프로그래밍

C와 NEON을 이용한 하드웨어 성능 최적화 기법

인 쇄 | 2016년 3월 31일
발 행 | 2016년 4월 8일

지은이 | 제임스 랭브리지
옮긴이 | 이유찬

펴낸이 | 권 성 준
편집장 | 황 영 주
편 집 | 전 진 태
        오 원 영
디자인 | 이 승 미

에이콘출판주식회사
서울특별시 양천구 국회대로 287 (목동 802-7) 2층 (07967)
전화 02-2653-7600, 팩스 02-2653-0433
www.acornpub.co.kr / editor@acornpub.co.kr

한국어판 ⓒ 에이콘출판주식회사, 2016, Printed in Korea.
ISBN 978-89-6077-845-0
ISBN 978-89-6077-091-1 (세트)
http://www.acornpub.co.kr/book/armv7-development

이 도서의 국립중앙도서관 출판시도서목록(CIP)은 서지정보유통지원시스템 홈페이지(http://seoji.nl.go.kr)와
국가자료공동목록시스템(http://www.nl.go.kr/kolisnet)에서 이용하실 수 있습니다.(CIP제어번호: CIP2016008438)

책값은 뒤표지에 있습니다.